大雅叢刊

行政救濟與行政法學(二)

蔡志方著

／
三民書局印行

國立中央圖書館出版品預行編目資料

行政救濟與行政法學/蔡志方著. --初版. --臺北市：三民：民82
冊； 公分
ISBN 957-14-1957-5 (一套：平裝)
ISBN 957-14-1991-5 (一套：精裝)

1.行政法—論文，講詞等

588.07 81004630

 行政救濟與行政法學(二)

著者 蔡志方
發行人 劉振强
著作財產權人 三民書局股份有限公司
印刷所 三民書局股份有限公司
復興店／臺北市復興北路三八六號五樓
重慶店／臺北市重慶南路一段六十一號
郵撥／〇〇九九九八－五號
初版 中華民國八十二年三月
編號 S 58371
基本定價 捌元肆角肆分
行政院新聞局登記證局版臺業字第〇二〇〇號

ISBN 957-14-1961-3 (第二冊：平裝)

自　序

戰後憲政發展之最大特色與成就，厥爲行政救濟制度之強化與改善，而行政救濟法學之發達，亦成爲戰後公法學界之重大成績。行政救濟法與行政程序法，爲行政法中之程序法，其與行政實體法間，具有輔翼唇齒之關係，甚至一般實體行政法理論之妥當性，輒亦以其程序上是否可行爲基準。爲此，余向來研究行政法，卽甚重視實體法與程序法交錯領域之探討。本書所收十三篇論文，卽係兼顧行政實體法與程序法之作，其中涉及公法與私法之區別者一篇，有關訴願制度者五篇，兼涉訴願與行政訴訟制度者二篇，探討行政訴訟之經濟與法院負擔之減輕者二篇，檢討國家責任立法者二篇，其他關係公共地役者一篇。

憶余對行政法學開始產生興趣，乃是大學四年級修習吾師　城教授仲模博士所授行政法課程之時。吾師於課堂上，不但介紹最新之行政法學資訊，並常心懷關愛，且語多鼓勵，使諸生如沐春風。師母　潘教授秀華女士指導吾等研習德文，奠定余日後研究歐陸行政法學之良好基礎，亦令人常懷感激之心，無以爲報，謹將此書獻給　恩師與師母，聊表謝悃。

蔡志方　謹識

民國八十一年歲末於東吳大學法學院

行政救濟與行政法學（二）目次

壹、公法與私法之區別
——理論上之探討

一、緒　言

二、公法與私法區別在法學上之價值

（一）概　說

（二）從法三度說論公法與私法概念

（三）從法的變遷論公法與私法之概念

（四）公法與私法區別之要件及其在學術上之意義

三、公法與私法區別之否認說與承認說

（一）否認說

（二）承認說（二元論）

（三）修正論（三元論、社會法說）

四、從公法與私法之共通性、特殊性及關聯性，論區別之標準

（一）概　說

（二）公法與私法之共通性

壹、公法與私法之區別

——理論上之探討

一、緒　言

公法（Ius publicum; Droit public; öffentliches Recht; public Law）與私法（Ius privatum; Droit privé; Privatrecht; private Law）概念之發端，學者咸認係肇始於羅馬法學家鄔爾比安（Domituis Ulpianus）之名言，謂：「法之關於羅馬國家政體者爲公法，關於各個人利益之事者爲私法：亦卽部分關於公的利益，部分關於私的利益。公法包括祭祀、祭司及官職，私法則包括三類：卽有關自然法則或民族或國民之集體事項。」（publicum jus est quod ad statum rei Romanae spectat, privatum quod ad singlorum utilitatem: sunt enim quaedam public utilia, quaedam privatem. publicum jus in sacis, in sacerdotibus, in magistratibus consistit, privatum jus tripertum est: collectum etenim est ex naturalisbus praeceptis aut gentium aut civilibus）（註一）。公法與私法之概念，爲現代法學之基礎，久爲學者所

註　一　Dig. 1. 1. 1, Inst. 1. 1. 4, zitiert nach Christian-Friederich Menger, Zum Stand der Meinugen über die Unterscheidung von öffentlichem Recht und privatem Recht, S. 154; Hans J. Wolff und Otto Bachof, Verwaltungsrecht, Bd. I, SS. 98, 99; Widar

是認（註二）。但對於其區別之標準，則眾說紛紜，莫衷一是。依學者所提出之分類頗多（註三），我國學者介紹者，計有利益說、目的說、主體說、權力說、意思說、社會說、應用說、統治關係說、法律關係說、生活關係說、性質說、效力說、統治主體說、歸屬說、行爲說、三分說（法源區分說、立法目標區分說及責效方法區分說）（註四）、資格說、國家社會關係說、資格關係說，計十九種（註五）。當然其中頗多名異而實同者，且大抵源於觀察層面不同所致。洎乎一元論（Monismus）者出，乃倡否認說，根本否認公法與私法區別之存在，此派以分析法學（Analytical Jurisprudence），尤其純粹法學（reine Rechtslehre）者，爲其代表（註六）。根據吾人之觀察，法律概念之產生，大抵係爲便利計，而抽象之法律概念，相沿成俗，久而成爲確定之觀念，

Cesarini Sforza, Rechtsphilosophie, S. 86; J. Walter Jones, Historical Introduction to the theory of law, p. 141; Felix Somló, Juristische Grundlehre, S. 490; Karl Gareis, Introduction to the science of Law, p. 99, Giorgio Del Vecchio, Lehrbuch der Rechtsphilosophie, SS. 274-275; Jürgen Baumann, Einführung in die Rechtswissenschaft, SS. 19-20; Oscar Adolf Germann, Grundlagen der Rechtswissenschaft, S. 288; Luis Legaz y Lacambra, Rechtsphilosophie, S. 466.

註　二　此爲大部分學者所主張，但一元論者則持相反之態度。參見韓著法緒，頁三三～三四；鄭著民總，頁一；林著法緒，頁七五。Otto Gierke: Deutsches Privatrecht, I. S. 29（引自美濃部公法與私法，頁二～三）。餘見本文後述。

註　三　瑞士學者 Hollinger 於其學位論文公法與私法對立之標準（Das Kriterium des Gegensatzes zwischen dem öffentlichen Recht und dem Privatrecht, 1904）列舉不同學說十七種；德儒 Walz 論公法之本質（Vom Wesen des öffentlichen Rechts, 1928）講詞中亦列舉十二種。引自曾著法緒，頁五四；鄭著民總，頁一；林著法緒，頁七六；美濃部公法與私法，頁二二。

註　四　三分說係本文對該說之稱呼，其細說詳見龔著法概，頁六三以下。詳見本文（二）、16。

註　五　詳見本文三、（二）。

註　六　詳見本文（三）、一。

以致於牢不可破。唯法律概念之良否，乃在於能否盡可能涵括最大範疇之事物，而又不失其確定性爲上（註七）。社會科學，係一門不精確之科學（non-exact Science）（註八），致其概念頗多先驗的性質，故只能探討其妥當性（validity; Gültigkeit），較難嚴別其眞僞。

唯心論大師黑格爾（Georg Wilhelm Friedrich Hegel）謂:「合理者存在，存在者皆合理。」（註九）新康德主義（Neukantianismus）論者，秉持康德（Immanuel Kant）批判方法，力斥事實價值一元論（Monismus），而倡存在與當爲之嚴格區別，亦即所謂之二元論（Dualismus）（註十）。吾人於探賾公法與私法區別之先，必須確立此二概念在法學中之地位及其存在價値，而後始能探究其區別之必要，進而探究其區別之標準。本文於探究公法與私法區別中，對理論與實證二方面，亦將本此二元論態度，庶可較爲客觀。

二、公法與私法區別在法學上之價值

（一）概　說

公法與私法區別，雖爲學者所討論，但吾人於研究之先，首須考慮

註　七　Cf. Huntington Cairns, Legal Philosophy from Plato to Hegel, p. 12, the Johns Hopkins, 1949, Baltimore.

註　八　Cf. Huntington Cairns, Op. supra cit., Franz Weyr, Zum Problem eines einheitlichen Rechtssystems, SS. 544-547.

註　九　Cf. W. Friedmann: Legal Theory, p. 165, Fifth Edition, 1970.

註　十　參唐君毅著，哲學概論（上），頁一八九～一九〇，六十七年臺三版，臺灣學生書局印行; W. Friedmann, Op. supra cit. p. 177 ff.; 有關存在與價值，參 Günther Rüchenhoff, Rechtsbessinung (Eine Rechtsphilosophie), SS. 23 ff., Verlag Otto Schwartz & Co. Göttingen, 1973.

其研究價值，亦即有無必要爲區分，其根本根據爲何等等問題。學者對此，頗有爭論。依肯定說認爲，公法與私法區別之前提必須是國家法，亦即唯有國家法始有此種區別之必要，是說學界稱其爲國家法律觀（Staatsrechtsauffassung）（註十一），依修正說則認爲「有社會即有法律，有法律斯有社會」(Ubi societas, ibi jus; Ubi jus, ibi societas)，而主張有社會法，或公私混合法（註十二），余稱其爲社會法律觀（Sozialrechtsauffassung）。吾人以爲，公法與私法區別之發生，確係緣於國家之出現，而且以近代獨立國家爲其著例。

就國家言，因時代而異其型態；但就國家之任務言，則爲統治力之保持者、監護者及給付者；亦即國家兼此三種地位。復就人類之生活言，有團體（或稱共同社會）(Gemeinschaft)之生活與私人或個人（或稱利益社會）(Gesellschaft)之生活（註十三）。依通說，國家乃發展臻於成熟之最大社會。國家之任務，乃在於謀求其發展，安定（國家）秩序以固其生存，謀人民之福利以維國本；而人民爲維護共同社會——國家之生存、發展，亦擔負若干超越私人之公的任務（überinviduelle öffentliche Aufgabe)。此種爲維繫國家及人民全體共同存續之固有的必要活動，可謂係固有意義之公的活動（öffentliche Tätigkeiten im ursprünglichen Sinne od. öffentliche Tätigkeiten im eigentlichen

---

註十一 參洪遜欣著，國家法律觀之檢討，頁一六七以下；美濃部公法與私法，頁二以下；並參照 G. W. Paton, Jurisprudence, p. 328.

註十二 參涂著法緒，頁一六八；韓著法緒，頁三三；Oscar Adolf Germann, Grundlagen der Rechtswissenschaft, S. 295; Gustav Radbruch, Einführung in die Rechtswissenschaft, S. 91; Gustav Radbruch, Rechtsphilosophie, SS. 226-227; Franz Weyr, Zum Problem eines einheitlichen Rechtssystems, SS. 572 ff. 餘詳本文後述。

註十三 參美濃部法之本質，頁十五；Luis Legaz y Lacambra, Rechtsphilosophie, SS. 472-475; Widar Cesarini Sforza, Rechtsphilosophie, S. 84.

Sinne) 或生活 (öffentliches Leben im ursprünglichen Sinne)，於此範圍外之私人活動及非國家固有活動，可謂係固有意義之私的活動（privatliche Tätigkeiten im ursprünglichen Sinne od. öffentliche Tätigkeiten im eigentlichen Sinne) 或生活 (öffentliches Leben im ursprünglichen Sinne)。規範此種固有意義之公的活動之法，爲固有意義之公法；反之，規範固有意義之私的活動之法，爲固有意義之私法（註十四）。私人間之生活，原則委由當事人自治，但若有危國本民生時，則國家本於統治（力保持）者及監護者之立場，卽有予以干涉之必要，通說以社會化（Sozialisierung）稱之（註十五）。因國家型態及任務之變化，給付國家及福利國家或邺顧國家，日形出現，其活動範圍亦日形擴大，而間入私人活動之範圍，此種活動可以傳來的活動（abgeleitete Tätigkeiten）稱之，一般言之，具有公私活動之性質。此種活動，大抵係經濟性之活動。若國家踐行私人之經濟活動，而無禁止私人爲同種活動時，亦卽國家非爲其專屬之活動（Non-exclusive Activities）下，就其與他人間之關係言，其地位與私人同。國家活動之特色，在於合目的性（Zweckmäβikeit），因此於不妨礙國家生存與發展之情形下，委由私人或地方自治團體爲之，要無不可。此時踐行該項行爲之人，其地位準於國家之公的地位。反之，國家踐行私人之活動，則其地位準於私人之私的地位。總之，只要有私行爲與公行爲之存在，及規範此等行爲之法，則必然有公法與私法之存在及區別必要。

註十四　Vgl. Adolf Lasson, System der Rechtsphilosophie, SS. 542-543.

註十五　參鄭著民總，頁五；美濃部公法與私法，頁二三六以下；洪著民總，頁十八以下；劉著民總，頁二〇以下；Gustav Radbruch, aaO. @ S. 91; Widar Cesarini Sforza, aaO, SS. 86 ff.

（二）從法三度說論公法與私法概念

吾人研究公法與私法之區別，則不能不對法有根本之認識。是否存有永久不變之法，或內容可變之自然法（Naturrecht mit wechselndem Inhalt），素為法理學界傳統之爭執所在（註十六）。就法之理念或理想言，或容可存在，但就存在之事實界言之，則頗有疑問。依法律三度（Three Dimensions of Law）論言之，存在界之法律，必須具備時間度（Dimension of Time）、空間度（the Scope of Validity）及事實度（Dimension of Point）之關係，缺其一則不能構成存在界之法律（註十七）。就時間度言，所有法律均存續於一定時間中，都具有時間的屬性。就空間度言，所有法律均在一定領域，或對一定人民，發生效力，沒有一種法律，其效力範圍是普天下，其管轄權係毫無限制者。就事實度言，所有法律均與事實有關，每一法律均統制一定之事件，或一類之情事。不論係眞實，抑為擬制假定之事實，均構成法律之一面（註十八）。可見，每一法律均有三度，無時間、無效力範圍，及無事實爭點之法律不存在（註十九）。「法學上之法」，尤其「法理學、法哲學上之法」，與「實證界之法」，或有不同，前者除有三度關係外，尙有當為與存在之二向（two Directions; zwei Richtigungen）關係，當為係論理、評價及先驗之概念；存在則為實證、事實及後驗（經驗）之

註十六　拙文法律之修正概念探微，頁一八四、一八八，載東吳法聲，第十六期。

註十七　see, John C. H. Wu, Three Dimensions of Law, in Juridical Essays and Studies, 1928, The Commercial Press, Ltd., Reprinted in Essays on legal and political philosophy, 1978.

註十八　Ibid. pp. 1-2.

註十九　Ibid.

概念。吾人於研究公法與私法區別之際，尤應區別清楚。

一般研究公法與私法之區別，類皆由實證法律制度下之法律，爲其探究對象。是故，公法與私法之區別，應特別標明其爲何時、何地及何種法律制度，庶可免於「自亂體系」也。法律制度形成之基礎，在於法規範 (Rechtsnormen)，法學者於討論法規範時，特重法源（Rechtsquellen; Resources of Law or existential Forms of Law)，吾人於研究公法與私法區別之際，尤應界定法之界限，而後可對公法與私法有一明確之概念也（註二〇）。

（三）從法的變遷論公法與私法之概念

1. 法的變遷與法律思想

如前所述，法律制度代有不同。吾人可謂，法律制度與法律思想俱爲變遷，並互爲循環，而其根本原因，則在於法之存在基礎——社會之變遷。唯制度之變遷，往往係以思想變遷爲先。但法律之變遷，又爲整體法律思想變遷之根本因素。蓋吾人之法學概念，亦爲一種從經驗中獲得之知識也。現代實證法律觀念（positiver Rechtsbegriff），咸認起於歐陸，而公法與私法之概念，又源於羅馬法。就德國而言，於日耳曼時代，尤其於繼受 (Rezeption) 羅馬法之前，並無此一概念（註二

註二〇　有關法源之概念，請參照鄭玉波教授著，民商法研究（一），頁十一以下；楊日然教授著，民法第一條之研究，載於法學叢刊第十五期，頁三八以下；Luis Legazy Lacambra, aaO. SS. 476 ff.; Günther Küchenhoff, Rechtsbesinnung (eine Rechtsphilosophie), SS. 193 ff., Verlag Otto Schwartz & Co. Göttingen, 1973; Hans-Martin Pawlowski, Das Studium der Rechtswissenschaft, SS. 112 ff.

一）。而且，隨著國家型態之變化，原屬於公法之事項，亦可能發生變化（註二二），例如納稅以往爲國家絕對主義下之公法事項，但自國庫（Fiskus）之概念產生後，卻變成準於私法之事項（傳來意義之私法事項）（註二三）。所以，法律變遷後，法律概念乃不得不有所改變。

2. 公法與私法概念與法律制度

法律制度之形成，每與法律思想休戚與共。因此，法律概念亦每爲認識法律制度之要途。法律制度與社會型態，每相左右。德儒基爾克（Otto Gierke）謂：「現代的國法是以區別其全部爲公法或私法爲當然前提的，對於國家的一切制定法規，若不究明該規定爲屬於公法或私法，而即欲明瞭所生的效果，蓋不可能。公法和私法的區別，實可稱爲現代國法的基本原則。」（註二四）日儒美濃部達吉並謂：「對於與國家無關係的社會的法，實在沒有承認這種觀念的必要和理由。公法私法的觀念，是專從國法發達而來的觀念；亦只有在國法上才有承認這區別的必要。所以與其謂爲『論理的』的觀念，毋寧謂爲現實的國法上的觀念。」（註二五）吾人亦深韙其說。蓋發展最健全之社會，實係國家，

註二一 Cf. J. Walter Jones, Historical Introduction to the Theory of Law, p. 141; Gustav Rabruch, Einführung in die Rechtswissenschaft, S. 90; H. Planitz, Grundzüge des Deutschen Privatrechte, S. 16; Oscar Adolf Germann, aaO. S. 292.

註二二 Vgl. Gustav Radbruch, Rechtsphilosophie, S. 225; Karl Gareis, Op. supra, cit., p. 97; Gustav Radbruch, aaO. Einführung S. 90.

註二三 Cf. J. Walter Jones, Op. supra cit., p. 143; Salmond, On Jurisprudence, p. 113; Gustav Radbruch, aaO. Rechtsphilosophie S. 226; Jürgen Baumann, aaO. S. 26 ff.

註二四 Otto Gierke, Deutsches Privatrecht, Bd., S. 29, 引自美濃部公法與私法，頁二～三。

註二五 見氏著公法與私法，頁三。

縱然有立於國家下之各種社會，但其擔負之任務，並非完全獨立於國家之外，苟有之，在全法秩序（gesamte Rechtsordnung od. Rechtsordnung in Gesamtheit）下，亦不過準於私人之地位或國家之公的地位而已！在前一情形，則該社會之權利，係同於私人而同受國家之保護，而立於私人之私的地位；反之，在後一情形，其權能係傳來自國家，則其地位亦準於國家之公的地位。因之，所形成之法律制度，係一整體法律制度之二分枝，其法律性質，亦可區分爲公的與私的二層面。所謂公的或私的，並無固定之永久不變的界線，而只係相對性之概念，吾人可謂：凡超越於私人間之關係，而與共同社會有密切不可分之關係者，皆係公的事項，其餘則爲私的事項（註二六）。

（四）公法與私法區別之要件及其在學術上之意義

1. 公法與私法區別之必要

(1) 實證法秩序下區別之必要

實證法，尤其國家法秩序下，公法與私法之概念，往往是決定法律

註二六　有關公與私之概念，在法學傳統上係以國家（Republica; State）爲其根據，就其政治作用及權力爲討論據點。而且，往往採取擬制說（fiction Theory），對國家絕對主義下，集體人格（group personality）之特質，而以公的利益爲其思想表現。唯實主義者（Realist）則以其採讓步理論，於國家絕對主義下，間接將個人納於國家之內，而根本否認團體人格。Cf. J. Walter Jones, Op. supra cit., p. 141, pp. 151-153. 就人格形成過程中，與公私概念有關者，厥爲神話說（神論）（mysticus theoria），尤其基督教下之神禮（corpus mysticus）同位說，使當時在教會體制下，形成類似現代法律上之「法人」（juristische Person）的觀念，而於國家形成後，遂取代其地位，而確立國家爲中心之公的概念。Siehe, Widar Cesarini Sforza, aaO. SS. 84-85.

效果、管轄機關、救濟手續、適用之法則等等之根本前提。因此，贊成二元論之學者，亦因而盛倡公法與私法之概念係經驗中之事實，而駁斥拉得普魯（Gustav Radbruch）所謂之先驗概念說（註二七）。就實證法秩序下，爲研究公法與私法之區別，可從法律制度及支配該項制度之法律思想中，獲知其梗要。尤其是司法程序之差異，規範意思律（註二八）之不同；此外，對法之利益規律性，亦有相對性之差別。當然訴訟途徑並無法做爲區別公法與私法界限之本質基礎（當爲基礎），例如行政訴訟，大陸法系通常採二元法院制，美國則採一元法院制，但吾人於研究其區別時，切不可或忘法的三度關係。縱然，吾人將訴訟制度採爲此種區別方法之一，但訴訟方法（制度），係演化式之特殊行政（註二九）仍不失其對合目的性之追求。例如：原爲公法事項，亦非不能委由私人代爲訴訟（註三〇）。因此，將訴訟制度或司法制度做爲公法與私法區別之根據，本無不可（指在實證法思想下者而言），但只係以現象言現象，於公法與私法本質上之比較，仍嫌略遜一籌。未如將訴訟之標的之法律事項之性質（die Natur der Rechtsverhältnisse als der Streitgegenstand），以其爲公的事項，抑爲私的事項，爲其區別基準之爲愈也。

註二七 見美濃部公法與私法，頁十八～十九。

註二八 參洪遜欣著，法之意思規律性，頁十六以下。

註二九 以歷史之演進言，司法本爲行政事項，國家立於監督者及統治者之立場，以人民爲訴訟上之「客體」，而行使糾問(Inquisition)，迨十三世紀以還，歷權利請願書（Petition of Rights）、人權法案（Bill of Rights），俟孟德斯鳩、盧梭者出，爲保障民權，而倡行三權分立思想，並於美國憲法中首先予以實現，審判遂成爲獨立之一部門，而與其他二權相抗衡。此係近代法治思想之思想發端，不可不予注意。

註三〇 Vgl. Adolf Homburger und Hein Kötz, Klagen Privater im öffentlichen Interesse, SS. 50 ff.

(2) 理念法秩序下區別之必要

拉得普魯力主公法與私法係先驗的概念（apriorische Begriffe），爲實證法所無（註三一）。反對其說之學者，則力言其爲實證法下之概念（註三二）。就實證法秩序言，吾人贊同後說，唯卽就理念法秩序，吾人亦認有公法與私法概念之存在必要。蓋理念法，乃理想之法，爲對法之理想所產生之法律情感（Rechtsgefühl）所交織而成之概念，爲構成實證法之先於實證法的理念（Idee）。理想法，必先於實證法或事實法而存在（此爲自然法學研究之對象）。本來，根據維也納法學派學者克爾生（Hans Kelsen）之分析，一切法律皆係國法（氏係從純粹之分析的實證法學觀點所爲之探討），並無不當，但其根本則係以不能爲無有，爲吾人所不採（註三三）。吾人以爲，法乃特殊之社會當爲規範，有社會卽有法律，有法律斯有社會，規範人類社會彼此間之權義關係的法規範，在法學之理念上，亦有予以澄清之必要。蓋理念不淸不明，必難蘄其在現實制度中有若何之妥當的表現也。因此，吾人以爲，縱然在理念法中，仍「應」有公法與私法概念之存在必要。唯吾人並非以當爲爲存在，亦卽以理念法上之應有公法與私法區別做爲實證法上之有公法與私法區別之根源，或竟將二者混爲一談，而陷於方法一元論之窠臼。

2. 公法與私法區別之要件

(1) 法制度上區別之要件

公法與私法在法制度上區別之必要，已見前述。茲就其區別要件略

註三一 Vgl. Gustav Radbruch, aaO. S. 224; Vgl. Luis Legaz y Lacambra, aaO. S. 463 ff.

註三二 同註二五。

註三三 詳本文三。

述如次。吾人一再強調公的活動與私的活動之存在，此當然以國法秩序或法律秩序下者，爲其範圍。因此，若並無法律之存在，尤其國法秩序，則公私活動混淆不清，亦無予以區別之必要。例如學者謂：「古代有國家而無個人，中世紀有個人而無國家。」（註三四）又有謂：「就社會主義言，完全不發生公法秩序意義下之私法，無政府主義下，則只有私法秩序。」（註三五）吾人以爲，絕對專制之政制下，只有國家，或者專制者；在絕對個人主義下，則與無政府主義者同，只有個人而無國家；只有於國法秩序及社會法秩序下，既有國家，復有個人。吾人於研究公法與私法概念時，對法秩序下之人格（Persönlichkeit）觀念，尤應特別注意。綜合言之，法制度上區別之要件，必須係國法秩序或社會法秩序下之法律制度。

（2）法技術上區別之要件

吾人於研究法學時，開宗明義便以法源爲論述對象。在不同法源言，即有不同型態之法律，其技術自亦有不同。學者於研究公法與私法區別之際，往往只對訴訟制度之技術的差別，做爲區別公法與私法之區別根據之一。換言之，只就司法之技術問題，略予介紹。但吾人以爲此仍嫌不足，進而認爲立法技術，亦大有攸關（實證法學者對於立法問題，通常不予考慮）。尤其不成文法與成文法制度下，法的形成技術，即顯有逕庭。例如：法律解釋之界限、法官造法、法的執行及實現、法的優先及保留（Vorrang des Rechts und Vorbehalt des Gesetzes）等問

註三四 Vgl. Franz Weyr, Zum Problem eines einheitlichen Rechtssystems, S. 531.

註三五 Vgl. Gustav Radbruch, aaO. S. 225.

題，與法技術之分野，即顯有差別（註三六）。

3. 公法與私法區別在學術上之價值

(1) 法學思想體系上之價值（理論法學與應用法學）

拉得普魯一再強調，公法與私法爲先驗性之概念（註三七）。奧斯丁（John Austin）則謂：「公法與私法之名，須被排除於科學之外。」（註三八）。威亞（Franz Weyr）則謂：「爲避免阻礙統一體系之法學發展，力主撤廢公法與私法區別之二元論。」（註三九）奧儒麥克爾（Adolf Merkl）則以之不符合學術經濟理由，而主張放棄公法與私法之區別（註四○）。吾人認爲，法學上任何概念之產生，不但係爲便利計（註四一），且係立法形式及法律制度之反映，並非無中生有。公法

註三六　有關法律解釋及法官造法問題，請參考鄧衍森著（碩士論文），司法造法的法律哲學基礎及其功能，一九七六年，自版；黃茂榮著，法律解釋基本問題 (I)、(II)，分別載於臺大法學論叢，第五卷第二期，頁四九～七九；第六卷第二期，頁七～六二；Bruce D. Fisher, Introduction to the legal System (Theory-Overview-Business Applications), pp. 64 ff., 2d. Ed. West Publishing Co., 1977; Kaufmann-Hassemer (Hrsg.), Einführung in Rechtsphilosophie und Rechtstheorie der Gegenwart, SS. 83 ff., C.F. Müller Juristischer Verlag, 1977, Heidelberg; Dietman Moench, Die Methodologischen Bestrebungen der Freirechtsbewegung auf dem Wege zur Methodenlehre der Gegenwart, SS. 121 ff.; Axel Mennicken, Das Ziel der Gesetzesauslegung, Verlag Gehlen, 1970.

註三七　同註三一。

註三八　see, John Austin, Lectures no Jurisprudence, p. 68.

註三九　參美濃部公法與私法，頁十三～十四；林著法緒，頁七四～七五；Franz Weyr, aaO. SS. 529-580.

註四○　Vgl. Adolf Merkl, Allgemeines Verwaltungsrecht, SS. 83, 84, 引自美濃部公法與私法，頁十六；林著法緒，頁七五。

註四一　梅著民法，頁二。

與私法之概念，不能因某說不足以說明其確定界線，即謂二者之概念根本不存在（註四二）。誠然，欲劃定二者確切之界線，頗爲困難，尤以社會變遷後，社會立法日形普徧之今日，其界線更加模糊，但不能以此做爲否認二者存在之根本理由（註四三），至多只能謂漸失其重要性而已（註四四）！當然，公法與私法概念須因不同法制，而異其見解，學者不能強執橘枳，憑空杜撰，但亦不能錮鎖於實證法，尤其成文立法（註四五）。蓋法學（尤其理論法學——當爲法學）之任務，係針對立法之缺失，尤其立法體系之良否，謀求補救之道（註四六）。是以，本文深信，公法與私法正確概念之確立，不但有助於司法，其於立法，必尤有足多（若從實證法學之觀點看，則決定公法抑私法，全然決於立法者之意思，但究其實際，仍甚有疑問）。

再就應用法學言，若依傳統國家法律觀 (Staatsrechtsauffassung)，採一元論之立場，法固無公私之別，在此思想下之應用法學，自亦無爲分別之必要；但事實則不然，一旦有國家法或社會法秩序之存在，其運用過程必然注意其歸屬於何一規範體系，而異其處理，裁判管轄固無論矣！即適用之法則、裁判之程序及判決之執行，所生之具體法律效果（法有靜態之抽象的法效，用以規制一定事件將發生之效果，亦有動態

註四二 參林著法緒，頁七五；美濃部公法與私法，頁十三～十四；Franz Weyr, aaO. SS. 529 ff.

註四三 吳著法概，頁十七；林著論公法與私法之區別，頁八；和田公法原論，頁四一～四三；韓著法緒，頁三八；René David, John E.C. Brierley, Major legal systems in the world Today, p. 20; Karl Gareis, Op. supra cit., p. 97.

註四四 Vgl. Jürgen Baumann, aaO. S. 26.

註四五 有關公法與私法之區別，頗多持立法決定論者。參袁著法緒，頁四〇；Karl Gareis, Op. supra cit., p. 99; Franz Weyr, aaO. S. 576.

註四六 有關立法之缺失，以法體系及漏洞 (Lücke; Leakages) 爲最，後者請參照黃茂榮前揭文 (II)，頁十～五〇。

之具體的法效，用以規制一定已發生事件之效果；前者爲行爲法，後者爲裁決法），尤有不同。是可知應用法學中，公法與私法區別之概念，更見重要。總之，公法與私法之概念，不但有本質上之區別，在法技術上亦有分別了解之必要（就法三度論下，本文對公法與私法之區別持肯定說，即在超時空之理念法領域，亦認有區別之必要）。

（2）立法體系上之價值

公法與私法區別之概念，不但於法學上有重要之價値，即於立法體系上，尤有根本之價値。在法治國家（Rechtsstaat）中，法的優先及保留、依法行政(Rechtmäβigkeit od. Gesetzmäβigkeit der Verwaltung)及合憲性（Verfassungskonformität）等原則之實現，爲其追求之鵠的。尤其，在法階層理論（Stufentheorie des Rechts）上，憲法立於最高地位，法律次之，命令又次之，裁判又再其次，基本規範最下層（註四七）。依傳統說法，憲法、刑法及行政法乃典型之公法（註四八），而財產法、身分法（民事財產及民事身分法）、債法等民法爲私法（註四九）。公法，依近代理論，較嚴其解釋及適用（此與法律優先及基本權利保留有關），私法則多委由私人自治（Privatautonomie od. Pateiautonomie），因此立法策略（法的目的與方法之牽連關係）亦有意無意中，異其政策（法的目標指向）。吾人發現，就立法體系言之，公法體

註四七　有關法規範階層說，Vgl. Hans Kelsen, Reine Rechtslehre, SS. 228 ff.; Raimund Hauser, Norm, Recht und Staat, SS. 59 ff., Springer-Verlag, 1968, Wien; Adolf Merkl, Das Recht im Lichte seiner Anwendung, Deutsche Richterzeitung, 1918, S. 56 ff.; Festschrift für Hans Kelsen, Gesellschaft, Staat und Recht, S. 252 ff., Alfred Verdross, 1931, Wien.

註四八　Cf. George W. Keeton, The elementary principles of jurisprudence, p. 181 (Diagram); Jürgen Baumann, aaO. S. 20.

註四九　Ibid.

系之形成晚於私法體系之形成（此與政治體制之思想有關；刑事法似乎起源甚早），而「依法行政」及「依法裁判」之思想支配下，公法之體系較爲明確，立法（制定法）亦爲數較多（與國家積極功能之加強及任務之擴張有關），而私法則受「當事人自治」或「私人自治」思想之支配，除非國家本於監護者之立場，採未雨綢繆之態度，以干涉之方法，限制「契約自由」、「所有權絕對」、「過失責任」及「權利濫用」，亦即所謂之私法的社會化（私法的「社會化」，本身頗有語病，毋寧稱之爲私法之國家干涉），其體系較尠明確，立法相對地亦少其數目。

三、公法與私法區別之否認說與承認說

（一）否認說

1. 學術方法否認說

有關否認公法與私法區別之學說，一般稱之爲否認說或一元論。其實否認說，尙有學術方法否認說與法本體論否認說之別（註五〇）。

就學術方法否認說言，其根據無非以公法與私法之區別，無法滿足法學分類之學術要求，遂否認其區別，此說之根本論據與區別之必要性有關。此說可以麥克爾（Adolf Merkl）及威亞（Franz Weyr）爲代表。麥克爾謂：「將行政法分屬於公法或私法，自行政法學上看來，全是無用的問題。法律學上的分類，只於集法律上之同者和別法律上之異

註五〇 此種區別爲本文之區分，一般並不做是種區別。

者的場合，才有在學術經濟上存在的理由。但把法分爲公法和私法，是法律學上最舊最普通的分類，實不能滿足法律學上的分類要求。」（註五一）吾人以爲，單純以無法爲妥當之分類，即根本否認此區別之必要，未免過於速斷及消極。美濃部達吉對之批評道：「若以自己未能明察其差別而妄加否定，貿然對有悠久的發達歷史之學問成果加以破壞，卻非忠於學術者所應爾。」（註五二）吾人以爲，吾儕之任務，乃在於如何補前人之說，提出一較合理之分法。

威亞氏於一九〇八年，在公法雜誌（Archiv für öffentliches Recht）發表論單一法系之問題（Zum Problem eines einheitlichen Rechtssystems），從法學之任務、性質及科學方法之特點，一再強調法學爲抽象之概念（或純粹之理論架構），只單純含有描述及說明之方法（deskriptive（beschreibende）und erklärende Methode），以合目的性（Zweckmäβigkeit）爲其根本基礎，並就社會化所產生之大量兼有公私性質之社團（或譯爲合作社）（Verbände），爲避免阻礙統一法體系之法學發展，力主撤廢公法與私法區別之二元論（註五三）。氏以法歷史觀就傳統二元論予以糾正，並就理論之抽象法學與實用法學之分際，予以明確之界線，是其貢獻之一；至其最大貢獻，應是就理論法學之特性及任務，詳予指明。唯其太過於強調抽象法學之合目的性，而忽略法律概念之主要任務，則未免有所偏敧（註五四）。吾人認爲，法學體系之建立，胥賴法律概念之發揮其功能，而公法與私法概念之存在，

註五一 Vgl. Adolf Merkl, Allgemeines Verwaltungsrecht, SS. 83, 84, 1927，引自美濃部公法與私法，頁十六；林著法緒，頁七五。

註五二 見氏著公法與私法，頁十六。

註五三 Franz Weyr, aaO. SS. 529-580, insbesonders, SS. 541-547, 572-580.

註五四 Vgl. Franz Weyr, aaO. S. 554，美濃部公法與私法，頁十四～十五。

正係支撐法學體系之二大支柱，不宜輕言廢除。甚且，公法與私法已成爲法秩序之砥柱，苟欲廢除之，則勢須全盤瓦解法律體系。

2. 法本體論否定說

就法本體論（Ontology of Law）倡否認說之學者，有英儒奧斯丁、荷儒克拉卑(Krabbe)、德儒拉得普魯、法儒狄驥(Léon Duguit)、我國法儒黃右昌及德（奧）儒克爾生等。茲依次介紹其說。

奧斯丁爲分析法學派之鼻祖，倡法律乃「主權者命令」之說（Theory of the command of the Sovereign），謂一切實證法皆係主權者之命令，其說亦否認公法與私法之區別。氏謂：「余須於講演中指出者，乃是法學彙編（Corpus juris）中有名的分類及編排是錯誤的，亦卽從複雜難懂之法目標或目的所獲得之概念（亦卽公法與私法之概念——撰者註），導致無助而迷惑的學子產生相同之了解。亦應予以指出者，乃是基於某一觀點，法律的每一部分都可說是私法，基於另一觀點，法律的每一部分，又同時可以說是公法。余更須指出者，因爲任何其中之一，絕不能爲任何目的而便宜地予以適用，而是任何一者皆將不同地適用於法律之每一部分，公法與私法之名，須被排除於科學之外。」（註五五）又謂：「余進而應指出者，乃是開始時，整部法學彙編應被分爲物法與人法；而於某種意義下得被稱爲公法之該唯一部分法律，不應與人法及物法相區別，而應被納入於人法中，而成爲其一支或一員。就嚴格而確定之意義言之，公法係指限於與政治地位有關部分之法律。因而，在該意義下之公法，余認爲該部分之法律，爲人法之成員。但爲免於誤

註五五　see, John Austin, Lectures on Jurisprudence, p. 68.

解，余稱該部分法律為政治地位法（The law of political Status, or The law of political Conditions)，用以排除公法與私法之模糊稱呼，並同時排除法學彙編通常為某種表示而為相對稱呼之無根據分法。」（註五六）氏並同意英儒哈爾（Hale）對英國法之分析，稱私法為經濟地位法（註五七）。此為氏對鄔爾比安以來有關公法與私法區別說之嚴厲批評。就奧氏所主張之主權者命令說，依其門人之承認，亦乏實證法上之依據，亦只係先驗之概念而已（註五八）！至於區分法律為人法及物法，本有其獨到之處（觀察層面不同所致），即就所謂之人法中再區分為政治地位法及經濟地位法，在英國當時未嘗無理由，但亦非據以排除公法與私法概念之有力理由，此種主張或亦應將其排除於科學之外也。依余所見，法學上之概念，既為便於說明及描述，亦且為實證法制度之反映也。但吾人不妨將其區分之方法，列為參考。

荷儒克拉卑，於所著法律主權論（Die Lehre von der Rechtssouveränität)，以區別說視國家主權的觀念，為非法律的「力之崇拜」為理由，亦對之加以否認。他以為自法律學的立場看來，法就是主權。他站在那種立場，以為傳統的公法與私法的區別是基於非法律的觀察，因對之加以排除（註五九）。其實，此一論點不外乎分析法學，尤其純粹法學之一貫說法，力倡當為與存在之二元，而主法純粹之一元，尚非的論。蓋就實證法（具為法效力之當為規範文章的內容）言，雖為已存在之當為，但從整體法秩序言，尤其法二向說言，則不能根本棄絕將存在之當為或當為之存在。吾人以為，用法求於法自身，觀法則應細察其

註五六　Ibid.
註五七　Ibid.
註五八　See, Huntington Cairns, Op. supra cit., p. 11.
註五九　引自美濃部公法與私法，頁十六。

周延，尤其法源之問題，而不得一意排除事實與當爲可能表現之一致性。

德儒拉得普魯倡價值法學 (Wertjurisprudenz)，而以實證法體系爲其學理基點，氏認公法與私法，係先驗性之概念，而爲實證法所無。並謂:「就古德意志法而言，於繼受羅馬法後，始有此概念；而法律體系中亦非必須分成此二法域 (Rechtsgebiete)；就社會主義言，亦完全不發生公法秩序意義下之私法，無政府主義下則只有私法秩序；而在公法與私法界線上，亦多少有一半是公法關係，而另一半爲私法關係者，例如勞工關係是。最後，在法域下亦無單純意義之公法與私法，如勞工法及經濟法是。亦即在此種法域中常常無法明確劃分其爲公法或私法。」(註六〇) 復就法之拘束力言之，規範對象 (Normadressaten) 同受實證法之拘束，而不分其上下位 (統領隸屬) 關係。即就平均正義或分配正義言，於公私法中皆同樣被規制，而公法與私法之價值及層次關係 (Rangverhältnis)，只係世界觀之歷史變更而已 (註六一)！就自由主義言，以私法爲核心，就社會主義法律觀言，卻又乏明顯之界線，而一九一九年帝國憲法 (即威瑪憲法)，又明白揭示所有權負有義務；溯自封建主義，而警察國家，以至法治國家，公法因私法而解放，今則私法因公法而大受限制，尤以所有權及契約自由之限制爲然 (註六二)。總之，氏以公法與私法爲先驗之概念，缺乏實證法上之基礎，而一般望法條即提出其屬於公法抑爲私法，並就之而獲取其答案，顯乏根據 (註六三)。吾人以爲，法律概念一如政治意識型態，亦因事實情況之變遷而

註六〇 Gustav Radbruch, aaO. S. 224.

註六一 Gustav Radbruch, aaO. S. 225.

註六二 Gustav Radbruch, aaO. SS. 226-228.

註六三 Vgl. Luis Legaz y Lacambra, aaO. S. 463.

呈正反合辯證式之變遷，就特定之法律制度、法域言，於某程度下確有公法與私法概念之意識上的存在，唯因社會化之結果，而漸失其強烈之對比或界線而已!

法儒狄驥倡社會連帶之說（Theorie de la solidalité sociale），就法律言，亦形成社會同求及分工之連帶（la solidarité par similitudes et la solidarité par division du travail）法律關係，其法律規範核心亦應以社會爲本位，而失卻傳統公法與私法之區別（註六四）。此係氏對法之當爲面所做之探討，致於對存在面之觀察後，氏仍肯定公法與私法區別之存在，尤以表現於訴訟制度者然（氏著憲法學，張明時譯，下册，頁八一八以下）。換言之，就傳統法秩序下，氏承認此種區別之存在。狄驥爲實證之社會法學家，提倡社會連帶之說，對過度個人主義所生之弊病，確有補偏救弊之效，唯其就當爲面所做之結論，對實證法之當爲面言，則嫌有未愜，而且社會化極端之結果，恐難免使國家行政機關恣意袒護其自身，妄加摧殘人民之自由人格（註六五）。

我國學者黃右昌氏，本著三民主義政治意識下之法一元論（註六六），而否認二元論區分法爲公私二歧。氏謂：「建立中國本位新法系，自當確認三民主義爲法學最高原理，民族、民權、民生卽民有、民治、民享，所有法律均爲民眾之法律，乃必強爲分曰，何種法律爲國家與人民之關係，謂之公法，何種法律爲人民與人民之關係，謂之私法，豈不與三民主義相刺謬耶？不寧惟是，民事訴訟法爲規定實行權利及履

註六四　參王伯琦著，近代法律思潮與中國固有文化，頁四〇以下，四十五年（講義）；耿雲卿著，民生哲學的法律思想，頁六三～六四，六十六年，中央文物供應社；何孝元著，誠實信用原則與衡平法，頁三七以下，三民書局出版；狄驥著，梅仲協譯，憲法精義，頁三七～四二，臺初版。

註六五　Vgl. Luis Legaz y Lacambra, aaO. SS. 465, 475.

註六六　三民主義法一元論，係本人對黃右昌氏法學思想之稱呼。

行義務之程序法，如以實體法之民法爲私法，則程序法之民事訴訟法，自亦當爲私法，乃德國學者謂爲公法，法國學者謂爲私法，足見界說之不明。蓋學說愈多，則剖析愈難，根本取消，反而透徹，此余所以力主推翻公法私法之區別，而以根本法附屬法代之。」（註六七）黃氏之說，前段情形與奧斯丁之說相埒，後段情形則與麥克爾之說相似。斯說就建立中華法律思想體系言，不愧爲鏘然諍言，然其根本思想之於法律體系，則有未妥。尤其，其政法爲一之思想，就法學之醇化言，似有未當。蓋以之爲法前之立法指導原理（精神），固極恰當，然以之爲法本體（存在）論，則似有以因爲果，甚者以當爲爲存在之嫌，究有可議之處。

最後，頗值吾人介紹者，厥爲純粹法學派開山祖克爾生（Hans Kelsen），氏亦爲否認說之代表人物，且提倡一元論最力，氏倡純粹法學（Reine Rechtslehre），主張法之純粹性（Reinheit），欲將實證法之標的，侷限於法規範本身，而將非法科學之元素予以剔除（註六八）。純粹法學之根本思想，係本於分析實證法學，並運用新康德學派二元方法論，故其學說頗多奧斯丁之餘跡（註六九）。氏對公法與私法概念之存在，採絕對否認之態度，其根本思想係源於純粹法學中強烈區分法與非法（Recht und Unrecht）及國家法律一元主義之觀念。氏一再強調法之純粹性，而將法上之人格、權利與權力之事實關係截然劃分。氏謂：「正因法律及權利二元論，強將每一法律及權利從單一之法律體系中分爲公及私的法律，本「主要問題」爲此目的，將予以拋棄。且，根源於羅馬法學說而支配我們全體學問系統的對立概念，如同在於法律與權利

註六七　見氏著民法詮解總則編上册，頁二。引自鄭著民總，頁三〇。
註六八　Hans Kelsen, Reine Rechtslehre, S. 1.
註六九　Vgl. Dr. Karl Leiminger, Die Problematik der Reinen Rechtslehre, SS. 20-45, Springer-Verlag, Wien, 1967.

間——在某同義性下偶而發生之情形——自然法的因素，藏於此面具下之某些政策的因素，在實證法下暗中潛入。爲了研究此「主要問題」，只要是須根據它(公法與私法——撰者註)以表明法本質之差別(Rechtswesensdifferenzen) 時，此種區別原則予以鐲除。」（註七〇）又謂:「特別是關於國法學上的理論構成，有一點先行說明。通說認國家與其他主體之間的關係爲法律上的統治關係，因之對私法和公法加以區別，但我卻相反，把這兩者的區別概行拋棄。通說在對等的權利主體之外，承認國家爲優越的主體，因而分爲兩個法域而構成其理論。反之，我卻盡力地把觀念構成加以節約，我的理論構成只限於單一的法域。我以爲國家與人民間之事實上的支配關係是不能「法律的」地去尋求的，所以我否認那是「法律的」地構成的。對我這種主張，也許有人非難，以爲我只偏於私法的觀察。但事實上正相反，我並不是站在把一切的法都視爲私法的立場，反而我是主張一切的法都屬於國家法的代表。」氏又說:「國家之支配力；只係繼續性推動 (Motivitation) 的事實狀況。屬於存在世界之社會心理事實上的國家權力 (Staatsgewalt)，並非法律家考慮之事。而且，一如法律不作爲一種命令 (Befehl)，所以對法律家而言，國家並非一種權威，其本質只存在於事實動機之能力 (Fähigkeit)。對法律家言之，國家亦只是人 (Person) 而已，亦卽爲權利義務之主體。此乃一切法學理論構成之前提（註七一）。果爾，國家與其他主體間之關係，認係統治關係、命令關係，是不能兩立的。因爲做爲權利與義務之主體，國家必然與其他主體立於同等地位，而非立於優越

註七〇 Siehe, Hans Kelsen, Hauptprobleme der Staatsrechtslehre, Vorrede zur zweiten Auflage XIII-IX.

註七一 Ibid. 引自美濃部達吉著，公法與私法，頁六～七。zitiert auch in Prof. Dr. Franz Weyr, Über zwei Hauptpunkte der Kelsenschen Staatsrechtslehre, S. 185.

地位。從相同觀點看來，國家一面爲人，同時又爲統治主體之主張，顯係自相矛盾。因在前一情形，國家對其他主體享權利負義務，亦卽除去純粹事實上之權利關係，以對等者視之，在他種情形，則完全不考慮法律上之關係，而專從事實之權利關係，就原始意義而言，國家立優於人民之地位。在前一情形國家做爲法律主體，在後一情形，人民只是統治權的客體，只有國家才是主體。」（註七二）氏並分權利關係爲人民與人民間、人民與國家間、國家與人民間三類，而謂傳統學說只將第一類歸入私法，而將後二者歸入公法，就其權利結構之法規範形式言，並無此區別，只係純目的所爲之區分。並主張法從客觀形點言，一切法只有在具有共通利益下，是公的性質；從主體（亦卽利益者或權利主體）觀點言，一切法律皆存有私人利益，具有私的性質。後者就利益而言，只係形式方法，並無理由根據，充其量，也只是目的觀（Zweckgeschichtspunkte）之事實問題，並無形式之標準，故無甚意義（註七三）。氏就權力說之不圓滿性，尤其所謂之對等關係（Gleichordnung）爲私法，上下隸屬關係（Über- und Unterordnung）爲公法，提出嚴厲之批評，而本於國家法律一元觀，主張以法律與非法律（Recht und Unrecht）代之（註七四）。氏並對法之產生（Rechtserzeugung）中，私法關係爲當事人之共同意思之形成，亦卽法律行爲，而公法關係爲單方之命令行爲之說法，提出說明（註七五）。進而批評二元論者，此種思想爲純意識型態，且其係將國家及力與法律對比而爲區分，反之，純粹法學則本於規範之普徧性，認爲法秩序整體下，國家意志與私法行爲之產生，

註七二　Hans Kelsen, Hauptprobleme der Staatslehre, S. 226.
註七三　Hans Kelsen, Hauptprobleme der Staatslehre, SS. 630-631.
註七四　Hans Kelsen, Reine Rechtslehre, S. 284.
註七五　Hans Kelsen, Ibid., SS. 284-285.

與其他機關之命令，同在單一法秩序之統制下，毫無區別。並就二元論絕對區分主義以只有公法，尤其憲法與行政法中獨具政治支配力，而爲私法中之所無。純粹法學則以斯權利之不存在，斥其爲無稽。更就經濟體制與憲法之關係，舉出其形成之無差異，而以社會經濟體制發生於集權國家，私有財產制之資本國家卻源於民主憲法，以明規範產生之可民主可專制性（註七六）。總之，氏以二元論之欠缺實證基礎，認學理上無可維持，而根本推翻公法與私法區別之存在（註七七）。吾人認爲，克氏之純粹法學對於確立實證法中司法法界線，功不可沒，尤其確立法體系之獨立性爲然。但是純粹法學過度強調法規範之純粹性，只重當爲之價值判斷，而忽略事實存在之法現象，尤其是法整體層面之認識，亦即三度及二向之關係，致使法規範只侷限於普徧之心理確信的當爲面，而完全抹煞存在於特殊時地之特殊內容的法規範，可說是形成了「法律時空大斷層」，使法規範喪失社會功能性、根源性及前展性，深値吾人注意。當然，無可否認者，乃是法概念之實質內涵，輒因時空環境而有所變遷，然徒顧法本身抽象概念，而無視其週延間之關係，乃純粹法學純粹性之先天上不得不爾之缺陷而已！吾人進而應予以指出者，乃是人類之生活，除用以實現其本質之存在者外，尙有謀求超個人之團體的文化價値之生活。從此等生活之行爲效果之性質，察其偏於公的活動，抑私的活動，進而分別規範此等行爲之法之爲公法或私法，乃其正鵠。換言之，我們所強調者，乃是法規範體系中規範之規範對象——行爲關係之性質，以定奪其所屬，而非做法典之歸屬分類也。（法典係法規範之明白表現形式，認識法律從法典爲其發軔！）

註七六　Ibid.，SS. 285-287.

註七七　Ibid.

（二）承認說（二元論）

1. 利益說

利益說（Interessentheorie），依通說咸認係公法與私法區分之二元論的嚆矢，而利益說較明確之概念，又發端於鄔爾比安之名言，謂：「法之關於羅馬國家政體者爲公法，關於各個人利益之事者爲私法：亦卽部分關於公的利益，部分關於私的利益。公法包括祭祀、祭司及官職，私法則包括三類：卽有關自然法則或民族或國民之集體事項。」（註七八）學者遂以法律保護利益之爲公或私，而別其爲公法或私法。略謂：「凡以保護公益爲目的之法，爲公法；保護私益爲目的之法，爲私法。」（註七九）學者亞倫斯（Ahrens）、湯恩（Thon）、拉遜（Adolf Lasson）、薩維尼（Friederich Carl von Savigny）、雀柏（Heinrich Triepel）及納維亞斯基（Hans Nawiasky），其中以薩、雀二氏爲過去是派代表，現在則以納氏爲代表（註八〇）。吾人欲了解利益說之妥當

註七八　同註一。

註七九　見韓著法緒，頁三六～三七；鄭著法緒，頁二九；林著法緒，頁七七；何著法通，頁六二～六三；黎明法緒，頁三五；吳著法概，頁十六～十七；袁著法緒，頁四一；鄭著民總，頁一；史著民總，頁一；劉著民總，頁三；齊著法緒，頁五七；李著法緒，頁四九；姚著法緒，頁四三；李著法論，頁三五；李劉法通，頁九三～九四；蔡著法緒，頁五七；蔣著法緒，頁三七～三八；樓著法通，頁七五；曾著法緒，頁五四～五五；翁著法通，頁三八；郭著法通，頁一三五～一三六；劉著法緒，頁六五～六六；劉著法意，頁八七；涂著法緒，頁一六六；洪著民總，頁一〇。

註八〇　見蔣著法緒，頁三七～三八；涂著法緒，頁一六六；Christian-Friederich Menger, aaO. S. 158. 拉遜是否完全採此說，本人表示疑問。有關拉氏見解，見氏著法哲學體系（System der Rechtsphilosophie, Verlag von J. Guttentag, 1882），頁五四一～五四四。

性，則必須對公益及利益之概念，先予以了解。否則，徒從鄔氏一語，實無從得知（註八一）。根據薩、雀及納氏之定義:「凡法規範宣告有關用以照顧與關係私人利益不同之公共利益（Gesamtinteresse）之官署義務的事項，是爲公法；凡法規範係用以確立同等階級之利益及使之實現之事項者，是爲私法。」（註八二）德國近二十年以來，利益說似曾在終審法院中得勢（註八三），但根據新主體說學者之分析，認爲所有法律皆係爲人類共同生活秩序而利用，私法中亦擁有公利益之效能，甚者某些私法的形成，亦存有優越的公利益；相反地私法中亦有公法的措施（註八四）。利益說之支持者，若反此而主張其區別在於經由規則通常公的利益係優越的，則在何種目的應先予以考慮，卽有爭執，以是遂在此一情形下反對其區別標準（註八五）。善解者謂：「若把公益這名詞視爲併蓄著國家自身的利益和社會公共的利益的意義而使用的話，的確，國家是維持公益增進公益的，因而所謂國家法的法，在這種意義上，主要地亦是爲公益而存在的，從另一方面看，個人相互間的法，是以個人爲有獨立目的的主體而爲著調和其相互間的利益而存在的，其主要目的可說在於個人的利益。在這種意義上，說公法是公益的法，私法是私益的法，實未可盡非。」（註八六）利益說最近之代表納維亞斯基氏，亦從法律關係所適用之法律規範的性質加以觀察，而對反對者提出反駁，謂存有用以直接維護個別法體（einzelne Rechtsgenossen）之利

註八一　Widar Cesarini Sforza, aaO. S. 86.
註八二　Christian-Friederich Menger, aaO. S. 158.
註八三　Ibid.
註八四　Hans J. Wolff, Verwaltungsrecht, I (6. Aufl.), § 22 IIa6; ähnlich auch in der 8. Aufl., § 22 IIa6, zitiert nach Menger, aaO.
註八五　Menger, VerwArch. 53 (1962) S. 279, zitiert nach Menger, aaO.
註八六　見美濃部公法與私法，頁二七；林著法緒，頁七七～七八。

益，尤其是公權利之公法規範（註八七）。唯在此等說法下，亦只能抽象而先驗地就國家及社會前提，而未直接而確切地就國家及社會公益劃一界線。吾人認為，此部分得以固有意義國家生活利益（註八八）為基準，而參以國家型態及任務，而定其界線，再者，國家之角色，不但是統治力之保持者、監護者，而且係給付者。因此，國家固然是公益的保護者，同時卻亦是個人的利益的保護者（註八九）。尤其民主法治社會下，由於法律社會（連帶）化之結果，公私益愈難分其界限，而立法亦於一法律秩序下雜揉二者，致使人無從分辨。學者於是而主張，利益說完全無可維持（註九〇）。綜觀法律，乃行為之規範，權利義務關係之分界，因此乃具有意思規律性及利益規律性。意思規律用以規範行為之價值考量（裁決法則直接賦與法效），利益規律則用以規範人類社會利益之衡量。就二者言之，係法之本質內涵，但在法規範之具體表現（實證化）下，則有權衡輕重之結果，而呈相對性及流動化。因此，我們只能謂公法以保護直接之公的利益為傾向，而私法則以保護直接之私的利益為其指向。而公私利益，往往係互為影響，難謂有絕對標準（註九一）。學者亦指出，純粹個人之利益保護的規則，恐永遠無法成為法律，因為權利必須是法律所承認（有異說），此亦為法力說之權利觀之見解（註九二）。因此，學者拉坎布拉（Luis Legaz y Lacambra）謂：「人們只能問是否某一規範係保護此（私）利益，抑彼（公）利益。」

註八七 Vgl. Hans Nawiasky, Allgemeine Rechtslehre², S. 287 ff., 296, zitiert in Menger, aaO. S. 159.

註八八 本文二之（一）參照。

註八九 同註八六。

註九〇 大部分學者皆做如是說。參見曾著法緒，頁五五及下註三。

註九一 Cf. Sir Frederick Pollock, Jurisprudence and legal Essays, pp. 51 ff.; Luis Legaz y Lacambra, aaO. S. 466.

註九二 See, J. Walter Jones, Op. supra cit., p. 140.

（註九三）對於公私利益之問題，葛萊斯教授（Prof. Carl Gareis）剖析較詳，氏謂：「為了達成法學彙編（Juris corpus）之系統化分類，則必須回到利益的問題。如前所述，利益著根於人與物（或只有與人）間之關係。它們或為一定人們之利益，或社團之利益。那些利益也可同時屬於個人及團體之利益，但是以個人之利益較重要。人們賦有了解及實現社會利益，並調節利己私心壓力與社會合羣性之能力。此意義之法，係源自人類理性之基本原理。利益有二類，一為個人之特別利益，二為社團（或團體）之利益。二種利益得有實體的基礎，例如，實存的利益。二者亦得有理想的基礎，例如，教育之利益。利益於受到法律保護時，成為法益（legal Advantages; Rechtsgüter），第一類成為私人法益，另一則成為社團法益。社團之利益，可由雙方面為之，同時於法源討論上，社團之雙元觀（Twofold View）見其重要。」（註九四）又謂：「兩種社會集合體之利益——即支配統治之團體及經濟團體（註九五）——無須為同一。國家有一種專屬的利益，例如，可對貨物之進口以禁止的或課予關稅的方式課予負擔，是可想像的。再者，二種團體可以一種客體而基於同種關係，但相異之動機，且在不同等程度下擁有一利益。因之，遂有政府（統治團體）之法益，且有經濟團體（社會）之法益。除個人法益外，此一事實允許將法分為私法、公法及社會法。此導致法律的標準，主要或絕對地，其範圍及於私人之利益、國家及其部門；或經濟團體及其部門之利益，其相關部分之利益受保護，而形成法

註九三　aaO. S. 467.

註九四　Vgl. Karl Gareis, aaO. SS. 93-94.

註九五　支配統治團體，指支配社會之實體組織（個體）及其部門，如帝國、國家、省、行政教區及其他公的法人。經濟團體，指與國家機關無涉之因僱傭、階級等關係而結合之經濟關係之人的集合。aaO. S. 94.

益。」(註九六) 總之,吾人可從法之利益規律,尋找其爲公法抑爲私法之指向,但不能以之爲截然劃分之標準(註九七)。換言之,鄔氏之名言,只可認爲是宣言的 (declarative),而非創設的 (constitutive) 金科玉律,而利益說亦可予以修正而供參佐之用。

2. 目的說

目的說 (Zweckstheorie),學者有謂卽爲利益說(註九八)。亦有學者認係代替利益說,但非卽爲利益說(註九九)。是說略謂,法以保護公益爲目的者爲公法,以保護私益爲目的者爲私法(註一〇〇)。可知,目的說與利益說係一體兩面之學說。主此說者,有薩維尼、史塔爾 (Stahl) 及耶林 (Rudolf von Jhering),其中尤以耶林提倡最力,氏所著法目的論 (Der Zweck im Recht),爲目的法學經典之作。薩氏認爲,法律之目的,以國家爲主,個人次之者,爲公法;反之,以個人爲目的而以國家爲手段者,則爲私法(註一〇一)。氏謂:「根據其說 (System I, Seite 22),整部公法就目的言,個人的目的只係隸屬的,反之在私法中,則私人爲其目的,且每一法律關係爲其手段而存在或者

註九六 Ibid., pp. 94-95.

註九七 同說,美濃部公法與私法,頁二八; Luis Legaz y Lacambra, aaO. S. 471 ff.

註九八 袁著法緒,頁四一; 鄭著民總,頁一; 黎明法緒,頁三五; 鄭著法緒,頁二九; 李著法概,頁七六。

註九九 涂著法緒,頁一六六。

註一〇〇 同註七九。

註一〇一 涂著法緒,頁一六六。

爲之而特別發生。」（註一〇二）史氏認爲，法律目的在滿足個人需要者爲私法，法律目的在結合個人於一個權力之下，使之生活於單一體之中者爲公法（註一〇三）。氏謂：「私法關係乃用以滿足個人之生存，公法關係則在結合個人於一集體支配下，而滿足此種共同生活。」（註一〇四）史氏係一神權國家理念（theokratische Staatsidee）法學家，因此於對照公法關係與私法關係時，常附隨著神學的概念（註一〇五）。耶氏則分法之目的爲二種，一爲個人之目的（individueller Zweck），一爲社會之目的（gesellschaftlicher Zweck）（註一〇六）。氏復分個人的目的爲人與財產（推進的強制）（Die Person und das Vermögen-propulsiver Zwang）、家庭（強迫的強制）（Die Familiekompulsiver Zwang）及契約（履行的強制）（Der Vertrag-Erfüllungszwang）；社會之目的爲社會中強制之自約（Die Selbstregulierung des Zwangs in der Sozietät）公的社會團體（Die öffentliche Gesellschaft）、國家（由社會衍出之組織）（Die Staat-Ablösung von der Gesellschaft）、國家的權力（Die Staatsgewalt）、法律（倚賴於強制、規範之要素）（Recht-

---

註一〇二 "Nach ihm (System I, Seite 22)" erscheint im "öffentlichen Rechte das Ganze als Zweck, der Einzelne als untergeordnet, anstatt dass im Privatrecht der Einzelne Mensch für sich Zweck ist und jedes Rechtsverhältnis sich nur als Mittel auf sein Dasein oder seine besonderen Zustande bezieht", zitiert nach Franz Weyr, aaO. S. 558.

註一〇三 同註一〇一。

註一〇四 "Im, dienen die Privatrechtsverhältnisse dazu, den einzelnen Menschen zu befriedigen, sein Dasein zu vollenden, die äusseren dazu, die Menschen gemeinsam zu beherrschen, Sie zu einem Gesamtdasein zu verbinden und dieses als solches zu vollenden", in Stahl: Rechts- und Staatslehre, zitiert nach Franz Weyr, aaO. S. 557.

註一〇五 Ibid.

註一〇六 涂著法緒，頁一六六。該書列三種有誤。

Bedingheit durch Zwang, Das Moment der Norm)（註一〇七）。氏認爲法律是一種抽象的行爲命令（積極的爲命令、消極的爲禁止），其中有藉國家機關予以實現者，此時對該機關有直接拘束力，對私人有間接拘束力；亦有直接由私人予以實現者。分爲三級，一級爲個人命令（Das Individualgebot），二級爲單方拘束規範（Die einseitig verbindende Norm），第三級爲雙方拘束規範（Die zweiseitig verbindende Kraft der Norm)（註一〇八）。法目的論者，尤其耶林，反對概念法學（Begriffsjurisprudenz)（註一〇九），而特別強調法中「目的」之重要地位，謂:「目的乃一切法之創造者」(Der Zweck ist der Schöpfer des ganzen Rechts)（註一一〇）。就目的法學之貢獻言，乃是將法從形式概念之演繹，導入法之社會利益之門。目的法學對自由法運動（Freirechtsbewegung）及社會法學（social Jurisprudence）之啟蒙，著有貢獻。但其對公法與私法區別所示之標準，則一如利益說，只能提供我們觀察兩者區別之指向，而無法做爲確切之判別標準。吾人可言，目的爲人類行爲之最高及根本行動指向，係先於行動，而支配行爲之合價值性。法律係客觀之權義規範，規律行爲者之意思，指示何者爲正(Rich-

---

註一〇七 Rudolf von Jhering, Der Zweck im Recht, SS. 200-263, Erster Band, Druck und Verlag, von Breitkopf und Härtel, 1923, Leipzig.

註一〇八 aaO. SS. 256-292.

註一〇九 概念法學一詞，係耶林對當時德國盛行之羅馬法註譯學者（Pandekten）輕蔑之詞，氏於所著「法學戲論」(Scherz und Ernst in der Jurisprudenz, 1884）一文中首先用 Begriffsjurisprudenz 稱之。Cf. also Max Rümelin, Legal theory and Teaching, p. 9 in the Jurisprudence of Interesen, Transl. by M. Magdalena Schoch, Harvard University Press, 1948.

註一一〇 氏於所著法目的論（Der Zweck im Recht）一書扉頁，列有此一格言（Motto)。而其全部書卽著重於人類社會及法與目的之關聯性。

tigkeit)（註一一一），調協利益之準則，確保社會共同生活條件。目的係必要的，手段則可自由選擇（註一一二）。總之，目的可以指示立法方向，而成爲法的靜態慾（statischer Wille des Rechts），一如效力（Geltung）之於法律然，但尙無法客觀地認識法的規範形式、領域及性質。吾人只能謂，目的伴隨法而存在，但並非法之整體或本身，一如創造者與創造物不能同一視之者然。

3. 主體說

主體說（Subjektstheorie），有新舊之別，舊說爲德儒麥耶（Otto Mayer)、耶林納克（Georg Jellinek)、洛林格（Lonig)、哥沙克（Cosack)、英儒厚南（Holland）等所主張（註一一三）。新主體說（又名規範同格說）（註一一四），爲德儒伍爾夫（Hans J. Wolff）所創，巴厚夫（Otto Bachof)、孟格（Christian-Friederich Menger）所宗。

註一一一 德文稱法律爲客觀之權利（objektives Recht），權利爲主觀之法律（subjektives Recht）。克爾生稱法爲當爲規範（Recht als Soll-Normen），耶林則謂法只規範何者爲正，而非何者爲眞(nicht wahrheit, sondern Richtigkeit)。Vgl. Eugen Bücher, Das subjektive Recht als Normsetzungsbefugnis, J.C.B. Mohr (Paul Siebeck), Tübingen, 1965; Hans Kelsen, Reine Rechtslehre, S. 3 ff.; Rudolf von Jhering, aaO. S. 389 ff..

註一一二 Vgl. Rudolf von Jhering, aaO. S. 347 ff..

註一一三 林著法緒，頁七六；蔣著法緒，頁三八；李劉法通，頁九四～九五；李著法緒，頁四九；鄭著民總，頁二。亦有將耶林列入主體說者，爲吾人所不採，見李著法概，頁七六；Widar Cesarini Sforza, aaO. S. 82; Oscar Adolf Germann, aaO. S. 289; Georg whitecross Paton, Jurisprudence, p. 328 ff.

註一一四 規範同格說，係本人之中譯，原文"Zuordnungstheorie"爲巴厚夫（Otto Bachof）所首稱，見氏著 Teilrechtsfähige Verbände, AöR 83 (1958), 208 ff. (228), zitiert nach Christian-Friederich Menger, aaO. S. 160.

舊說略謂:「法律之主體，凡為國家或公法團體間，或其與人民間之法律關係者，為公法；凡法律之主體，為人民與人民間之法律關係者，為私法。」（註一一五）換言之，規範國家與其他公法人間，或國家或公法人與人民或私法人間之法律，為公法；規範人民與人民間或與私法人間之法律，為私法。但此說係抽象、籠統而固定地將國家、公法人、私法人及人民賦予一定之人格（資格或角色）（註一一六），而做為法規範主體，但國家或公法人亦極常實施私法人或人民之法律行為，而人民或私法人亦可能代行國家之公的事務行為，此時卽不免有所瑕疵。舊說學者亦有稍作修正者，例如普和達（Puchta）認為規定以個人地位享有之權利（私權）的法律，為私法；規定以社會一員而享有之權利（公權）的法律，為公法。基爾克（Otto Gierke）分法律為私法與團體法（Verbandrecht）兩種，而採同樣理論。耶林納克則分權利為「權」與

註一一五 韓著法緒，頁三五～三六；鄭著法緒，頁三九；林著法緒，頁十六；何著法通，頁六二；黎明法緒，頁三五；吳著法概，頁十七；袁著法緒，頁四一；鄭著民總，頁二；史著民總，頁一；洪著民總，頁十；劉著民總，頁三；齊著法緒，頁五八；李著法緒，頁四九；李著法概，頁十七；姚著法緒，頁四三～四四；李著法論，頁三六；李劉法通，頁九四～九五；蔡著法緒，頁五六～五七；蔣著法緒，頁三八；樓著法通，頁七六；曾著法緒，頁五五～五六；翁著法通，頁三八；郭著法通，頁一三六～一三七；劉著法緒，頁六五；劉著法意，頁八八～八九；涂著法緒，頁一六六；洪著民總，頁十。

註一一六 構成法律關係之主體，必須具有人格，亦卽法律上之能力或資格。人格原係以人之生物實體達到成熟，並在家庭或社會擁有支配力之實權（Gewalt, Herrschenmacht）者為基礎，因此，羅馬法上妻及孩童、奴隸、怪胎兒皆無人格，只係被支配之客體，隨後國家出現，亦假借君權神授之說，因此，人格係源自神之被景仰之地位而來，亦卽教會組織締造了國家法人格，後來，天賦人權之說盪漾，潮流所及，凡為人類皆有人格，為人類集合之組織，亦有人格。參照本文註二六、二九。否定法人之人格者，如基爾克。Vgl. Labands Staatsrecht und die deutsche Rechtswissenschaft, S. 1097, zitiert nach Franz Weyr, aaO. S. 560.

「能」（Dürfen und Können），其主體能自由行使者爲權，其主體只能持有者爲能。換言之，私權利乃是由能保護的權，公權利則是後面沒有任何權的能。規定權者，爲私法；規定能者，爲公法（註一一七）。湯恩（Thon）則依侵權之效果予以分類，以權利受侵害時，侵權者應負賠償責任，其權利爲私權，其法律爲私法；如其權利受侵害時，則引起權利之干涉者，其權利爲公權，其法律爲公法（註一一八）。就普氏及基氏之說，頗有道理，但就全法秩序言，只有行爲法及裁決法係用以規範權義關係者（註一一九），但組織法及規範法規範之宣言法或政策法（如憲法、中央法規標準法及各法表明立法政策者），則無法予以說明。就耶林納克之言，若以之納於我三民主義憲法理論，頗能道出五權憲法之精蘊，尤其權能區分理論，但此僅及於政治法，而難及於習慣爲主之人民法，尤其對規範法律關係而言，國家或公法人，若只視其有能而無權，則恐其機關亦無法達成統治、監護及給付之任務也（權，於國家者，曰權力；於人民者，曰權利）。此亦可謂根本否認國家及公法人之人格，與現行法律思想阻閡不通，是其缺點。復就湯恩氏之法律效果性質言，亦只及於犯罪及侵權行爲法部分，其說在此部分固極恰當，本人亦深韙其說，但就全法秩序（legal Order in large）言之，則只係一鱗半爪，未足以明其性質也。至於耶林納克又謂：「公法，是拘束保有統治權的團體，和其對等者，或其隸屬人民關係的法。」洛林格謂：「公法，是公權力的組織及作用，與被統治者對統治者關係的法，國家不以統治權力的資格，和其他人們形成法律關係的時候，該法律關係不

註一一七　涂著法緒，頁一七四；Hans Kelsen, Hauptprobleme der Staatsrechtsleher, S. 632; Jellinek, System der subjektiven öffentlichen Rechte, 1892, p. 43; 1905, p. 48.

註一一八　涂著法緒，頁一七四～一七五。

註一一九　洪遜欣著，法之意思規律性，頁三〇以下。

屬於公法，而屬於私法。」哥沙克亦謂：「公法，是爲公益而存在的組織體，即國家或公共團體教會等的法，不過在這些組織體和私人立於同等法律上地位的時候，其法律關係，屬於私法，例如買賣土地發行公債等是。」瓦赫（Wach）更指出，公法的特徵，在於該法律關係，是公團體以公益支持者的資格，在於主體的地位，或者是公團體與其相對人，立於全部或一部關係的法律關係。」雖非完全無瑕疵，但已爲新主體說提供理論之前瞻（註一二〇）。新主體說則主張公法與私法之區別，非在於法律構成要件（Tatbestände）之不同，而在於形成法秩序之法規之不同（Verschiedenheit der die Rechtsordnung bildenden Rechtssätze）（註一二一）及規範主體（Zuordnungssubjekte）之不同（註一二二）。新主體說之創造者伍爾夫謂：「因爲根據德國法，公權力主體（Träger hoheitlicher Gewalt）亦得成爲與私法一致規定之法規主體，她可以從事買賣、訂立僱傭契約、成爲股東等等；而且她（國家、鄉鎮等等）究立於此地位抑彼地位，常有疑問。此外，私法上之人亦得成爲公權力主體之被授與者（Beliehene Träger öffentlicher Gewalt），而適用此種公法。」（註一二三）又謂：「因爲私法之規範主體被授與唯有公權力主體得成爲其權利或義務規範主體之人格，因此，公法就是此等法規之總合。公權力主體及其機關之職權（Amtsrecht），並非每一個人，而係只有於必要時，而且通常只能經由此公權主體，至多其

註一二〇　參見林著法緒，頁七六；曾著法緒，頁五六。

註一二一　Vgl. Hans J. Wolff und Otto Bachof, Verwaltungsrecht, Bd. I. S. 99 ff.

註一二二　aaO. S. 99; Menger, aaO. S. 160-161. Zuordnungssubjekte 一詞，係表示法規中，當具體之法律關係發生時，被該法規規範之對象中的主體。納維亞斯基主張利益說，而認爲公法與私法之區別，在於適用於法律關係之法律規範性質。Menger, aaO. S. 159.

註一二三　Hans J. Wolff, aaO. S. 99.

某一機關，享有此權利或負擔義務。」（註一二四）又謂：「因此，公法的（öffentlich-rechtlich）義務、權利、請求權及法律關係，乃經此種法規所生之義務、權力、請求權及法律關係，它並非課任何人以此種義務，賦任何人以此種權利，而是只有當借著國家行爲以照料超越個人關係之多數人之共同事項時，國家或一主體始被課以此義務（！）或者賦予此權利。因此，此種公權力主體經由法規、行政處分或機關行爲，而被賦予權限，因之它在法律上是必需的，而且係此種公法法律上法律必需的主體。」（註一二五）再謂：「人民間之法律關係，只要其內容涉及經由行政法契約而負擔之義務或者經由公法而使一方獲益，他方負負擔者，皆屬於公法。……而且，國家及其他公行政主體，當其適用所有法律人格者皆可適用或構成要件可爲任何人予以實現而予以實現時，亦爲私法之主體。然而，只要當其係適用或實現只有公權力主體得予以實現或可被移轉或負擔之特別權利（Sonderrecht）時，就是公法的主體。」（註一二六）又謂：「若公法是特別法，則法律關係通常存在著爲私法的性質之推定。……若公法係行使公權力之特別法，則如公行政主體行使其公權限行爲時或私人之行爲屬於此種範圍時，相反地存在著公法適用之推定。」（註一二七）並謂：「私法關係可成爲公法權利或義務之前提，例如私地徵收；反之，公法行爲亦可成爲私法行爲有效性之前提，例如讓渡農地之許可；公法行爲亦可做爲變更私法關係之原因，例如姓名之變更是。」（註一二八）總之，新主體說係以行使公權力之法律主體的資格，說明適用之法規究何所屬。其根

註一二四　aaO.
註一二五　Hans J. Wolff und Otto Bachof, aaO. S. 99-100.
註一二六　aaO.
註一二七　Hans J. Wolff und Otto Bachof, aaO. S. 102.
註一二八　Hans J. Wolff und Otto Bachof, aaO. S. 103.

本關鍵仍在於公權力 (öffentliche Gewalt od. hoheitliche Gewalt) 之事項的特質——特別需要性。若以本文之觀點，則係固有的或嚴格的意義之國家的活動。因此，就新主體說而言，雖一再強調其區分基礎在於法規，而非在於法律之構成要件，但其最根本基礎，據吾人之分析，仍在於絕對之公的權力活動事項及權力行使之合目的性 (Zweckmäßigkeit)，換言之，法之性質的觀察，仍無法純從法規本身觀之，而仍應由構成該法規之權力事項之性質所屬爲之，而後再返回法規本身。此亦難免，蓋法雖有其獨立存在領域，但其根源則游於法之外，此恐非伍氏所可預見。大致言之，此說在實證法領域內，不失爲較圓滿之學說，但就法學體系言之，就理想之當爲面，則似有缺憾。一如奥斯丁所言，法學家所研究者，只是存在之法律，至於如何才是理想的法律，係立法者之事（註一二九）。

4. 權力說

權力說 (Subjektionstheorie)，依學者通說，略謂：規定不平等關係，亦即權力服從關係者，爲公法；而規定平等關係，亦即權利義務關係者，爲私法（註一三〇）。學者倡此說者，有麥耶 (Otto Mayer)、拉坎布拉等。佩頓 (George Whitecross Paton) 亦宗是說，氏謂：

註一二九 參劉鴻蔭博士著，西洋法律思想史，頁二〇六以下，五十九年初版，維新書局發行；Widar Cesarini Sforza, aaO. S. 80 ff.

註一三〇 鄭著法緒，頁二九；韓著法緒，頁三四～三五；何著法通，頁六二；黎明法緒，頁三五～三六；袁著法緒，頁四〇；齊著法緒，頁五八～五九；李著法緒，頁四九；姚著法緒，頁四四；蔡著法緒，頁五六；翁著法通，頁三八；郭著法通，頁一三七～一三八；劉著法緒，頁六六；劉著法意，頁八九～九〇；涂著法緒，頁一六六；Somló, Juristische Grundlehre, SS. 485 ff.

「公法與私法之唯一區別，乃在於私法中私人可以參與法之形成過程（Law-making Process）（例如簽訂契約），但在公法中規範之形成，私人雖未參與，仍受其拘束。但縱然在私法中，仍得違反一個人之意思而課予義務。」（註一三一）又謂：「傳統觀點認私法處理同等地位及平等關係，而公法則爲政治支配之領域；但克爾生則認二領域中之法則皆同其範圍，由契約而形成之私法亦一如由憲政力量所形成之支配領域。此問題之關鍵，在於我們是否應將私人締結契約算做參加法秩序之法的形成力。某些差異在抽象的理則只係程度上之差別，但在類別上則差別甚大。在國家體制上，立新法之立法主體與適用存在法之行政人員及法官之有限權能則差別甚大。因此，更合理地應承認公法與私法根本區別對國家特性之重要。」（註一三二）鮑曼（Jürgen Baumann）謂：「今日通說係在於對立之法律主體之差別。在公法中係規定統攝法主體與隸屬法主體之關係；而私法中則存在同地位之法主體。此種統攝隸屬原理原則上支配公法，同等地位原理原則支配私法。」（註一三三）又謂：「統攝隸屬原理（民事訴訟亦然）支配並產生了國家司法機關（Rechtspflegeorgane）強制之權能（Zwangsbefugnisse）。」（註一三四）克爾生駁斥權力說，認此種二元論僅係一意識型態，係將權「力」與法律（Macht und Recht）或甚至將國家權「力」與法律做爲公法與私法絕對對立之基礎（註一三五）。氏並提出裁量之不同及實證法下此種區別之欠缺基礎，而只是立法、政府及行政機關在法律之下，其活動與法

註一三一　Georg Whitecross Paton, Op. supra cit., p. 326; Hans Kelsen, Reine Rechtslehre, SS. 284-285.

註一三二　Georg Whitecross Paton, Op. supra cit., p. 328.

註一三三　Vgl. Jürgen Baumann, aaO. S. 20.

註一三四　Vgl. Jürgen Baumann, aaO. S. 24.

註一三五　Vgl. Hans Kelsen, Reine Rechtslehre, S. 285.

院審判裁量上微有不同而已，絕非本質之差異，只係技術上之微異，非本質之對立，故二元論不可採（註一三六）。總之，克爾生否認二元論，係專對權力說以事實與法的純當爲之分際及現代民主國家生活下，屬於權義而非隸屬關係，而否認其說（註一三七）。威亞（Franz Weyr）則謂：「國家政府權力（obrigkeitlicher Macht）規定之法律關係，只係法規範之抽象形式而已！」（註一三八）「而且，所謂屬民(Untertanen)在現代法治國家中，對於自由民並不適用！」（註一三九）而且，此種上下位關係亦存在於私法關係中，而平等關係亦存在於公法中，故此說有其缺點。但拉坎布拉則認爲此說係最中肯者（註一四〇）。氏謂：「儘管此一區別標準有此等缺點，但仍係最中肯者，而且反對者所提出之異議，部分亦係無根據的。一種同一之法律制度得爲公法與私法之客體，然而此一制度人們卻在不同之法律中予以規定。此不僅在公法與私法規定中有此經驗事實，而且在一般之規定皆如此爲之，而且另一結構法規範中存在者，亦屬於另一法律型態，屢見不鮮。如一規範之本質屬於公法，則它必須指出隸屬關係之結構。平等關係的規範亦見於公法法律規定中，則呈現於我們之前的事實，乃是其爲屬於公法之一種集合的制度複合（Komplex von Institutionen），而且與私法有關之規範，其性質並不自行顯示出，但公法與私法中仍有顯著之差別。」（註一四一）拉氏並簡要指出：「此說得予維持，而謂公法係規範中確立義務之意思與義務人之意思不同一之規範複合，私法中原則上被課予義務之人的意

註一三六　aaO. S. 286.

註一三七　參美濃部公法與私法，頁七；Hans Kelsen, aaO. S. 287 ff.

註一三八　Franz Weyr, Zum Problem eines einheitlichen Rechtssystems, S. 3, 6.

註一三九　Ibid., S. 563; Christian-Friedrich Menger, aaO. S. 154 ff.

註一四〇　Vgl. Luis Legaz y Lacambra, aaO. S. 468.

註一四一　Vgl. Luis Legaz y Lacambra, aaO. SS. 468-469.

思，係直接使規範確立其義務之條件。每一法規範必須具有此二種結構，而且因為此係法律之先驗法的形式。」（註一四二）氏更指出：「公法上契約實際上並非契約，或者它是公法介入之私法。私法中隸屬之地位實際上並非隸屬地位，或者它是私法中之公法，或者它並非法律關係。克爾生亦指出，勞工與僱用人之不平等地位為在該利益下之下位，而非純粹之下位關係，且非僱用人毫無限制之意思自由使然。」（註一四三）就氏之見，可知二分法危機之產生，在於前提情況之變化，例如自由國家及社會之變化是。公私法孰為優勢，應依個案情形決之。自由主義下，一般謂係社會契約之關係，義務之規範由義務人之意思決之，公法之結構亦私法化，純公法只存於國家與人民間，而且亦非呈上下位之關係。超個人之概念，使公法優越，人民與國家呈上下位之關係，社會主義德國乃其著例。團體社會下，呈現單一社會結構，公法與私法之區別，存在於社會與國家間，政治與非政治之區別並不重要（註一四四）。吾人以為，一如利益說、目的說、主體說、權力說亦構成公法與私法區別之觀察的方法，但無法做為唯一確切之標準，尤其，權力支配關係現象之發生，亦係先於法律而發生，除非法律予以保護，使成為法益，否則將無法提供權力說之理論基礎也。（矧言，現代法治觀念下，權力支配之範圍，乃由法律予以界定，庶免有不當之措舉，而邁向以正義為指標之實質法治主義。）蓋依實證法學，尤其純粹法學言之，非法律所保護之權力及利益，皆非法益，在法律上無被討論之資格。再者，在權力說中之隸屬者，往往並無自由為意思表示之權利，甚者，在較早之說法，吾人從歷史之演進中可發現，隸屬者往往無人格之存在，在特

註一四二　aaO.
註一四三　aaO. SS. 469-470.
註一四四　aaO. SS. 470-472.

別權力義務關係（besonderes Gewaltverhältnis）中，義務者一方，輒立於客體而欠缺人格之地位（有建議權，而無決定權），而在該團體中成爲單一人格現象，與現代自由的法治觀念頗有扞格之處，但在緊急之事故及特殊任務之遂行中，吾人認爲仍有存在之價值。

5. 意思說

意思說（Willenstheorie），又稱當事人意思說（Parteiwillenstheorie）。意思說與權力說，頗多雷同之處，因此學者遂有將之相提並論者（註一四五）。大略言之，權力說係從法律關係中其主體間之地位爲分析者，亦卽以其統攝與隸屬關係之資格爲區分基礎，而意思說則就法律主體是否欲發動其特殊法律地位而定。主此說者，有德儒拉斑特（Laband)、日儒穗積八束等。此說略謂：公法關係，是權力者和服從者間的關係；私法關係，是對等者間的關係。公法所規律的意思，是權力者及服從者間的意思，私法所規律的意思，則是對等者間的意思（註一四六）。拉斑特認爲公法之特色，在於統治關係。氏謂：「所謂統治（Herrschaft)，是一種可以命令自由人（及其結合體）作爲、不作爲及給付，並能強制其遵守的權利。而公法和私法區別要點卽存在於此。至私法只有對物的支配，而無支配自由人的權利；對自由人只有請求權（Forderungsrecht)，因此，對於義務者沒有強制的權力，亦沒有以某事命令之的權力。」（註一四七）就此說言，在國家與人民於統治

註一四五　見黎明法緒，頁五～六；袁著法緒，頁四〇。

註一四六　林著法緒，頁七六；黎明法緒，頁五～六：袁著法緒，頁四〇。

註一四七　Vgl. Laband, Das Staatsrecht des deutschen Reichs, I. S. 64, 引自美濃部公法與私法。

關係及監護關係下，國家確實以優越之支配權以命令並強制人民之權利，故國家與人民於此關係下，確以命令服從關係為其通性，但非根本之區別標準。蓋國亦為給付者、邮顧者，人民亦相對地可對之為請求，而私法亦不限於對物之支配（所謂對物之支配，實為對物有抽象及具體之所有及占有狀態，而得排除他人妨礙此種權利行使之功能），規範其他個人間之事項綦多，固不止於此也。是此說只是某一層面，可以佐助吾人之分析而已（註一四八）！伍爾夫謂：「是否私法地繳納稅捐，或締結公法的買賣契約，並非因當事人之好惡而任為此或為彼。」（註一四九）而且，所謂當事人之意思，並非決於雙方或人民單方，而往往係決於公機關。伍爾夫又謂：「正確者只係公的機關，在適用不同的法秩序要求之方式以達成一目的，例如是否購買土地抑予以徵收；任命官員抑僱用職員；收取規費抑締結交付工程契約，往往可以選擇。」（註一五〇）甚者，克爾生指出，此種區別係不祥之兆，因它係根源於政治因素之僭據法律的理論（註一五一）。克氏復指出，此種思想係源於馬基維里之絕對專制理論——即所謂之國家觀（Staatsraison）之上；而且公法在內政（inneren Verwaltung）及國際政治上被恣意濫用，而國家亦只有顧及其利益時，統治者才想到公法（註一五二）。克氏更嚴厲地指出，麥耶（Otto Mayer）之行政處分理論在此說下，公法將係具有優越之高權性質的法律。此種情況下公法並非眞正之法律，國家亦先

註一四八 同說美濃部公法與私法，頁二六。

註一四九 Vgl. Hans J. Wolff und Otto Bachof, aaO. S. 98.

註一五〇 aaO.

註一五一 Vgl. Hans Kelsen, Allgemeine Staatslehre, S. 85 ff., Berlin, 1925, zitiert nach Luis Legaz y Lacambra, aaO. S. 463.

註一五二 Hans Kelsen, aaO., Riv. Int. di. Fil, del Diritto, 1924, S. 7; zitiert nach Luis Legaz y Lacambra, aaO. S. 464.

於法律之上（註一五三）。綜上言之，意思說只能部分地說明法律通常情況，而無法提供全盤的了解；而在維護民權之前提下，斯說只能在非常情況下之法制，謹愼地予以應用。

6. 社會說

社會說（Sozialstheorie），爲德儒基爾克（Otto Gierke）所倡。基氏將法分爲個人法與社會法。氏謂：「人，一方面以個體資格而生存，一方面又爲有組織底全部的一分子，作爲個體的人人相互關係的法，是個人法。個人法，以各個人爲主要對象，它是以對等關係爲基礎的，故以主體的不拘束爲出發點。社會法，則規律作爲社會人的人人意思關係；社會法，規律比各個人更高的全體，而且團體自身，亦作爲團體結合的一部，而被規範著。」又說：「在羅馬法，國家以外沒有社會，所以國家法和社會法同其意義。反之，在近代，國家以外還形成種種社會，所以在國家法之外，還有無數的社會法。國家以最高團體的資格，對於此類國家法以外的社會法，依其所規律的共同生活，對於國家自身生活的價值，賦與其中一部分，以和國家法同，或類似的權力手段；對於其他的社會法，則不承認它有比個人法更高的權威。現代所謂私法，包括全部個人法，及未被國家編入公法的社會法，即家族法、公司法及其它私團體的法。所謂公法，則包括全部國家法，及在國家下的團體，被國家認爲係公共團體的社會法，即教會法、地方團體法、公共組織法及國際法。」（註一五四）此說，一如舊主體說，亦係抽象而爲描述，且

註一五三　aaO.
註一五四　Vgl. Otto Gierke, Deutsches Privatrecht, I. S. 26 ff.；引自林著法緒，頁七八～七九；美濃部公法與私法，頁二八～二九。

個人間之法與個人與團體（Verband）間之法，嚴格言之，皆係社會之法，蓋「有社會即有法律，有法律斯有社會」（Ubi scoietas, ibi jus; Ubi jus, ibi scoietas），個人法與社會法並非對立之法，而僅係構成國家法下之二支，甚且個人法亦應納入社會法之中。美濃部達吉復以「一面以為把團體的全部當作單一的個體時，應以之與個人同視；他面卻把關於國家之相互關係的法——國際法列入社會法中，實難免矛盾之譏」批評此說（註一五五）。大致言之，此說係將個人之二種資格（法律上之角色）分開，而以不同資格之法律關係為區分之方法，是其可取之處，其缺點則在於將個人法與社會法截然劃分，使成為不同法域。（在社會法與個人法之法域的區別，其前提在於社會與個人之情況的範疇差異。）

7. 應用說

應用說，略謂：凡法律規定之權利，不許以私人的意思自由拋棄者為公法，其可以自由拋棄者為私法（註一五六）。此說係以權利之行使與否，委由權利人自行決定為其出發點。此說之根本前提，係繫於法之強制性與否（註一五七）及法律行為之行使與否。斯說缺陷，依學者之見解有幾，第一，從存在之法現象言，公法中亦有可拋棄之權利，例如

註一五五　氏著公法與私法，頁三〇。

註一五六　何著法通，頁六三；袁著法緒，頁四一～四二；李著法緒，頁四九；姚著法緒，頁四四；蔡著法緒，頁五七～五八；翁著法通，頁三八；郭著法通，頁一三六；劉著法緒，頁六六；涂著法緒，頁一六六。

註一五七　Vgl. Walther Burckhardt, Die Organisation der Rechtsgemeinschaft, SS. 17 ff., 2, Aufl. 1943; Methode und System des Rechts, SS. 170-225, 1971.

選舉權之不行使（此例似有不妥之處）、放棄服公職之具體權利；私法中亦有不得拋棄之權利，例如權利能力、行爲能力、人格（人格爲權利之前提，非權利本身；人格權乃由抽象人格所衍生之具體權利）、自由等是，學者亦以此爲批判方法（註一五八）。但此種批判方法，係以法律，尤其法典爲其立著點，而非以法規範爲其批判客體，在法學方法上不能謂無問題。而且，此等情形之發生，完全繫於欠缺處罰之規定（註一五九），亦即有行爲法，而無裁決法。欲彌補此漏洞，胥賴行爲法與裁決法之相需爲用也（註一六〇）。

8. 統治關係說

統治關係說（Herrschaftsverhältnissentheorie），係以國家統治權（Herrschaftsrecht）是否發動爲其區分之出發點。是說略謂：規定國家統治權發動關係者爲公法，規定非統治權發動關係者爲私法（註一六一）。所謂統治權，指國家以統治力保有者身分所享之權力，根據此一權力，當國家行使時，其係立於權力者之地位（Überordnung），人民係立於服從者之地位（Unterordnung）。反之，在私法關係中，法律主體係立於對等者之地位（Coordination）。此說與意思說同，與權力說

註一五八　同註一五六。

註一五九　法律之處罰，係由法律效果（Rechtsfolge）中觀之，依余所見，法律效果計有如下幾種：合效果——（1）給付效：1. 作爲給付，2. 不作爲給付，（2）允許效，（3）授權效，（4）命令效；改效果——（1）直接改效（強制改效），（2）保留改效（選擇改效）；無效果——（1）失效果，（2）奪效果，（3）懲罰效。此種情形以給付爲第一級，以無效果爲第三級。

註一六〇　參洪遜欣著，法之意思規律性，頁四〇以下。

註一六一　鄭著法緒，頁二九；黎明法緒，頁三五；鄭著民總，頁三；史著民總，頁一；蔣著法緒，頁三九；曾著法緒，頁五五。

類似。在此不擬贅述。

9. 法律關係說

法律關係說（Rechtsverhältnisstheorie），係從法律關係中之主體地位及客體之性質，所爲之區別（註一六二）。其一謂：對人的法律爲公法，對物的法律爲私法。有將之改稱身分或非財產，而將物稱爲財產者。主此說者，有日本學者松岡氏（註一六三）、英國奧斯丁及哈爾（註一六四）。其實法規範不但不止於此種關係，其者並無純粹之對物法者，至多只能謂以物之支配爲其客體之法律。蓋以物爲客體之法律，仍在於確立其所有人、占有人對該物與他人間之法律權義界限而已！其二謂：公法是規定公的權力關係，換言之，公法卽是規定國家與國家間，或國家與人民間公的權力關係，至於法律規定國家與公法人之間、公法人相互間、或公法人與人民間之權力關係，其性質亦是屬於公法。私法是規定私的權利關係，換言之，私法是規定個人相互間或國家與個人間私權關係之法律，至於法律規定國家與私人間，私法人相互間或私法人與個人間之私權關係，亦是屬於私法之範圍（註一六五）。可見，此說兼有主體說、權力說之性質，其說法較該二說爲完全，但仍非無瑕疵，蓋其係以橫的範疇爲基礎，依吾人之見，不如做縱的而呈金字塔形

註一六二　吳著法概，頁十六～十七；袁著法緒，頁四二；胡著民總，頁八；王著民總，頁一；李著法概，頁七六～七七；李著法論，頁三六；李劉法通，頁九五；蔣著法緒，頁三九；樓著法通，頁七六。

註一六三　齊著法緒，頁六〇。

註一六四　同註五七；Vgl. auch Hans J. Wolff und Otto Bachof, aaO. S. 98.

註一六五　袁著法緒，頁四二。

之分析之爲愈（註一六六）。換句話，法律關係只係觀察法現象之一種方法而已！如何進一步分析法的意思規律性、利益規律性、主體人格、客體地位、效果及其歸屬、法域等，係今日吾人研究公法與私法區別不可忽略之所在。

10. 生活關係說

生活關係說，係從法律主體——人格在法律生活關係中充當之角色（或資格），觀察規範此等生活關係之法的性質。此說略謂：吾人之生活關係可分爲兩種方式，一爲基於國民一分子資格之「國民的生活關係」，一爲本於社會一分子立場之「社會的生活關係」（指狹義的社會生活關係而言）。規律前者之法律爲公法，規律後者之法律爲私法（註一六七）。是說融合新主體說、社會說、法律關係說之精髓，不失爲較完整之說法，但體系仍欠嚴明。我國學者陶希聖、范揚氏提倡斯說，依其歸納，所謂公法，即規律國家、自治團體及其構成分子生活之法，私法卽規律個人或私團體生活之法也（註一六八）。

11. 性質說

性質說，係從權力關係、統治關係及生活關係中規範法律之性質，

註一六六　詳見本文四、（五）。

註一六七　鄭著民總，頁三；鄭著法緒，頁二九；吳著法概，頁十七；史著民總，頁一；劉著民總，頁四；蔣著法緒，頁三九；涂著法緒，頁一六六；Vgl. auch Richard Schmidt, Einführung in die Rechtswissenschaft, SS. 10-11.

註一六八　引自涂著法緒，頁一六六。

所為之觀察（註一六九）。其詳見三說之說明。其妥當性及缺點，與生活關係說、法律關係說同。

12. 效力說

效力說，係我國學者史尚寬氏之介紹，依其說明，謂：「使生權力關係者為公法，使生平等對立關係者為私法。」（註一七〇）其說與權力說同，恐係權力說之誤。

13. 統治主體說

統治主體說，係從統治主體之生活關係之性質，所為之區別，為我國學者史尚寬所倡，氏謂：「規定統治主體之生活關係為公法關係，規定非統治主體之生活關係為私法。茲所謂統治主體關係，包括統治主體（國家及其公共團體）相互間之生活關係，及統治主體與被統治者，及國民以統治權（主權）者之資格對於國家及其公共團體之關係，此說兼採第三、四、五說（指主體說、統治關係說、生活關係說）之長。依此定義，可包括國際法在內。非統治關係相當於第四說之非統治關係，第五說之社會生活乃至人類生活關係，故國家以國庫之資格以與私人對等之地位為交易時，亦等於私法關係。因而憲法、行政法、刑法、民事訴訟法、刑事訴訟法、國際法等於公法，民法（包括民事特別法）為私法。」（註一七一）此說兼三說之長，與新主體說足可分庭抗禮，其缺

註一六九　參鄭著民總，頁三；洪著民總，頁一〇。
註一七〇　見氏著民總，頁二。
註一七一　氏著民總，頁三。

失則在於未對統治主體生活關係及非統治主體生活關係提供明確界線，而且其理論據點，亦付闕如。誠屬遺憾之處。氏並引拉得普魯之說（註一七二），謂：「特應注意者；第一，私法公法之區別，原非夙已存在。在日耳曼國家，向不知有此區別，因羅馬法之繼受，始為此區別。在我國過去，私法亦係夾入於刑法之內。第二，公法與私法不必併存於法的秩序之內，在社會主義社會，私法幾全部溶解於公法之中。反之，在無政府主義，社會惟要求私法的存在。第三，私法與公法之界限亦不必常一定，例如勞動關係，其中有時為公法，有時為私法。第四，一切法域不必得劃歸私法或公法中之一種，例如勞工法、經濟法為公私法混合之區域。」（註一七三）

14. 歸屬說

歸屬說（Zurechnungstheorie），依學者之說明，謂：「法律之訂立根據歸屬於社會本身，卽法律之實現不須經私人之自律的立法行為者，為公法；反之，其根據歸屬於私人，卽法律之實現須經私人之自律的立法行為者，為私法。」（註一七四）此說係以權力說典型例子——規範形成或立法（Rechtserzeugung; Law-macking）為其根據（註一七五），其缺點詳本文三、（二）、4 權力說，在此不予贅述。

註一七二 史氏並無明言引自拉氏之說，此係本文之推測，並參見 Gustav Radbruch, Einführung in die Rechtswissenschaft, aaO. S. 87 ff.; Rechtsphilosophie, aaO. S. 224 ff.

註一七三 同註一七一。

註一七四 洪著民總，頁一〇。

註一七五 Vgl. Hans Kelsen, Reine Rechtslehre, SS. 284-285; G. W. Paton, Op. supra cit., pp. 326 ff.

15. 行爲說

行爲說，係以法律規定之行爲歸屬爲其區分據點。是說略謂：法謂規定屬於國家本身的行爲者爲公法，規定私人的行爲者爲私法（註一七六）。此說之根本前提，在於國家行爲之高權性（Hoheitlichkeit）及專屬性（Exclusiveness）及私人行爲之一般性及普徧性。此說之缺陷，在於未將國家行爲之適用範圍及主體資格，明確地予以指出，此一部分可以新主體說之方法補足。

16. 三分說

三分說，係法源區分法、立法目標區分法及責效方法區分法之概括稱詞。就法源區分法言：「公法依據於歷史習慣之處較多於私法。私法所以拘束個人，而公法所以拘束國家，拘束於國家較難於拘束個人，是以公法中若干規定，其明瞭準確不及私法，而有賴於傳統習慣。」（註一七七）因此，學者乃謂：「故，外國私法制度之繼受易於外國公法制度之繼受，而後者之繼受需要格外愼重。」（註一七八）就事實言之，此誠爲不刊之論，但仍無法做爲區分之唯一標準。就立法目標區分法言：「公法規定個人與社會全體之關係，私法規定個人與個人之關係。法律對於個人彼此間之關係，常有採取自由放任的地方，譬如契約以自

註一七六　齊著法緒，頁五九；劉著法意，頁九〇；Giogio Del Vecchio, Lehrbuch der Rechtsphilosophie, S. 276.

註一七七　龔著法概，頁六三以下；Edward Jenks, The New Jurisprudence, pp. 241 ff.; Karl Gareis, Op. supra cit., p. 101.

註一七八　Cf. Karl Gareis, Op. supra cit., p. 101.

由爲原則，關於遺囑贈與等，法律界予個人以鉅量之自由，而公法上之規定，多屬強制性質，譬如服兵役之義務、納稅之義務、妨害公共秩序之行爲，個人行動關涉社會全體者，不容有遵守或不遵守之自由，然此只就大致言之，其中不無例外，譬如私法上關於行爲能力、身分等之規定，係強制性質，公法上關於投票權之行使，亦容許個人有放棄之自由。」（註一七九）此說情形與上說法同。再就責效方法區分法言：「公法除刑法外，其規定係對國家權力加以限制，是以公法常不如私法之可以強制執行。」（註一八〇）此說確有理由，但只係對法現象之描述而已，非本質上之當爲，自不待言。

17. 資格說

資格說，又稱形式的法律關係說，係以法律關係中主體之資格，係立於國家一分子之國民，抑立於社會一分子之私人而定（註一八一）。其說與生活關係說中對法律主體之說明同。詳見前述，在此不贅。

18. 國家社會關係說

國家社會關係說，係從法律關係之爲國家統治關係，抑爲社會生活

註一七九 龔著法概，頁六三以下；Edward Jenks Op. supra cit., p. 241; Hans J. Wolff und Otto Bachof, aaO. S. 98.

註一八〇 龔著法概，頁六三以下；Karl Gareis Op. supra cit., p. 99 ff.; Oscar Adolf Germann, aaO. SS. 289-290; Hans-Martin Pawlowski, aaO. SS. 100 ff.; Salmond on Jurisprudence, pp. 112 ff.

註一八一 劉著法緒，頁六七；涂著法緒，頁一六六。

關係，作爲區分公法與私法之標準（註一八二）。此說與生活關係說、統治關係說類似。詳前不贅。

19. 其　他

有關公法與私法區別之方法，除前述幾種以外，尙有若干簡略之分法。例如：一、以私法爲從悠久歷史傳統中之法的發現（Rechtsfindung），國家至多只予以法典化而已；反之，公法則係由權威國家予以制定，故稱公法爲法之制定（Rechtssetzung）。此說係只對過去法制度現象之說明，與現代之立法情形，顯有未符（註一八三）。二、以法制度（Rechtsinstitution）之法的名稱（Rechtstitel）爲區別方法。此說不妥，蓋公私法中皆有契約、時效等相同名稱之制度（註一八四）。三、以是否有強制之特性（zwingende Charakter）爲其區分方法，謂私法採私人自治（Privatautonomie），公法採強制。是說稱處分說（Verfügungstheorie），布克哈特（Walther Burckhardt）採之。但公法中亦有非強制之規定（如公團體加入與否之自由），私法中亦有強制性質之規定（如損害賠償、親屬及繼承法是）（註一八五）。四、以個案（Einzelfalls）中之重要性及其他情況，而由法官或當事人便宜應用者（註一八六）。學者，尤其英美學者，就此種限定於某些範圍，以對話辯證式之法學，稱爲個案法理學（topischer Jurisprudenz; topic Jurisprudence）。但此說僅係對構成要件之事實的處理，而非對法規範做一普徧而一般之

註一八二　劉著法意，頁八九。
註一八三　Vgl. Hans J. Wolff und Otto Bachof, aaO. S. 98.
註一八四　aaO.
註一八五　aaO.
註一八六　aaO.

區分（註一八七）。

（三）修正論（三元論、社會法說）

公法與私法之區別，完全否認其存在者，爲否認說；承認其存在者，除前述之二元論外，尚有修正論，亦稱三元論或社會法說。依修正論，除承認公私法域之存在外，認爲尚存有公私性質不分之第三法域，稱爲社會法域或混合法域（gemichtes Rechtsgebiet）（註一八八）。就法之整體言，確實有此種公私性質之法域，而且此係受社會連帶之思想所致。但我們必須澄清者，乃是所謂「社會法」之基礎，其規範之生活關係，有係源於國家公力之介入或授與，故其內容仍屬可分；再者本文一再強調，公法與私法之區別，在於法規範之個別性質之區別，而非法典性質之比較。當然，法典中非不可間入公私性質之法規範於一本，但此非性質完全不可分之法規範也。蓋法典只係法規範之成文表現而已！而法典由法規（Rechtssätze）所構成，法規復由法規範（Rechtsnormen）所構成，而法規範復由法原理（Rechtsgrundsätze）所形成。公法與私法之區別，當然無法純從法原理中求之，因其爲立法之原理，而非法規範本身；亦無法從法規及法典中求之，蓋其中多有雜陳公私法規範者月最恰當之區分，必也從法規範中求之。依吾人之觀察，不少法規係由一以上之法規範所組成，於此情形，我們亦應析出法規範爲個別之法體，

註一八七　aaO. S. 99.

註一八八　Vgl. Franz Weyr, Zum Problem eines einheitlichen Rechtssystems, SS. 572-573; Gustav Radbruch, Rechtsphilosophie, SS. 226-227; Kurt Wilk, The legal philosophies of Lask, Radbruch and Dabin, p. 155; Giorgio Del Vecchio, aaO. S. 275.

然後就該個別法體之法規範性質爲區分。總之，社會法之出現，只指出全法秩序結構之趨勢。社會法之領域，如依本文前述所做之法規範領域界線，乃爲傳來意義之公法及傳來意義之私法的總合。然而，傳來意義之公法及傳來意義之私法的界線又如何，本無固定之標界，但吾人可以從憲法所宣示之原則中求之，尤其基本國策所揭櫫之原則中，予以決定。換言之，原爲固有意義之公法事項，國家本於憲法之規定，隨社會之變遷，漸失其超個人及專屬性之事項，乃衍而成爲傳來意義之私法；反之，原爲固有意義之私法事項，隨社會之變遷，國家有發動其監護或給付之權限必要，則規範該傳來意義之公法事項之法律，乃爲公法。唯吾人仍應注意法規範之情況特質，而就個別法主體所形成之具體規範事項，決定其公私法屬性。（詳見本文之結論）

四、從公法與私法之共通性、特殊性及關聯性，論區別之標準

（一）概 說

公法與私法皆係法之一支，亦卽其共同之上位概念厥爲法。法之事物本質（Natur der Sache），亦爲公法與私法所共有（註一八九）。但公

註一八九　有關法之本質，請參閱美濃部達吉著，法之本質；Reinhold Zippelius, Das Wesen des Rechts, Einführung in die Rechtsphilosophie, C. H. Beck, 1973；有關事物本質（事理、事物內涵），請參閱 Herbert Schambeck, Der Begriff der "Natur der Sache", Ein Beitrag zur rechtsphilosophischen Grundlagenforschung, Springer-Verlag, Wien, 1964.

法與私法之區別，如前所述，在於構成該法之法規範，故亦有其特殊性。然而，就組成全法秩序言，則又互有關聯。是以就全法秩序，亦即國法秩序下言之，公法與私法係構成之二分子，其上位觀念，無加以區別之必要與明確標準。只有就全法秩序之體系的結構——公法與私法體系，方有其必要及可能。公的法律結構與私的法律結構如不健全，則全法秩序必然釋然而解。一元論者之否認公法與私法之區別，一方面只顧全法秩序（依該說稱爲單一法系）而忽略其基礎結構；他方面則因傳統二元論說法產生絕對分離之二元法本體現象，亦即公法與私法截然分立，互不關涉，一如純粹法學中之法與非法（Recht und Unrecht）者然。茲爲消弭此一疑慮與誤解，將略就公法與私法之共通性、特殊性及其關聯性予以說明（註一九〇）。

（二）公法與私法之共通性

公法與私法之共通性，計有（一）同爲權利義務的關係之共通性，（二）權利義務的種類上之共通性，（三）法律原因上的共通性，（四）關於人物及事業的共通性。就同爲權利義務的關係之共通性言，國家有命令及請求人民爲一定之行爲或不行爲之權利，人民亦有依法向國家請求爲一定行爲之權利（參看請願法、訴願法及行政訴訟法），此在民主法治國家係屬常軌。此現象亦一元論者攻擊權力說、統治關係說等等根本依據，但就國家而言，確實擁有此種優越之統治高權，但仍非可以漫無限度地恣意濫用，在法治國家領域中，必須有法之依據（包括合法性及合法律性〔Rechtmäβigkeit und Gesetzmäβigkeit〕）；而且國家於

註一九〇　以下三節係引用美濃部公法與私法第二、三章之綱要，特此說明。

緊急及必要之情況下，仍應儘量自律（Selbstbindung）。法諺曰：無救濟之權利，非權利（There is no right without remedy or The right without remedy is not deemed as right）。我們因此可謂，實體法爲主要的權利依據，程序法則爲主要的救濟依據。就權利義務的種類上之共通性言，私法上之法制度（Rechtsinstitution）於公法中，亦所恒有。例如：物權、債權、參與團體（社團）之權利等是（註一九一）。再就法律原因上的共通性言，就公法關係與私法關係之發生、變更及消滅，有若干共同之處，例如：構成法律原因之狀態或事件，如年齡、人之誕生、死亡及人之身分、住所、期間、時效；就構成法律原因之意思行爲言，如公的意思行爲（命令、授權、處分等）及私的意思行爲（意思表示）、意思表示及法律行爲、單獨行爲與契約、意思表示之附款（附條件及期限）、代理等是。最後就關於人、物及事業之共通性言，例如：公法人與私法人、公物與私物、公企業與私企業等是。

（三）公法與私法之特殊性

就公法與私法之區別的有關學說言，一元論者只見及法之共通性，而二元論者則只見及公法與私法之特殊性，修正論者亦同（註一九二）。茲就公法與私法之特殊性，列舉若干如次：（一）公法的權利義務之相對性，（二）公法的國家行爲之公定力，（三）公法的國家公權之強制力，（四）對於公法上的人民權利之保護，（五）制度法規上公法規定與私法規定的差異。就公法的權利義務之相對性言，其表現之特徵爲：

註一九一　有關公法物權，請參見土地法第二章、第三章，國有財產法；有關公有債權，請參見各種說法；有關參與團體或社團之權利，請參見憲法第十四、十七條、民法第二五條。

註一九二　美濃部公法與私法，頁一一〇參照。

捨棄之不可能、移轉之不可能及限制。就捨棄之不可能言，係指以意思表示拋棄該公法權利而言，至於事實上不行使，並不使該（抽象）權利向後的消滅（註一九三），就具體權利之不行使，則係拋棄之一種，其漏洞在於有行爲法，而無裁決法。所幸，公權利係繼續的、抽象的及專屬的權利，不因其拋棄而消滅，更不因其不行使而消滅，與私權之不行使而消滅者不同（註一九四）。就移轉之不可能及限制言，原則上，只及於非財產或經濟之權利，唯如法有禁止之規定，則亦包括之。就公法的國家行爲之公定力言之，國家本於優越之高權所做之行爲，於受正當權限機關取消或確認其無效之前，受「合法的」之推定（註一九五）。就公法的國家公權之強制力言，其表現之特徵有：(1) 對於違反義務的制裁，(2) 對於不履行義務者的強制執行（註一九六）。再就對於公法上的人民權利之保護言，私權之保護，國家只以監護者之身分，立於第三人之地位爲之；反之，公權利之保護，國家則立於當事人之地位爲之。最後就制定法規上公法規定與私法規定的差異言，其表現之特徵有：(1) 公法和私法的目的之差異（註一九七），(2) 公法和私法的效果之差異，又可分爲公法對象的私的行動與爲私法對象的私的行動之差異。對此，美濃部有不替之論，謂：「國家當爲著維持社會的公共秩

註一九三　本文三、（二）、7。
註一九四　私權之消滅有絕對消滅與相對消滅。絕對消滅，指權利支配之客體不存在者而言，例如所有物毀損。相對消滅，係指不得爲請求或對抗及繼續實施現實之支配者而言，例如時效消滅（罹於時效）、喪失占有等是。絕對消滅中，債權因拋棄請求（免除）、目的之達成（如淸償、抵銷）及權義之歸於一人（混同，但只係原則上之情形）。此外，做爲權利之前提，並非權利。我國民法第十八條所定之人格權，其含義爲何，頗有疑義。
註一九五　參美濃部公法與私法，頁一一四。
註一九六　所謂公法上之強制執行，指不必經他公法機關之再認定，卽有決定予以強制執行之權限者而言。
註一九七　詳參見本文三、（二）、2。

序，爲著增進公共福利而干預個人的社會生活上的行動時，是把那個人的行動看作社會的事實，對於那種事實上的行動之實現，或認爲有害及社會之虞而加以禁止；或認爲社會所必要而命令作爲，因此，爲公法上的命令或禁止之對象的私人相互間的行爲，常爲事實上的生活行爲，而不是做法律效果之發生原因的法律行爲。反之，當國家站於私法秩序之保護監督者的地位而從事私法規定時，是使私人相互間享有公正的權利和負擔義務的，所以私法規定所涉及的私人相互間的行爲，常爲法律效果之發生原因的法律行爲，而不是事實上的生活行動。」（註一九八）以外尚有違反公法上的命令或禁止之法律的行爲在私法上的效力之差異，在公法上國家將之以事實爲觀察，視之爲違反國家的義務而罰之，但私法上則未必無效。例如公物之私行出賣是（註一九九）。此外就公法上的支付義務與私法上的債務，及公法上的請求權者與私法上的權利者，亦有差異。

（四）公法與私法之關聯

如前所述，公法與私法係法下之二單位，故並非毫無關涉之規範制度。就公法與私法言，常常彼此互爲前提，或互相規範一關係之兩面，或互用法技術規範，而且因生活關係之改變，其規範對象，亦有轉換之可能，抑有進者，國家本於監護者之立場，亦時將法的前提拘束置於私法之中，學者通稱其爲私法的公法化。茲就其各別情形之特徵縷列如下。就公法與私法之互爲前提者，有以公法的行爲爲依據的私法關係之形成（如以司法行爲爲依據的私法關係之形成，以行政行爲爲依據的

註一九八　詳氏著公法與私法，頁一三八。
註一九九　美濃部公法與私法，頁一四一。

私法關係之形成及形成私法關係的行政行為之裁判管轄）（註二〇〇）。有以私法的法律為要素之公法的行為（如受理行為、認可行為、公法上的代理、公證行為及確認行為）（註二〇一）認互相規範一關係之二面者，如規範混合的法律關係或權利，詳言之，國家規定所有權專屬於公的權利，其衍生的權利（abgeleitetes Recht）則在一定條件下，私人可依法取得用益之權利。此以經濟方面之權利為多（註二〇二）。就互用法技術規範言，有私法規律對於公法上的財產關係之通用（例如公法上的財產關係之權利義務的移轉性——包括的繼承與附隨於事業之移轉；公法上的財產權之扣押；連帶債務、保證債務、保證金、選擇債務等對於公法之適用、擔保物權對於公法之適用、代位清償和時效對於公法之適用、因不履行債務而生之積欠利息、無因管理和不當得利的原則對於公法之適用，對於以物之占有為內容的公權之侵害和民法上的侵權行為等是（註二〇三），及民法的規定對於一般公法關係之準用（如法主體、物、法律行為及期間和時效）（註二〇四）。就因生活關係之改變，其規範對象，其適用法規範轉換之情形，有因義務之履行或權利之實現而生之公法及私法的轉換（如公法上的債務之履行、公法的取得物權之行使）、因扣押財產而生的公法私法的轉換及因公物廢止公用而生的公法私法的轉換（註二〇五）。最後，就私法之公法化言，其表現形式，計有所有權之公法上的限制、企業經營的公共化、契約自由之公法上的限制及公法與私法之結合（社會法）（註二〇六）。

註二〇〇　美濃部公法與私法，頁一六七以下。
註二〇一　美濃部公法與私法，頁一七八以下。
註二〇二　美濃部公法與私法，頁一五一以下。
註二〇三　美濃部公法與私法，頁二〇六以下。
註二〇四　美濃部公法與私法，頁二二〇以下。
註二〇五　美濃部公法與私法，頁二二六以下。
註二〇六　美濃部公法與私法，頁二三六以下。

（五）從相對主義論公法與私法區別之標準

誠如本文諸言所述，吾人於研究法學之際，必須兼顧法之存在面與當爲面，但亦應嚴別存在與當爲。此外，因公法與私法皆係法之一支，因此，對法之意識，亦爲決定認識法本身之前提，且亦間接影響對公法與私法區別之觀點。假如吾人將法限定於實證法，則其三度關係，自應先予以注意，詳言之，對法之縱的層面——時間度（過去、現在及未來）及橫的層面——空間度（各國法制及其思想），並特別注意法本身之事實度（涉及社會法律——權義關係——生活之事實，其中包括構成要件及法律效果）三完整體系（註二〇七）。依通說，法係爲維護共同社

註二〇七 王澤鑑教授曾謂法時間度之觀察爲前瞻後顧或瞻前顧後，空間度爲左顧右盼；本文願補充對法本身之觀察爲自我省察。前者爲歷史研究法，中者爲比較研究法，後者爲綜合研究法。蓋法不自生，乃爲規範社會秩序，仰天俯地，察百事物之法則所得而予以例定形成之人類的特殊當爲法則。吾人研究法學，尤應注意法存在基礎之社會的法思想。齊柏庭氏謂：「依照現代立法的趨勢，公法私法的區別，可分爲三個時期，一爲過去，二爲現在，三爲將來，過去時期以身分爲本位，其時卑統於尊，賤設（役）於貴，只有階級制度，絕無平等關係，故古代法律，公私混淆，迨後文化日新，科學進步，身分財產，兩相對立，遂由單本位制進而於身分財產並立之複本位制，於公私法的爭論，風起雲湧，如（始）首開各說，類皆從身分財產兩方面構想，但事實上從兩方面分析公私法，絕對困難，以至迄無定論，再按上述諸說，大率以關乎身分者爲公法，就民法中的親屬法繼承等規定，皆屬身分關係，現均與債物兩篇，並列於民法之中，足徵身分與財產，互相牽混，區分良難，考諸近代學說，尤少折衷，推測將來以財產爲單位，則法律仍由複本位制回復爲單本位制，親屬繼承，宜從民法中劃出，別立一種法律，專以財產非財產分別公法私法，則公私法的辯論問題，不解而自解……。」（氏著法緒，頁六〇）與此說相埒者，如梅因（Henry Sumner Maine）將法關係視爲從身分到契約（from Status to contract），派洛克（Sir Frederick Pollock）於梅著古代法之補充中，則謂現代應係從契約到身分（from contract to Status）（見 Henry Sumner Maine, Ancient Law, pp. 164-165, p. 422 ff., Beacon Press, 1963）。可知社會變遷，法觀念與之俱變。參見本文二、（三）。又齊氏此言，若以法之當爲面言，頗足稱道，其法學方法亦可行，但若就存在法之分析，則有所誤解。

會（Gemeinschaft）及利益社會（Gesellschaft）中普遍的秩序，以行爲法、裁決法及宣示法爲內容，以允許及禁止爲方式，就具有人格之主體間的權義關係予以規範之社會的當爲法則（註二〇八）。法，係爲實現社會理想之當爲規範，故最具目的性，故耶林稱目的爲一切法之創造者（註二〇九）。達成目的者，乃爲技術，其於法者曰法技術。法之最高（抽象）之目的不變，但技術則可隨需要而變，因此，以法技術之差異爲區別公法與私法區別之標準，在法之存在領域中，有時空上相對之妥當性；但存在之法與時俱變，故以之爲說者，難免因事過境遷，而其後遂爲人所詬難也。因此，本文對公法與私法之區別將採二元論方法，就國法秩序下之存在面與當爲面提出區別之標準，易言之，在國法秩序下之存在面將以實證法之經驗事實，而在當爲面則將以理念法之先驗事實爲基礎，分別提出區別之標準。

派洛克（Sir Frederick Pollock）謂：「我們發現在所有人類的科學中，最普通的理念，確是最難明確地予以了解，亦最難精確地予以表示。」(we find in all human sciences that those ideas which seem to be most simple are really the most difficult to grasp with certainty and express with accuracy)（註二一〇），以之喻公法與私法區別之概念的不易，實爲不替之論。就法之存在領域言，構成法之要

註二〇八 Cf. Sir Frederick Pollock, Op. supra cit. pp. 11, 15, 35, 37, 41. 所謂宣示法，係指法規範中只宣示若干「應如何」或「不應如何」，而未賦予任何效果之規範。拉坎布拉氏，稱其爲法之法（Recht für das Recht）（Luis Legaz y Lacambra, aaO. S. 467）。宣示法本身並未賦予法效（一般稱其爲政策條款（policy section）），而有待於他法規範之補充。例如：民法第十六、十七條、第一四七條後段、第二二二條與民法第七一條之關係是。

註二〇九 同註一一〇。

註二一〇 見氏著 Jurisprudence and legal Essays, P.I., Op. supra cit.

素，據葛萊斯教授（prof. Karl Gareis）之分析，在公法中，法的主體爲國家，其客體爲國家利益或支配的利益(dominant Interest)(註二一一)。國家支配之利益，以二種方式實現之，即國家之穩定性（the Stability of the State; Staatsbestand）及國家之目的（the ends of the state）。爲維繫國家穩定之支配的利益，國家須有領土主權（territorial sovereignty; Territorialhoheit）、對人主權（sovereignty over persons; Personenhoheit）、對物主權（sovereignty over things; Sachhoheit）及職務主權（official sovereignty; Amtshoheit）；爲達成國家目的，必須有統領國家團體之代表主權（Repräsentationshoheit）、遂行國家意志之軍事主權（military sovereignty; Militärhoheit）、維持國民和平生活之司法權（juridical sovereignty; Justizhoheit）、維持內政秩序之警察權（police sovereignty; Polizeihoheit）及實現國家經濟利益之財政主權（Finanzhoheit）（註二一二）。因此，氏謂國家法（Staatsrecht）之元素有：（一）統治社會（實）體之繼續，（二）國家目的衍生之國家利益及（三）國家繼續及國家客體存在所衍生之主權與獨立（註二一三）。私法中有法之主體（legal subject）、法之客體（legal object）、法的事實（juristic Facts）及法之保護（legal Protection）。就法之主體言，係指具有人格（personality）之實體。法之人格，亦稱權利能力（capacity of right; Rechtsfähigkeit）；而行爲能力（Capacity for Act; Verhaltenfähigkeit）指的是行使法律事實之意志的能力。私法主體有國庫（fiscus）、國家以下之公團體（社會）、社團（Vereine, Persongenossenschaft; Corpropatio）、營利團體（Association for profit;

註二一一　dominant Interest. 亦可譯爲私法上之支配的利益，有別於公法上統治的利益（Imperium）。

註二一二　Cf. Karl Gareis, Op. supra cit., pp. 214-216.

註二一三　Ibid., pp. 216-217.

Societates quoestuarioe)、教會及基金會（Foundation; Stiftung)。法之客體，即客體的利益，包括有體物（動產〔res mobiles, Fahrhabe〕、不動產〔res immobiles; Liegenschaften〕)、無體物（如精神物、自由、名譽、著作、發明等）。法之事實，有自然性質之發生事件（如出生、死亡，暴風雨，果實成熟，時間之消失）、人的行爲。就利益之保護者，又稱法益，抽象者有法標準之理想的存在（如命令、禁止）及實際之存在（如法義務、法院、正義等之存在），具體者有危險之存在（Notstand)、擔保之存在（如 Protestation; Verwahrungen; Reservation; Vorbehalte; Kaution; Sicherheitsleistung; Realkaution; Verbalkaution; Immission; Besitzeinweissung）及權利運用之程序（救濟）（註二一四）。我們於區別公法與私法，若不就法的全體要素之性質予以觀察，必然掛一漏萬，而被指謫。故本文在區分公法與私法之標準，將創設「金字塔規範分析法」(Pyramind norms' Analytical Method)。先將人類整體生活喻爲一圓（象徵圓滿、美好），而法律生活爲此圓內最大之正方形（象徵方正、公平及法以治國，法以興邦，及有法律斯有社會之要旨），規範此法律生活者，厥爲法律（法律生活以外之範圍，爲非法律之生活；法律之外，爲非法律；此取法自純粹法學）。法之共通理念爲金字塔之尖端（塔之高度與法治之程度互爲消長），塔呈四稜（每稜之交集面，爲法之現象領域），二稜之間分別爲法主體、法客體、法事實及法益（金字塔爲實體結構，四元素構成完整之法本體）。各稜交會於塔之尖端及底座，塔之體積構成法之整體，而此法復具有三度及二向之關係（本文四六八參照）。然後以公生活與私生活範疇，將法律生活分爲公法生活與私法生活，而規範該法律生活之

註二一四　Ibid.，pp. 102-110.

法規範，即爲公法與私法。就公生活言，指以共同社會一分子之身分所形成之生活，在固有意義言，爲國家（存在與發展不可欠缺）之生活，在傳來意義言，則包括利益社會中具有公性質之超越純個人之生活（über-rein-individuelles Leben）；私的生活則爲公生活以外之生活，在固有意義言，爲非國家之私人的生活，在傳來意義言，則包括國家之非統治的及監護的活動之給付生活。公法即爲私法控除後之法（註二一五）。固有意義之公生活，亦可解爲從事維護國家所不可替讓之專屬的生活（權力關係），其權利在國家言，爲非於必要下不得交由私人（格）予以實現之權利，以統治高權爲最大部分。就私人言，則爲不可拋棄、讓與之權利。義務，則爲此意義下相對之概念。再就固有意義之私生活言，亦可解爲任何法人格主體皆可行使之行爲者是。換言之，係以利益社會之一員所從事之生活。至於傳來意義的公生活及私生活，則因社會情況而異其範疇，在此不具述。而二領域法之主體、客體、事實及保護利益，即以存在於該生活中受法規範者即是。此就存在法之區別公法抑爲私法，不期然而然，即予以解決矣！

前面所述有關公法與私法之區別，爲本文試圖從相對主義中，以人類生活領域性質之存在差異，就民主自由法治國家理念，所爲之初步探討。但若欲執法之絕對理想之當爲，則其根源必須植於判斷者之法意識型態及社會組織型態矣！因此，就公法與私法區別之當爲標準，必因人而發生差異；亦即在於政制的法型態之分野，乃爲其根本差異所在。絕對個人主義、無政府主義者，只有私法而無公法；絕對專制主義者、社會主義共產者，只有公法而無私法；只有民主法治主義者，民生哲學思

註二一五　Vgl. Adolf Lasson, System der Rechtsphilosophie, SS. 542-543.

想者，既有公法，復有私法。根據本文之分析，絕對個人主義下，社會無由產生，法亦將失其存在基礎；暴民政治下之無政府主義法制，亦將徒著法之外衣，而絕無法之血肉（法之本質——普遍性、安定性及妥當性），故不能稱為有法，自亦無公法與私法區別之存在條件矣！再就絕對專制主義或社會主義共產者言，只以法為其憑藉，實則濫用恣意，法律蕩然無存，至多只有公法而無私法，自亦無公法與私法區別之基礎矣！依本文之見解，就法之當為面，對於公法與私法之區別的條件，必須係在民生哲學法治主義理念下，既有國家法人格，復有各個人法人格之存在，如是就規範國家生活之法，乃為公法；就規範個人間之生活的法，斯為私法。

（六）結　論

至此，已大略將公法與私法之理論基礎、體系及學說概況，予以介紹。第五節中，復採相對主義——即二元方法或方法二元——創設金字塔法規範分析法，對公法與私法區別之方法，提出一方法論之雛型，並以此一方法誠提出一區分標準。當然，此僅是一得之愚，聊供斯學先進參考而已！

此外，就本文作為理論基礎之若干概念，如法主體資格（人格）、法之性格，各說之合併可能性及傳來意義之公法或私法生活之法的根據，有再予以說明之必要。

就法主體資格之人格言，吾人必須首先予以澄清者，乃是人格之意義及其法律屬性。就全法秩序下，得受法律規制之法律體，謂為法人格。具有法人格（rechtliche Persönlichkeit）之法律體，不限於具有生物能力之自然的人（Menschen），而係得享受權利，負擔義務之人格者

(Person)，皆可爲法律主體。

就法之性格言，除前述行爲法及裁決法外，尙有宣示法（declarative law）及創造法（creative law)。前者，係對於既存於現實界之社會生活規律事實，以法律予以規制者，乃爲宣示法，套用歷史法學之觀點，乃法律存於民族之確信及精神，法律無法創造，只是發現而已，國家至多只是予以法典化而已！後者，係以法律創造一定之當爲規範事實，而社會即循此規定行事。此類法律以組織法爲其主要元素，嚴格言之，此類法律在法治進步之國家，最爲顯著。

再就前述有關公法與私法區別之學說，有僅係某一區別之方法而已，並未成說，易言之，尙未蔚爲多數人所景從之學說也。就得爲合併之說者，如利益說與目的說、權力說與意思說、統治關係說、統治主體說、社會說與生活關係說、國家社會關係說、法律關係說與行爲說、應用說與處分說、主體說與資格說等是。從法益之觀點，利益說與目的說可合而爲法益歸屬之說明。從法主體言，主體說、權力說、意思說、統治關係說、統治主體說、資格說可合而爲法主體之全面性說明。從法客體言，法律關係說、行爲說、社會說、應用說、國家社會關係說亦可合而對法客體爲完足之明說。而本文各說，則又可合而對法事實爲完整之說明也。亦法律事實無法不具備法主體、法客體及法益也。亦唯有法律事實可含納此三大法的靜態元素，而構成其動態面。同理，徒有法主體、法客體或法益，而不構法事實，亦無甚意義也。

最後，就傳來意義之公法與傳來意義之私法，探討其法理內涵及根據。依本文所見，近代社會法論（修正的三元論）者所持之第三法域，實爲傳來意義之公法與傳來意義之私法，交織而成之法域。此法域之不易區分其爲公法抑爲私法，無非在於此法域之構成體的法現象，有在傳統意義下爲公法事項，而今則以私法的法制度予以處理，亦有在傳統意義下為私法事項，而現則以公法的法制度予以規制。此法域以新興之勞工法、經濟法為其大部分。考其根本原因，乃在於國家任務，由消極而趨於積極，國家行政範圍擴大，以公法為前提而影響私法有效性或效果之事項，日趨增加。換言之，國家之角色，已由有權力而無責任之統治者，而成為既有權力，復有責任之監護者、䘏顧者，甚者更趨於有義務之給付者。國家之擔負監護及給付任務，乃近代社會連帶思想之結晶，亦為社會法崛起之思想背景，同時乃本文傳來意義之公私法的歷史根據也。就實證法之根據言，乃國家本於憲法之授權，而對一定之原為私法事項，發動其監護權，制定成章，而以實證的公法規範，遂行其法定任務；同理，國家對於原為公法之事項，因社會之變遷，而變更為私法事項，而以私法之制度，予以達成者而言。在適用上言，傳來者則依傳來者為之。

五、從公法與私法區別之理論，試論我國法規體系

（一）我國法規範體系論略

1. 略論法學根本思想之三大轉變

法學思想之大轉捩點，有三階段。第一階段，為存在與當為不分之方法一元論，本體三元論之自然法思想（註二一六）。此階段之法學者，

註二一六　耿雲卿，前揭書，頁五一～五二；劉鴻蔭著，西洋法律思想史，頁五四～六二。

以理想主義（Idealism）爲宗流，神學主義法學者，尤居其大半。蓋當此階段，神權政治（theokratische Politik）思想橫流，宗教權力優於政治權力，君主亦多假借君權神授以蠱其民，法學家亦力和神權政治之說。是昨之學者，乃以當爲爲存在，而存在與當爲相違者，不承認其效力。依其主張，認爲永久法爲神之意志，自然法則爲人秉其理性(Vernunft）對神意之認識，而人定法又係承此認識所制定之人類法。人定法，違反自然法者，無效。第二階段，爲存在與當爲分離之方法二元論，本體一元論之實證法思想。此階段之法學思想，可謂係對傳統自然法思想之反動，學者受實定法思想之激盪，或主張法概念萬能（概念法學、羅馬註釋法學），或主張權威命令之法，亦即主權者命令說（分析法學派），或只承認法之存在面，而根本否認法之當爲面(實證法學)，亦有反此而主張法之純粹性，只承認法之當爲面（存在之當爲），而根本否認法之存在面者（當爲上之存在）（純粹法學），此說並嚴將法與事實，截然劃分。第三階段，爲存在與當爲分離之方法二元論，本體亦二元論之社會法思想。此階段之法學者，亦嚴分存在與當爲，尊重並嚴守制定法或實證法，但卻注重並力倡法之當爲面（目的法學、自由法學、社會法學），認爲法係維護社會秩序之當爲規範，其根本任務，在於服務社會，故應與社會實際狀況契合，發揮社會之機能（social Energy)（註二一七）。此階段，乃目前各國法學者所致力研究者。至於有

註二一七　Vgl. Dietmar Moench, Die methodologischen Bestrebungen der Freirechtsbewegung auf dem Wege zur Methodenlehre der Gegenwart, Athenäum Verlag, 1971; Kaufmann-Hassemer (Hrsg.), Einführung in Rechtsphilosophie und Rechtstheorie der Gegenwart, SS. 97 ff., C.F. Müller, 1977; Albert A. Ehrenzweig, Psychoanalytische Rechtswissenschaft, S. 82, Duncker & Humblot, 1973; Luis Legaz y Lacambra, aaO. S. 150; Wolfgang Fikentscher, Methoden des Rechts, Bd. IV, SS. 162 ff.

無方法一元論，而本體又一元論者，從實在界之法言之，此種法只係政治之工具，亦即只有執政者亦主張其根據時，始有其存在，換言之，法無獨立性，其存在乃在於執政者之下（註二一八）。嚴格言之，此種徒具法之外貌，但不具法之本質（普遍性、妥當性及安定性）（註二一九），在法治國領域中（實質法治國家），不存在此種法律。此種法，與其謂:「法雖不善，猶愈於無法」，無寧謂爲「無法雖不善，猶愈於有法」。依本文所見，方法一元論及本體一元論之法律思想，爲極善極惡之法律境界，時至今日，尙未之見也。故不納入詳究之範圍。

2. 略論我國法規範體系之存在面

從我國法制史觀之，溯自西風東漸，歐物廣舶以來，西歐法律思想亦寖假成制，尤以淸末民初爲然。是以學者常謂，我國法制繼受自德國（大部分如此），而德國法制則又繼受自羅馬法制。然而，繼受（Rezeption）並非原封不動地予以移置（註二二〇）。蓋法律制度與社會環境、法律思想必須配合，才能形成法律之全體秩序，而社會環境及法律思想之倫理性，厥爲法之存在基礎，至於法的技術，不過此種倫理性之目的表現方法而已！依本人之觀察，繼受也者，技術之引進而已！凡合於我之需要，行而有益，何妨之有。耶林於所著羅馬法之精神（Geist des römischen Rechts）一書中亦謂:「外國法制的繼受，與國家無關，只

註二一八　Luis Legaz y Lacambra, aaO. S. 464.

註二一九　Reinhold Zippelius, Das Wesen des Rechts, C.H. Beck, 1973,

註二二〇　韓著法緒，頁四七；林著法緒，頁七一～七四；Vgl. Dr. Adolf Laufs, Rechtsentwicklungen in Deutschland, SS. 27-54, Walter de Gruyter, Berlin, 1973; Heinrich Mitteis, Deutsche Rechtsgeschichte, SS. 114 ff. (neubearbeitet von Heiz Lieberich, 12. ergänzte Auflage), C.H. Beck'sche Verlagsbuchhandlung.

是合目的性及需要之問題而已！如自有之，而同樣完善，甚者有過之，則無待遠求，但唯有以奎寧藥草非長於自家庭院而拒予使用，則愚者之至。」（註二二一）根據創立民國之 國父遺教，認欲迎頭趕上，則除發揚固有文化外，更應吸取歐美長處，截長補短。於法律技術之繼受，尤其如此。本文認為繼受外國法制，並無可恥或崇洋之意，最重要者，厥為認識我之需要的目的，及外國法制是否符合我之需要。只要有可取者，則無妨改進之而為我用，但切勿削足適屨，強將外國法制置於我國法秩序下，所謂圓鑿方枘者也。亦不必諱疾忌醫，或者故步自封。吾人以為，他山之石，可以攻錯，而且法治社會之建立與發展（註二二二），猶如兵革，知己知彼，矧言奉法者強，法治之極，一切在法之下，一切措舉不游於法軌之外，斯法治之眞義也。如是，則只有為法而戰（Kampf um das Recht），而無為戰而戰（Kampf um den Kampf）之無妄之災也。

對於公法與私法體系之分法，基頓（George W. Keeton）於國家法下分為公法與私法，公法包括憲法、刑法、行政法、教會法（Ecclesiastical Law）及親屬法；私法則包括親屬法、人法、財產法、債法、程序法（註二二三）。鮑曼（Jürgen Baumann）將法分為公法與私法。公法包括國際法（Völkrecht）、國家法——憲法、教會法、行政法、刑法、程序法、社會法、財產法、稅法及家政法（Haushaltsrecht）；私法則包括民法（又分財產法、親屬法、繼承法、著作權法〔Urheber-

---

註二二一 Geist der römischen Rechts, Erster Teil, S. 8 ff., 9. Aufl. 1955.

註二二二 拙文，法治社會的建立與發展，載東吳青年，頁八～二八，第七十期。

註二二三 Cf. George W. Keeton, The elementary Principles of jurisprudence, p. 181.

recht〕、農業經濟法、森林法〔Forstrecht〕、狩獵法〔Jagdrecht〕及領水法〔Wasserrecht〕、商事及經濟法〔又分結社法、有價證券法、交易法「Börsenrecht」、銀行法、經濟法、海法「Seerecht」及航空法〕）（註二二四）。

就我國法言，並未如日本行政訴訟法第四條、國有鐵道法第二條、輸出入銀行法第二條、開發銀行法第二條及住宅金融公庫法第三條，亦未如西德行政訴訟法（Verwaltungsgerichtsordnung）第四十條第一項第一款，對公私法有明文之表示。依學者通說，憲法、訴訟法、刑法及行政法爲公法；民法及商法爲私法。若依實質意義之法律，固不發生問題。但一般係以法典爲其區別依據而非以法規範爲基礎。一如前述，由於法典編制之問題，民法典中亦非全部皆規範私人間之私的法律關係。甚者，行政法並無統一之完整的法典，故一般若以六法全書中行政法規部分爲行政法，而認係公法，必有所違誤。故，應以法規範爲區別之單位。

復就我國法規範存在面言，公法與私法區別，並不明顯表現於法文之上（判例隱言其區別者，如六十一年臺上字第一六七二號、五十二年臺上字第一二七八號等民事判例；在行政法院之判決，則類以法律事件中主體之地位而決定其案件性質所屬，其判決甚多，不列），但對於規範之法律關係，其性質則顯有差別。其犖犖大者，如決定權利義務之歸屬，法律關係之事實要件、法律效果、管轄機關、救濟手續、適用之法則及支配該項法律關係之根本原理。本於四所述理論區別之標準，再本於法治之根本思想，吾人發現，法律規範之對象——社會事實，往往存在於法律之前，但其只係存在界之一環，而及其納入法規範領域後，遂

註二二四　Jürgen Baumann, aaO. S. 20.

爲法力（Rechtsgeltung）所支配，而成爲當爲規範界之事實，而自此法生效後，受法支配之事實界的社會事件，遂亦成爲法的當爲界之社會事件，而發生（賦予）一定預期之效果——法律效果。茲依次就我國法規範體系，就法規範之規範生活關係之性質，從事實要件、法律效果、管轄機關、救濟手續、適用之法則及支配該項法律關係之根本原理、權利義務之歸屬及其效果（行爲法或訴前法效及非訴法效）及規範情況特質（包括場所決定行爲、場合支配身分、行爲決定身分及身分決定行爲等規範情況），分析公法與私法存在之狀況。

（一）從法規範之規範生活關係之性質，論公法事實要件與私法事實要件之不同：法規範事實，爲構成法整體之動態的一環，而法規範事實，係法規範所預定之事件，爲法所規範之社會生活關係。吾人若單純就法規範事實加以比較分析，必仍無法觀察公私法事實之區別，而胥賴該事實性質之爲公私而定。如前所述，公的生活，乃社會之成員，本於最大共同社會之一分子，參與維繫及發展共同社會之超越純粹個人關係之生活；而私的生活，則爲社會之成員，本於利益社會之一分子，爲維繫其生物人格之存在，並發展其心理及精神之整體人格，所從事之純粹個人關係之生活。公的生活領域中，其不可或缺之因素，乃是國家本於統治者（權力服從及隸屬關係）、監護者或給付者之地位參與其事，而各個人則爲形成國家元素中人民之不可缺之人格的一分子，其法律上之人格（rechtliche Persönlichkeit）乃爲國家之人，亦卽國民；反之，在私的生活領域中，國家至多只係本於消極的監護者之地位，以超個人之第三人地位，監督維護私人間之行爲，非至其有危及國本民生之虞時，不發動其統治的或積極的監護者的人格力量，且在此領域中，各個人有其獨立完整之人格。綜言之，在公的生活領域中，國家爲各個人之總的人格體，個人除對此總的人格體在法秩序下有相對請求時，其人格融合於國家之中；反之，在私的生活領域中，各個人爲具有完整人格之自身的法律主體，擁有獨立之意思決定力量，其行爲之歸屬（Zurechnung; Attribution），亦反及於其自身（自己的行爲，有別於代理及代表。此與法效之歸屬有關）。就我國法規範生活言，人民參與政治生活所爲之行爲及國家本於統治者或給付者或積極的監護者人格所爲之行爲（具有公定力、確定力及執行力），皆係公的生活內容。國家之權力機關，根據法律所爲之超越純粹個人生活關係之行爲，而爲安定國家之整體秩序之生活，亦爲公的生活內容。規範國家組織、權限、義務及國家法律之實現的法規範或法之法（Recht für das Recht），皆係公法。反之，規範私人行爲之要件、效果之法規範，皆爲私法。具體言之，憲法及同等地位之法規、民刑事訴訟法及其同等地位之法規、刑法及其同等地位之法規、行政法規範等，皆係公法。民法、商法及其同等地位之法規範，皆爲私法。仍應再予提醒者，乃是我國公私法規範，非以法典爲其區分對象，而係以法規範爲依準。值得一提者，乃是規範法規範及規範權利前提之法規範，亦皆屬公法。換言之，規範抽象權利（尚需法律予以具體規定之權利）或權利前提（亦即法律上之人格或主體資格）之法規範，皆係公法。因此，作爲基本法之我國憲法，固無論矣！即民商法中之法例、罰則、組織之批准、特權之授與及法規生效規定，皆屬於公法。

（二）從法規範之規範生活關係之性質，論公法效果與私法效果之不同：法效果爲法主體、法客體及法益所構成之法事實的效果。法效果之不同，與效果之歸屬、救濟途徑、管轄機關、適用法則及支配之根本原理，有密不可分之關係。一般言之，公法關係所產生之法律效果，受公法之支配，其救濟途徑亦只能尋（循）公法規定爲之；私法關係所產生之法律效果，受私法之支配，其救濟途徑則只能尋（循）私法規定爲之。私法效果，歸屬於行爲人自身，前已言之，無待深論。就公法言之，公法效果歸於共同社會——國家本身及做爲國家人格一分子之國民；對國家或其機關有所請求時，其效果亦有別於私法事項。但此係在法治國家領域中之現象，其存在與當爲相同。若在法治不發達之領域，則大有不然者。例如：根據我國憲法第二十四條規定：「凡公務員違法侵害人民之自由或權利者，除依法律受懲戒外，應負刑事及民事責任。被害人民就其所受損失，並得依法律向國家請求賠償。」因之，因公務員就公務上違法侵害人民之權利者，受害之人可本於有關之「公法」，向國家請求賠償。就我國言之，國家賠償法尚無統一而完整之法律（典），其若干依據，如寃獄賠償法第一條，土地法第六十八、七十一條，警械使用條例第十條，鐵路法第六十二條，郵政法第二十五、二十六條，電信法第三十七條，民用航空法第六十七、六十八條，行政訴訟法第二條，專利法第七十二條，軍事徵用法第二十九條，戒嚴法第十一條第十一款，國家總動員法第二十八條，核子損害賠償法第十一條，稅捐稽徵法第三十八條，民法總則第二十八條，其中，民法總則第二十八條本係私法之規定，能否適用於公法人之場合，在法治國理念下，究有問題。當然，在過渡時期權充依據，固有足多，於法則嫌有未妥。故主張速訂國家賠償法之議，已高入雲霄。

（三）管轄機關對公私法事項管轄之不同：吾人可謂，從法規範生活關係中探求公法與私法之區別，乃本質及眞正之論理的區別；至於技術性，尤其管轄機關、訴訟程序之區別，只有相對之妥當性。原則言之，公法事件歸行政法院、普通法院刑事法庭、憲法法院（我國大法官會議差可比擬）、軍事法庭、少年法庭、財務法庭等之特別法院管轄；私法事件則歸屬普通法院民事庭處理。若各類法院皆本於法規之規定，實無須劃分如此多歧之法院系統，甚者，有應爲法院審理之事件，卻劃歸行政裁判委員會處理，其組織、權限及程序，尤頗多可議之處。

（四）救濟手續對公私法事項之不同：此亦僅具相對之妥當性，自不待言。依我國現制，除刑事案件外，公法案件必須履行訴願、再訴願及行政訴訟之程序（公法審判），或請求解釋（憲法解釋或審判），其他如更正、覆議、複查等等手續（非訟的行政救濟），最後一者，與其謂爲救濟手續，無寧謂爲「督促反省之手續」之爲愈也。又如，原爲公法案件之選舉訴訟，卻由普通法院審理，亦頗爲可議。

（五）適用之法則及法律原理對公私法案件之不同：公法案件，國家本於支配統制之原理，最富強制性；國家機關亦享有極大之裁量權，職權主義、支配主義充塞其間。反之，私法事項，原則仍採當事人自治原則。是其差別所在，唯此係在固有意義下，始爲如此，亦只具有相對及經驗之妥當性。

（六）權利義務之歸屬及其效果與公法與私法之關係：前述各點，類皆從訴訟及審判之觀點加以探討。茲再就行爲法或「訴前法效」及「非訴法效」之觀點，予以探討。當某一法主體從事法律行爲時，則其對所實現之效果及權義根據，必翕然隨之，翕然歸之。在公法行爲中，行爲者雖由自然人爲之，但其法效及權義根據，則本於共同社會之人格，亦歸於共同社會本身。反之，在私法行爲中，行爲者則由自然人本身（行爲者或其代理者），本於獨立完整之利益社會的一分子資格所享有之權義，其效果亦反歸於其自身。此可以一般之法效意欲，予以說明。法效意欲者，乃行爲人立於一定之規範情況下之資格，及其所欲實現之具體的規範效果者而言。例如：一著有警裝之人，立於交通繁忙之通衢，手執紅色木棒，規律地時而向右，時而向左地指揮，因此，我們知其意欲在於執行交通指揮勤務；反之，若該著有警裝之人，立於自家之庭院，亦手執紅色木棒，規律地時而向右，時而向左地揮舞著，因此我們知其意欲在於練習指揮而已。

（七）從規範情況之特質，論公法與私法對行為之統制：由規範所定之事項，若由具有公法主體之人格者，以生公法效果之意欲，踐行公法所規範之事項，則其統制之法律，乃公法。由規範所定之事項，若由具有私法主體之人格者，以生私法效果之意欲，踐行私法所規範之事項，則其統制之法律，乃私法。法的人格者，乃以場所及其行為之法規範情況予以決定，而非有固定不可變之生物的人格。吾人於決定某一件事之法律歸履，必須從該事件之整體歷程，詳細評價其在人類生活中之意義，如是方能決定其規範性質所屬。例如，若將一事件之歷程截成數段，而只觀其中一段，則對其法效判斷，必失其眞實。

（二）我國法規範之方向

如前各章所述，公法與私法之區別，存在於規範超越純粹個人及純粹個人生活法規範間，而非存在於法規，更非存在於法典間。私法法規及法典中，常有公法規範之存在；公法法規及法典中，亦非不間有私法規範之存在。就現階段法律思想言，實證法規範之根本功能，在於促進社會整體之發展及個人之生存。機械的、形式的法律觀，已為「內容可變之自然法」之目的法學、利益法學及社會法學所改觀。就此一法律思想言，旣非純粹之自然法思想，亦非機械之「主權者命令」的實證法思想，而係富有自然法理想之實證法模式的法律思想。就三民主義所揭櫫之民生哲學法律思想言，亦重視團體共同社會之健全、發展，同時亦不忽略不影響公益之私人利益的保護，若以法學思想類型言之，民生法學原理，為間於利益法學、目的法學及社會法學之綜合的實證法理念。

就我國法規範之發展方向言，應係建立一社會福利之民生法哲學之法治國體系。其具體表現，可分二方面言之。第一，在於健全中央及地方政府組織、職權、義務，尤其中央機關爲然。國家組織下，人民公權利之維護，國家公權力之維繫，及發揮民生法哲學之統制、監護及給付之法組織體。詳言之，中華民國乃本於中華民國憲法，中華民國政府及其機關，根據此憲法及此憲法所衍生之法律行使並擔負中華民國統制、監護及給付者之任務及權限。中華民國人民亦根據此憲法及此憲法所衍生之法律，履行其義務，享受權利。中華民國國民，在此法律秩序下，無一人有保護不及或享受逾越法律所賦與權限外之權利，亦無短少履行義務或過重義務之情事。第二，在於健全社會一般共同安全秩序下之個人的福利，尤其司法、行政及考試下之公平待遇。就司法之正義的享受言，法律之前人人平等，必須係實質之平等，有無資力及法律知識，皆應同受法律相同之保護。依余所見，除健全司法機關、司法制度外，法律諮詢機關之普設（註二二五）、公平考評制度之確立、各種資格取得

註二二五　法治觀念之建立，必須從平等受法律保護——司法救濟，並同受法律之約束，政府及人民皆同——著手。社會治安之良否，胥視法律效力之得否實現而定。法治，不但應根本建立其理論基礎，制度——尤其司法制度之獨立、完整之建立，尤見重見。若人民無法循法律正途受保護，則旁門道生，俾民亦不知服法；國家機關之措舉若亦未循實質的法治國家之原則，則人民對國家威信必失，或破壞法制，或尋自力救濟，社會治安破壞無遺。據撰者擔任臺大法學院法律服務社總幹事，實際參與法律服務之經驗及服務案件之分析，當事人往往因不諳法律，致爲人所乘，或不知法律要件之履行，或不知法定時效之把握，或不知法律關係之主張，或不知法定程序之遵守，乃有充分之理由，但法律救濟上則一籌莫展，甚至於一味懷疑法治，仇視法治者。例如，有乘當事人法律知識之無知，而乘法律之漏洞，詐財侵權者；亦有受行政機關不法之處分而權利受害，而本服務社社員告其得以國家爲被告而起訴尋求救濟，而當事人瞿然驚謂，而謂人民怎能告國家機關者。可知，法治觀念在我國仍未普遍，法律倫理亦甚貧乏，誠引以爲憂。因此，本文建議，法律基礎教育，應從國民中學開始，派專人從事法律知識之傳播，各村里幹事，亦應知曉法律，以供民眾諮詢；其他各設有法律系之學校，亦應切實進行社會法律扶助；寒暑假期間，亦可配合救國團之活動，進行全省之法律知識宣導。如是，必可促進法治之健全、社會之安定。習法者，尤應秉鑑衡之心，熱心從事法律服務。

之一元化等，皆為現階段應努力之處。此外，個人在衣、食、住、行、育、樂上之安全、安寧、舒適之確保，其預防及維護之法律依據及執行，亦皆為現階段我國法規範應努力之方向。吾人於研究公法與私法區別之理論時，尤應注意其實際（存在）與理想（當然）之並重，亦不應存有公法及私法孰為優位之先見。就法之實現言，但知有法，而不知有法外之物，亦無公法先於私法之成見。如是，我國法規範秩序之整體，庶幾可在「明公私法之別」，而「成公私法之同」之根本目的下，建立法治之雛型也。

(三) 總　結

法學，素有理論法學及應用法學之分，而學者輒因其所專而有所偏廢，或竟持鄙視之見。實則，徒有理論法學，無人察法之實效。反之，徒有應用法學，則無以探其根，掘其理而設其法，如是必致於迷失之境地，阻礙法學之進步。故理論法學與應用法學不可偏廢，必也以理論法學探設新理以為實用法學用，而以實用法學之驗證以激發理論法學之進展，輔車相依，相需而相成，是有整體法學之倡議，固不止於方法論而已。

就公法與私法區別——理論上之探討，本文於開始即提出法三度及二向關係，並就公法與私法概念在法制度與理念上之存在，說明國法秩序下公法與私法經驗上之區別及法觀念上之先驗的區別。更就方法論與本體論，說明相對主義下公法與私法之區別的存在。其次，及肯定說之根本缺陷，提出金字塔規範分析法，就人類社會生活中法規範界限中之法生活的規範型態，其完整結構之要素，就生活關係法規範分析其為公私法之區別。就本文之分析及整合發現，傳統肯定說之受批評，無非以其只就構成法規範之某一元素及層面所作之區別，為探討對象，並只以法典為其著眼根據，是其根本缺陷所在。綜合本文之見解，公法與私法區別之對象，乃在於全法秩序下生活關係規範性質之差別。唯有以法規範之存立基礎——法的生活關係，方能從外圍觀察法之結構，而嗣再就法之本身探其區別所在。最後，並就我國法規範之存在面與當為面，略予探究，冀能對我國公法與私法體系，有較具體之認識焉!

（本文原載於東吳法聲第十七期）。

本文主要參考資料索引

中文著作

1. 王伯琦著，民法總則，頁一，六十六年，正中書局，簡稱王著民總。
2. 史尚寬著，民法總論，頁二以下，六十四年，簡稱史著民總。
3. 朱祖貽著，法學通論，頁八九以下。三十五年，正中書局，簡稱朱著法通。
4. 李建青著，法學概論，頁七五以下，五十年，簡稱李著法概。
5. 李岱著，法學緒論，頁四八以下，五十五年，簡稱李著法緒。
6. 李潤沂著，法學概論，頁三五以下，四十九年，簡稱李著法論。
7. 李景禧、劉子崧著，法學通論，頁九三以下，簡稱李劉法通。
8. 吳英荃著，法律學概論，頁十六以下，四十一年，國防部總政治部，簡稱吳著法概。
9. 何任清著，法學通論，頁六二以下，六十一年，商務印書館，簡稱何著法通。
10. 岡田朝太郎授，法學通論Ｉ，頁二二以下，京師法律學堂講義，宣統三年，簡稱岡田法通。
11. 林紀東編著，法學緒論，頁七四以下，六十一年，環球書社，簡稱林著法緒。

12. 美濃部達吉著，黃馮明譯，公法與私法，六十三年臺一版，商務印書館，簡稱美濃部公法與私法。
13. 美濃部達吉著，林紀東譯，法之本質，頁十四以下，商務印書館，簡稱美濃部法之本質。
14. 韋玉華著，法學緒論，頁四九，四十九年，簡稱韋著法緒。
15. 姚淇清著，法學緒論（含民法總則），頁四三以下，第四版，簡稱姚著法緒。
16. 涂懷瑩著，法學緒論「現代法學十二講」，頁一六七以下，新增六版，簡稱涂著法緒。
17. 涂懷瑩著，法學緒論（下），頁六二以下，華視教學節目教材，簡稱涂著法緒（下）。
18. 翁偉湛著，法學通論，頁三八以下，五十二年，簡稱翁著法通。
19. 袁坤祥編著，法學緒論，頁三九以下，六十三年，簡稱袁著法緒。
20. 洪遜欣著，中國民法總則，頁八以下，六十五年，簡稱洪著民總。
21. 郭衞著，法學通論，頁一三五以下，四十九年，簡稱郭著法通。
22. 胡長淸著，中國民法總論，頁八，五十七年，商務印書館，簡稱胡著民總。
23. 梅仲協著，民法要義，頁二，五十九年，簡稱梅著民法。
24. 張載宇著，法學通論，頁五六以下，簡稱張著法通。
25. 曾如柏著，法學通論，頁五四以下，五十二年，簡稱曾著法通。
26. 黃茂榮著，民法判解之理論體系（民法總則），頁十七，一九七七年，簡稱黃著民總。
27. 管歐著，法學緒論，頁一三〇以下，第二十八版，簡稱管著法緒。
28. 齊柏庭著，法學緒論，頁五六以下，五十六年，青溪出版社，簡稱齊著法緒。
29. 蔣燿祖著，法學緒論，頁三七以下，六十四年，簡稱蔣著法緒。
30. 蔡蔭恩著，法學緒論，頁五六以下，六十六年，簡稱蔡著法緒。

31. 樓桐孫著，法學通論，頁七四以下，五十四年，簡稱樓著法通。

32. 劉日安著，法學緒論，頁六四以下，五十七年，簡稱劉著法緒。

33. 劉青峯著，法律大意，頁八五以下，四十三年，簡稱劉著法意。

34. 劉得寬著，民法總則，頁三以下，六十五年，簡稱劉著民總。

35. 黎明出版社，法學緒論，頁三五以下，六十三年，簡稱黎明法緒。

36. 鄭玉波著，法學緒論，頁二八以下，六十七年，三民書局，簡稱鄭著法緒。

37. 鄭玉波著，民法總則，頁一以下，六十二年，三民書局，簡稱鄭著民總。

38. 韓忠謨著，法學緒論，頁三三以下，六十六年，簡稱韓著法緒。

39. 龔鉞著，比較法學概要，頁六二以下，三十六年，商務印書館，簡稱龔著法概。

中文論文

1. 吳經熊著，洪玉欽譯述，法律三度論，載法學論選譯集，頁一以下，六十七年，文化學院城區法律學系。

2. 林紀東著，論公法與私法之區別，法令月刊，七卷七期，頁七以下。

3. 洪遜欣著，法之意思規律性，載戴炎輝先生七秩華誕祝賀論文集——固有法制與現代法學，頁十六以下，成文書局，六十七年。

4. 洪遜欣著，國家法律觀之檢討，頁一六七以下，載社會科學論叢，第二十三輯，六十四年，國立臺灣大學法學院。

日文著作

1. 田中二郎著，公法と私法，有斐閣。

2. 成田頼明、荒秀、南博方、近藤昭三，外間寬著，現代行政法，頁四六以下，昭和五十一年，有斐閣，簡稱成田現代行政法。

3. 尾高朝雄著，法哲學，頁一五三以下，勁草書房。

4. 和田英夫著，公法原論，頁三八以下，現代法學講義6，昭和五十年，評論社，簡稱和田公法原論。

5. 宮沢俊義著，公法と私法，頁七三以下，載法學協會雜誌，第五十四卷，第五號，昭和十一年。

6. 宮沢俊義著，公法の原理，有斐閣，頁一以下。

英文著作

1. Austin, John, Lectures on Jurisprudence, pp. 66-68, 70, 744, 750, 754, John Murray, Albemarle Street, London, 1911.

2. Black's Law Dictionary, pp. 1394-1395; Revised 4th. Ed. West Publishing Co., 1968.

3. David, Renê, Brierley, John E.C. Major legal system in the World Today, pp. 20, 38, 45, 74-84, Stevens & Sons, London, 1978.

4. Gareis, Karl, The Science of Law, pp. 98-101, p. 96 ff., III, Rothman Reprints, Inc., 1968.

5. Jenks, Edward, The new Jurisprudence, pp. 241-272, John Murry, Albemarle Street, W. London, 1933.

6. Jones, J. Walter, Historical Introduction to the Theory of Law, pp. 139-163, Pothman Reprints, Inc., 1969.

7. Keeton, George W., The elementary principles of Jurisprudence, p. 2, 181, 187, F.A. & C. Black, Ltd., London, 1930.

8. Maine, Sumner Henry Ancient Law, pp. 422 ff., pp. 164-165, Beacon Press, Boston, 1963.

9. Paton, George Whitecross, A Text-book of Jurisprudence, pp. 326-330, 4th Ed., edited by C.W. Paton & David P. Derham, Oxford at the Clarendon Press, 1972.

10. Pollock, Sir Frederick Jurisprudence and legal Essays, pp. 51-

56, St. Martin's Press Inc., 1961.

11. Wilk, Kurt (translator), the legal philosophy of Lask, Radbruch and Dabin, pp. 152-155, Harvard University Press, 1950.

12. Williams, Glanville, Salmond on Jurisprudence, pp. 112-114, Sweet & Maxwell, Ltd., London, 1957.

13. Dr. Wu, C. H. John The Three Dimensions of Law, in Essays on Legal and political philosophy, edited and translated by Hong Yuh-Chin, 1978.

德文著作

1. Bauer, Fritz Neue Verbindungslinie zwischen Privatrecht und öffentlichem Recht, SS. 41-47, JZ N. 2, 1963.

2. Baumann, Jürgen Einführung in die Rechtswissenschaft, SS. 1928, 2. Aufl. Verlag C. H. Beck, 1970.

3. Burckhardt, Walther Methode und System des Rechts, SS. 170-225, Polygraphischer Verlag A. G. Zürich, 1971.

4. Coing, Helmut Grundzüge der Rechtsphilosophie, SS. 34, 36.

5. Erichsen H.-U. und Martens, W. Allgemeines Verwaltungsrecht, SS. 13-18, Walter de Gruyter, Berlin, 1975.

6. Germann, Oscar Adolf Grundlagen der Rechtswissenschaft, zweite, neuebearbeitete und erweiterte Aufl. Bern, Verlag Stampfeli & CIE Ag, 1968, SS. 287-295.

7. Göldner, Detlef Integration und Pluralismus im demokratischen Rechtsstaat.

8. Henkel, Heinrich Einführung in die Rechtsphilosophie.

9. Hippel, Fritz von Ideologie und Wahrheit in der Jurisprudenz.

10. Homburger, Adolf und Kötz, Hein Klagen Privater im öffentlichen

Interesse, Alfred Metzner Verlag GMBH, Frankfurt am Main, 1975.

11. Kelsen, Hans Hauptprobleme der Staatsrechtslehre, SS. 226, 630-632, Verlag von J. C. B. Mohr (Paul-Siebeck), Tübingen, 1923.
12. Kelsen, Hans Reine Rechtslehre, mit einem Anhang, Das Problem der Gerechtigkeit, SS. 284-289, Unveränderter Nachdruck, Verlag Franz Deuticke, Wien, 1967.
13. Lacambra, Luis Legazy Rechtsphilosophie, SS. 462-475, Lutherhand, 1965.
14. Lasson, Adolf System der Rechtsphilosophie, SS. 541-544, Verlag Walter de Gruyter & Co., Berlin, 1967; Verlag von J. Guttentag, Berlin & Leipzig, 1882.
15. Maihofer, Werner Rechtsstaat und menschliche Würde.
16. Menger, Christian-Friederich Zum Stand der Meinungen über die Unterscheidung von öffentlichem und privatem Recht, in der Fortschritte des Verwaltungsrechts für Hans J. Wolff, SS. 149-166. Verlag C. H. Beck, 1973.
17. Merten, Detlef Rechtsstaat und Gewaltmonopol, J. C. B. Mohr (Paul-Siebeck), Tübingen, 1975.
18. Paul, Eghert Gewissen und Recht Demokratieund Rechtsstaat.
19. Pawlowski, Hans-Martin Das Studium der Rechtswissenschaft, SS. 100-104, J. C. B. Mohr (Paul Siebeck), Tübingen, 1969.
20. Planitz, H. Grundzüge des Deutschen Privatrechte, S. 16, Wien, 1948.
21. Radbruch, Gustav Einführung in die Rechtswissenschaft, SS. 87-109, K. F. Koehler Verlag, Stuttgart, 1964.

Radbruch, Gustav Rechtsphilophie, SS. 224-228, K. F. Koehler Verlag, Stuttgart, 1956.

22. Rill, Heinz Peter Gliedstaatsverträge, SS. 36-49, Springer-Verlag, 1972.

23. Rimmelspacher, Bruno, Öffentliches oder privates Interese als Kriterium der Rechtswegzuständigkeit? JZ 1975, 165 ff.

24. Rittstieg, Helmut Rechtsstaat nicht für Ausländer? JZ 1972, Nr 11/12.

25. Ryffel, Hans Rechts- und Staatsphilosophie, S. 462, Lutherhand, 1969.

26. Schmidt, Richard Einführung in die Rechtswissenschaft auf der Grundlager neuen Rechtsordnung, SS. 10-12, Verlag von W. Koehler, Stuttgart, 1934.

27. Seagle, William Weltgeschichte des Rechts, SS. 291 ff.

28. Sforza, Widar Cesarini Rechtsphilosophie, SS. 76-89, Verlag C. H. Beck, 1966.

29. Somlò, Felix, Juristische Grundlehre, SS. 485-497, Verlag von Felix Meiner in Leipzig, 1927.

30. Stammler, Rudolf, Theorie der Rechtswissenschaft, SS. 244, 248, Halle A. D. S., Buchhandlung des Waisenhauses, 1923.

31. Weyr, Franz Über zwei Hauptpunkte der Kelsenschen Staatsrechtslehre, SS. 183-188, Zeitschrift für das Privat-und Öffentliche Recht der Gegenwart, 40 Band, Wien, Alfred Hölder, 1914.

32. Weyr (Wien), Franz Zum Problem eines einheitlichen Rechtssystems, SS. 529-580. Archiv für öffentliches Recht, XXIII. 4, 1908.

33. Wolff Hans J. und Bachof, Otto Verwaltungsrecht, Bd. I, SS. 97-104, 9. Aufl. Verlag C. H. Beck, München, 1974.

34, Vecchio, Giorgio Del Lehrbuch der Rechtsphilosophie, SS. 274-277, Verlag für Staatswissenschaften und Geschichte G. m. b. H., Berlin, 1973.

貳、論訴願在我國行政救濟制度上之地位

一、問題之提出

二、訴願制度之憲法基礎

（一）憲法第十六條之規範分析

（二）法治國家權利保護完善性之要求

三、訴願與請願、行政訴訟間之關係

（一）訴願與請願之關係

（二）訴願與行政訴訟之關係

四、我國之訴願立法政策的澄清與修法之建議

（一）先行程序性質之訴願與抗告訴訟

（二）併存程序性質之訴願與抗告訴訟及當事人訴訟

（三）訴願法與行政訴訟法相關規定之修正

五、結　論

貳、論訴願在我國行政救濟制度上之地位

一、問題之提出

我國憲法第十六條雖規定：「人民有請願、訴願及訴訟之權」，訴願法第一條亦規定：「人民對於中央或地方機關之行政處分，認為違法或不當，致損害其權利或利益者，得依本法提起訴願、再訴願。但法律另有規定者，從其規定」，吾人仍無法判斷訴願與請願、行政訴訟間之關係及其性質。若從請願法第二條及第四條之規定觀之，似只能肯定請願與訴願、行政訴訟間，具有排斥之關係，而從行政訴訟法第一條第一項之規定觀之，則訴願（再訴願）似只係行政訴訟之先行程序，歷次行政訴訟法之修正，輒亦帶動訴願法之修正，似更可肯定。準此，是否即意謂訴願只係行政訴訟之先行及附屬程序，而缺乏固有的、獨立的行政救濟方法之訴願程序的存在？訴願法是否亦只係行政訴訟（法）之附屬法規，而為實質之行政訴訟法規，且失其為行政程序法規之性質？或者訴願法只係要式之訴願程序之準據法，而兼具有行政程序法及行政訴訟法規之性質？我國是否存有非要式之訴願？其準據法規為何？司法院研擬行政訴訟法之修正，是否可以不必徵求行政院之意見，甚至一併逕行修正訴願法？凡此，均涉及訴願在我國行政救濟制度上之定位。基於法治國家確保權利保護之完善性及多元化，本文擬以比較之方法及制度之

功能性分析，探討訴願在我國行政救濟制度上之地位，以下分別就訴願制度之憲法基礎、訴願與請願、行政訴訟間之關係，深入分析，並就我國之訴願立法政策加以澄清及提出若干修法之建議。

二、訴願制度之憲法基礎

訴願制度之存在於我國，始自於民初（註一）。民國肇造以來，歷次之憲政典章，均有訴願制度之規定（註二），故，我國訴願制度具有憲法位階之法的基礎，不容置疑（註三）。中華民國憲法第十六條規定：「人民有請願、訴願及訴訟之權」，乃我國現行訴願制度之明文的憲法基礎。唯若憲法缺乏如斯之規定，是否即不必設立訴願制度？或者徒以訴願法規定訴願制度，是否即表示訴願制度欠缺憲法之規範基礎？以下即就我國憲法第十六條及法治國家權利保護完善性之要求，探討此等問題。

註 一　我國人民擁有訴願權，首見於民國元年中華民國臨時政府組織法（草案）第十六條：「人民得陳訴於行政官署」。見民立報，新紀元一月二十七日（星期六），第一版。

註 二　參見民國元年三月十一日中華民國臨時約法第八條、民國二年十月三十一日中華民國憲法草案（天壇憲草）第十四條、民國十二年十月十日中華民國憲法第十六條、民國二十年五月五日中華民國憲法草案（五五憲草）第十八條、民國二十年六月一日（有謂五月十二日）中華民國訓政時期約法第二二條。至於民國三年五月一日中華民國約法第八條中之「請願於行政官署」，似包括請願及訴願。現行憲法則規定於第十六條。

註 三　我國憲法雖以人民有訴願（陳訴）之權的方式表示，但從其客觀意義言，實爲訴願制度之確立（另參見本文二、（一）、2）。

(一)憲法第十六條之規範分析

我國憲法第十六條規定:「人民有請願、訴願及訴訟之權」,乃以明文之憲法規範確立了人民之訴願權,由其規定在人民之權利義務章,可以推知其爲人民之基本權利(註四),但憲法並無其他有關訴願「制度」之規定,吾人能否以同條爲設置訴願制度之憲法根據,換言之,訴願之制度化或制度化之訴願的憲法基礎何在?洵値得吾人再加探賾。依本文所見,此須從訴願之主觀意義面及客觀意義面加以探討,庶能得其肯棨也。

1. 主觀意義之訴願——訴願權

我國憲法第十六條揭櫫「人民有訴願之權」,由文義觀之,顯然著重在提供人民有一主觀之權利——訴願權,以對抗違法或不當之不正的公權力(行政權)的侵害,而謀以保護其合法的、爲憲法及法律所保障之權益。既然係主觀之權利,則其歸屬主體,自亦落實在具有個別化之個別人民身上(註五),或與人民立於相同地位之法主體(法的人格)(註六)。此外,雖係主觀之公權利,亦因其憲法的保障與其具體化之差別,可再就訴願之基本權利及訴願之權能二方面,予以分析。

註 四 從憲法第二二條觀之,第二章所明列之權利、自由,只係基本權利而已。

註 五 Vgl. H.-U. Erichsen, in: H.-U. Erichsen/W. Martens (Hrsg.), Allgemeines Verwaltungsrecht, 8. Aufl. S. 162 ff., Walter de Gruyter 1988; H. Maurer, Allgemeines Verwaltungsrecht, 7. Aufl. Rn. 2 § 8, C. H. Beck 1990.

註 六 參見院解字第二九九〇號、三五八七號及釋字第四十號解釋。

(1) 訴願之基本權利——抽象的訴願權

我國憲法第十六條雖明文規定「人民有訴願之權」，亦只係基於憲法爲人民權利保障書之特質所爲一般性的承諾。從外國或我國之憲法先例觀之（註七），其乃擔保給予全體人民享有訴願之機會，以對抗不正之行政權的侵害，一方面就反面解釋言，非人民之法人格體，不得享有此一權利，它方面由於憲法本文並未規定在何要件下及何等人民得以行使訴願權，故其與同條所規範之請願及訴訟權，均只係「手段權」或「程序權」，而爲抽象的基本權利（註八）。

(2) 訴願之權能——具體的訴願權

人民之基本權利，依其本質，乃所有人民所得享有者（註九），故多爲抽象之權利而已。基於公權利賦與之根本目的，在於「有權利，即有救濟；有救濟，斯有權利」及「法律賦與權利於先，必設救濟於後」之

註 七 我國憲法先例，參見註二所引；外國憲法先例，請參見林紀東，中華民國憲法逐條釋義（一），修訂三版，頁二五五以下，三民，七十六年三月。唯外國所謂「請願」，除同時有「訴願」之明文外，似亦包括後者。

註 八 德國學界及實務界，認爲基本法第十九條第四項所保障者，只係有效權利保護之「形式的權利」或「程序權」，而非「實體權」，必須實體權利受侵害，始有訴訟請求權。Vgl. nur K. Doehring, Staatsrecht der Bundesrepublik Deutschland, 3. Aufl. S. 376, Metzner 1984; B. Schmidt-Bleibtreu/F. Klein, Kommentar zum Grundgesetz für die Bundesrepublik Deutschland, 6. Aufl. Rn. 18 § 19, Luchterhand 1983; E. Schmidt-Aβmann, Rn. 21 § 19 IV, in: Maunz/Dürig (Hrsg.), Grundgesetz Kommentar, C.H. Beck 1985.

註 九 我國憲法使用「人民」，德國基本法使用「每個人」(Jeder) 之全稱命題，可資肯定。

要求（註十），以及權利救濟資源之有限性（註十一），抽象之訴願基本權利，並非任何人及在任何情況下，皆得任意行使者，抑有進者，不必要、不當或濫用之訴願權，亦有破壞公權力有秩序地行使及妨礙他人行使合法、適當的訴願權之情形，是以訴願權並非一毫無限制之公權利，而有我國憲法第二十三條適用之餘地。本此，我國訴願法及其他法律，乃基於法益衡量，而規定了「何人」在何條件下，得以行使具體的訴願權，而提起訴願，此即救濟法上之訴權的規範問題（註十二）。個別之人民欲提起訴願者，必須是攸關個案，且其具有一定之「起訴的地位或資格」（註十三），此不只用以防止「愛發牢騷者」之訴願，亦係用以區別訴願與請願之分野也（註十四）。

2. 客觀意義之訴願——訴願制度或制度化之訴願

我國憲法第十六條所保障之人民訴願權，一如其他基本權利，不但

註　十　請參見蔡志方，從權利保護功能之強化，論我國行政訴訟制度應有之取向，頁十七，臺大法研所博士論文，七十七年六月；蔡志方，從司法的現代化，論我國憲法關於司法制度的改革方向，律師通訊，一三九期，頁三一。

註十一　關於權利救濟資源之有限性，請參見蔡志方，論行政訴訟過量與行政法院負擔過重之原因及解決之道，植根雜誌，七卷三期，頁二三以下；G. Pfeiffer, Knappe Ressource Recht, ZRP 1981, S. 121 ff.

註十二　關於訴權之概念，請參見蔡志方前揭（註十）博士論文，頁四七以下。

註十三　參見行政法院五十九年判字第五八〇號判例、院六四八號解釋。我國訴願型態，以被害者訴願及利害關係者訴願為主，例外承認民眾訴願。詳請參見蔡志方，擬制行政處分制度之研究，東吳法律學報，六卷二期，頁一七九，註一一〇。

註十四　參見請願法第二條、訴願法第一條；王潔卿，行政救濟實用，頁六七，正中，六十四年十一月；K. A. Bettermann, Über die Legitimation zur Anfechtung von Verwaltungsakt, in: Gedenkenschrift für Max Imboden, S. 40, Helbing & Lichtenhahn 1972.

具有主觀性，爲確保其實現與貫徹，並具有客觀性或客觀意義(註十五)。就訴願之客觀性或客觀意義言之，即涉及訴願「制度」或制度化之「訴願」的憲法規範基礎何在之問題。就客觀意義之訴願言，其內涵包括「訴願之行政自我反省功能」、「人民有請求設立完善之訴願制度的請求權」、「對立法者應制定設置訴願制度所需法規之委託」及「對行政權應配合設置及運作訴願制度之委託」四項。

(1) 自我反省之訴願制度

行政之控制或監督，包括內在及外在之監督或控制（註十六），其中內在之監督或控制方法，即包括寓有行政自我反省作用之訴願制度（註十七）。行政欲達成自我反省，則除行爲之公務員時時自我檢討、機關首長或上級機關不時主動審查、監督以外，爲免行政人員之規避、疏忽或護短，則猶有以人民爲其耳目（特別是直接受害、接近事件或有利害關係之人），以促使或提醒行政機關自我反省之必要，此訴願所以爲行政自我反省制度之根本所在。既然訴願係被設計爲行政自我反省之制度，則其根本目的，應著重於行政之遵守法規的客觀目的（法規維持

註十五　Vgl. Chr. Starck, Über Auslegung und Wirkungen der Grundrechte, in: W. Heyde/Chr. Starck (K. u. R.), Vierzig Jahre Grundrechte in ihrer Verwirklichung durch die Gerichte, S. 18 ff., C.H. Beck 1990; J.P. Müller, Zur sog. subjektiv-und objektiv-rechtlichen Bedeutung der Grundrechte, Der Staat 1/1990, S. 33 ff.; R. Alexy, Grundrechte als subjektive Rechte und als objektive Normen, Der Staat 1/1990, S. 49 ff.; E. Schmidt-Aβmann, aaO. (Fn. 8), Rn. 14 § 19 IV.

註十六　Vgl. W. Thieme, Binnen- und Auβenkontrolle der Verwaltung in ihrer gegenseitigen Beziehung, VerwArch. 4/74, S. 305 ff.; C.H. Ule, in: F. Marx (Hrsg.), Verwaltung, S. 372 ff., Duncker & Humblot 1965; H. J. Wolff/O. Bachof, Verwaltungsrecht, Bd. III. 4. Aufl. S. 397 ff., C.H. Beck 1974.

註十七　訴願制度之作用，另詳本文二、（二）、2，三、（二）、2。

說），以契符法規所追求之促進公益及保護私益之功能，因此，在此種訴願制度下，私益之維護——特別是訴願人私益之維護，只係附隨或反射之作用，此不同於主觀意義下之訴願所主要追求者。再者，行政之欲臻於完善，除必須符合法規之要求外，尙須契合本於理性、效率所凝聚之目的，因此，訴願審查之範圍應及於合法性（Rechtsmäβigkeit）及合目的性（Zweckmäβigkeit）。此外，由於行政自我審查、反省之考慮，其程序乃採職權主義（Offizialgrundsatz）（註十八）。據此，我國憲法第十六條所欲建立之訴願制度，究係在於以訴願人權利之保障爲主，或以行政之合法性及合目的性之客觀秩序的維持爲導向，即大有探討之必要與餘地。

(2) 人民對設立訴願制度之請求權

訴願，一如其他程序之基本權利，需要進一步具體化及制度化，人民始能有效行使。憲法雖然揭櫫人民有訴願之基本權利，但憲法並未詳細規範訴願制度至直接得以運作之程度。此雖非法律保留之明文，但以其攸關人民之權利，依「重要性理論」(Wesentlichkeitstheorie) 或我國中央法規標準法第五條第二款或第四款之規定，自應屬應以法律定之之事項。人民爲使其有具體行使訴願之基本權利，自亦有承認及容許人民請求設立訴願制度，甚至改善訴願制度之權利（註十九）。所謂「憲

註十八　參見訴願法第十四條、第十七條、第二三條。關於職權主義之內涵，請參見蔡志方，行政訴訟經濟制度之研究，東吳法律學報，七卷一期，頁七〇以下；W.-R. Schenke, Rn. 85 ff. § 19 IV, in: R. Dolzer (GHrsg.), Bonner Kommentar zum Grundgesetz, C.F. Müller 1991.

註十九　我國行政訴訟法六十四年之修正，即係因孫體銓氏之請願所致（參見第一屆立法院第五十一會期第六次會議紀錄），參以請願法第二條，訴願法之修正，自亦在得請願之列。

法直接保障」，更有賦與人民請求建立足以完善遂行憲法所保障之權利的權利，否則，所謂「憲法，爲人民權利之保障書」云者，亦只係畫餅充饑而已（註二〇）。

(3) 對立法者之委託

現代憲法有關基本權利之規範，不只係直接賦與人民享有該當權利內容之權能而已，抑且如同其他「法律保留」之明文，亦形成對立法者之「憲法委託」（註二一），且此一委託，並非只如同「基本國策」，只係「方針條款」或「立法者主權」，而係同時賦與立法者之「規範制定權」（含裁量權）及課予適時、適切規範足以實現基本權利之制度的義務（註二二）。準此，憲法第十六條亦寓有賦與立法院制定及修正「訴願法」之權能，並課予其妥當規範完善之訴願制度的意義。

(4) 對行政權之委託

現代國家之法制，爲求行政積極發揮功能，除承認權力分立下之

註二〇 學者謂「憲法直接保障」，乃憲法本身詳細規定人民之基本權利，直接予以保障，以免立法機關利用立法權限制人民之權利（請參見管歐，中華民國憲法論，五版，頁六九，三民，八十年八月）。唯我國憲法除第八條之規定較詳外，非賦與人民有請求建立完善之制度爲保障，將失其實益。

註二一 Vgl. K. Stern, Das Staatsrecht der Bundesrepublik Deutschland, Bd. III/1, Allgemeine Lehre der Grundrechte, S. 1261, C. H. Beck 1988; M. Lepa, Der Inhalt der Grundrechte, 5. Aufl. Rn. VIII, Bundesanzeiger 1985.
關於憲法委託之概念，請參見陳新民，憲法基本權利之基本理論，上册，初版，頁三七以下，自刊，七十九年一月；K. Stern, aaO. S. 1286 ff.

註二二 參見陳新民，上揭書，頁六〇、六七以下；K. Stern, aaO. (Fn. 21), S. 1258.

「行政剩餘權」（註二三），並採取「委任立法」或「授權立法」（註二四），對行政事務賦與裁量權（註二五），不確定概念法規之優先判斷餘地（註二六），就需要高度行政特別知識者，亦承認「行政保留」(Vorbehalt der Verwaltung)（註二七）。此外，就憲法有關人民基本權利之事項，需要行政參與相關制度之設置或執行者，亦存在對行政權之委託（註二八），尤其是給付行政之領域（註二九）。就訴願制度而言，既然訴願寓有行政自我反省之功能，其審查範圍及於合法性及合目的性，

註二三 「行政剩餘權」係依據權力分立說及控除說 (Subtraktionsdefinition od. Negativdefinition)，對行政權範圍之界定，凡非屬立法與司法者，在三權分立下，即悉歸行政權。

註二四 文獻請參見洪慶麟，委任立法要件之比較研究，頁七以下，初版，三民，七十一年十月。

註二五 文獻請參見翁岳生，行政法與現代法治國家，三版，頁三九以下，自刊，一九七九年十月；葉俊榮，行政裁量與司法審查，臺大法研所碩士論文，七十四年六月；M. Bullinger, Verwaltungsermessen im modernen Staat Landesberichte und Generalbericht der Tagung für Rechtsvergleichung 1985 in Göttingen, Nomos 1986.

註二六 文獻請參見翁岳生，上揭書，頁六三以下；F. Bertossa, Der Beurteilungsspielraum, Stämpfli 1984; H.-J. Koch, Unbestimmte Rechtsbegriffe und Ermessensermächtigungen im Verwaltungsrecht, Frankfurt 1979; W.-R. Schenke, aaO. (Fn. 18), Rn. 344 ff., § 19 IV.

註二七 關於行政保留之概念，文獻請參見 I. v. Münch, in: Erichsen/Martens (Hrsg.), aaO. (Fn. 5), S. 50 und darin gezitierte Maurer/Schnapp, VVDSTRL 43 (1985), S. 135 ff., 172 ff.

註二八 一般以基本權利對行政之拘束論之，唯如憲法委託具有義務性，則對行政權賦與權力、課予義務，亦非不能以行政權之委託稱之。

註二九 社會國家原則或民生主義原則，實亦爲對（特別是）行政之委託，唯原則上宜先由立法者制定權限法規，行政以資據以執行 (Vgl. H. F. Zacher, in: J. Isensee/P. Kirchhof (Hrsg.), Handbuch des Staatsrechts der Bundesrepublik Deutschland, Bd. I. S. 1109 ff., C. F. Müller 1987)，但若又係行政保留之事項，似可直接有行政形成權。

且由行政機關自行審理（註三〇），則行政自有權，且有義務積極參與訴願制度之建立、改善及執行，故我國憲法第十六條之規定，亦具有對行政權委託之作用。

（二）法治國家權利保護完善性之要求

現代法治國家之憲法，不少根本並無人民有訴願權或國家應設立訴願制度之明文者（註三一），然而法治國家乃建立在人性尊嚴之基礎上（註三二），根據人性尊嚴之原則，確立了「國家為人民而存在」（Der Staat ist um des Menschen willen da）之根本原理（註三三），本此原理，迤邐而下，又具體化出「司法為國民而存在」（註三四），且此一要求，更可擴及於一切行政救濟制度，而謂「一切行政救濟制度為人民而存在」（註三五）。因此，現代化之行政救濟制度，除應求其民主化、法治化及人性化以外，尚必須追求「完善性」，唯有完善之行政救濟制度，始克確保人性尊嚴在此一領域中之完整實現。完善之行政救濟制度之法理基礎，包括：(1) 有權利，即有救濟（Ubi jus, ibi reme-

---

註三〇　參見訴願法第一條、第十四條第二項、第十七條第二項及第三條；陳敦娟，西德異議程序（Widerspruchsverfahren）之研究——與我國訴願制度之比較，頁二八，中興法研所碩士論文，七十八年六月。

註三一　外國立法例，參見林紀東，同前註七。

註三二　參見蔡志方，從人性尊嚴之具體化，論行政程序法與行政救濟法之應有取向，頁十九以下，中國比較法學會「人性尊嚴與法治建設研討會」，八十年十一月十七日。

註三三　參見蔡志方，上揭文，頁九以下。

註三四　請參見蔡志方，法治國家中司法之任務，頁二三六，臺大法研所碩士論文，七十年六月；蔡志方，從司法的現代化，論我國憲法關於司法制度的改革方向，頁二～五，立法院新國民黨連線「中華民國憲政改革學術論文研討會」，一九九〇年十二月。

註三五　參見蔡志方，前揭（註三二）文，頁五七以下。

dium)、法律恆須規定救濟（Lex semper dabit remedium）、有權利而無救濟，就不是權利（Right without remedy is not right）；(2) 有救濟而無實效，就不是救濟（Ein Rechtsschutz ohne Effektivität ist kein Rechtsschutz）(註三六)。行政救濟制度之完善性要求，不只為不成文的法治國家原則，而得據以為設置包括訴願制度在內之行政救濟制度的憲法基礎，此外，更具有指導類似我國憲法第十六條明文規定之功能（註三七）。

1. 法治國家權利保護完善性之內容

法治國家權利保護完善性，其要旨乃在於要求行政救濟制度，必須使人民依法享有之權利被侵害時，提供完整之保護，不能存在死角（Defizit），而在依法行政及依法裁判之要求下，適用法律必須正確，恰如其分，勿枉勿縱。行政救濟途徑之利用或進入（Zugang），應儘可能容易及便宜或經濟。行政救濟亦必須及時而迅速，否則，遲來之正義，卽形同正義之拒絕（Justice delayed, justice denied; Gerechtigkeit verspätet, Gerechtigkeit verweigert）。最後，行政救濟必須確實實現，否則，只係畫餅充饑而已。準此，完善之行政救濟制度，必須具備正

註三六　參見蔡志方，前揭（註三二）文，頁六〇。

註三七　德國卽係從基本法第十九條第四項，甚至直接從實體基本權利或法治國家原則，導出「權利保護之無缺陷」。參見蔡志方，前揭（註十）博士論文，頁十九及所引註；D. Lorenz, Die verfassungsrechtlichen Vorgaben des Art. 19. Abs. 4 GG für das Verwaltungsprozeßrecht in: Festschrift für C.-F. Menger, S. 143ff., Carl Heymanns 1985; E. Schmidt-Aßmann, aaO. (Fn. 8), Rn. 15 ff., § 19 IV; W.-R. Schenke, aaO. (Fn. 18), Rn. 383 ff., § 19 IV.

確、完整、實現、經濟及迅速五大要求（註三八）。

2. 法治國家權利保護完善性之要求與訴願制度

法治國家權利保護之完善性要求，雖然包括正確、完整、實現、經濟及迅速等五大要求，唯就完善之行政救濟制度何以需要訴願制度，換言之，訴願制度於完善之行政救濟制度究具有何等作用，則只須就權利保護之完整、正確、迅速及經濟四方面，加以分析。

(1) 權利保護之完整與訴願制度

基於「有權利，卽有救濟；有救濟，斯有權利」之法理，而國家行政公權力侵害人民之權益，依請願法第二條、第四條及行政訴訟法第一條第一項之規定，如不設訴願制度，而有訴願法第一條規定不當行政處分之救濟，否則，卽存在權利保護之重大缺陷，除非將不當均視爲違法（註三九），就此而言，訴願制度卽具有獨立之價值。

(2) 權利保護之正確與訴願制度

就權利保護之正確性言，基於法律賦與權利於先，而設救濟於後之要求，行政救濟制度所提供之權利保護，其形式、程序及結果，應完全契符法律規定之本旨，行政救濟應協調法之安定性與妥當性，具體再現

註三八 請參見蔡志方，前揭（註十）博士論文，頁二三以下；蔡志方，前揭（註三二）文，頁六〇以下。

註三九 實務採違法與不當二分法（如院三五四號解釋），訴願法第一條之規定亦同。大部分學者亦宗此，但學者陳新民氏認爲二分法不合理，且主張兩者界限趨向模糊，宜認皆屬「違法處分」。參見氏著，行政法學總論，初版，頁三三七以下，自刊，八十年一月。

法律規範，而臻於勿枉勿縱，其所給與之權利保護完全合乎法律，無過猶不及之情形。就訴願制度作爲行政訴訟之先行程序言（註四〇），由於行政機關最接近事實，對事實正確之判斷所需知識、設備及人力最多，且採取職權調查主義（註四一），足以發現實體之眞實，依實證之經驗顯示，不但行政法院如未經訴願之先行程序的過濾及澄淸案情，不易迅速處理爭訟，亦不易正確裁判，對於訴訟當事人之正確解決紛爭，亦屬不易。因此，訴願作爲行政訴訟之先行程序，在一定條件下，對於權利保護之正確，具有正面、積極之功能（註四二）。

(3) 權利保護之迅速與訴願制度

就行政救濟之迅速性言，如前所述，遲來之正義，乃正義之拒絕。權利保護若無法及時予之，則事過境遷，旣失其實益，更有損人性尊嚴及人權。就權利保護之迅速與訴願之關係言，行政訴訟需要準備程序，其中一項乃被告機關之答辯，依訴願法第十四條第二項但書及第十七條第二項，旣可省下準備程序之時間，如行政機關自行更正處分（撤銷或變更），即不必等法院裁判及執行，始獲救濟，其權利保護之迅速性，

註四〇 詳本文三、（二）、2、(1)。

註四一 請參見蔡志方，前揭（註十）博士論文，頁一八四；O. E. Krasney, Das Vorverfahren im Entwurf einer Verwaltungsprozeβordnung, NVwZ 1982, S. 406; J. Meyer-Ladewig, Rn. 1 zu Vor. § 77 SGG, 3. Aufl. C. H. Beck 1987; C. H. Ule, Verwaltungsprozeβrecht, 9. Aufl. S. 118 ff., C. H. Beck 1987; Ule/Laubinger, Verwaltungsverfahrensrecht, 3. Aufl. S. 16, Carl Heymanns 1986.

註四二 請參見蔡志方，前揭（註十）博士論文，頁一八五；J. Meyer-Ladewig, aaO. (Fn. 41), Rn. 2 zu Vor. § 77 SGG; ders., Entwicklungstendenzen im Verwaltungsprozeβrecht, DöV 1978, S. 307; E. Röper, Rechtsausschüsse zur Entlastung der Verwaltungsgerichte, DöV 1978, S. 314 ff.; W.-R. Schenke, aaO. (Fn. 18), Rn. 121 ff., § 19 IV.

自大幅提高。就只涉及不當之行政處分的情形，如存在訴願先行程序，則在訴願程序即可獲致解決，而無待於經行政訴訟駁回後，始提起訴願，甚至已因時效，而喪失訴願之機會，故具有促進權利保護迅速之功能。此外，因訴願程序之釐清案情及該當法規，對於訴訟裁判正確性提高，有助於「一次紛爭、一次解決」，對於權利保護之迅速性，亦有正面、積極之功能。因此，在一定條件下，訴願宜同時充爲行政訴訟之先行程序（註四三）。

(4) 權利保護之經濟與訴願制度

就行政救濟之是否能便宜獲致言，權利之享有及其保護，恆具有一定之有形、無形之價值或利益。其享有乃法律所預先賦與或承認，一旦受侵害，亦應允以最簡易、便捷之方法予以回復，就所失利益及回復權利所支出之代價，亦應予以補償，否則，費九牛二虎之力或超乎原權利享有之效益的代價，始能得其內容於萬一，此無異於另課負擔，迫使放棄正當之權利保護途徑，而助長邪道，此對人性尊嚴有重大傷害，爲防止此一缺失，各國行政救濟制度亦注重經濟之原則與措施（註四四）。就訴願制度對於權利保護之經濟的促進言，由於透過訴願以更正瑕疵之行政處分較容易（註四五），訴願程序較訴訟簡易，人民如獲致滿足，即不必進行煩冗之訴訟，且由於訴願程序如已正確釐清案情及準據法規，則法院亦較容易正確裁判，以確保「一次紛爭、一次解決」之目

註四三 如有完善之訴願法、加強獨立性之審議人員、具有專精之行政及行政法學知識與經驗者、規定有暫行權利保護制度、厲行心證公開等等。

註四四 詳參見蔡志方，前揭（註十八）文。

註四五 Vgl. H. Hofmann, Das Widerspruchsverfahren als Sachentscheidungsvorraussetzung und als Verwaltungsverfahren, in: Festschrift für Chr.-F. Menger zum 70. Geburtstag, SS. 605, 611, 614.

的，而成就權利保護之經濟性（註四六）。

三、訴願與請願、行政訴訟間之關係

我國憲法第十六條雖明文規定:「人民有請願、訴願及訴訟之權」，學者亦嘗謂:「請願、訴願及訴訟三權，其內容、行使之對象及程序不同，但目的接近，合稱爲『權利保護請求權』」（註四七），但訴願與請願、訴願與行政訴訟間，究何關係，實有進一步闡明之必要。

（一）訴願與請願之關係

訴願與請願之機能，有何異同？兩者行使之對象、行使之主體、方式又如何？兩者是否存在積極之關聯性？以下依次從憲法第十六條、請願法第二條及第四條、訴願法第一條及第十一條之規定、訴權、訴願客體等，予以分析及探討。

1. 憲法第十六條之規範分析

我國憲法第十六條雖同時揭示人民有請願及訴願之權，且將請願列於訴願之前，但此既不意謂請願之地位先於訴願，亦非表示人民欲訴

註四六　學者指出德國異議程序充爲行政訴訟之先行程序，主要在於行政自我審查具有多面之公的或法治國之利益。Siehe, H. Hofmann, aaO. (Fn. 45), S. 616.

註四七　參見林紀東，前揭（註七）書，頁二五一。

願，則須先行請願（註四八）。因此，除請願與訴願同爲人民之基本權利，並具有「權利保護請求權」之特質外，實無法進一步窺知兩者之關係。

2. 請願與訴願之排斥、交錯及轉換關係

請願與訴願除同爲人民之權利保護請求權以外，依我國請願法及訴願法之規定，則具有彼此排斥、交錯及轉換之關係（註四九），以下依相關法規及其運作可能性，加以分析。

(1) 請願法第四條之規範分析

我國請願法第四條規定:「人民對於依法應提起訴訟或訴願之事項，不得請願」，由此可知，請願與訴願間，似具有排斥之關係，換言之，在此規範意義下，訴願法第一條實應被解爲請願法第二條之特別規定，甚至同時爲排他性之事項規定。此一規定，除可避免權限衝突以外，並可使請願及訴願程序，彼此廓清，更可使請願與訴願制度，具有併存或獨立之制度的特質（註五〇）。

(2) 請願法第二條與訴願法第一條之規範分析

我國請願法第二條規定:「人民對國家政策、公共利害或其權益之維護，得向職權所屬之民意機關或主管行政機關請願」，訴願法第一條

註四八　依我國請願法第四條，請願與訴願具有排斥關係，唯本文認有轉換之可能。見下述三、（一）、2。

註四九　除排斥關係見諸請願法第四條以外，餘似尚乏人探討。

註五〇　唯此一規定，必須以人民法律知識豐富或採取專業代理制度或有完善之教示制度爲前提，否則，易使其欠缺實效性。

則規定:「人民對於中央或地方機關之行政處分，認爲違法或不當，致損害其權利或利益者，得依本法提起訴願、再訴願。但法律另有規定者，從其規定」。

從請願法第二條之規定要件觀之，得爲請願之主體，乃廣義之人民，含個別之自然人的人民、立於人民地位之法人、非法人之團體，而其客體，則廣及「國家政策」、「公共利害」及「人民（個人）權益之維護」。由此觀之，請願之權能歸類，可包括公益請願及私益請願，其中以私益請願攸關權利保護制度最鉅，與訴願亦最具關聯性。就訴願法第一條之規定要件觀之，得爲訴願之主體，仍爲廣義之人民（註五一）。但就訴願權能之類型言之，我國以被害者訴願爲主、利害關係者訴願其次，於有特別法之規定下，亦例外地允許所謂之「民眾訴願」（註五二）。就得爲訴願之事項，只限於「中央或地方機關之違法或不當的行政處分」及「違法不爲行政處分」（註五三）。就此言之，徒從請願法第二條及訴願法第一條規定之範圍觀之，兩者間實具有交錯或重疊之處，唯若參以請願法第四條，則似即被排除（註五四）。

(3) 訴願法第十一條之規範分析

註五一　同註六。

註五二　同註十三。

註五三　我國實務上之做法，乃係先依訴願法第二條第二項擬制一行政處分之存在，再依同法第一條之規定提起，實則此乃多此一舉，而只須從訴訟種類擴張卽可。相關問題之探討，文獻請參見蔡志方，前揭（註十三）文，頁一五八以下；蔡志方，論行政處分之存在與訴願之提起——訴願法第二條第二項與第九條規定間之齟齬，憲政時代，十六卷二期，頁八〇以下；蔡志方，論遲到之行政處分，植根雜誌，六卷十二期，頁三以下；蔡志方，論擬制行政處分與訴之利益，植根雜誌，七卷六期，頁二以下。

註五四　形式上，請願法第四條宜認係訴願法第一條之特別規定，但實質上，則又有例外（詳下述）。

我國訴願法第十一條規定:「訴願人在法定期間內，向受理訴願機關作不服之表示者，視同已在法定期間內提起訴願。但應於三十日內補送訴願書」，此一規定在於補我國人民訴願法專知之不足，使其不致因此逾越訴願期間，而喪失權利保護之機會。本此，若人民爲維護其權益，應以訴願之方式爲之，而誤向「訴願管轄機關」以請願之方式，表達其不服之意思者（註五五），如該機關教示人民依法提起訴願（政策上宜如此，而勿逕依請願法第四條駁回，宜依同法第八條擴張解釋，予以適當之教示），則此時即可能存在訴願法第十一條之視同在法定期間內提起訴願之情形，並發生將請願轉換爲訴願之可能性。

(4) 從訴權類型分析

在權利救濟制度上，依何人得以就具體案件，提起一定方式之權利救濟，而爲一定主張，形成所謂之「訴權」概念（註五六）。若不進一步探究得以主張權利救濟方法之事項（客觀範圍），而純就主觀之人的範圍言，則訴願與請願制度，在「權利被害者訴權」、「利害關係者訴權」及「民眾訴權」三者，均存在重疊或交錯之關係，致人民之權利救濟方式，究爲請願或訴願，不易分辨。

(5) 從當事人之眞意及法律專知之考量分析

註五五　依本人從事訴願審議之經驗，我國訴願法第十二條雖採要式主義，但因同法第十七條規定之結果，一般訴願人常以「請願書」、「請願狀」、「陳情書」、「請求書」、「訴訟狀」……等名稱之書狀，向主管機關表示不服，而主管機關則視其眞意，決定究爲請願或訴願，且常以能否訴願爲決定標準，而非人民書狀上之請求文句。

註五六　同註十二。由於請願採民眾請願型態，任何人皆可提起，致訴權概念在請願制度上，常無關宏旨，反而請願之方式如以遊行爲之，則受集會遊行法之諸多限制。

我國憲法第十六條只簡略地規定:「人民有請願、訴願及訴訟之權」，但三者之關係如何，雖請願法第二條、第四條及訴願法第一條已有相當詳盡之規定，一般人民對請願與訴願間之分野，尚不及兩者與訴訟之區別。特別是由於如本文前述，請願與訴願之訴權、管轄機關之雷同及請願與訴願轉換之可能，一般人民在實際上常有誤稱及誤用之情形，因此，人民爲保障其權益，而向行政機關有所請求時，基於權利保護之週到，必須善用闡明權（義務），遂行心證之公開，顧及體貼人民法律專知之不足，深入探求當事人之眞意，不可一味爲速決訟案，而以駁回爲能事。準此，就請願與訴願實不宜過度苛求其程序之僵化，而應適度注入柔性之緩和措施，使之有適當之交錯性及轉換性。

(6) 從訴願逾期之轉換爲請願分析

基於法秩序之安定性要求，我國訴願法第九條亦規定得以提起訴願之時效。依該條規定:「訴願自機關之行政處分書或決定書達到之次日起，應於三十日內提起之。第二條第二項規定之視同行政處分，人民得自該項所指之法定期限經過後滿十日之次日起，於三十日內提起訴願」（註五七），凡行政處分經此得訴願之期限後，即發生形式之確定力或不可爭力，行政處分之相對人卽不得再提起訴願，以謀求救濟。唯在法治國家中，基於「依法行政原則」，行政之合法性內涵著公益及人民之權益，因此，行政處分縱已逾訴願之期限，依訴願法第九條之反面解釋，似不得提起訴願，但依同法第十四條第二項但書，原行政處分機關認訴願（實體上）爲有理由者，得自行撤銷或變更原行政處分，並呈報

註五七　其規定缺失之批評及建議，請參見蔡志方，前揭（註五三）文，憲政時代，十六卷二期，頁八〇以下。

受理訴願之機關（註五八），尤其同法第十七條第二項規定，訴願因逾法定期限決定駁回時，若原行政處分顯屬違法或不當者，原行政處分機關或其上級機關得依職權變更或撤銷之，準此，訴願人依訴願法第九條之反面解釋，固已喪失「法律上之訴願權」，但依同法第十四條第二項但書，尤其是第十七條第二項，則仍存在「事實上之訴願權」，唯彼處乃「具有裁量餘地」之撤銷及變更權限，如欲與同法第九條達成理念與體系之契合，則此時之「訴願」，無寧視其爲「請願」之爲愈也。是以就此本文主張，應承認將逾期之訴願，轉換爲請願，在立法上創設「默示之請願」或「擬制之請願」。

(7) 請願之處置與訴願對象

我國請願法第八條規定：「各機關處理請願案件，應將其結果通知請願人；如請願事項非其職掌，應將所當投遞之機關通知請願人」，乃採「請願結果當事人公開主義」，唯因得請願之事項範圍甚大，其應爲之處置亦因主管機關及應爲之相應措施的不同，而異其方式。就行政機關言，可能包括制定法規、發布行政規則或修正此二者、改變行政政策或行政措施、態度，但是否包括作成「行政處分」，則有進一步探討之餘地。訴願或再訴願之決定，如係「撤銷」或「變更」原行政處分，則其本質仍係一行政處分，但請願之處置，是否構成訴願法第二條之要件，向乏人探討。依本文所見，請願既爲憲法第十六條所保障之人民的公法上權利，人民依請願法提起請願，而受理機關依請願法第八條之規定，亦有爲一定處置，並將結果通知請願人之義務，就行政機關而言，實已構成訴願法第二條行政處分之要件，唯此只就請願之行爲及程序本

註五八　實務上常見在答辯程序上，「被告」機關自行撤銷，此時審議機關即以行政處分（程序標的）已不存在，逕行駁回訴願。

身，而非對請願之事項及非以處分爲之之處置行爲。準此，受理請願之「行政機關」，對於人民合法之請願，以違法或不當之方式加以駁回或處理者，訴願人如認其請願權受損，亦非不得依訴願法提起訴願也（註五九）。至於人民依法請求爲一定之行政處分，而得以請願或誤以請願方式爲之（註六〇），主管機關予以駁回或逾期不爲處置，則前者即存在一行政處分，而後者亦可能存在一「擬制之行政處分」（註六一），如人民認爲其違法或不當，而損害其權益，自得對之提起訴願。由此可知，請願與訴願亦存在因果之關係。

（二）訴願與行政訴訟之關係

訴願與行政訴訟之關係，在我國之行政救濟制度上，頗爲密切，甚至長久以來，兩者常被相提並論，甚至訴願竟只淪爲行政訴訟之「先行程序」性質，其爲自我、獨立之權利救濟性質，乃被忽略或遺忘，致每當行政訴訟法修正時，必同時帶動訴願法之修正，反之亦然（註六二）。究竟訴願是否只係行政訴訟之「先行程序」而已，或仍有「併存程序」之性格？訴願法是否只係行政訴訟法之附屬法規，或者乃一獨立、具有自我體系之行政救濟法規？行政訴訟是否應以訴願爲前置程序？其原因及正當性何在？司法院能否不徵得行政院之同意，逕行修改訴願法或行

註五九　實務上，常以請求事項非關行政處分，而只涉及請願之處理，而予以駁回（不合法裁定駁回），此關鍵在於請求之內容及處理之表示方式爲何。參見院字六四二號解釋。

註六〇　此時應依其目的，及是否存在一保護規範，而「請願人」具有「求爲處分」之請求權。

註六一　請參見蔡志方，前揭（註十三）文，頁一七一以下。

註六二　此乃因行政訴訟採取訴願前置主義所致，此種情形以目前進行中之修正爲甚。

政訴訟法中有關訴願程序之規定（註六三）？ 此不僅攸關兩院之「法案提議權」（註六四），實繫乎訴願與行政訴訟間之關係。以下擬依次從憲法第十六條之規範、訴願之程序性質加以分析，後者特別將就訴願之先行程序及併存程序性質深入研討，此外，並將就「直接訴訟」、「躍級訴訟」及「間接訴訟」與訴願、行政訴訟之客體與訴願之關係等，逐一詳爲推求，以徹底釐淸兩者間之眞正關係，以供爲研修行政訴訟法及訴願法與確立行政救濟法學之基礎也。

1. 憲法第十六條之規範分析

我國憲法第十六條規定：「人民有請願、訴願及訴訟之權」，吾人除已確認請願、訴願及訴訟權，俱爲人民之「權利保護請求權」以外，並無法明確認識訴願與行政訴訟之關係。吾人旣不能以憲法將訴願置於訴訟之前，而謂此爲「訴願先行主義」之憲法根據，蓋吾人不能同樣確立「請願先行主義」之存在，再者，訴訟亦不限於行政訴訟一種，而訴願旣亦爲人民之權利，則不能將之又定性爲義務，而使之欲爲行政訴訟，即必先爲訴願，或訴願之後，必爲行政訴訟也（註六五）。

註六三　司法院行政訴訟制度研究修正委員會草擬之「行政訴訟法修正草案」，即曾因「徵求行政院之意見」，而遭以「五十點理由」反對。據聞此一徵求「意見」程序，乃因行政協定之結果，似乏法律依據。若從兩院提案權事項性質言，則似又有根據。

註六四　行政院之法律案提案權，源自憲法第五八條第二項，而司法院之法律案提案權，則因司法院大法官會議第一七五號解釋，而告明確。依該號解釋理由及第三號解釋之意旨，提案權本互不干涉，但行政訴訟法中規定（再）訴願先行主義，由於其程序性質（類似問題之探討，請參見本文後述及 H. Hofmann, aaO. (Fn. 45), S. 605 ff.），乃有探討之必要。

註六五　類似見解，請參見 E. Schmidt-Aβmann, aaO. (Fn. 8), Rn. 249 § 19 IV.

2. 訴願之程序性質

欲探討訴願之於行政訴訟之關係，則必須從行政程序法及行政訴訟程序法，分析訴願之程序性質，庶得其肯棨也。

(1) 先行程序性質之分析

我國自有行政訴訟制度以來，即將訴願列為行政訴訟之先行程序（註六六），換言之，欲提起行政訴訟，則必須先踐行訴願之程序。唯何以提起行政訴訟，必須先踐行訴願？訴願程序之須先踐行，究係提起行政訴訟之「合法要件」或為「實體決定之要件」？是否一切行政訴訟均須先行訴願（如我國民初以來之制度）？外國採行類似制度之情形，其原因是否相埓？我國學者及實務家常謂「訴願乃行政訴訟之先行或前置程序」，其概念是否正確？以下就我國行政訴訟法第一條之規範、訴願先行主義之政策及訴願選擇主義之政策，予以分析，以澄清上述疑問。

①行政訴訟法第一條之規範分析　我國現行法將訴願（再訴願）列為行政訴訟之先行程序者，只見諸行政訴訟法第一條第一項，且其乃採「再訴願」（含擬制再訴願）先行主義，其規定為：「人民因中央或地方機關之違法行政處分，認為損害其權利，經依訴願法提起再訴願而不服其決定，或提起再訴願逾三個月不為決定，或延長再訴願決定期間逾二個月不為決定者，得向行政法院提起行政訴訟」，同條第三項復規定：「已向中央各院提起之訴願，以再訴願論」。至於同法第十一條，

註六六　文獻請參見蔡志方，我國第一個行政訴訟審判機關——平政院，憲政時代，十一卷一期，頁二二。

只係「視同合法起訴」之規定，並非「訴願（再訴願）先行」之規定。

就行政訴訟法第十四條之規定觀之，再訴願之先行似屬可以補正之起訴合法要件，而非如德國行政法院法第六十八條以下之異議（Widerspruch）先行程序（Vorverfahren），只係「實體決定之要件」（註六七）。蓋依同法第十三條第二項第四款，除因同法第一條第一項後段規定之情形以外，再訴願乃「法定程序」，其決定應載明於書狀。唯依第十四條規定觀之，未踐行再訴願程序或雖踐行，而未取得決定或俟有同法第一條第一項後段規定之情形，卽逕行起訴，似應認係起訴不合法，而以裁定駁回，只有訴狀不合法定程式時，始生補正之餘地。然本文以爲，爲防因裁定之旣判力，致人民喪失救濟之機會，如其提起再訴願仍屬合法（如尙未逾期、未曾撤回），則宜教示之，令其補正程序及程式，換言之，採取德國同一法制也。

其次，就提起行政訴訟是否均須先踐行（再）訴願程序，我國學者一向持肯定之見解，致同時產生「訴願只係行政訴訟之先行程序」之觀念，實則此乃因長久以來，我國學界及實務界囿於「行政處分中心主義」及「訴訟種類列舉主義」所致（註六八）。依本文所見，從我國憲法第十六條本身、第二十二條及法治國家權利保護之完整性（Vollständigkeit od. Lücklosigkeit des Rechtsschutzes）要求，行政訴訟之事項，應採「概括條款」（註六九），而訴訟種類，亦應採取「例示主義」

註六七　德國異議程序之性質，請參見陳敏娟，前揭（註三〇）文，頁二四及註五所引文獻。

註六八　其批評，文獻請參見蔡志方，前揭（註十）博士論文，頁一九六、二〇一、一〇〇；蔡志方，我國憲法上行政訴訟制度之規範取向，憲政時代，十四卷四期，頁十一；蔡志方，前揭（註十三）文，頁一五九以下。

註六九　請參見蔡志方，前揭（註十）博士論文，頁一〇四以下、一八四以下；蔡志方，上揭文，憲政時代，十四卷四期，頁六以下、九。

（註七〇），故，行政訴訟法第一條第一項及第二十六條，只係撤銷訴訟之特別要件的規定而已（註七一）。準此，並參考「行政訴訟法修正草案」第三條～第十條及第二條，亦可印證「訴願並非行政訴訟全部種類之先行程序」（註七二），充其量，只有在「撤銷訴訟」及「義務訴訟」之領域，「訴願乃行政訴訟之先行程序」一語，始稱的論（詳後述分析）。

②訴願先行主義之政策分析　目前行政訴訟制度仍採行訴願先行主義之國家，除我國（註七三）以外，尚有德、奧等國。以下從訴願先行主義之政策分析，以認識行政訴訟採取訴願先行之理由。

A. 立法例　大清行政裁判院官制草案第十條規定：「凡呈控事件關係閣部院及各省軍督撫暨欽差官者，准其逕赴行政裁判院控訴，此外必須先赴各該行政長官衙門申訴，如不得直，可挨次上控，以至行政裁判院，不許越訴」。乃採訴願前置爲原則，越訴或直接訴訟爲例外之法制（註七四）。

民國二十一年十一月十七日公布之行政訴訟法第一條規定：「人民因中央或地方官署之違法處分，致損害其權利，經依訴願法提起再訴願，而不服其決定或提起再訴願，三十日內不爲決定者，得向行政法院提起行政訴訟」，民國二十六年一月八日及其後歷次修正公布之行政訴

註七〇　請參見蔡志方，前揭（註十）博士論文，頁九五以下；蔡志方，前揭（註六八）文，憲政時代，十四卷四期，頁九；蔡志方，前揭（註十三）文，頁一六一。

註七一　請參見蔡志方，前揭（註十）博士論文，頁九八；蔡志方，前揭（註六八）文，憲政時代，十四卷四期，頁九。

註七二　請參見司法院行政訴訟制度研究修正委員會，行政訴訟法修正草案總說明暨條文對照表，頁三、六，七十七年八月。

註七三　行政訴訟法第一條第一項。唯此規定，究爲再訴願前置或再訴願決定訴訟之規定，立法技術上有疑義，另詳本文四、（三）。

註七四　請參見蔡志方，前揭（註六六）文，頁二三以下。

訟法，均採再訴願前置主義（註七五）。

明治二十三年十月一日施行之日本行政裁判法第十七條規定：「行政訴訟除法律勅令有特別規定外，非經向地方上級行政機關訴願，並經其裁決，不得提起。對各省大臣或內閣直轄官廳或地方上級行政機關之處分，得直接提起行政訴訟。向各省或內閣提起訴願時，不得提起行政訴訟」。是對地方機關爲行政訴訟者，採訴願前置主義，而對各省或內閣或地方上級行政機關行政訴訟，採「直接行政訴訟」或「訴願擇一主義」。昭和二十三年七月十五日施行之日本行政事件訴訟特例法第二條規定：「請求撤銷或變更行政機關違法處分之訴，對其處分依法令規定，得爲訴願審查之請求、聲明異議或向其他行政機關爲不服之聲明（以下簡稱訴願）者，非經其裁決、決定及其他處分（以下簡稱裁決），不得提起。但自訴願提起之日起業經三個月或如經訴願之裁決，將有發生顯著損害之虞或有其他正當理由者，得不經訴願之裁決，逕行提起訴訟」，乃採訴願前置爲原則，直接訴訟爲例外之法制。昭和三十七年五月十六日頒訂之日本行政事件訴訟法第八條規定：「處分撤銷之訴，就該當處分縱得依法律規定，爲審查請求，亦不妨逕行提起。但法律如有規定就該當處分之審查請求非經裁決不得提起處分撤銷訴訟者，不在此限。前項但書之情形，如有下列各款情事之一時，雖未經裁決，仍得提起處分撤銷之訴。一、自審查請求之日起已逾三個月而未裁決者。二、爲避免因處分，處分執行或手續之續行所生重大損害，有急迫之必要時。三、其他不經裁決而有正當理由時。本條第一項前段之情形，就該當處分有審查請求時，法院在該審查請求未裁決前（自審查請求之日

註七五　未見於政府公報之民國二十四年十月四日「行政訴訟法」第一條，採取訴願前置選擇主義。該條文收於陳秀美，改進現行行政訴訟制度之研究，頁二二七以下，司法院，七十一年四月。

起，經過三個月而未裁決時)，應俟其期間之經過，得中止訴訟程序」，乃採直接起訴爲原則，訴願前置爲例外，且「例外復有例外」之法制。

德國行政法院法第六十八條規定：「提起撤銷訴訟前，須於先行程序審查行政處分之合法性及合目的性。但法律有特別規定或有下列情形者，不在此限：一、除法律有審查之規定，行政處分係由聯邦最高官署或邦最高官署所爲者。二、第三人因異議決定直接受損害者。聲請爲行政處分而遭拒絕者，所提起之課予義務之訴，準用第一項之規定」。第六十九條規定：「先行程序因異議之提起而開始」。故，德國採撤銷及義務訴訟，「以異議前置爲原則，直接訴訟爲例外之法制」。類似規定，復見於彼邦之社會法院法第七十八條及財政法院法第四十四條至第四十六條（註七六）。

奧地利之先行程序，並非規定於行政法院法（Verwaltungsgerichtshofgesetz 1965 idF 1982/203）第三十九條（註七七），而係彼國聯邦憲法第一三一條第一項第一款，該款規定當事人訴訟（Parteienbeschwerde）之要件爲：「凡主張由於行政官署決定之違法，侵害其權利者，於窮盡行政審級後，得對之提起訴訟」（註七八），故可知奧國之裁決訴訟，乃採取訴願前置主義（註七九），職務訴訟則否。

註七六　BGB1. I. S. 1239, 1326, in der Fassung vom 23, 9, 1975 (BGB1. I. S. 2535); BGB1. I. S. 1477.

註七七　該條係法院之準備程序，亦即起訴後，裁判前（如行言詞辯論，則爲言詞辯論前）之程序。

註七八　該款所稱「窮盡審級程序」，乃指依一九五〇年五月二十三日「一般行政程序法」(Allgemeines Verwaltungsverfahrensgesetz; AVG. BGB1. 172)第六三條至第七三條所提起之行政救濟程序者而言。Vgl. R. Walter/H. Mayer, Grundriβ des österreichischen Verwaltungsverfahrensrechts, 4. Aufl. S. 178 ff., Manz 1987.

註七九　請參見蔡志方，歐陸各國行政訴訟制度發展之沿革與現狀，頁六〇以下，八十一年二月。

瑞士聯邦行政訴訟制度分當事人訴訟及職務訴訟兩大類，依審判權性質，又有「原始行政裁判權」(Ursprüngliche Verwaltungsgerichtsbarkeit) 及「嗣後行政裁判權」(Nachträgliche Verwaltungsgerichtsbarkeit)，後者除法律另有規定外，採取「決定先行」之原則，亦即以「行政處分」(Verfügung) 爲訴之對象，而所謂處分，含異議、訴願等行政救濟之裁決（註八〇），故亦採「訴願先行主義」，唯何等事項應先爲訴願，均有法律明文列舉（註八一）。

B. 歷史因素　行政訴訟之提起，何以須踐行訴願前置之程序，部分係由於歷史因素。就我國之行政訴訟制度史言，除民初之行政訴訟條例、行政訴訟法及民國二十四年之行政訴訟修正（註八二），曾採「訴願選擇主義」（詳後述）外，似均沿襲日本戰前之法制，而日本戰前法制，則沿襲自普魯士法制，而德國戰前法制，則又倣習法國之制度（註八三）。就法國行政訴訟制度之沿革言之，「行政訴訟之本質，並非司法裁判，而係行政系統之分化及自我反省」，特別是在大革命後初期，對傳統司法法院之憎惡，乃促成行政系統內之行政訴訟制度的發達（註八四），法國行政訴訟之司法化，並不表示其與司法法院之「重修舊好」，而係法治主義之思想所致。就德國言之，在行政司法之時代，在行政國家思想支配下，行政法院亦係「行政審級之司法化」而已（註八五）。從兩國初期之行政訴訟範圍及種類（註八六）觀之，將行政

註八〇　§§ 97, 98 OG i. V. m., § 5 VwVfG.

註八一　§§ 98 c)～e)、g), 117 c) OG, § 47 Abs. 2～4 VwVfG.

註八二　同註七五。

註八三　請參見蔡志方，前揭（註六六）文，頁二一以下；蔡志方，前揭（註七九）文，頁一、二五以下。

註八四　請參見蔡志方，法國行政救濟制度研究（上），憲政時代，七卷四期，頁三一以下。

註八五　請參見蔡志方，前揭（註七九）文，頁二六以下，特別是頁二八～三一。

註八六　參見蔡志方，前揭（註七九）文，頁三五以下。

救濟之前階程序，畀予行政機關審理，較高審級始由較具獨立性之「歸屬於行政權的行政法院」爲之，旣不覺奇怪，亦正係「大陸法系行政救濟之傳統」也（註八七）。

C．行政權之尊重與行政之統一　行政救濟之特色，乃在於監督行政權行使之合法、適當，以保障人民之合法權益。將行政訴訟之先行程序——訴願審議權委予行政權本身，乍視之，似有違「權力分立之原則」及「不得就已案爲法官」(Nemo judex in causa sua protest)之「自然正義原則」，但若非以終審委之，則並無違背（註八八），而讓行政有機會先自我再次審查行爲之合法性及合目的性，自較一開始卽由司法機關爲「他律的監督」，於行政權更能「顧及顏面」及「與人爲善」，其尊重行政權之用意，乃顯而易見。此外，訴願前置亦寓有統一行政之功能（註八九），特別是由上級審議下級之行爲者爲然。

D．減輕法院之負擔　當前各民主法治國家之行政訴訟制度仍保留訴願先行主義者，泰半均以減輕法院負擔爲其根本理由之一（註九〇）。今處各國行政訴訟過量、法院負擔過重及程序進行遲滯之時（註九一），各國紛紛研商對策之際（註九二），甚少主張完全除去以訴願先

註八七　法國之行政法院，迄今仍屬行政權系統，戰前德、日及我國平政院時代，行政法院均屬行政系統。

註八八　日本國憲法第七六條第二項，卽明文規定行政機關不得爲裁判之終審。

註八九　參見黃守高，現代行政法之社會任務，頁二三七以下，私立東吳大學中國學術著作獎助委員會，六十八年十二月。

註九〇　Vgl. E. Schmidt-Aβmann, aaO. (Fn. 8), Rn. 249 § 19 IV; W.-R. Schenke, aaO. (Fn. 18), Rn. 118 § 19 IV.

註九一　請參見蔡志方，前揭（註十一）文，頁二四以下；蔡志方，前揭（註七九）文，頁七三。

註九二　同上註。

行程序過濾不必要之行政訴訟者（註九三），當然我們不能以訴願取代行政訴訟，只允許人民訴願，而不准行政訴訟，以根本減輕行政法院之負擔爲能事（註九四）。依實證經驗顯示，由於訴願先行程序之過濾篩汰，不但減少訟源，亦使法院在認事用法上，減輕不少負擔（註九五），此亦爲各國行政救濟之改革者，不輕易盡除訴願先行程序之原因。當然，此之原因只存在於部分之行政訴訟類型，而非全部，且訴願先行程序之審級，亦有日形簡化之趨勢（註九六），則不容誤解與忽視者。

E. 協助人民澄清疑點　行政訴訟之對象的「公法特性」，使得縱然採行「律師強制主義」之國家（註九七），其律師猶感力有未逮，矧言由人民自行起訴者。高度技術性及複雜之學理夾雜、參揉之行政爭訟法律關係，恆爲一般民眾所無法理解者，實體與程序難辨，甚至因不諳程序規定，而喪失救濟機會者不尠（註九八）。由於訴願程序大皆採「職權主義」（註九九），復輔以適度之教示及心證公開制度，往往使爭訟之人民知其所不知，於訴願後仍欲行政訴訟時，得以釐清爭點，而正確地爲主張，並提出該當之證據（註一〇〇）。在我國雖有不少民眾批

註九三　當然所謂減輕法院之負擔，乃以訴願先行下所達成者，否則，將與行政處分有關之訴訟排除，而只准訴願，於行政法院之負擔減輕最多而徹底，但此有違憲之虞。

註九四　此有違憲法第十六條及第二三條。

註九五　同註四一。

註九六　參見德國行政法院法第七二條、第七三條；司法院「行政訴訟法修正草案」第四條；陳秀美，前揭（註七五）書，頁六七以下。

註九七　請參見蔡志方，前揭（註十八）文，頁一〇七以下。

註九八　依本人從事訴願審議之經驗，不少民眾，甚至代理之律師，卽常分不清實體或程序之主張方法，致被以程式或顯無理由駁回者。

註九九　同註十八。

註一〇〇　目前經濟部訴願會於採言詞辯論或訴願人到會說明者，已採行教示及心證公開之方法，特別是無律師代理之案件或被告機關到會說明者。

評訴願制度，但因該制度而受惠匪淺者，亦不在少數也（註一〇一），此亦爲堅持保留以訴願爲行政訴訟之先行程序的正當原因之一，有學者甚至主張其與「減輕法院之負擔」及「加速救濟程序」同具有公益之功能，而足資爲限制人民逕行提起行政訴訟之正當的法律原因（註一〇二）。

F．擴大救濟機會　以訴願爲行政訴訟之先行程序，不只因其過濾不必要之訴訟（疏減訟源），使行政法院得以集中思慮於裁判之正確，擴大人民之權利救濟，亦因其具有協助人民澄清疑點之作用，而使人民提起之行政訴訟不致淪爲「枉訴」，更因訴願制度上，審議機關之權限，不只及於被訴處分之合法性，亦及於行政訴訟所不及之合目的性（註一〇三），甚且，更因類似我國訴願法第十四條第二項但書及第十七條第二項之職權主義性規定，無形中更擴大人民救濟之機會（註一〇四）。

G．加速救濟程序　訴願之先行程序，因其先行過濾不必要之訴訟案件，使法院專注於複雜之案情，總體上加速了人民行政救濟程序，而尤其明顯者，乃是澄清案件諸疑點（包括事實眞相及準據法規之釐清），使眞正之爭點更形凝聚，而行政法院即能以最少之人力，在最短之時間內使訴訟案件之裁判成熟度提高，而臻至迅速解決紛爭（促進訴訟）之境域（註一〇五）。

③訴願選擇主義之政策分析　雖然不少國家將訴願（或類似制度）充爲行政訴訟之先行程序，且爲強制性之先行程序，但即使充爲先

註一〇一　此從各訴願機關之撤銷或變更原處分或決定率可見一斑。
註一〇二　Vgl. H. Hofmann, aaO. (Fn. 45), S. 616.
註一〇三　參見陳敦娟，前揭（註三〇）文，同處及所引資料。
註一〇四　此似爲我國所獨有之制度，但具有重大之意義，且此不只涉及人民權利保護之擴大，與行政合法、適當性之確保，有正面、積極之作用。
註一〇五　Vgl. F.O. Kopp, Rn. 1 Vorb. § 68 VwGO, 8. Aufl. C.H. Beck 1989; F. Hufen, Fehler im Verwaltungsverfahren, S. 267 ff., Nomos 1986.

行程序，亦不乏採取訴願選擇主義者。唯同爲選擇主義，又有採取「訴願任意制」、「訴願先行選擇制」及「訴願選擇排斥逕行訴訟制」。以下就其制度採取之政策取向，加以分析。

A. 立法例　民國二十四年十月四日公布之行政訴訟法第一條規定：「人民因中央或地方官署之違法處分，致損害其權利者，得向行政法院提起行政訴訟。對於違法處分依訴願法提起訴願或再訴願，而不服其決定者亦同。已提起訴願或再訴願者，非俟訴願或再訴願決定後，不得提起行政訴訟」，乃採「訴願選擇」及「選擇後不得逕行提起行政訴訟之法制」。至於司法院草擬之「行政訴訟法修正草案」第四條，乃採取「訴願前置及再訴願選擇主義」。

明治二十三年十月一日施行之日本行政裁判法第十七條第三項規定：「向各省或內閣提起訴願時，不得提起行政訴訟」，乃採「訴願擇一主義」（註一〇六）。昭和三十七年五月十六日制頒之日本行政事件訴訟法第八條第一項前段之規定，乃採「訴願選擇主義」（註一〇七）。

法國雖擁有訴願制度（La réclamation ou recour administratif）（註一〇八），但行政訴訟並不採訴願先行（Préalable obligatoire）主義（註一〇九），採取訴願先行之事項，毋寧係一種例外（註一一〇）。

註一〇六　此與同條第二項採直訴主義不同，唯因直訴主義不排除任意訴願。

註一〇七　該段規定爲：「處分撤銷之訴，就該當處分縱得依法律規定，爲審查請求，亦不妨逕行提起」。

註一〇八　請參見蔡志方，法國行政救濟制度研究（下），憲政時代，八卷四期，頁五九；W. Skouris, Französisches Verwaltungsprozeβrecht, DVBl. 1978, S. 945; J.-M. Auby/R. Drago, Traité de contentieux administratif, Tome 1, 2. Éd. 27° et suite, Librairie Général de droit et de jurisprudence, Paris 1975.

註一〇九　Vgl. J.-M. Woehring, Die französische Verwaltungsgerichtsbarkeit im Vergleich mit der deutschen, NVwZ 1985, S. 24; J.-M. Auby/R. Drago, Op. cit. supra (Fn. 106), 32°;

註一一〇　Cf. J.-M. Auby/R. Drago, Op. cit. supra (Fn. 106), 33°; B. Pacteau, contentieux administratif, 1. Ed. 149°, Press Universitaires de France 1985.

所謂之「決定前置」(La décision préalable)，雖可溯源至大革命後初期之部長裁判 (ministre-juge) 制度 (註一一一)，然今日特別是以損害賠償爲目的之完全審理訴訟，原告先向賠償義務機關爲請求，待其決定後（允許或拒絕）或不於四個月內決定，始向行政法院起訴，旨在使原告多一層保障，行政法院之負擔亦可減輕，並非在限制原告訴訟之機會(註一一二)，與我國國家賠償法第十條第一項之「協議先行」及採訴願先行主義國家之先行程序迥不相侔。法國之訴願乃採任意制，影響所及者有二：其一乃增加一訴訟對象一行政決定 (La décision administratif)，其二，乃影響訴訟期限 (Les délais du recours) 之計算（可能爲延長）(註一一三)。就前者言，法國行政訴訟以行政決定爲主要對象，「撤銷之訴」、「解釋之訴」及「處罰之訴」固甚明，而決定前置主要作用，則發生在以損害賠償爲目的之「完全審理訴訟」(註一一四)，前三種訴訟可能因訴願之提起，而徒增另一訴訟對象。就後者言，因決定之通知或不爲決定（四個月內不爲決定，視同拒絕），而影響訴訟時效之起算。

德國之異議或類似程序，乃採部分先行程序強行主義 (註一一五)，餘則爲任意主義，由人民選擇，至選擇後，既未規定非待其決定後，始能行政訴訟，亦無訴願即排除行政訴訟之規定。

註一一一 Cf. Brown/Garner, French Administrative Law, 3. Ed. p. 101, Butterworth 1983; G. Peiser, Contentieux administratif, 3. Éd. p. 85, Dalloz 1979.

註一一二 Cf. Brown/Garner, Op. cit. supra (Fn. 109), p. 102; J.-M. Auby/R. Drago, Op. cit. supra (Fn. 106), 32°.

註一一三 V. J.-M. Auby/R. Drago, Op. cit. supra (Fn. 106), 34°; B. Pacteau, Op. cit. supra (Fn. 108), 148°.

註一一四 Cf. C. Gabolde, La procédure des tribunaux administratifs, 3. Éd. 154° et infra, Dalloz 1981.

註一一五 參見行政法院法第六八條。

義大利一九七一年十二月六日第一〇三四號法律第二十條，允許「怠慢訴訟」，同時揭示「訴願自由選擇主義」及「先行之訴願及併行之訴願排除訴訟」原則（註一一六）。此一規定類似日本行政事件訴訟法第八條第一項及第二項第一款之規定，所不同者，在於日本該規定係指同一人先爲訴願之情形，而義大利此一規定，乃一多數關係人訴訟爲另一關係人訴願所排除之情形，此時必待訴願決定或訴願提出後九〇日內不爲決定，始得就該原處分或／及訴願決定爲訴訟。義大利之訴願程序採單一級制，向原處分官署之上級爲之，或向原處分官署異議（註一一七）。對於確定之行政處分，則向共和國總統提起「非常訴願」（註一一八）。

B. 併存程序之本質　將訴願列爲行政訴訟之先行程序（Vorverfahren)，究其實際，實有「先行強制主義」及「先行選擇或任意主義」之別。只有前者之訴願，始爲「嚴格意義或傳統意義之先行程序」，如屬後者，則廣義之併存程序（Mitlaufendes Verfahren i. w. S.）（註一一九)，詳言之，就此人民可以行使訴願權或逕行提起行政訴訟，訴願之於行政訴訟，既非訴之合法要件，亦與訴之實體決定要件無涉。因此，吾人得以肯認，就採取訴願選擇主義下之訴願，實爲「與行政訴訟

註一一六　其規定內容如下：「對於國家之周邊官署或超區域性質之公法團體所爲之行爲或處分，向其上級行政官署訴願者，就其決定得向地區行政法院提起訴訟；公行政機關不於九〇日內爲決定之通知或送達，關係人對被訴之處分得提起訴訟。涉及地區行政法院之訴訟有多人者，其一關係人向上級官署提起訴願時，排除訴訟之提起。已提起訴願之關係人應將有結果之訴願通知地區行政法院。此種通知後三〇日內，如其訴願遵期提起者，得向地區行政法院撤回訴訟。向地區行政法院撤回訴訟者，排除向共和國總統提起非常訴願」。

註一一七　Art. 1 D.P.R. 24, 11, 1971, n. 1199, Semplificazione dei procedimenti in materia di ricorsi amministrativi.

註一一八　Art. 8 et se. D.P.R. 24, 11, 1971, n. 1199.

註一一九　關於併存（行）程序之概念，請參見 R. Breuer, "Mitlaufende Verwaltungskontrolle"—prozessuale Entwicklung und Irrwege, NJW 1980, S.1832 ff.

併行存在之權利保護制度」（註一二〇）。

C. 人民權利行使之自主性　依我國憲法第十六條之規定，或基於法治國家權利保護完善性之要求，則訴願與行政訴訟同時俱爲人民之基本權利，各具有一定之權利保護功能及程序體系。既係人民之權利，則除非本於憲法第二十三條，將部分之行政訴訟強制規定採取訴願先行主義（註一二一），否則，人民欲循訴願途徑或行政訴訟之方法，以保護其權利，乃其得以自主支配之領域，此亦採取訴願選擇主義之法理基礎之一。

D. 權利救濟迅速性之要求　人民因行政權力侵害其權益時，如既可循訴願管道請求救濟，復可依行政訴訟之方法，尋求保護。由於行政法院訴訟過量，負擔過重，程序進行緩慢，而行政之訴願機關與之相較，由於專知較強、程序較簡易，如制度運作得當，則其所提供之救濟，往往較法院爲迅速（註一二二），同爲權利救濟之方法，自應允許人民爲選擇也。

E. 行政與司法之良性競爭與制衡　訴願，不只爲人民之權利，同時亦賦與行政機關有審議之權限，同理，行政訴訟爲人民之權利，同時亦賦與行政法院裁判權限。人民基於訴願及行政訴訟之選擇權，自以何者較能獲得完善之保障著眼，此時，基於「共同提供人民服務」之立場，即可能造成行政與司法之「良性競爭」。再者，一旦人民因訴願決定，仍未能獲得滿足時，再向行政法院以「他律之方式」監督

註一二〇　另請參見蔡志方，從訴願前置主義與行政訴訟審級之關係，論行政訴訟先行程序單軌制與雙軌制之優劣得失，頁十八以下，自刊，七十七年七月十三日。

註一二一　請參見蔡志方，前揭（註十）博士論文，頁一八六以下；W.-R. Schenke, aaO. (Fn. 18), R. 123 § 19 IV.

註一二二　參見本文二、㈡、㈢。

行政權，亦可以制衡之作用，敦促行政更審愼從事也。

F. 救濟本質之同價性與減輕法院負擔　訴願與行政訴訟制度，均係用以救濟人民因行政權之侵害，以求其復原，從其目的而言（註一二三），均屬相同，並不因前者爲自律、後者爲他律，前者欠缺獨立性之保障，而後者適用審判獨立（註一二四），在其救濟價値有根本之差別。旣同爲權利保護之方法，如結果互無軒輊，則自無不許人民選擇之理。再者，如有完善之訴願制度，允許人民選擇訴願之途徑，對法院而言，乃減輕負擔之一大方法也（註一二五）。

G. 原始裁判權之特質　行政訴訟裁判權之行使，因程序上是否限於審究行政之決定（Verwaltungsbescheid）爲限，有「原始裁判權」與「嗣後審裁判權」之別（註一二六）。如屬前者，人民因行政權之侵害，可逕行向行政法院起訴，無待於行政機關先爲處分或決定，換言之，爭訟之事項無需先由行政權爲一高權之行政決定者也（註一二七）。此時，人民可逕行起訴，唯如其選擇以訴願之方式爲之（註一二八），如仍不得直，再行訴訟亦非不可。此乃原始裁判權制度下，訴願採取選擇主義之基礎與根本原因所在也。

(2) 併存程序性質之分析

我國憲法第十六條僅揭示人民有請願、訴願及訴訟之權，並未進一

註一二三　同註四七。

註一二四　參見司法院大法官會議釋字第一六二號、訴願法目前之修正，有強化獨立性之議，請參見蔡志方，前揭（註三二）文，頁七五。

註一二五　請參見蔡志方，前揭（註十）博士論文，頁一八四以下；W.-R. Schenke, aaO. (Fn. 18), Rn. 121-125 § 19 IV.

註一二六　Vgl. W. Merk, Deutsches Verwaltungsrecht, Zweiter Band, S. 1894 ff., Duncker & Humblot 1970.

註一二七　a. a. O.

註一二八　參見本文三、（二）、2、(1)、②、(1)、③ 立法例。

步規定訴願與行政訴訟間之關係。一般謂「訴願乃行政訴訟之先行程序」，並非直接根據憲法第十六條所爲之直接推論，而係行政訴訟法第一條第一項規定之結果，此條項是否符合憲法第二十三條之全部意旨，猶有商榷之餘地（註一二九），而更值得吾人深切檢討者，乃將訴願制度只定位爲行政訴訟制度之先行程序，恐患有重大之「法學謬誤」！從本文前述，可知由於我國將行政訴訟之範圍侷限於「行政處分中心主義」及「撤銷訴訟中心主義」，導致一般人乃將整部訴願法及訴願制度與行政訴訟法第一條第一項緊扣不放，而有此差池！依本文所見，訴願制度依憲法第十六條之本意、法治國家權利保護完善性之要求，甚至訴願法之規範本身，乃以與行政訴訟及請願獨立、併存之行政救濟程序爲本義！何以見之，兹試分析如下：

①訴願法第一條之規範分析　我國訴願法第一條規定：「人民對於中央或地方機關之行政處分，認爲違法或不當，致損害其權利或利益者，得依本法提起訴願、再訴願。但法律另有規定者，從其規定」。就本條規定要件析之，得以提起訴願者，限於人民（註一三〇），而訴願之對象，必須爲行政處分（註一三一），至於實務上認爲必須有行政處分之存在，始得訴願（註一三二），故乃有訴願法第二條第二項「擬制行政處分制度」（註一三三）。實則此乃昧於過去只有「撤銷型訴願」所致，若

註一二九　詳本文四、（一）。

註一三〇　行政法院二十六年判字第二七號、五十七年裁字第二二號、五十七年判字第四一四號、六十二年裁字第一八三號判例、院字第一一三〇號、二二九六號、二六一九號解釋、院解字第三二四六號、二九九〇號、三五八七號解釋、釋字第二四三號解釋。

註一三一　詳請參見蔡志方，前揭（註五三）文，憲政時代，十六卷二期，頁八〇以下。

註一三二　參見蔡志方，前揭（註五三）文，頁八三～八四註二～四所引行政法院判例（決）。

註一三三　詳請參見前註十三、五三所引文獻。

就今日之訴願實務及訴願法第九條，人民就此所爲訴願，乃「求爲核可處分」之「給付型訴願」（註一三四），亦可謂訴願法第二條第二項並非配合第一條所爲之規定，訴願係針對行政處分，但非只限於撤銷行政處分，故訴願法第一條、第二條、第九條及第十七條，均存有重大缺陷（註一三五）。其次，本條曰:「……認爲違法或不當，致損害其權利或利益者，得……」，一改（含）民國二十六年以前歷次訴願法第一條之規定，將訴願之合法要件與有無理由間，首次在法文上釐清，乃屬進步之規定。就此言，一方面表示訴願之原因，包括行政處分（及不爲行政處分）違法或不當（註一三六），採取「被害者訴願之訴權型態」及訴願、再訴願爲人民之權利，而非如行政訴訟法第一條第一項，乃係提起行政訴訟者之「義務」。至此，得以確認訴願法所規定之訴願，乃獨立、與行政訴訟併存之程序，與行政訴訟法第一條所規定之訴願、再訴願，並無必然之關係。再其次，但書之規定以往被解爲限制訴願或再訴願之根據（註一三七），今則被解爲訴願可及於「利害關係者訴願」及「民眾訴願」（註一三八），甚至訴願不以涉及行政處分及其撤銷者爲限

註一三四　請參見蔡志方，前揭（註五三）文，憲政時代，十六卷二期，頁八一；植根雜誌，七卷六期，頁九。

註一三五　前三者之修正建議，請參見蔡志方，前揭（註十三）文，頁一八六以下；蔡志方，前揭（註五三）文，憲政時代，十六卷二期，頁八三。至於第十七條，則須增列給付性決定之規定，如「訴願爲有理由者，命原處分機關另依××法爲××之處分」或「訴願有理由時，應命原處分機關於×日內，依××法另爲××之處分」。

註一三六　所謂「認爲行政處分違法或不當，致損害其權利或利益」，乃訴願人主觀之意思及主張，爲決定其訴之合法性要件，而「行政處分違法或不當，致損害其權利或利益」，乃決定其訴願有無理由之問題。

註一三七　如前「違警罰法」第四七條第二項規定不得再訴願，另有以未履行訴願之先行程序（如異議、不服、複查、複核、更正……），亦有以其攸關「特別權力關係」之事項，而排除得爲訴願。

註一三八　如商標法第三一條、第三二條、專利法第三二條及第三七條。

（註一三九）。最後一者，攸關憲法第十六條所規定之訴願權，是否只限於訴願法所規定之「要式的訴願」及訴願法規範之範圍是否過狹，甚至訴願能否隨時代需要調整之問題。就人民權利保護之完善性而言，前兩者應採肯定見解（註一四〇），後者亦宜持肯定態度（註一四一）。

②權利救濟方法之多元化及獨立性　現代法治國家特徵之一，乃注重人民權利之保護，而權利救濟方法之多元化，厥爲改善權利保護制度方法之一。由於「給付行政」之發達，行政之手段日形多元，其可能對人民施加之侵害亦日益增多，若能給予最接近事件之行政機關有自我審查之機會，而不以之爲終審，則既符合「訴訟經濟」之原則（註一四二），亦建立行政體系內之完整的救濟體制，於行政之合法、適當而有效，具有積極、正面之意義，此亦係使訴願成爲與行政訴訟、請願鼎足而立之行政救濟制度，而非只淪爲行政訴訟之附庸地位，與各國發展之趨勢若合符節。

③訴願之司法化與行政訴訟　從大陸法系行政訴訟制度之發達史觀之，在德國雖有「司法國家」與「行政國家」之爭（註一四三），但無疑地，行政訴訟制度之建立，實爲「傳統訴願之司法化」（註一四四）。

註一三九　目前進行中之訴願法修正草案，雖有增訴願種類之議，但仍以攸關行政處分者爲限。本文以爲任意性「訴願」（非要式之訴願），應可及於事實行爲及規則制定行爲，使權利保護更形完整。

註一四〇　我國目前所存在之「非要式訴願」，實部分爲訴願之先行程序，部分爲請願。亦卽學者所稱之「法院外權利救濟程序」，請參見陳敦娟，前揭（註三〇）文，頁十九以下。

註一四一　此項訴諸法治國家權利保護完善性之要求（Gebot der Lücklosigkeit des rechtsstaatlichen Rechtsschutzes），部分須以立法爲之，部分則允許制定法之體系內之塡補或直接以解釋調整。

註一四二　Vgl. F. Hufen, aaO. (Fn. 104), ebenda.

註一四三　請參見蔡志方，前揭（註七九）文，頁二七以下。

註一四四　另見本文三、（二）、2、(1)、② B。

目前訴願制度雖頗受訾議（註一四五），但其正面之功能與價值，實不容抹殺。爲今之計，訴願制度不斷謀求其「司法化」(Justizierung od. Justizförmigkeit)，例如強化訴願會之獨立性、合議性、程序之相對公開、採證之確實、言詞辯論之增加、「心證之公開」、增加訴願種類及暫行權利保護等（註一四六）。訴願制度日形完善，則使其與行政訴訟制度併存，孰曰不宜?

④不得行政訴訟事項與訴願　我國行政訴訟法第一條第一項規定，行政訴訟之訴因，只及於行政處分之「違法」，故只涉及行政處分之不合目的或不當，即不得提起行政訴訟。反之，我國訴願法第一條卻規定，只要人民「認爲行政處分不當」，即可合法訴願。就此點而言，顯然訴願絕非行政訴訟之先行程序，而係迥然不相侔之併存程序（註一四七）。

⑤行政訴訟範圍之擴大與訴願　行政訴訟（裁判權）範圍之擴大，乃戰後各國行政訴訟制度發展之趨勢（註一四八），且其幅度較要式之訴願制度之擴張爲大（註一四九），以此而論，如訴願仍侷限於行政處分爲中心，而行政訴訟之範圍不斷擴大，則未來存在訴願先行之行政訴

註一四五　相關文獻請參見林紀東，訴願及行政訴訟，臺初版，頁九〇以下，正中，六十五年十月；翁岳生，前揭(註二五)書，頁三七四以下；城仲模，行政法之基礎理論，增訂新版，頁六一一以下，三民，八十年十月；古登美，行政救濟制度，初版，頁六八以下，文馨，六十六年三月。

註一四六　參見蔡志方，前揭（註三二）文，頁七四以下。

註一四七　同註一二〇。

註一四八　詳參見蔡志方，前揭（註十）博士論文，頁一〇四以下。

註一四九　此表現於裁判權採概括條款規定，限縮傳統上不受審查之事項、傳統民訴事項轉換爲行政爭訟。詳參見蔡志方，前揭（註十）博士論文，頁一〇四～一三八。其中競爭者訴訟，文獻另請參考 J. Remmel, Die Konkurrentenklage im Beamtenrecht, S. 8 ff., Godesberger 1982; P-M. Huber, Konkurrenzschutz im Verwaltungsrecnt, Mohr, Tübingen 1991.

訟，亦將日形減少，此亦將使訴願成爲與行政訴訟併存之空間擴大。

3．直接訴訟、躍級訴訟及間接訴訟與訴願

訴願與行政訴訟間之關係，除上述之考察以外，尙可從直接訴訟與訴願、躍級訴訟與訴願及間接訴訟與訴願之關係，加以分析、探討。

(1) 直接訴訟與訴願

民國三年五月十八日公布之行政訴訟條例第一條第一款及第三款，分別規定人民對「中央或地方最高級行政官署之違法處分，致損害人民權利」，及平政院肅政史依第十一條、第十二條之規定，提起之「直接訴訟」。民國三年七月二十日公布之行政訴訟法第一條第一款及第二條，亦爲相埒之規定。民國二十四年十月四日公布之行政訴訟法第一條第一項，亦規定了「訴願選擇主義」下之「直接訴訟」。在此體制下，行政訴訟之提起，無需先有訴願之決定，故亦以「原行政處分」爲唯一之爭訟對象。

明治二十三年十月一日施行之日本行政裁判法第十七條第二項，對於人民對各省大臣或內閣直轄官廳或地方上級行政機關之處分，得直接提起行政訴訟。昭和二十三年七月十五日施行之日本行政事件訴訟特例法第二條但書，亦允許「直接訴訟」。昭和三十七年五月十六日制頒之日本行政事件訴訟法第八條第一項前段，亦揭示「直接訴訟」之制度。

法國之行政訴訟，原則上亦採「直接訴訟」（註一五〇）。德國之行政訴訟，就確認訴訟、一般給付訴訟及除法律別有規定外，對聯邦最高

註一五〇　同註一〇九。

官署或邦最高官署所爲處分之撤銷訴訟或義務訴訟，均採「直接訴訟」（註一五一）。奥國之「職務訴訟」及當事人訴訟中之「怠慢訴訟」(Säumnisbeschwerde)、「措施訴訟」(Maßnahmenbeschwerde) 及「指示訴訟」(Weisungsbeschwerde)，乃採「直接訴訟」體制（註一五二）。義大利之行政訴訟，採取全面之「直接訴訟體制」及「訴願選擇主義」、「先行或併行之訴願排除訴訟」（註一五三）。瑞士之原始裁判權下之訴 (Klage)，亦爲「直接訴訟」，無需訴願先行，而直接向法院提起。

由以上各國立法例觀之，在「直接訴訟」體制下，訴願乃與行政訴訟併存之程序制度，且多爲選擇先行與否。考其原因，此時之訴願，非「本質上不需要」，即係欠缺先行之實益，我國若干草案亦已從此觀點出發，逐漸採取「直接訴訟」之體制（註一五四）。

(2) 躍級訴訟與訴願

與直接訴訟不同，但具有同工之妙者，乃「躍級訴訟」。所謂「躍級訴訟」，乃在採取再訴願前置主義之爭訟，不必待再訴願決定或根本不必爲再訴願，而於訴願程序後，即可逕行提起訴訟者，其立法例見於我國行政訴訟法第一條第三項及訴願法第三條第八款之「擬制再訴願」、行政訴訟法第一條第一項後段之「再訴願逾期不爲決定」、司法院「行政訴訟法修正草案」第四條第一項、第二項及第四項、第六項。此時，再訴願程序依其情形，分別構成行政訴訟之先行或併存程序，爲一特異現象。

註一五一　§ 68 VwGO; § 228 ff. AO; §§ 78-86 SGG.

註一五二　同註七九。

註一五三　同註一一六。

註一五四　參見陳秀美，前揭（註七五）書，頁六六及本文註七二所揭。

(3) 間接訴訟與訴願

採取「間接訴訟」（在瑞士稱 Beschwerde 或 Rekurs）體制之國家，人民欲提起行政訴訟者，必須先取得行政機關之訴願（或類似程序）決定，甚至再訴願之決定，因此，就間接訴訟而言，其先行踐行之「強制性訴願」，乃行政訴訟之先行程序。唯若在訴願程序中，人民已獲致滿足，而未進一步訴訟，則此時即無「眞正之先行程序」可言。

4. 行政訴訟之客體與訴願

首先必須指明者，乃是不以行政處分爲對象之行政訴訟，而訴願僅限於攸關行政處分之作成、變更或撤銷者，則行政訴訟之客體與訴願間，實迥不相侔。唯若行政訴訟之範圍與訴願之範圍完全重疊者，則兩者間之關係即十分密切。當然，現今各國除類似我國十分狹隘之行政訴訟範圍以外，殊少有此情形發生。爲進一步瞭解訴願與行政訴訟之關係，以下就行政訴訟之客體與訴願，加以分析（註一五五）。

其次，必須一併先指明者，乃是訴願或再訴願之程序，究爲「行政程序」或「司法程序」？訴願或再訴願之決定，究只係救濟程序之決定或得以「實質變更」或「代替原行政處分」之實質的行政程序？凡此，不但攸關訴願與行政訴訟之關係，更影響各級訴願審議權究爲「保留裁判權」或「委任裁判權」（註一五六）？深值探討。以下只就原行政處

註一五五　關於行政訴訟之客體，包括訴訟標的（狹義）及程序標的(廣義)。此一概念之探討，詳參見陳清秀，稅務訴訟之訴訟標的，初版，頁三二以下，自刊，八十年二月。

註一五六　此一對照概念，源自法國行政裁判制度上之「保留司法」（justice retenue）及「委任司法」（justice déléguée），前者裁判權及名義在主權者（帝王），後者爲法院（受全體國民之委託），在訴願時，以機關首長名義者，爲保留裁判權，以訴願會名義者，爲委任裁判權。

分、訴願決定或前兩者之合併，在行政訴訟程序上之作用，探討行政訴訟與訴願之關係。

(1) 原處分或訴願決定後之行政處分

我國現行行政訴訟制度上，行政訴訟之客體（或稱行政訴訟之程序標的）是否因訴願、再訴願之先行，而排除原行政處分做爲對象或根本不影響，必須從法規及案情論斷。

我國行政訴訟法第一條規定：「人民因中央或地方機關之違法行政處分，認爲損害其權利，經依訴願法提起再訴願而不服其決定，或提起再訴願逾三個月不爲決定，或延長再訴願決定期間逾二個月不爲決定者，得向行政法院提起行政訴訟」，其中所謂「不服其決定」，乃「訴之利益」的要件規定，至於再訴願之提起，乃行政訴訟之強制的先行程序，並不排除原行政處分爲訴訟客體之資格，如由後段逾期不爲決定之情形觀之，益可肯定。若再從同法第九條第一款、第十二條、第二十六條及第二十七條之規定，於原行政處分未爲訴願、再訴願決定所變更或撤銷時，「違法之行政處分」仍存在，以之爲訴訟客體，自甚恰當，我國行政法院之判例認爲，對撤銷或變更原處分、原決定者，採「吸收說」，人民只能對訴願決定或再訴願決定表示不服，而以之爲爭訟客體以外（註一五七），如維持原處分或原決定者，乃採「宣示說」。此時人民欲提起行政訴訟者，自仍應以行政處分爲爭執之對象。唯何謂行政處分或原處分，究指何時之行政處分？此涉及行政處分之違法判斷基準時間題（註一五八）及程序標的之狀態基準，我國行政法院實務採「處分時

註一五七　行政法院四十九年判字第四三號、六十年裁字第四九號判例。

註一五八　關於違法判斷基準時，文獻請參見陳清秀，行政訴訟上違法判斷基

說」（註一五九），但究指原處分作成時或訴願決定前處分被變更或撤銷時，則不甚清楚。此外，若原行政處分已在訴願或再訴願程序中，為決定機關所撤銷或作有利之變更（禁止為不利益之變更）（註一六〇），前者對訴願人而言，已喪失被爭訟之能力，而後者必須訴願人仍認為不利，始可仍以之為爭訟對象。但非以訴願或再訴願決定本身違法，並侵害其權益，而以該決定為程序標的起訴外，依我國實務及「外國立法例」，則只能針對原行政處分或「經訴願或／及再訴願決定所獲得之型態的原行政處分」爭訟（註一六一）。此時，所謂「違法行政處分之判斷基準時」，則又改以訴願或再訴願決定時（行言詞辯論者，以辯論終

準時，憲政時代，十五卷二期，頁六八以下；陳清秀，稅務訴訟之理論與實務，初版，頁二八五以下(譯文)、二九二以下，自刊，八十年六月；F.O. Kopp, Der für die Beurteilung der Sach-und Rechtslage maßgebliche Zeitpunkt bei verwaltungsgerichtlichen Anfechtungs- und Verpflichtungsklage, in: Festschrift für Chr.-F. Menger zum 70. Geburtstag, S. 693 ff., Carl Heymanns 1985; H.J. Müller, Der Verfahrensgegenstand von Anfechtungs- und Verpflichtungsklage und der Zeitpunkt der rechtlichen Beurteilung von Verpflichtungsklagen, NJW 1982, S. 13, 70 ff.; K. Kleinlein, Der maßgebliche Zeitpunkt für die Beurteilung der Rechtsmäßigkeit von Verwaltungsakt, VerwArch. 2/81 (1990), S. 149 ff..

註一五九　行政法院六十二年判字第五〇七號判例。

註一六〇　關於不利益變更之禁止，文獻請參見陳敏娟，前揭（註三〇）文，頁二七七以下；行政法院三十年判字第四八號、三十一年判字第十二號、三十五年判字第二六號判例。德國之觀點，亦見陳敏娟，同文，頁一六一以下及所引文獻。

註一六一　德國行政法院法第七九條第一項第一款，稱「經異議決定時存在之型態的原行政處分」(der ursprüngliche Verwaltungsakt in der Gestalt, die er durch den Widerspruchsbescheid gefunden hat)，換言之，以行政處分為程序標的者，乃異議決定時原行政處分所呈現可能已被撤銷、變更或追加理由之狀態，而非原處分機關作成時之狀態。

結時，無辯論者，以審議終結時）之行政處分及法規狀態爲準（註一六二）。我國行政訴訟法第九條之規定意旨，似應包括對程序標的之決定（註一六三）。

我國行政訴訟法第九條第一款，只規定「駁回訴願時之原處分機關」，但參以第二款，則應限於訴願及再訴願均予以駁回之情形，如係訴願駁回，而再訴願撤銷或變更，則爲第二款規定之情形，反之，亦然。但所謂駁回訴願（再訴願），包括「程序不合法時之駁回」及「實體無理由之駁回」。所謂「程序不合法」，乃指「行政院暨所屬各級行政機關訴願審議委員會審議規則」第十三條第一項各款所述之情形。所謂「實體無理由」，乃指訴願所指摘之事實及法律理由均不正確或事實與法律構成要件不該當之情形。在我國訴願實務上，若被訴機關在訴願（再訴願）決定前「自行撤銷或變更」（限於有利之變更）（訴願法第十四條第二項但書），則訴願或再訴願之審議機關，即以「原處分已不存在」及「情事變更」爲理由，程序上駁回訴願（再訴願）。如係有「行政院暨所屬各級行政機關訴願審議委員會審議規則」第十四條第二項規定之情形，包括「逕行變更法條」，「理由之替換或追加」，則仍以實體上無理由駁回。準此，我國行政訴訟法第九條第二款中之「撤銷或變更原處分或決定」，似只指訴願（再訴願）審理機關所爲（基於保留裁決權及行政一體原則）者，而不包括原處分機關或其上級機關（非訴願審議時型態之機關）所爲之情形。因此，欲以原處分機關爲被告及「原處分」爲程序標的，提起行政訴訟，則其程序標的，既非原處分機關第一次作成處分時狀態之「行政處分」，亦非訴願或再訴願審議機關基於「保

註一六二 Vgl. F. Kopp, aaO. (Fn. 156), SS. 701 ff.; a. A. K. Kleinlein, aaO. (Fn. 156), VerwArch. 1990, S. 191 ff.

註一六三 該條雖表面係對被告機關之界定，但若從實質眞實之發現及程序之經濟言，亦係對程序標的及判斷基準時之規定。

留裁決權」及「行政一體性」，在決定程序上所撤銷或變更之「行政處分」或其後殘餘之「面貌的原行政處分」，而是訴願或再訴願決定前，原處分機關或非以訴願審議機關型態出現之上級機關依職權撤銷或變更後之行政處分（實爲新處分）或未受撤銷、變更之行政處分（爲原處分），或訴願審議機關逕行變更法條、替換理由或追加理由後之「原行政處分」（具規則內容同一性，但就整體言，似爲一新面目之處分），亦即德國行政法院法第七十九條第一項第一款所稱之「經由異議決定時存在之型態的原行政處分」(der ursprüngliche Verwaltungsakt in der Gestalt, die er durch den Widerspruchsbescheid gefunden hat)（日譯及國內其他中譯與此不同）之眞義。

如上所述，行政訴訟之客體與訴願之關係，在撤銷或課予義務之訴的情形，因訴願或再訴願決定對行政處分之維持、變更或撤銷，而有所不同。詳言之，訴願與再訴願均逾期不爲決定者，只能以原行政處分或經變更、撤銷（第三人起訴時）後之行政處分爲訴訟對象，訴願與再訴願決定維持原處分者，亦同（註一六四），如其以實體之決定撤銷或變更原處分（含原處分機關及非以訴願審議機關型態出現之上級機關依職權撤銷或變更後之行政處分）爲訴訟對象。至於訴願、再訴願決定本身程序違法或附加獨立之不利益，例外得單獨以之爲程序標的。

(2) 訴願決定、再訴願決定

我國行政訴訟法第一條第一項之規定中，雖以不服再訴願決定爲提

註一六四　所謂維持原處分，原意乃指「行政院暨所屬各級行政機關訴願審議委員會審議規則」第十四條第二項之理由追加或替換（實務上常見），但原處分機關撤銷該原處分時，則程序駁回，被變更時，實質上已非原處分，理論上應視其內容，而分別論知撤回、變更訴之聲明及理由或准其更新訴願。

起行政訴訟之原因，同法第九條第二款，亦以「撤銷或變更原處分或決定時，爲最後撤銷或變更之機關」爲行政訴訟之被告，同法第十二條、第二十六條及第二十七條，亦均提及「原決定」，則是否表示只有原行政處分爲訴願或再訴願決定所撤銷時，受到不利之第三人得以其決定爲行政訴訟之客體進行爭訟（註一六五），以及原行政處分爲訴願或再訴願決定所變更時，原訴願、再訴願人得以其決定爲行政訴訟之客體表示不服，而不能於其駁回訴願時，只就訴願或再訴願之決定爲爭訟對象？

就上述問題，如係第三人因訴願或再訴願之決定撤銷或變更原行政處分，致損害其權益，得以該決定爲行政訴訟之客體提起訴訟或原訴願、再訴願人單獨以其決定違反重大之程序規定，而以之爲行政訴訟之客體起訴，較無疑義以外（註一六六），如訴願、再訴願之決定，乃以實體決定維持原行政處分，則再訴願人能否只以再訴願決定爲客體，爭執原處分或其所維持之原處分，而不必以「原處分、訴願決定及再訴願決定均撤銷」之方式進行救濟（另詳後述）？依我國行政訴訟法第九條第二款，似將因「被告不適格」，而被駁回，然吾人以爲該條之規定「適格之被告」，乃在於便利攻擊防禦、確立行政責任之歸屬及促進程序之順利（註一六七），如原告係爭執再訴願決定機關認定原行政處分合法之不是，而以之爲被告，徵以同法第一條第一項「提起再訴願而不服其決定……得向行政法院提起行政訴訟」、課予再訴願審理機關之愼重行事，並鑒於其只行使「保留之審議權」及同爲行政體(行政一體原則)，

註一六五　第三人初次受該決定之侵害，始能起訴。

註一六六　參見陳清秀，前揭（註一五五）書，頁八〇以下。

註一六七　本條爲民國二十六年一月八日修正時所增訂，依行政法院六十一年裁字第二一六號判例，乃在避免有以原處分機關及訴願決定機關爲共同被告。然若依一般學者看法（如陳清秀前揭（註一五五）書，頁八一所舉之情形），依行政訴訟法第九條第二款，似不能爲經濟原因，爲訴主觀與客觀之合併矣！

亦並非不合理。苟如此，則再訴願審理程序將更能臻至於事實及法律兼審之覆審地位，其決定即類似行政程序上之「再度處分」(wiederholender Verwaltungsakt)（註一六八），具有程序與實體之效力，否則，不但訴願法第二十四條之規定失其意義，再訴願程序將只淪於行政訴訟之準備程序（如奧國行政法院法上之 Vorverfahren)（註一六九）而已，甚且再訴願決定只具「確認」或「宣示性」，則行政訴訟之程序標的，實以原行政處分為已足，而無需多事叼絮，既只以原處分機關為被告（註一七〇），卻要同時撤銷原處分、訴願及再訴願決定之多此一舉（註一七一）。何以然？依本文所見，如僅係因訴願或再訴願決定程序違法或附加單獨之不利益，而以該決定為程序標的，提起「分離的撤銷訴訟」，固無疑義。如係訴願或再訴願決定機關以「變更法條、替換或追加理由」之方式，駁回訴願、再訴願，而維持原行政處分，則此時似亦應承認原處分亦為該決定所「吸收」，而將行政處分與該決定「擬制」為一體。既然學說及實務可以將再訴願、訴願決定及原行政處分以統一體，當作成另一型態之「原行政處分」，則何以不能將三者以訴願或再訴願決定予以涵括吸收？或以為此將造成訴願審議機關之訟累（以之為被告），但原告所不服之行政處分，顯然非原處分、訴願決定或再訴願決定，而係行政訴訟之先行程序——「再訴願決定時存在型（狀）態之行政處分」（參見

註一六八　通常未作實質規制內容之變更，在我國常被歸為觀念通知。

註一六九　同註七七。

註一七〇　依「行政院暨所屬各級行政機關訴願審議委員會審議規則」第十五條第一項及「行政院暨所屬各級行政機關訴願審議委員會組織規程」第六條前段，訴願乃以本機關名義為之，且具有實質決定權(meritorische Entscheidungsbefugnis)，而非如行政法院一般不具此一權限者可比。請參見蔡志方，前揭（註十）博士論文，頁一三九以下。

註一七一　學者有採德國通說將訴願決定與原處分當作統一體看待，而主張同時撤銷三者（請參見陳清秀，前揭（註一五五）書，頁七九）。

前述），則須一併撤銷再訴願、訴願決定及原處分，實係不能面對現實之做法，且既須同時撤銷，則非分別審查三者之一切事實及法律根據不可，洵屬不經濟者也。

(3) 原處分、訴願及再訴願決定

我國之行政訴訟實務，於原告之訴願、再訴願均被駁回，而維持原行政處分時，其提起之行政訴訟的「訴之聲明」，常載以「請求撤銷原處分、訴願決定及再訴願決定」或「再訴願決定、訴願決定及原處分均撤銷」，而於原告之訴全部有理由時，行政法院之裁判主文亦常載以「再訴願決定、訴願決定及原處分均撤銷」，如屬「授益處分」（特別是具裁量餘地者），則又附以「由被告機關另為適法之處分」，學者乃有就此主張行政訴訟之程序標的，乃係原處分，換言之，乃將原處分、訴願決定及再訴願決定，作為統一體處理，以「三個行政處分視為一個統一的行政決定」，而稱原處分為「經由訴願決定及再訴願決定所獲得之型態的原處分」（註一七二）。唯此時既為三個行政處分，縱然將其統一處理，以求其規制內容之同一，似不宜再以「原處分」稱之，蓋三個行政處分即使規制內容相同，除非後二者（訴願及再訴願決定）只視為確認或宣示性處分，否則，其型態既非「原來」，所謂行政處分之「三位一體」理論，亦缺乏實益，在我國甚至易與「觀念通知或表示行為」相混淆也。再者，目前行政訴訟實務之做法，亦將使訴願（再訴願）淪為純粹之行政程序，而不具有為行政法院實體決定要件之性格，更將造成「積極行政」與「消極行政」（一般行政與訴願行政）不分之結果。依本文所見，就訴願及再訴願之決定，只不服其維持原處分，而不爭執其程序之合法性時，只就再訴願之決定起訴，並不致使原處分臻於確定（註

註一七二　同前註。

一七三），反之，只就原處分起訴，雖可能使再訴願決定罹於時效，而告確定，但既非就再訴願本身爲爭執，其結果並不嚴重，原告訴訟之目的既只在求除去原行政處分（撤銷訴訟），則只須原行政處分不發生「形式之確定力」卽可（註一七四）。如果有前述顧忌，則將原行政處分之概念，轉爲如本文前述之「再訴願（或及訴願）決定時存在之型態的行政處分」，亦卽使訴願及再訴願之決定，於均維持原行政處分時，只具確認或宣示效力」卽可，或根本以再訴願之決定「吸收」訴願決定確認之「行政處分」及「原行政處分」，更可收「程序簡化」與「經濟之效果」（註一七五），並嚴求再訴願審議機關之權責，使之行事謹愼及以最擅理爭訟之資格參加行政訴訟，亦甚符實際。

四、我國之訴願立法政策的澄清與修法之建議

我國由於憲法第十六條之規定過於簡略，致訴願在行政救濟制度上之地位，甚不明朗，加上訴願法及行政訴訟法第一條制定時，對於訴願與行政訴訟間之關係，亦未釐清，導致我國之「訴願法學」及「行政訴

註一七三 理論上，原處分因訴願之提起，而阻止其確定(＝Devolutiveffekt)，而再訴願決定因不在法定期限（二月）內起訴而確定，此時行政處分似亦隨之而確定，故，只要對再訴願決定起訴，不論其係以其決定程序違法，或附加額外不利，原處分卽不致確定。反之，只對原行政處分起訴，是否因未對再訴願決定不服，而使其亦告確定，或係因訴願法第二四條及既判力，而起訴不合法，値得研究。依本文所見，若採吸收說，並顧及訴願決定機關之實質決定權，則以再訴願決定爲標的卽可，而無需以訴之合併方式（非任意之合併，而係強制合併）處理，否則，不盡符合訴之合併之制度。

註一七四 同上註說明。

註一七五 此與德國法制不同，而係將原處分被再訴願吸收式地合併入再訴願。此將使法院不必重新審議原處分及訴願、再訴願決定之事實及法規，而浪費人力，將有助於訴訟經濟。

訟法學」，均存有體系模糊、功能界限撲朔迷離之缺陷。基於上述之探討及適值訴願法與行政訴訟法研擬修正之際，更有從立法政策上加以釐清之必要，並就研究所得提出修法建議，以供參考。

（一）先行程序性質之訴願與抗告訴訟

我國憲法第十六條並未明確釐定訴願與行政訴訟之關係，特別是訴願是否爲行政訴訟之先行程序，或者只是部分或全部行政訴訟之先行程序。從本文前面之探討，訴願做爲行政訴訟之先行程序，其合憲性基礎只能訴諸憲法第二十三條，亦即以爲確保行政之統一、行政法院負擔之減輕、協助人民澄清疑點及蒐集訴訟資料、加速救濟程序及擴大救濟機會等原因，爲該條「爲防止妨礙他人自由、增進公共利益」，得以限制人民逕行提起行政訴訟，唯此之限制，亦以追求上述五大目的所必要者爲限。基於各國之立法先例，如係「抗告訴訟」（撤銷訴訟及命爲處分之義務訴訟），始將訴願列爲先行程序，且就已較周密審查始作成之行政處分，亦設其「例外」，且「訴願審級」亦盡可能減少（註一七六）。我國目前之行政訴訟範圍固執於「行政處分中心主義」，且以「撤銷訴訟」爲主要類型，而將訴願作爲其先行程序，採取「訴願前置主義」，但將一切案件均規定須踐行訴願程序，甚至再訴願程序，若後者當作「選擇性之先行程序」尚可，否則，是否符合憲法第十六條及第二十三條之規定，恐仍有疑義（註一七七）。再者，目前之法制狀況，長久造成「訴願只係行政訴訟之先行程序」之觀念，茲值行政訴訟法研擬修正，而欲擴大行政裁判權範圍及增加訴訟種類之際，務必確立訴願只能（但非必

註一七六　同註九六。
註一七七　同註一二一。

須）充爲抗告訴訟之先行程序，而非一切行政訴訟均有以訴願爲先行程序之餘地。由於其係充爲行政訴訟之先行程序，爲實體決定之要件，則「其草案之提議權，宜歸司法院」（註一七八），而純爲行政程序之訴願，始由行政院主導。此外，做爲先行程序之訴願，可針對訴訟程序而爲損益，餘始適用或準用訴願法之規定（註一七九）。

（二）併存程序性質之訴願與抗告訴訟及當事人訴訟

訴願除「例外」充爲行政訴訟之先行程序以外，尙具有獨立、固有之權利保護制度，而與行政訴訟及請願併列爲人民「三大基本權利保護」，故其性質乃併存程序。依本文前面之探討，只係任由人民選擇爲「先行程序」之訴願、不能行政訴訟而只能訴願事項之訴願或不必訴願即可提起行政訴訟，但不禁止其提起「任意性之訴願」，均只係與行政訴訟併存之程序，除對於就同一行政事項旣提起訴願，而未俟其爲決定或逾期未爲決定前，即提起行政訴訟者，爲防訴願決定與行政訴訟裁判紛歧或矛盾，應限制其逕行起訴以外，應就具有獨立功能之併存性質的訴願，審愼斟酌行政體系內程序特性之要求，確立一具有獨立體系之訴願法，尤其宜將「非要式之訴願」及「訴願之先行程序」，與「要式之訴願」間的關係，爲統一而明確之規範。再者，當事人得以選擇訴願爲先行程序者，亦只限於「抗告訴訟」。至於性質上爲當事人訴訟之案件，人民不宜先行訴願，縱採取併存性質之訴願，亦必須待其程序終結後，再對該決定提起「分割或分離之撤銷訴訟」(isolierte Anfechtung-

---

註一七八　此乃因強制性之訴願所致，如係任意性訴願，則宜由行政院提案，唯仍不妨徵求對方意見（無拘束力）。

註一七九　現行行政訴訟法對此無規定，宜增列之。

sklage)（註一八〇），如係欲得一定之處分或決定，則只能就原事件提起「一般給付之訴」，而不能以「課以義務之訴」(Verpflichtigungsklage)對訴願決定爲訴訟（註一八一）。

（三）訴願法與行政訴訟法相關規定之修正

我國訴願法固可謂係憲法第十六條「人民有訴願之權」的「具體化」，然而憲法第十六條所稱之訴願，基於「法治國家權利保護完善性」之要求，顯然仍有缺失。第一，訴願法將可得訴願之事項，侷限於行政處分，有違「有權利，即有救濟」之法理。第二，訴願法將訴願種類侷限於「行政處分之撤銷」，而不及於「命爲行政處分」，既與事實不符（註一八二），亦與「權利保護之完整性」不合。第三，訴願法將訴願侷限於「要式的訴願」，亦與權利保護之便宜性不合，抑且若干「不要式的訴願」（註一八三），與訴願法之關係爲何，亦未涉及。第四，就地方自治行政事項之訴願管轄，以中央機關審查其適當性，有違「憲法保障地方自治權」之意旨（註一八四）。第五，逾期訴願與請願之關係爲何，缺乏規範，現行法第十七條第二項裁量權之範圍不明確，於撤銷時將影響公益或第三人權益時，尤乏明確規範。第六，訴願或再訴願之決定，

註一八〇 Vgl. H.-W. Laubinger, Die isolierte Anfechtungsklage, in: Festschrift für Chr.-F. Menger zum 70. Geburtstag, S. 443 ff., Carl Heymanns 1985.

註一八一 在我國若不增加訴訟種類及擴大裁判權之範圍，則必須允許以分離之撤銷訴訟，同時合併請求命爲處分或決定。

註一八二 目前實務做法，乃確認不爲行政處分之不作爲違法，而撤銷「擬制駁回之行政處分」，並命「被告機關」爲適法之處分或逕命其如此。

註一八三 同註一四〇。

註一八四 參見許宗力，論國家對地方的自治監督，臺大法學論叢，二〇卷二期，頁七五以下。

與原行政處分之關係為何？包括程序駁回、實體駁回、撤銷原處分（全部或部分）及變更原處分，究係「確認關係」、「吸收關係」、「形成關係」或「獨立裁決關係」，缺乏明確規範意旨可稽，訴願決定與再訴願間之關係，亦同。以上六大問題，只係針對訴願在我國行政救濟中之地位，特別是與請願及行政訴訟間之關係所發，至於其與國家賠償訴訟、一般民、刑訴訟及聲請司法院大法官會議解釋之關係，則當另文探討。

依本文所見，就第一點，訴願法應擴大得為訴願之範圍，以臻至權利保護之完整及行政自我反省之周延、確實。就第二點，訴願法應將訴願之種類，酌增「課予義務之訴願」、「確認之訴願」及「一般給付之訴願」（註一八五）。就第三點，訴願法宜將「不要式之訴願」做適度之規範，特別是以不要式之方法提起訴願，如其得改為要式訴願時，應課予受理機關「教示義務」，並有類似現行訴願法第十一條之規定，否則，亦應強化不要式訴願之拘束力（註一八六）。就第四點，如就地方自治事項為訴願，則其管轄機關應以地方最高行政機關為最高審級，如「準據法規為中央立法者」，「就其合法性始能以中央機關為管轄機關」，特別是再訴願之情形（註一八七）。就第五點，就逾期訴願宜將之轉換為請願，既符合請願法第四條，復可使訴願法第九條及第十七條第二項不發生「體系之矛盾」。就職權撤銷之裁量權範圍，除應以不損及公益及第三人之合法與「信賴利益」以外，亦宜有「不利益變更禁止」

註一八五　同註一三九。

註一八六　目前只將不要式訴願充為訴願之先行程序，或歸為請願。前者具拘束力，有擬制行政處分之適用，後者只在程序上有之。

註一八七　此乃因中央立法，有全國統一見解必要之故，而非只係因合法性審查所致。許宗力氏則認為只要係合法性之監督即可，參見氏著前揭（註一八四）文，頁七六。

規定之適用。就第六點，訴願以程序駁回者，行政訴訟或再訴願之程序標的，應包括行政處分或訴願決定。訴願以實體駁回者，行政訴訟或再訴願之程序標的，應以訴願決定爲限。再訴願以程序駁回者，行政訴訟之程序標的，應以訴願決定爲限。再訴願以實體駁回者，行政訴訟之程序標的，應以再訴願決定爲限。訴願撤銷原處分而受不利之第三人，提起再訴願或行政訴訟者，或訴願變更原行政處分，而訴願人提起再訴願或行政訴訟者，均以訴願決定爲程序標的。以上乃以再訴願制度維持或採取行政訴訟法修正草案第四條所謂之「二級二審與一級一審併行之雙軌制」，所爲之設想，如採純粹之二級二審制，則再訴願有關之部分，亦不再論列矣!

最後，就訴願法之修正言，訴願法宜保持其專爲與行政訴訟併存程序之訴願制度而爲規範的體系，不宜涉入所謂之先行程序的規定（註一八八），始可避免體系龐雜及顧此失彼或捨本逐末之情形，而只求就併存程序下之訴願制度的完善性，盡其規範之能事即可。至於有關行政訴訟之先行程序性質的訴願或採雙軌制時之再訴願，只須在行政訴訟法中規範卽可，而無需贅文於訴願法。

就現行行政訴訟法有關訴願地位之部分，相關條文計有：第一條第一項、第九條、第十一條～第十三條、第二十六條及第二十七條。但攸關之問題只有四端，第一，行政訴訟法第一條第一項是否爲再訴願前置之規定或再訴願裁決（決定）之訴訟？如爲前者，則其規定方式（立法技術）是否妥適？第二，採取所謂「二級二審與一級一審併行之雙軌制」有無必要？如有必要，則行政訴訟法應有何相應規定？第三，行政訴訟之程序標的，究爲行政處分、訴願決定或再訴願決定（如再訴願制度

註一八八　此在避免使訴願法淪爲行政訴訟法之附庸，或者訴願法掣肘行政訴訟法之改革。

仍存在）、或前三者或其中二者之合併？第四，行政訴訟就抗告訴訟，其適格之被告機關爲何？

依本文所見，就第一點言，依向來之實務及學說之見解，均認爲係「再訴願前置主義」之規定，若再參以同法第十一條，似亦應持肯定態度，然從法文本身或參以同法第九條、第十二條、第二十六條及第二十七條，則未必如此，而係「再訴願決定不服時之裁決訴訟」。唯若如此解之，則何以未規定對訴願決定不服或行政處分本身之訴訟？顯然此只係「立法技術之缺失」所致。若欲貫徹「眞正之再訴願前置主義」，則法文宜倣德國行政法院第六十八條之立法例，而規定：「人民因違法之行政處分，認爲損害其權利者，得向行政法院提起撤銷訴訟，但除法律另有規定外，應先依訴願法提起再訴願，俟其決定後或逾三個月不爲決定，或延長再訴願決定期間逾二個月不爲決定者，始得提起」。就第二點言，再訴願固可在選擇主義之政策考量原因下（註一八九），充爲第二個先行程序之訴願(＝再訴願)，但「行政法院並非只係單純之法律審」，「再訴願審議亦非眞正之行政訴訟裁判」，能否因第二軌之選擇，而喪失一個「行政訴訟審級」？如肯認雙軌制之必要性，則司法院之「行政訴訟法修正草案」第四條及第一百零七條之規定，應稱妥適，但本文以爲，在我國現行體制下，採取所謂之雙軌制，至少將有下列十項缺失：(1)違反增設行政訴訟審級之根本目的，即「裁判正確性之提高」；(2)造成行政訴訟法規定及運用之繁冗龐雜及混淆；(3)與單純之二級二審單軌制比較，過多之訴願審級，既有違精簡行政之要求，亦可能阻礙權利保護之實（時）效；(4)未改善訴願制度，而維持再訴願前置主義，與革新現行行政訴訟制度之訴求不符；(5)「視同再訴願之訴願」，

註一八九　詳參見本文三、(二)、2、(1)、③。

使雙軌制精神所在之「選擇救濟途徑」有名無實；(6) 不得再訴願之事項，是否仍排除其行政訴訟之權，或只能向地區行政法院起訴，易滋疑義；(7) 易誤導人民以爲再訴願程序爲行政訴訟之事實審；(8) 依憲法第一百零七條第四款，司法制度乃中央立法並執行之事項，包括地區行政法院，均屬中央機關，在依法行政及依法審判原則之支配下，無需忌諱其審判中央機關爲被告之行政訴訟案件，雙軌制雖可避免中央政府所在地之地區行政法院負擔過重，但卻增加中央行政法院之負擔；(9) 易使中央行政法院之角色趨於複雜；(10) 新設純粹之二級二審制，中央行政法院應儘量居於指導地區行政法院者之角色，雙軌制則易抑制之，而不易促成地區行政法院裁判之統一(註一九〇)。就第三點言之，訴願及再訴願均逾期不爲決定者，以原處分爲程序之標的；訴願決定以程序駁回，而再訴願逾期不爲決定者，亦同；訴願決定以實體駁回，而再訴願逾期不爲決定者，以該決定爲程序標的；訴願決定變更原處分，而再訴願逾期不決定者，以該決定爲程序標的，第三人提出者，亦同；訴願決定撤銷原處分，而第三人提起再訴願，而逾期不決定者，以該決定爲程序標的；訴願逾期不爲決定，而再訴願決定以程序駁回者，除以其程序違法起訴時，以該決定爲程序標的外，仍以原處分爲程序標的；訴願逾期不決定，而再訴願以實體駁回者，以該決定爲程序標的；訴願逾期不決定，而再訴願以實體爲變更者，以該決定爲程序標的；第三人提出者，亦同；訴願逾期不決定，而再訴願決定撤銷原處分，第三人對之起訴者，以該決定爲程序標的；訴願及再訴願均以程序駁回，除以該程序違法起訴時，以該決定爲程序標的外，以原處分爲程序標的；訴願決定以程序駁回，而再訴願以實體駁回者，以該實體決定爲程序標的；訴願決

註一九〇 請參見蔡志方，前揭（註一二〇）文，頁六以下；蔡志方，前揭（註六八）文，憲政時代，十四卷四期，頁十六，註五二。

定以程序駁回，而再訴願決定為變更者，以該決定為程序標的；第三人提起時，亦同；訴願決定程序駁回，而再訴願為撤銷原處分者，由第三人起訴時，以該決定為程序標的（以再訴願決定撤銷訴願之程序駁回，非同時為實體決定，不得起訴）；訴願以實體駁回，而再訴願以程序駁回時，除以再訴願決定違法，同時以該決定為程序標的外，以原訴願決定為程序標的；訴願及再訴願決定均以實體駁回，以再訴願決定為程序標的；訴願以實體駁回，而再訴願決定為變更者，以再訴願決定為程序標的，第三人起訴者，亦同；訴願以實體變更原處分，而再訴願以程序駁回者，除以再訴願程序違法，以該決定為程序標的以外，以訴願決定為程序標的；訴願決定為變更，而再訴願決定以實體駁回者，以該決定為程序標的；訴願及再訴願均以實體決定變更者，以再訴願決定為程序標的；第三人起訴者，亦同；訴願撤銷原處分，第三人提起再訴願，遭程序駁回者，除以程序違法起訴，以該程序決定為程序標的外，以訴願決定為程序標的；訴願決定撤銷原處分，第三人提起再訴願遭實體駁回者，以再訴願決定為程序標的；訴願決定撤銷，第三人提起再訴願，以實體變更者，原訴願人或第三人起訴者，以該再訴願決定為程序標的；訴願決定以實體撤銷原處分，第三人提起再訴願，以實體決定撤銷訴願決定者，原訴願人起訴者，以再訴願決定為程序標的。由上觀之，程序標的，依案情之不同，共有三十三種，複雜之情形可知現行法規定之闕如及採取再訴願前置結果之困擾也。就第四點言之，適格之被告機關，即前述程序標的之作成機關。由此觀之，亦有三十三種變化，現行法對逾期不決定時之被告應行規定，且應分別程序及實體駁回，定被告機關。

五、結　　論

我國憲法第十六條規定之訴願，具有主觀之意義，而為人民之基本的權利保護請求權及客觀意義之訴願制度，前者有抽象與具體之分，而後者則分別形成對立法者及行政權之委託，人民對設立完善之訴願制度，亦有請求權。法治國家權利保護完善性之要求，不但可以獨立成為訴願權及制度之憲法基礎，亦為我國憲法第十六條之指導規範。訴願與請願具有併存、排斥、交錯及轉換之關係，而訴願與行政訴訟間，則具有先行及併存程序之分。訴願充為行政訴訟之先行程序，有強制與選擇之分，前者應有明確之目的，並受憲法第二十三條比例原則之約束。訴願充為與行政訴訟併存、獨立之權利保護制度，有擴張之趨勢，訴願先行之例外，亦同。行政訴訟之程序標的，因訴願及再訴願決定之情形，而有複雜之變化。我國訴願法及行政訴訟法之制定及修正，欠缺明確釐清訴願與行政訴訟間之關係，依本文研究結果，行政訴訟以採二審單軌制為宜。

（本文原載於植根雜誌八卷七、八、九期）

叁、論行政處分之存在與訴願之提起

——訴願法第二條第二項與第九條規定間之齟齬

一、問題之提出

二、行政處分之存在與訴願對象之關係

三、行政處分存在之時點與得以提起訴願時點間之關係

四、擬制行政處分之訴願起點與行政處分存在之起點

五、擬制行政處分之訴願應否有較長之期間?

六、結論:訴願法第九條第二項規定之修正方向

叁、論行政處分之存在與訴願之提起

——訴願法第二條第二項與第九條規定間之齟齬

一、問題之提出

我國訴願法於民國五十九年十二月二十三日修正公布之第二條第二項，將「視同行政處分」，亦即所謂之「擬制行政處分」制度，納入規範之體系，對我國之行政法，特別是行政救濟法，發生重大之影響，其妥當性及引起問題之解決方法，洵有待研究（註一）。茲所欲進一步加以探討者，乃何時起及何時止，人民得對於擬制行政處分提起訴願？對於「求爲行政處分」爲目的之訴願，是否爲法律所許可？其提起是否與撤銷行政處分爲目的之訴願，同須以行政處分之存在爲前提？如須以行政處分之存在爲前提，則得對於擬制行政處分提起訴願之開始時點，是否應以行政處分存在之時點起算？抑或如同訴願法第九條第二項，應以行政處分存在後，經過一定時間（如十日），始得訴願？訴願法第九條

註 一　詳請參見拙文，擬制行政處分制度之研究，東吳法律學報，第六卷第二期，頁一四五以下。

第二項規定之目的何在？其與訴願法第二條第二項關於行政處分之存在「始點」的規範，是否存在矛盾或不協調之處？對於擬制行政處分之訴願「期限」（時效）的規定，其目的何在？是否應採較長期間？

二、行政處分之存在與訴願對象之關係

若我國之訴願種類，只侷限於撤銷類型，則依訴願法第一條之規定，自須以一行政處分存在爲前提，故對於「非處分」不得訴願及行政訴訟（註二），即應以行政處分爲之，而尚未爲行政處分（如人民未向主管機關爲申請，或雖已提出申請，但尚未做成處分）者，亦非法之所許（註三）。抑且雖以行政處分爲訴願對象，若該行政處分之效果已不存在，亦不許提起訴願（標的不存在）（註四）。若我國之訴願類型，只囿於撤銷，則擬制行政處分之訴願，只係在求被告機關在程序上爲處理，則訴願之功能，似與一般敦促行政機關迅速處理之請求無異，此恐非訴願法第二條第二項立法之目的所在。矧言，撤銷類型之訴願，通常

註 二　參見行政法院下列判例或判決：
二十八年判字第四〇號（私法關係）、三十一年判字第四三號（非官署之行爲）、三十一年判字第四四號（私經濟行爲）、三十三年判字第一一號（協議行爲）、二十七年判字第一八號（單行章則）、二十年判字第二七號（徵收學費）、二十三年判字第一〇號（劃分縣界）、四十四年判字第一八號（觀念通知）、五十七年裁字第二二號（職員之任免）、五十九年判字第三一四號（鑑定書）。

註 三　行政法院四十四年判字第六二號判例：「恐將來有損害其權益之行政處分發生，則不得預行請求行政救濟」。

註 四　行政法院六十二年判字第四六七號判例（原處分已撤銷）、六十一年裁字第九二號判例（已不存在之前行政處分）、五十九年判字第一九七號判例（已確定之行政處分）、五十八年判字第三九七號判例（原處分已不存在）、五十六年判字第三八三號（對已被更正之處分訴願）。

只適用於干預或侵害行政，而在給付行政發達，並日形重要之今日，若不允許「求為行政處分」亦即為實體決定或課予義務之給付類型訴願，則我國憲法第十六條所保障之有效、完善之訴願制度，將存在漏洞，而有予以塡補之必要。

就我國之訴願類型言，依訴願之目的分，一種在求除去不利之侵益處分，另一種在求為（積極）有利之授益處分。傳統撤銷類型訴願屬於前一種，現代之給付類型訴願則屬於後一種。就前者言，依其訴願目的，訴願之標的在訴願時（含提起及決定時）必須存在，亦即必須存在尚具有效果，且未臻確定之侵益的違法或不當行政處分。就後者言，依其訴願目的，訴願之標的在提起訴願時必須存在，亦即被告機關有依訴願人之請求為一定之行政處分的義務存在。由是可知，擬制行政處分之訴願，除非是擬制核可之情形（具第三人效力之行政處分），由第三利害關係人提起撤銷類型之訴願外，對於視為駁回之擬制行政處分，除在阻止「行政處分」之確定外，單純提起撤銷類型之訴願，並無法滿足訴願人之需要，而達成人民權利有效保障之要求。

基於上述之說明，吾人可知，行政處分之存在，只有在撤銷類型之訴願（包括一般侵益行政處分及具有第三人不利效果行政處分之撤銷），始有必要，而在對於擬制為駁回之行政處分，由相對人（即原申請人）提起訴願之情形，行政處分之存在，對於求為有利於己之行政處分的訴願，即顯屬多餘。此種情形，包括明示為駁回及擬制駁回二類型。準此，我國訴願法第一條應分別依撤銷類型訴願與給付類型訴願，修正其條文內容為：「人民對於中央或地方機關之行政處分，認為違法或不當，致損害其權利或利益者，得依本法提起訴願，請求撤銷行政處分，但法律另有規定者，從其規定」（第一項）。「人民對於中央或地方機關駁回其請求之行政處分，認為違法或不當，致損害其權利或利益者，得依本法提起訴願，請求撤銷行政處分，並命原處分機關依法爲核可之行政處分，但法律另有規定者，從其規定」（第二項）。「人民對於擬制行政處分，認爲違法或不當，致損害其權利或利益者，得依本法提起訴願，請求撤銷行政處分或並請求命原處分機關依法爲核可之行政處分，但法律另有規定者，從其規定」（第三項）。此外，訴願法第二條第二項，應修正爲「中央或地方機關對於人民依法聲請之案件，除法律另有規定或已爲延長處理期限之通知者外，未於受理案件後三個月內爲處分者，視爲駁回，但法律另有規定者，從其規定。」

三、行政處分存在之時點與得以提起訴願時點間之關係

如前所述，在求爲行政處分之訴願類型，行政處分之存在，本非提起訴願所不可或缺之要件，但因在此等案件，往往涉及需得申請之行政處分（Antragsbedürftiger Verwaltungsakt），而此等案件又常需受理機關在程序上及實體上從事審查，需花費相當之時日，除非其無故延誤法定期限以外，任令申請人驟然提起訴願，既有礙行政程序之進行，對訴願人權利之保護，亦屬過求，因此，有必要限制得提起給付類型訴願之時點（特別是始點）（另詳本文四之說明）。

就撤銷類型之訴願而言，其訴願目的，在求撤銷行政處分，因此，在提起訴願時，被訴行政處分必須已經存在（藉此排除預防性訴願），且尚存在（否則即欠缺權利保護之必要）。唯基於法秩序之安定，行政處分雖然存在，在其存在之一定期限後，亦不得提起訴願。

行政處分之存在時點，在積極、明示處分之情形，一般起自送達或

告知（須得上級機關核可之情形，須得上級核可後，始能有效送達或告知），而終了於被廢止、撤銷及內容實現（包括解除條件成就、停止條件不成就、終期屆至）。擬制行政處分之存在時點，其起點爲擬制做成行政處分之時（註五），其終點同一般行政處分（但無附款之適用）。

四、擬制行政處分之訴願起點與行政處分存在之起點

擬制行政處分之訴願，可分成兩大類，亦即撤銷擬制行政處分之訴願與形式上撤銷擬制行政處分，實質上求爲行政處分之訴願。前者發生於視同核可之行政處分，而由具有第三人效力之利害關係人，提起撤銷訴願之情形；後者發生於視同駁回之行政處分，而由申請人（即被駁回人）提起訴願之情形。

擬制行政處分之訴願起點，依據我國訴願法第二條第二項，其與行政處分存在之起點，具有十日之時間差距，換言之，在一般行政處分之情形，自行政處分存在之時點起，訴願人即取得訴因，反之，在擬制行政處分之情形，「人民得自訴願法第二條第二項所指之法定期限經過後滿十日之次日起，於三十日內提起訴願」（註六），亦即其訴因之取得，並非與行政處分之存在同步發生。覈其可能用意有幾：一、擬制行政處分事實上並未做成處分，行政處分之存在，無寧只係觀念或理念上之存在而已（註七）；二、一般行政處分做成後，尙待送達或通知，訴因之

註　五　參見訴願法第二條第二項。
註　六　參見訴願法第九條第二項。
註　七　請參見前揭（註一）拙文，頁一五一、一六七。

取得亦考慮除去送達或通知之前置期間，擬制行政處分雖實際上無需送達或通知（註八），但賦與十日之期間，受理機關或可能在此期間內做成處分，並爲送達，可免除訴願之提起，尙稱合理（註九）；三、一般民衆對此等案件，亦常靜待受理機關做成決定，至多再前往催辦，少立即提起訴願，符合人性之常理。唯吾人若細覈擬制行政處分之實像，並顧及人民權利保護之迅捷，此一前置期間，造成行政處分之存在起點與得提起訴願起點間之差距，似無必要。考諸日本之行政不服審查法未對「對不作爲聲明不服」之起點爲規定（註十），西德行政法院對於純粹不作爲（非拒絕申請）之課予義務訴訟，不採異議前置主義，亦缺乏類似我國訴願法第九條第二項之十日前置期間規定（註十一）（註十二），可資參考。

五、擬制行政處分之訴願應否有較長之期間？

夷考訴訟上期間（Frist）之規定，其目的在求法秩序之安定，含有公益之因素，涉及人民個人權益之保障及公益維護間之利益衡量，必須

註 八　同註一，頁一五八。

註 九　各國立法例，似少有類似之前置期間之規定，請參見法國一九四五年七月三十一日命令第四九條、一九六三年七月三十日教令第五三條之三第二項；奧國行政法院第二七條；義大利一九七一年十二月六日簡化行政訴願之教令第六條；西德行政法院法第七五條。

註 十　依該法第五二條準用同法第一四條之規定，亦無前置期間之適用。

註十一　參見西德行政法院法（VwGO）第六八條第二項及第七五條；Eyermann/Fröhler/Kormann, Verwaltungsgerichtsordnug, 9. Aufl. Rn. 18 zum §68 VwGO, C. H. Beck, München 1988.

註十二　西德行政法院法第七五條上之三個月期間，係一般行政機關之決定期限規定，亦爲限制提起異議之期間，與同法第七六條之除斥期間之規定，性質不同，前者爲得異議之始期，後者爲終期。

符合比例原則。

我國訴願法第九條對於訴願期間，就一般行政處分與擬制行政處分得提起訴願之始期爲不同之規定，已見上述，而對於終期，則爲相同之處理，亦卽均以三十日爲訴願期間。此一規定是否符合比例原則，誠値吾人深索。謹按：訴願期間較短，則法秩序提前臻於安定，但對關係人民權利之保障則嫌不週。就我國國情言，人民不知法律者甚多，其公法上權利之主張，常嫌不足。一般行政處分可藉權利救濟方法之教示，提醒人民以訴願保護其權益，故訴願期限不妨縮短，反之，在擬制行政處分之情形，行政機關根本無從告知人民，而訴願法第九條第二項同以三十日爲訴願期間，顯不符合憲法第二十三條之精神。吾人試觀乎西德行政法院法第七十四條與第七十六條之不同規定（註十三），卽可知其梗概。

吾人以爲，擬制行政處分之訴願期間應酌延（例如六個月），蓋我國人民對於國家機關之決定期限，一向不甚淸楚，且常容忍其拖延泄沓，如同以三十日爲訴願期限，與國情不符。再者，擬制行政處分不論爲視同駁回或視同核可，畢竟與眞正之做成不同，前者酌延期限，無害於公益，甚且，可防止機關抱持「挨過此期限，卽不必再爲處分」，避免滋長公務員之泄沓心理；後者酌延期限，反有必要。因在具第三人效力行政處分之情形，訴願人（利害關係第三人）常非行政處分之相對人，處分根本未對之送達通知也。或以爲在擬制行政處分之情形，逾越法定訴願期限，只生形式上之確定力，原受理機關仍可繼續爲決定

註十三　西德行政法院法第七四條規定撤銷訴訟之期限爲異議決定送達後一個月內，如不需異議前置者，則自處分通知後一個月內提起。第七六條規定無異議決定之訴的除斥期間爲異議提起後或申請爲行政處分提出後一年內爲之。

（註十四），訴願人可待處分送達或通知後，再依訴願法第九條第一項所定期限，再提起訴願。殊不知縱然遲到之處分可能核可訴願人之申請，致無待訴願，但亦可能仍爲駁回之處分，此時訴願人撤銷行政處分，亦屬無所裨益，就其訴願之時間上經濟，亦屬損失不貲也。最後就行政程序之繫屬關係言之，人民之申請案一旦受理，而未予以決定以前，繫屬關係仍屬存在，受理機關仍有決定之義務，申請人仍可請求依法爲決定，如此將使我國訴願法第九條第二項之規定流於形式也。

六、結論：訴願法第九條第二項規定之修正方向

擬制行政處分之存在，依訴願法第二條第二項之規定，應起自受理申請之機關應做成決定之期限屆滿之翌日，但訴願人訴因之取得時點，依同法第九條第二項之規定，則起自擬制行政處分存在後另加十日，衡以各國之法例，似無必要。但觀乎三十日之訴願期限，則嫌過短，有必要酌予延長（例如三個月）。此外，爲顧及法定決定期限之不明，似可考慮將現行訴願法第九條第二項修正爲：「對於擬制行政處分提起訴願者，除法律另有規定者外，非於原聲請提出經三個月後，不得爲之，已經過六個月者，亦同」（註十五）。

（本文原載於憲政時代十六卷二期）

註十四　關於擬制後遲延做成之處分的效力，請參見前揭（註一）拙文，頁一五四以下、一八五。

註十五　目前行政院刻正研修訴願法，將現行訴願法第二條第二項稍作文字上之修飾外，增列第三項，規定「前項法定期間，法律另有規定者，從其規定；法律未規定者，自機關受理申請之日起，最長不得逾三十日。」但現行法第九條第二項之規定，仍維持不變。此一規定之結果，將造成三種存有疑義之結果，亦即訴願人逾此期限，則縱被告機關仍未爲作爲，其訴願亦屬違法，此其一。人民之申請逾法定決定期限後四十日，不但其不得訴願，被告機關似亦不必，且不能再爲決定，此其二。如人民一直未提起訴願，直至被告機關決定後，始依同條第一項提起訴願，但該訴願依同條第二項屬於違法，能否以合於第一項，而加以受理，此其三。

肆、論專利年費逾限未繳納致專利權當然消滅通知之法律性質

一、問題之提出

二、專利年費之繳納根據與繳納期限

三、專利權「當然消滅」之通知及其類型

四、專利權「當然消滅」之通知，其效力與法律性質

五、專利權人逾限未繳專利年費致專利權當然消滅，主管機關應否為預告通知或嗣後告知？

六、專利權人已繳納年費，而主管機關通知其逾限未繳納年費，專利權「當然消滅」之性質及救濟

七、申請補繳專利年費應否由主管機關核駁及核駁之性質

八、結　論

肆、論專利年費逾限未繳納致專利權當然消滅通知之法律性質

一、問題之提出

我國專利法第五十九條規定：「有下列情事之一者，專利權當然消滅：……三、專利權人逾應繳專利年費之補繳期而仍不繳納時，專利權自原繳費期限屆滿之日消滅」。在專利行政實務上，常發生專利權人逾限未繳納專利年費，而主管機關或主動通知專利權人其專利權已消滅，或因專利權人申請准予補繳，而告知其專利權已消滅，拒絕受領其補繳，致專利權人認爲主管機關之通知及拒絕受領其補繳之申請，侵害其權益，乃據以提起訴願、再訴願或行政訴訟之情形。究竟專利年費逾限所致專利權「當然消滅」之通知及拒絕受領其補繳之行爲，具有如何之法律性質？專利權人能否據之而提起行政救濟？

二、專利年費之繳納根據與繳納期限

專利年費（Jahresgebühren; renewal fees; taxes annuelles）之性

質，既非純粹之稅，亦非單純之規費，因其非被視爲收入，亦非專利主管官署行爲之對待給付，有謂其乃「具控制性之規費」(lenkende Gebühr)（註一），亦卽繳納與否，由專利權人自行決定或控制，主管官署不得主動徵收，其不依限繳納，只發生法定之效果而已。

我國專利法第七十五條第二項規定:「核准專利者，專利權人應繳納證書費及專利年費；請准延展專利者，在延展期內，仍應繳專利年費」；第七十六條規定:「專利年費自公告之日起算，第一年應於專利權審查確定後，由專利局通知申請人限期繳納，第二年以後應於屆期前繳納之」；第七十八條規定:「專利權人在應繳專利年費之期間內未繳納時，得於該期限後之六個月內補繳之。但應按規定之費增加一倍」。由此可知，專利年費之繳納期限，其第一年之年費，於專利權審查確定後，由專利局通知申請人在限定之期限內繳納，另有六個月之猶豫期間，但此六個月附有加倍繳納之效果。第二年以後之年費，須於第二年專利權起算前繳納，或在其後之六個月猶豫期間內，加倍繳納。第一年之專利年費繳納義務，自專利局通知申請人（專利權人）時，始告發生；第二年以後之專利年費，則無待通知，專利權人應自行決定繳納與否。其未依限繳納者，可視爲默示的放棄專利權（註二），與明示之放棄專利權、專利權期滿、專利權無人繼承，皆爲專利權當然消滅之原因（註三）。

註一 Vgl. Rainer Schulte, Rn. 4 zu § 17 PatG, 4. Aufl. Carl Heymanns, Köln 1987.

註二 我國專利法第五九條第四款之規定，乃明示之放棄專利權。

註三 我國專利法第五九條第一、二、四款。

三、專利權「當然消滅」之通知及其類型

專利權之消滅 (Erlöschung)，不同於專利權之撤銷 (Rücknahme)（註四），只生向後之失效的效果(nachträgliche Erlöschung)（註五）。專利權之消滅，亦卽專利權嗣後之失效，我國採取法定列舉原因及當然消滅主義。專利法第五十九條規定：「有下列情事之一者，專利權當然消滅。一、專利權期滿時，自期滿之次日消滅。二、專利權人無繼承人時，專利權人於專利權人死亡之日消滅。三、專利權人逾應繳專利年費之補繳期而仍不繳費時，專利權自原繳費期限屆滿之日消滅。四、專利權人自行放棄時，自其書面表示之日消滅。」（註六）由於採取消滅原因法定主義及當然消滅主義，因此，只要符合前述四種原因之一，卽在法定時點，自然喪失其專利權，無待於主管官署之核可。唯主管官署常主動通知專利權人其專利權自某日起已告消滅，或於專利權人申請繳納專利年費時，若認爲其專利權已消滅，不受理其繳費時，一併告知。此種通知或告知性質如何，常存在爭議。其究是否爲行政處分，能否據以提起行政救濟，常發生爭執。此必須先確認主管官署據以通知或告知之事實要件是否確實存在，而不能一概而論。

註 四　參見我國專利法第六〇條。

註 五　我國專利法第六三條規定，專利權經撤銷者，專利權之效力，視爲自始卽不存在。

註 六　德國專利法上專利之消滅（Wegfall vom Patente, d, h, Erlöschen und sonstige nicht rückwirkende Beendigung），計有：專利權人之放棄、專利權屆期、未繳納專利年費、未提出發明人姓名、獲得同時段及標的之歐洲專利、撤回專利。Vgl. Wolfgang Bernhardt/Rudolf Krasser, Lehrbuch des Patentrechts, 4. Aufl. S. 402 ff., C. H. Beck, München 1986.

茲舉三個典型案例說明之，(1) 香港商，鷹驊企業股份有限公司因第七三三三八五〇號「可用作信用卡識別之電話機座」新式樣專利因未繳年費而專利權當然消滅事件，不服中央標準局七十八年十月六日(78)臺專字一五七七五六號函之處分訴願案。訴願意旨：本件專利權第一年係自七十五年二月十六日至七十六年二月十五日止，而第二年之專利權則自七十六年二月十六日至七十七年二月十五日，依專利法第一百二十九條準用同法第七十八條之規定，第二年專利年費之加倍補繳期應於七十七年八月十五日前繳納之，而訴願人已於七十七年八月十三日備文並繳納第二年至第五年年費，原處分機關認訴願人未於期限內繳納，其計算法定期間顯有違誤。答辯要旨：系爭專利係於七十五年二月十六日審定公告，並於同年五月三十一日由訴願人之前手瑞通電器工業股份有限公司申請領證及繳納第一年年費，是本件專利權第二年年費應於七十六年二月十五日屆期前預繳，或於其後六個月(即七十六年八月十五日前)加倍補繳，而訴願人遲至七十七年八月十五日始繳納第二年年費，顯已逾加倍補繳期限，則該專利權自原繳費期限屆滿之日即已當然消滅。訴願處理意見：(1) 本件係遭行政院臺 79 訴二六三三九號決定書撤銷經濟部決定後重爲決定之案件。(2) 經濟部前係以類此申請繳納專利年費案件，因其已屆滿專利期限，專利權即已當然消滅，中標局以該系爭專利依專利法第一百二十九條準用第五十九條第三款之規定爲當然消滅之事由告知訴願人，其僅爲觀念通知，該專利權消滅之效果並非由該函知而發生，故該函知並非行政處分，而予程序不受理駁回。行政院之撤銷理由則以中標局之函復，顯已對訴願人繳納專利年費之申請爲否准之意思表示，核其性質應屬行政處分。訴願決定：訴願駁回。訴願決定之理由：訴願人遲至七十七年八月十五日始繳納第二年年費，顯已逾加倍補繳期限，依專利法第一百二十九條準用同法第五十九條，其專利權自原繳納期限屆滿之日即已當然消滅。

(2) 林幸助君因第七四二〇八九〇四號新型專利繳納年費事件，不服中央標準局七十九年十二月一日(79)標專乙一三〇〇八字第三〇三五〇號函所爲專利權已當然消滅之處分訴願案。訴願意旨：訴願人於系爭專利繳交年費期限屆滿前（七十八年四月十五日）之七十八年四月八日劃撥五千四百元之專利年費，是專利權自未消滅。答辯要旨：訴願人繳交之費用係訂購一年專利公報之費用非專利年費，是系爭專利權自七十八年四月十五日起當然消滅。訴願決定：原處分撤銷（訴願人之專利權未消滅）。訴願決定之理由：①程序方面：本件訴願人對其是否有逾期未繳納專利年費，致其專利權當然消滅有爭執之情形下，中標局所爲專利權當然消滅之函示，應具「消極的確認之行政處分」之性質，得對之提起訴願。②實體方面：訴願人確於七十八年四月十日匯寄五千四百元予中標局，已爲兩造所不爭，但對該筆款項之用途究係繳納專利年費或訂閱專利公報，兩造意見分歧，有待認定及判斷，非中標局所可裁量，因當事人意思表示內容究屬如何，應解釋判斷之，非可裁量者。③訴願人所匯寄之款項，並非「非債淸償」，而彼時存在於訴願人與國家（中標局）間之公法債務，只有專利年費，至於該局認係訂閱專利公報四十期之對價（繼續性供給之買賣契約），則應證明渠與訴願人間有一買賣契約。而就本件而言，是否存有一訂閱專利公報之要約及承諾，甚有疑義。訴願人之匯款單旣未明示係爲訂閱公報，則中標局之寄送公報，乃錯誤之「履行行爲」，訴願人並無爲異議或查詢之義務，充其量只生不當得利之結果而已。反之，訴願人匯寄之五千四百元，乃履行公法上債務之行爲，依民法第三百十條第二、三款及第三百十一條之規定爲類推適用，雖其未明示淸償之目的，但以中標局之設備人力，非不能推知訴願人「清償行爲」之目的。中標局據以通知專利權「自然消滅」之前提並不存在，是訴願人之專利權並未消滅，其對於中標局前揭「消極的確認性行政處分」爲訴願，應屬合法，並有理由。

(3) 林文儀君因申請撤銷中央標準局專利處函知第七五三〇一六九三號「雙海灣型開水機」及其「聯合一」新式樣專利權當然消滅所爲處分等事件，不服中央標準局專利處八十年一月二十八日(80)標專（乙）一五〇〇六字第〇二二〇三號函所爲不准之處分訴願案。事實：訴願人因逾越系爭第七五三〇一六九三號新式樣專利年費之補繳期而仍未繳納，原處分機關專利處乃以79.12.6.（79）標專權字第三〇八五五號、第三〇八五六號函知訴願人該專利權及其聯合一之專利權，自七十九年二月十五日起已當然消滅。訴願人嗣於 80.1.8. 以申請書請求撤銷該函所爲處分，並准予補繳專利年費，原處分機關專利處遂以八十年一月二十八日（80）標專（乙）一五〇〇六字第〇二二〇三號函知系爭專利及其聯合，其專利權確於 79.2.15. 起當然消滅並無違誤。訴願人不服，提起訴願。訴願意旨：原處分機關漏未通知本案及其聯合一之年費繳納事宜，不能謂無過失，況本案之聯合一專利係於 79.5.11. 辦理領證納費，斯時原案尙在有效補繳期限內，該局未克查明原案有欠繳年費情況，致使訴願人以爲無欠繳年費情形，按照情理當准予申請人較爲寬容之處分，准予補繳。答辯要旨：本局專利處函告訴願人系爭二案專利權當然消滅，僅爲觀念通知，尙難謂係行政處分。又本件聯合案申請領證時，係於原案加倍補繳期限內，本局發給證書並無違誤。訴願決定：駁回訴願。訴願決定之理由：①原處分機關專利處並無對外行文之能力，惟其既已對外行文表示一定之意思，自應視爲原處分機關所爲。②原處分機關首次函知訴願人因逾越補繳年費期限而未繳納，本件系爭二案專利權當然消滅，僅係事實之通知，顯非行政處分。但訴願人接獲該函後，以申請書請求撤銷前函所爲處分並准予補繳專利年費，顯示對原處分機關有所請求。嗣原處分機關之復函僅稱系爭二案專利權確於79年2月15日起當然消滅並無違誤，雖未明示駁回訴願人前開請求，但其旣以該函終結該申請案，且未准其所請，自難謂非消極的行政處分。③本件逾期未繳年費之事實旣爲訴願人所是認，依法當然生專利權消滅之效果，原處分機關未准其補繳及撤銷前函所爲處分（似應稱更正）並無不合，故駁回其訴願。

四、專利權「當然消滅」之通知，其效力與法律性質

我國專利法第五十九條規定專利權人逾應繳專利年費之補繳期而仍不繳納時，專利權自原繳費期限屆滿之日當然消滅，考其立法用意，無非在於專利年費雖爲享有專利權之法定義務，但其旣非稅收，亦非純粹之規費，而係專利權人具有決定是否享有專利權，始予以繳納之控制性的特殊規費，其繳納與否，亦繫於其享有專利權與否，而專利權之享有旣屬專利權人之自由，卽不得強迫之，而應使之自行斟酌可得之利益，如其專利已不再係新穎，並具產業之實用價值，已缺乏競爭力，屬於「黃昏專利」，專利對專利權人而言，已乏實益可言（註七），自可放棄享有，但其放棄可明示爲之（註八），亦可默示爲之。唯其放棄與否，

註　七　此仍保有專利權，與嗣後被舉發或異議，而被撤銷，致溯及喪失發明之可專利性者不同。

註　八　此時乃我國專利法第五九條第四款規定之情形，依法應以書面向主管官署表示。

宜予以相當期間考慮，如其既未明示表示放棄，亦未在補繳期限內繳納，則可擬制或推定其默示放棄，而使其溯及自原應繳納期限屆至時消滅專利權（註九）。

我國專利法第五十九條之法效既曰「當然消滅」，則因各該款要件具備時，即自動、自然發生專利權消滅之效果，而無待乎有權機關之核可或認定，故與專利權之撤銷不同。就專利法第五十九條第三款之規定言，專利權人逾應繳專利年費之補繳期而仍不繳費時，專利權自原繳費期限屆滿之日消滅，乃因事實狀態使然，並非因主管機關之核可或確認處分有以致之。準此，前述第一類型案例依行政法院歷來之見解，主管機關之「通知」專利權人其專利權已「當然消滅」，在法律性質上，只係觀念通知，而非行政處分（註十）。就行政處分之定義言，依我國訴願法第二條第一項觀之，必須係中央或地方機關基於職權，就特定之具體事件所為發生公法上效果之單方行政行為，唯「基於職權」只係在判斷其合法與否，並非行政處分之眞正特徵所在，而發生或形成私法效果，亦不妨成立行政處分（即形成私法效果之行政處分）（Privatrecht-

---

註九　我國專利法第五九條第三款，併同第二六條觀之，似採推定放棄主義（參見行政法院六十七年判字第五十六號），但只就前條觀之，則似又採擬制放棄主義（參見行政法院六十三裁字第二八九號判例及六十八年判字第三三八號判決）。

註十　行政法院六十三年裁字第二八九號判例謂：「原告應繳之專利年費未於規定期限內繳納，復未於期限後六個月內補繳，則其專利權於原繳費期限屆滿之日卽告消滅，此係專利法第五九條第三款所明定，非因被告官署行政處分所生之效果，其函知原告專利權消滅之事由，僅係單純之意思通知（觀念通知之誤——撰者），而非行政處分，自不得為行政訴訟之標的」。

sgestaltender Verwaltungsakt)（註十一）。唯從行政處分之諸特質言（註十二），就判斷是否爲觀念通知（Wissenserklärung）或爲意思表示（Willenserklärung）之行政處分，則主觀上胥視行政機關有無爲發生一定法效果之意欲（目前少主張如此），在客觀上有無因行政機關之表示始生一定之法效果，或因行政機關之行爲（措施）始生一定之法效果，換言之，一定之法效果與行政機關一定之行爲間，具有結果與原因之關係始可（重在法效果之發生）（註十三）。因此，因專利權人逾期未繳納

註十一　關於形成私法效果之行政處分之概念，中文文獻請參見翁岳生，論行政處分，收於行政程序法之研究，頁二六八，經社法規研究報告，七十九年十二月；外文文獻，請參見 N. Achterberg, Allgemeines Verwaltungsrecht, 2. Aufl. S. 434, Rn. 79 § 21, C. F. Muller, Heidelberg 1986; H.-U. Erichsen/W. Martens, Allgemeines Verwaltungsrecht, 8. Aufl. SS. 181, 201, Walter de Gruyter, Berlin 1988; E. Forsthoff, Lehrbuch des Verwaltungsrechts, Bd. I. 10. Aufl. SS. 64 ff., 270, C. H. Beck, München 1973; H. Maurer, Allgemeines Verwaltungsrecht, 7. Aufl. Rn. 45 § 9, 11 § 33, C. H. Beck, München 1990; K, Obermayer, Verwaltungsakt und innerdienstlicher Rechtsakt, S. 58, Boorberg, Stuttgart 1986; K.-R. Schwarze, in: H. J. Knack (Hrsg.), Verwaltungsverfahrensgesetz, 3. Aufl. Rn. 5. 2. 5 § 35; 3. 2. 1 § 36; Carl Heymanns, Köln 1989.

註十二　關於行政處分之特質，請參見 F. O. Kopp; Verwaltungsverfahrensesetz, Rn. 4 ff. § 35, 5. Aufl. C.H. Beck, München 1991; K.-R. Schwarze, in: H. J. Knack (Hrsg.), aaO. (Fn. 11), Rn. 4. 1. 1 ff., P. Stelkens, in: Stelkens/Bonk/Sachs, Verwaltungsverfahrensgesetz, 3. Aufl. Rn. 6 ff., § 35, C. H. Beck, München 1990.

註十三　Otto Mayer 定義行政處分爲: Ein der Verwaltung zugehöriger obrigkeitlicher Ausspruch, der dem Untertanen im Einzelfall bstimmt, was für ihn Rechtens sein soll (Siehe, ders., Deutsches Verwaltungsrecht, 1. Bd. S. 93, Duncker & Humblot, Berlin 1969); Walter Jellinek 定義行政處分爲: Jede hoheitliche Willensäuβerung für den Einzelfall innerhalb der Verwaltung (siehe, ders., Verwaltungsrecht, 3. Aufl. S. 239, Springer, Berlin 1931)；德國一九七六年行政程序法第三五條則定義爲: Verwaltungsakt ist jede Verfügung, Entscheidung oder andere hoheitliche Maβnahme, die eine Behörde zur Regelung eines Einzelfalles auf dem Gebiet des öffentlichen Rechts trifft und die auf unmittelbare Rectswirkung nach auβen gerichtet ist. 可資參考。

年費，依法當然發生專利權消滅之結果，並非主管機關表示（通知）之結果，其通知自非行政處分，對之自亦不得提起撤銷之訴。

五、專利權人逾限未繳專利年費致專利權當然消滅，主管機關應否爲預告通知或嗣後告知？

在專利實務上，常發生專利權人以主管機關未預告專利權將因逾限未繳年費而當然消滅，致其權利受損爲由提起行政救濟。究竟主管機關有無如此爲之之義務？遍查我國專利法及其施行細則，並無此種規定，由前述年費之性質觀之，似亦無法衍生預告義務，實務亦持相同態度（註十四），德國專利法第十七條所規定之補繳期限之通知（Nachricht der Nachholungsfrist），並非同法第七十三條之處分（Beschluβ），不得對之訴願（註十五），就逾限未繳年費，依同條第三項之規定，發生視同撤回（新核准案）專利權或消滅專利權，亦無待於通知。反之，因申請延期繳納（Hinausschiebung der Zahlung）或預見其無繳納能力，則可以處分裁量其分期付款或延期付款（註十六）。依我國專利法第七十九條之規定，專利局對於發明人或其繼承人認爲無繳納專利年費之能力時，得據申請延期二年或減免之，則對申請之准駁，卽具行政處分之性質。其否准其延期繳納或免納，致依同法第五十九條第三款生當然消

註十四　參見行政法院六十八年判字第三三八號判決及本文第三案例。

註十五　Vgl. R. Schulte, aaO. (Fn. 1), Rn. 25 § 17.

註十六　Vgl. § 17 (4)(5) PatG.

滅專利權者卽不能謂非行政處分，依同法第二十六條聲明故障之情形，其認定是否正當，則爲確認之行政處分(feststellender Verwaltungsakt)（註十七），在我國實務上，亦曾有之（註十八），唯似未曾意識到其係確認之行政處分而已。

六、專利權人已繳納年費，而主管機關通知其逾限未繳納年費，專利權「當然消滅」之性質及救濟

我國實務上常以專利法第五十九條第三款爲主要依據，認爲主管機關通知專利權人之專利權已因逾限未繳年費而「當然消滅」，爲觀念通知，不存在行政處分，故不得提起訴願、再訴願及行政訴訟。唯如前所述，所謂「當然消滅」，乃因法律規定之要件具備時，自然發生之結果，並非主管機關表示所致。因此，如法定要件具備，縱主管機關並未通知專利權人其專利權已「當然消滅」，其權利亦當然消滅；反之，如法定要件並不具備，則縱主管機關爲當然消滅專利權之通知，專利權亦不當然消滅。其實所謂「當然消滅」，乃法定效果，其本身不得單獨爲爭議之對象；其得爲爭執之客體，乃是以導致專利權當然消滅之法定要件——事實是否確實存在而已。因此，如專利權人已繳納年費，而主管機關則認其逾限未繳納年費，此時對是否存在因逾限未繳納年費致專利

註十七　關於其概念，請參見 K.-R. Schwarze, aaO. (Fn. 11), Rn. 5. 2.4. § 35; F.O. Kopp, aaO. (Fn. 12), Rn. 36 § 35; P. Stelkens, aaO. (Fn. 12), Rn. 110 § 35.

註十八　參見行政法院六十七年判字第五十六號。

權當然消滅之事實有爭執，而主管機關函示專利權確已因逾限未繳納年費而當然消滅，其函示之性質乃「消極的確認性行政處分」，如有違法，亦得爲訴願、再訴願及行政訴訟之對象。此時，專利權人應就其不存在「逾限未繳納年費」之積極事實，如已繳納或已依專利法第七十九條獲准延期繳納或免除之證據，以推翻該被訴行政處分。

七、申請補繳專利年費應否由主管機關核駁及核駁之性質

在專利實務上，常見專利權人「申請」補繳專利年費時，主管機關卻告以其專利權已因專利年費逾限未繳當然消滅，無需繳納，而拒絕受理專利年費之繳納，專利權人卽以其侵害其專利權爲由，據以提起訴願。以往訴願審議機關均以其逾限未繳年費，專利權依法當然消滅，其告以專利權已當然消滅只係觀念通知，故不得提起訴願，而不論及申請補繳之准駁事。邇來若干專利權人認其未逾限繳納年費，其專利權並不當然消滅，並請求受理其補繳，但爲主管機關所拒，訴願亦爲經濟部所駁回，再訴願審理機關（行政院）卻以主管機關旣駁回專利權人之申請，難謂不存在——消極之行政處分，而撤銷原訴願決定，命原決定機關另爲適當之決定（註十九）。

此類型案件究應以其非關行政處分，而以程序駁回或以其涉及行政處分，而就實體論究，其關鍵在於訴願之聲明主張之事項及法律依據如何，質言之，專利權人究在爭執其尙在繳納年費期限內，主管機關不得

註十九　案例如本文三所舉案例一，請參照；行政院七十九年訴字第二六三三九號再訴願決定書。

拒絕接受其繳納年費，或專利權人不爭執其已逾限未繳納年費，而係主張其有專利法第二十六條規定聲明故障之原因，或有同法第七十九條得以申請延期繳納或減免繳納之情事，其法律關係將迥然有別。若屬前者，則須先確定其是否確實仍在專利法第七十六條所規定之繳納期限內或在同法第七十八條所規定之加倍補繳之期限內，而後再探討其申請繳納或加倍補繳是否需得主管機關之核准及核駁之性質。依本文所見，主管機關就攸關專利法第七十六條或第七十八條之事項，應先「確認」專利權人之表示願意繳納或補繳專利年費（形成權）是否仍在法定期間內，此項確認行為及表示，不生形成力（Gestaltungswirkung），而只具確認力（Feststellungswirkung）。如認其確認之基礎有誤，而侵害其權利，則非不得以撤銷之訴予以救濟（註二〇），但非能只就其不受理繳納專利年費之消極行為請求保護，因受理行為只係準法律行為，如不爭執其已逾限之確認，則由於專利權人表示願意繳納專利年費，只係形成權之行使，根本無需另得主管機關之核可也。反之，如認主管機關確認專利權人逾限無誤，則只有存在專利法第二十六條或第七十九條之情形，始可能發生具形成力之行政處分，而據以提起訴願也。在主管機關確認繳納年費未逾限之情形，而又拒絕接受繳納，在公法上將發生「受領遲延」(Aufnahmeverzug)，並不生專利權當然消滅之效果，此例之發生，不易想像者也。若屬後者，亦即有專利法第二十六條之情形（繳納年費發生故障），或同法第七十九條之情形（公法上窮困之抗辯），則主管機關於確認構成要件（故障或窮困）仍不發生形成效果，尚須進一步為核可之意思表示，並決定繳納期限或同時喻知減免之額度（行政

註二〇　由於係爭執其確認之合法性，而非對一定事實之存否或文書之眞僞，或法律關係之存否發生爭執，故不宜以確認之訴主張，除非撤銷之訴已發生確定力。

處分之一種)。此種請求如依法向主管機關循法定程序提出，則主管機關依法即有決定之義務，其明示拒絕(駁回)，即發生訴願法第二條第一項之行政處分。抑且如專利權人在實體上具備法定要件及請求權(保護規範說)，在程序上亦已為申請，而發生繫屬之效力(Anhängigkeitswirkung)(註二一)，如主管機關逾越法定決定期限仍不為核駁，尙將發生「擬制駁回之行政處分」，申請之專利權人即可依專利法第二十六條或第七十九條，併同訴願法第一條及第二條第二項，向訴願管轄機關提起訴願(註二二)。

八、結　論

基於前述各節之分析，吾人可以得知，專利主管機關——經濟部中央標準局所謂「專利權人逾限未繳納專利年費，其專利權已當然消滅」之「通知」，其法律性質並非全然屬於「觀念通知」，而不得據以提起訴願、再訴願及行政訴訟，而端視專利權人是否爭執其未逾限及事實是否存在逾限未繳專利年費。凡專利權人確實逾限未繳納專利年費，兩造均不爭，則主管機關之通知專利權當然消滅，只係觀念通知，不得據以提起訴願。通常情形，主管機關除就專利權審定後應通知專利權人繳納第一年年費外，並無義務通知專利權人繳納第二年以後之年費。就專利權人「申請」繳納或補繳年費，未為主管機關所接受時，亦非即存在消

註二一　關於行政程序上申請(Antrag)之作用，請參見 Martin Schnell, Der Antrag im Verwaltungsverfahren, S. 17 ff., Duncker & Humblot, Berlin 1986.

註二二　詳請參見蔡志方，擬制行政處分制度之研究，東吳法律學報，六卷二期，頁一七一以下。

極的行政處分或不存在行政處分，而須視專利權人申請之原因及內容而定。凡攸關專利法第七十六條及第七十八條之事項，如主管機關確認專利權人未逾限繳納年費，則其不受理繳納專利年費，將發生公法上之「受領遲延」，並不生專利權當然消滅之效果；反之，主管機關確認專利權人逾限未繳納專利年費，而專利權人認其認定有誤，則應提起撤銷確認處分之訴。如專利權人據以申請繳納或補繳之原因，係專利法第二十六條或第七十九條所規定之事項，需得主管機關之確認及核可，其通知專利權「當然消滅」，乃消極之確認及否准處分，得以撤銷及給付之訴合併請求。就已繳納年費，而誤以爲尙未繳納，並已逾限未繳納，主管機關以其專利權已當然消滅而爲通知，性質上亦爲消極的確認性行政處分，其認定基礎錯誤時，自屬違法，得單純以撤銷之訴撤銷該違法的消極確認行政處分（徒以確認之訴，將非屬恰當之訴訟種類）。

（本文原載於植根雜誌七卷五期）

伍、擬制行政處分制度之研究

一、問題之提出

二、擬制行政處分概念之界定

三、擬制行政處分之目的、影響及引起之疑義

（一）擬制行政處分之目的

（二）擬制行政處分之影響及引起之疑義

四、訴願法第二條之檢討

（一）程序法與實體法之協調

（二）訴願法第二條第二項構成要件之分析

（三）訴願法第二條第二項效果規定之分析

五、從法之策略，論我國訴願法第二條第二項法律效果之限定及訴願法之修正：代結論

伍、擬制行政處分制度之研究

一、問題之提出

我國訴願法於民國五十九年十二月二十三日修正公布之第二條，除第一項規定行政處分之定義外，第二項復規定「視同行政處分」，亦即所謂之「擬制行政處分」。雖然此一規定，既非我國所獨有（註一），在我國亦非首創（註二），但我國學界對於「擬制行政處分」制度之探討，向侷限於訴願法此一規定之上（註三）。至於擬制行政處分之類型

註 一　日本地方自治法第二五七條第二項、生活保護法第二四條第四項、中小企業團體の組織に關する法律第二〇條第二項前段及農業協同組合法第六一條第二項前段與西德建設法第十九條第三項（舊聯邦建設法同條項）（§ 19 Abs. 3 BauGB＝（§19 Abs. 3 BBauG）及市建設助長法第十五條第六項（§15 Abs. 6 StBauFG＝（Gesetz über städtebauliche Sanierungs- und Entwicklungsmaßnahmen in den Gemeinden 18. 8. 1976）亦採取類似制度。

註 二　我國最早採取擬制行政處分制度之法規，似爲所得稅法上之「資產漲價補償準備視爲准予提列」之規定（參見所得稅法第五六條第二項）。

註 三　有關文獻，如林紀東，行政法原論（下），頁六六三；同作者，行政法新論，頁三一五；同著者，行政法，頁四九四；同作者，行政法論文集，頁一九七、一九九～二〇四；同著者，訴願及行政訴訟，頁二四～二六；陳鑑波，行政法學，頁四五八；翁岳生，行政法與現代法治國家，頁三六、三七四；張載宇，行政法要論，頁四三九～四四〇；涂懷瑩，行政法原理，頁六六四；張家洋，行政法，頁七一〇；康炎村，論行政上之不作爲與其救濟之關係，法律評論，第三十九卷第五期，頁十；管歐，中國行政法總論，頁五〇六～五〇七；黃昭元，論對行政機關怠爲行政處分之行政訴訟，頁一～三、七～九。

如何？擬制之目的及功能何在？擬制行政處分在實體行政法及程序行政法（特別是行政救濟法）上，具有何影響？我國訴願法第二條第二項之規定，對於行政法之體系有何影響？是否存在疑義？應如何予以解決？我國學界尚缺少較完整之論述，本文即擬就此等問題，探討擬制行政處分制度之本質及其運作技術，並特別著重於其對我國行政爭訟制度之衝擊與其因應之道的省思。

二、擬制行政處分概念之界定

概念之建立，必須儘可能精確，並恰如其分，以利於使用及學術之發展。欲蘄概念明確，則必須先剔除若干類似之概念，特別是似同而實異、易滋誤會者（註四），而求其本質之所在。

所謂「擬制行政處分」(fiktiver Verwaltungsakt)，原只係學術上之術語，而非法律用語，故其實質內涵為何，有待辨正。通常所謂「擬制行政處分」，乃指基於立法上之政策需要，將原無行政處分之事實狀態，以擬制 (fictio; fiction; Fiktion) 之方法，使其在法效果上，發生與行政處分存在時之同一價值（註五）。擬制之技術，在我國民法上

註　四　我國法律及法學上使用之類似語極多，往往引起困擾，其辨正之工具書，可參考管歐、劉得寬、蔡墩銘、陳榮宗、賴源河合著，法律類似語辨異一書。

註　五　擬制，乃將意識上不同之事物，在意志或意欲上，為等同之處理 (Eine gewollten Gleichsetzung eines als ungleich Gewußten)。擬制，在法的技術上，乃將一定之事實狀態，當作相當於已被規定之構成要件事實，而使之發生相同法效之制度。參見鄭玉波，法諺（一），頁一八八；我妻榮編，新版法律學辭典，頁一八七，擬制（ぎせい）條；K. Larenz, Methodenlehre der Rechtswissenschaft, Studienausgabe, S. 141.

大皆使用「視爲……」，在刑法上使用「以……論」之字眼，而在行政法規上，則使用「視爲……」或「視同……」之字樣（註六）。在日本之立法，使用「看做す…」(みなす)，在德國之立法使用「gilt als……」之字眼。

我國行政法規上，採取「擬制行政處分」之規定者，例如動員戡亂時期集會遊行法第十二條第三項、所得稅法第五十六條第二項、關稅法第五條之一第一、二項、都市計畫法第二十條第三項及訴願法第二條第二項，雖其法文分別使用「視爲許可」、「視爲准予提列」、「視爲業經核定」、「視爲依納稅義務人之申報核定應納稅額」、「視爲准予備案」及「視同行政處分」之名稱，其爲「擬制行政處分」之實質，則一。

與「擬制行政處分」之概念似同而實異者，厥爲「默示行政處分」(Stillschweigender Verwaltungsakt) 或「推斷之行政處分」(Konkludenter Verwaltungsakt)。所謂「默示之行政處分」或「推斷之行政處分」，乃指行政機關並未明示作成行政處分，而係由其行爲、態度或狀態中，間接推知其有爲行政處分之意思者而言，特別是指非要式行政處分之情形（註七）。

擬制之特點，在於以無爲有，不容反證推翻；而默示或推斷，則只係將不明顯或不明確之行政處分，本於證明之程序，以確定行政處分之存在而已。亦即擬制行政處分之制度，具有形成行政處分存在之效果，

註　六　參見所得稅法第五六條第二項、稅捐稽徵法第三六條、違章建築處理辦法第八條、所得稅法施行細則第七八條。

註　七　參見菊井康郎，行政行爲の存在法，頁四以下；W. Jellinek, Verwaltungsrecht, S. 262 ff.; E. Forsthoff, Lehrbuch des Verwaltungsrecht, S. 217 ff.; P. Stelkens, in: Stelkens/Bonk/Leonhardt, Rn. 54 zum § 35 VwVfG; F. Kopp, Rn. 16 zum § 37 VwVfG.

而默示或推知之行政處分，本於證明程序，只生確認行政處分存在之事實而已。

三、擬制行政處分之目的、影響及引起之疑義

（一）擬制行政處分之目的

擬制之目的，不同於推定（praesumtio iuris; presumption; Vermutung），並非在於避免證明之困難，而是基於公益之考慮，例如為權利之形成、法律之定義、法律體系設定條件及遂行各種行政政策（註八），亦可謂係基於衡平。羅馬法諺有云：「法律擬制之所在，恒存有衡平」(In fictione juris semper aequitas existit)、「衡平之所向，法律擬制之」(Lex fingit, ubi subsistit aequitas)。擬制之目的，在於使虛構者為眞，而使其具有與眞實相同之效果。故羅馬法諺又云：「事實存在之處，排除擬制」(Fictio cessat, ubi veritas locum habere potest)、「擬制與眞實生同一之作用」(Fictio idem operatur quod veritas)。同理，擬制行政處分之目的，亦在於實現衡平正義。然細繹其原因，實在於「現代團體生活發達，公共事務增加之結果，為保護公益起見，行政機關對於人民生活干涉之範圍，日見廣大，人民欲為某種法律行為，須獲得行政機關之認可，或法令對某類行為加以禁止，須得行政機關許可後，始得合法為之者甚多。於此等情形，如未得行政機關之認可，則不得為有效之法律行為；或未得行政機關之許可，則不得為

註 八 參見鄭玉波，法學緒論，頁六八以下；H. Tilch (Red) Münchener Rechts-Lexikon, Bd. 1, S. 1291 (Fiktion).

應得許可之行爲。故如人民爲認可或許可之申請時，行政機關既未爲認可或許可，亦未予拒絕，曠日持久，遷延不決，對於申請認可或許可之人民，自極不利」，又「在外國法例上，雖有規定爲：如申請後經過一定期間，行政機關仍未爲處理時，視爲允許或拒絕，以解除國民之不安狀態者，然此項規定，甚爲稀少，不足以解決上述之問題。又有於法律中，規定行政機關受理人民之申請後，須於一定期間內處理者，此項規定雖課行政機關於法定期間內處理人民申請之義務，然因對於違反者，恒未附以何種制裁，致有被解爲訓示規定之傾向，難以發生強大之拘束力。故欲避免行政機關對於人民之申請拖延不決，致使人民蒙受各種不利，或發生厚此薄彼之流弊，殊有就此類不作爲情形，允許人民提起爭訟之必要」，抑有進者，「在實施民主憲政伊始，服務觀念尙未成熟之國家，由於舊日官僚思想之影響，行政效率既未被重視，若干公務員對於人民申請之事件，恒視爲無足重輕，不於適當期間處理，甚至以拖延之手段，以消除難以解決之問題，或藉端勒索者，於具有此種情形之國家，尤有以行政機關之不作爲，爲行政爭訟對象之必要，以避免人民之損失，增加行政之效率,改變公務員之觀念，並以減少流弊」（註九）。簡言之，在於保障行政效率、敦促公務員服勤之態度及保障人民之權益，而保障人民之權益乃其根本目的。

在社會變遷快速之今日，權利享有之迅速性及直接性，乃重要之要求。所謂「遲來之正義，乃非正義」(Justice delayed, justice denied)，於行政之領域，仍有其適用。在行政事務繁忙而複雜之社會，欲避免因行政設備（含人力及物力）之不足，而影響權利享有之機會、速度及經濟性，亦有採取擬制行政處分制度之必要。行政法規採取視爲核可之類

註　九　引林紀東教授語，參見氏著，行政法論文集，頁二〇〇。

型（註十），即爲應付此一要求。此外，行政爭訟制度採取狹隘之行政處分中心主義者（如我國），爲擔保人民訴願及訴訟權之行使（憲法第十六條），尤有採取擬制（駁回之）行政處分之必要，而非單純以公務員廢弛職務罪（刑法第一百三十條）、公務員之無故稽延之懲戒責任（公務員服務法第七條、公務員懲戒法第二條第二款）及國家賠償責任（國家賠償法第二條第二項）所能濟事。因此，爲確保人民權利及社會法治國家行政之效率，擬制行政處分之制度，確有存續之必要。

（二）擬制行政處分之影響及引起之疑義

法律，爲社會統制（Social control）之工具，爲追求一定之社會目的，有依其需要制定個別法律之必要，然法律之整體亦形成一必須有條不紊之秩序，學理上稱爲「法秩序」（Legal order; Rechtsordnung)。因此，任何法律制度，特別係新法律制度之採行，必須能融合既有之法律體系，而形成一完密協調之新的法秩序，並臻於法的和平（Rechtsfrieden)。通常法學方法論中之法律解釋論(Lehre der Rechtsauslegung)及法的漏洞填補論（Lehre der Rechtsfortbildung)，其基本目的，即在於調和法律制度，導各種法律觀及價值觀於全法秩序之中，使其不致發生偏畸或矛盾現象（註十一）。此外，法律適用之基本法則，例如規

註　十　參見我國所得稅法第五六條第二項、關稅法第五條之一第一、二項、都市計畫法第二〇條第三項、動員戡亂時期集會遊行法第十二條第三項；日本中小企業團體の組織に關する法律第二〇條第二項前段、農業協同組合法第六一條第二項前段；西德 § 19 Abs. 3 BauGB, § 15 Abs. 6 StBauFG.

註十一　關於法律解釋及漏洞填補之目的及技術，可參考黃茂榮，法學方法與現代民法，頁二五七以下、三〇四以下；楊仁壽，法學方法論，頁一一七以下、一七五以下；同作者，闡釋法律之方法論，頁二七以下、

範替廢（Derogation）（註十二）、特別法優於普通法、新法優於舊法、舊特別法優於新普通法及從新從優原則等是（註十三），亦在於確保法秩序之運作。擬制行政處分之制度，爲傳統行政法秩序所無，因此，將其納入舊有之行政法體系，必然在法規範之池水中，激起陣陣漣漪，甚或引起軒然大波。此乃擬制行政處分在現行法秩序中，必然產生之現象。究竟擬制行政處分之制度在行政法之體系中，將發生何等之影響？如其引起法規範間之齟齬或疑義，應如何予以撫平？洵有待吾人之探賾及思考者也。以下擬分實體行政法及行政救濟法兩方面，加以探究。

1. 實體行政法方面

(1) 行政處分之存在

雖然現代國家之任務日趨廣泛而複雜，聯帶使行政作用之方式，亦流於多元化及多樣化。在行政之領域，行政私法（Verwaltungsprivatrecht）之概念，所謂避入私法（Flucht in das Privatrecht）（註十四）、

六一以下；黃建輝，法律漏洞。類推適用，頁六九以下；K. Larenz, Methodenlehre der Rechtswissenschaft, Studienausgabe, SS. 188 ff., 241 ff.; R. Brühl, Die juristische Fallbearbeitung in Klausur, Hausarbeit und Vortrag, SS. 15 ff, 47 ff.

註十二 參見 H. Kelsen 原著，蔡志方譯，規範替廢論（Derogation），法聲，第十六期，頁一九一以下。原文載於 Essays in Jurisprudence in Honor of Roscoe Pound, pp. 339-355, Bobbs-Merrill Company, Inc. 1962.

註十三 我國中央法規標準法第十六條、第十七條及第十八條、刑法第一條及第二條。

註十四 行政私法之概念，源於瑞士學者 F. Fleiner 之理論（Vgl. Ders., Institutionen des deutschen Verwaltungsrechts, SS. 45 ff.），而由德國學者 H. J. Wolff 予以概念化（Vgl. H. J. Wolff/O. Bachof, Verwaltungsrecht, Bd. I. § 23 II b. S. 108）。論者每稱行政機關不使用公法，而利用私法之行爲，爲「避難或逃難入私法」(Vgl. Ehlers, Verwaltung in Privatrechtsform, S. 74 ff., 251 ff.; Ossenbühl, DVBl. 1974, 541, 543; Gusy, DöV 1984, 872, zit. nach H.-U. Erichsen/W. Martens (Hrsg.), Allgemeines Verwaltungsrecht, § 31 Fn. 7).

行政契約（Verwaltungsvertrag）（註十五）、行政計畫（Verwaltungsplanung）（註十六）及純粹之高權行政（schlichte Hoheitsverwaltung）（註十七），以及行政自動化（註十八），雖已成爲行政之新寵，但行政處分（Verwaltungsakt; acte administratif individuelle）無疑地仍居於舉足輕重之地位，而爲最典型、最重要、使用最頻仍之行政行爲方式（註十九），特別是在核可後始得爲之或有效爲之之領域，其重要性更是無以倫比。

行政處分爲行政機關具體發生公法上效果所採行之重要行爲方式，因此，行政處分之存在，乃具體發生公法上效果之必要條件。實體行政法上法律關係之確認及得喪變更，亦有賴行政處分之存在。擬制行政處分之最直接效果，厥爲行政處分之存在，且其在實體上之影響，大於程序上之影響。蓋若擬制行政處分之作用磁場只囿於程序關係上，則其功能主要仍侷限於塡補因行政裁判權以行政處分之瑕疵爲中心之制度及迤邐而下之訴因與訴權體系（詳本文三、（二）、2）。反之，擬制行政

註十五　詳參見徐瑞晃，公法契約之研究；黃明絹，公法契約之研究——西德立法之探討。

註十六　Vgl. H. Schlarmann/E. Wolny/W. Löwer/M. Ronellenfitsch, Rechtsstaat und Planung; C. H. Ule/H.-W. Laubinger, Verwaltungsverfahrensrecht, S. 241 ff. m. w. H.

註十七　純粹之高權行政或稱單純統治之行政行爲，指不運用命令及強制之手段，亦即使用行政處分、命令或自治規章或直接強制以外之公法行爲，以執行其公法上之任務之行政。參見廖義男，國家賠償法，頁三一；F. Mayer/F. Kopp, Allgemeines Verwaltungsrecht, S. 59 ff.，純粹高權行政之概念，乃德國學者 W. Jellinek 首創（Vgl. ders., Verwaltungsrecht, S. 21f.），而爲學者所普遍採用。

註十八　Vgl. I. v. Münch, in: Erichsen/Martens (Hrsg.), Allgemeines Verwaltungsrecht, § 4, S. 56 ff.; H. Maurer, Allgemeines Verwaltungsrecht, § 18, S. 377 ff.

註十九　Vgl. F. Mayer/F. Kopp, Allgemeines Verwaltungsrecht, S. 174.

處分不論其係擬制爲核可或駁回，均將發生一連串之行政法上效果，與一般積極作爲所作成之行政處分無異。因此，擬制行政處分之第一個效果，乃是在理念上發生「行政處分存在之法律事實」，且爲不容反證推翻之存在。

(2) 行政法上法律關係之確認及得喪變更

行政處分之存在，不只係公權力行使之重要表徵，且爲行政法上法律關係之得喪變更，甚至於其確認之重要手段（註二〇）。行政處分依其目的及內容，可分爲下命的行政處分(befehlender Verwaltungsakt)、形成的行政處分（gestaltender Verwaltungsakt）及確認的行政處分（feststellender Verwaltungsakt）（註二一），並依其性質之不同，而發生行政法上權利義務之得喪變更及確認之效果。至於行政處分之存在，究係現實之存在，抑或因法律上擬制所生之觀念上之存在，則非所問。

由於擬制行政處分，係基於特別之法政策要求，而以法律特別明文規定，因其條文有限，所能發生之效果亦屬有限。在我國現行法制上，擬制行政處分發生行政法上法律關係之形成者，如動員戡亂時期集會遊行法第十二條第三項、所得稅法第五十六條第二項、都市計畫法第二十條第三項、關稅法第五條之一第一、二項之規定。至於訴願法第二條第二項之規定，是否生實體上之變更效果，仍有待斟酌（詳後述）。德、日法制之規定，亦類似我國之情形（註二二），以發生形成效果（許可或駁回）者較多，確認性擬制行政處分，尚未之見。

註二〇　行政爭訟上之決定及裁判，亦具備此一作用，但行政法院之裁判，自非行政處分，併此敍明。

註二一　Vgl. F. Mayer/F. Kopp, Allgemeines Verwaltungsrecht, S. 197.

註二二　同註一。

(3) 公權力行使之自主性與確實性

行政處分爲行政機關行使公權力之一種方式，其作成必須依行政程序爲之，而涉案利害之斟酌、構成要件之事實是否該當、準據之法律爲何、以迄於行政之效率及經濟之考慮等，均爲必須周詳考慮之因素，而非僅爲法律適用之涵攝 (Subsumtion) 過程而已。因此，行政合目的性之考量、行政意圖之判斷、裁量權之行使、事實之認定及法律之解釋（特別是在不確定法律概念之判斷方面），均影響公權力行使之自主性與確實性。

擬制行政處分之對象，通常均係拘束行政(gebundene Verwaltung)之範疇，行政處分之作成均嚴格受法律之拘束，特別是構成要件該當事實之存在，卽使擬制行政處分之成立，亦必須其構成要件之事實具備，始生擬制之效果，其不同於民法第八十條第二項、第一千零六十五條第一項後段之「事實的擬制」。凡主張擬制行政處分存在之人，必須證明該當之構成要件事實存在。因此，行政處分之擬制，並不侵犯行政機關行使公權力之確實性。至於少數可能涉及裁量之事項，亦因行政機關根本未爲決定，而無關緊要，蓋擬制重在效果之發生，而非在於處分之事實上存在。因此，擬制行政處分之制度，亦不侵犯行政機關行使公權力之自主性與確實性。若夫需得其他機關參與、利害關係第三人參與或應得上級機關核可之行政處分，則有可能危及其確實性。但因實證法少有此類之擬制規定，其實際上之虞慮，亦屬杞憂。事實上，擬制行政處分之制度，除有保障人民權益之目的與功能以外，似寓有懲罰行政機關怠於行使公權力之意焉!

(4) 人民能否決定行政處分內容之疑義

行政處分爲行政機關行使公權力之一種方式，且爲維護公益、照顧私益所採取之必要手段。基於行政之主動、機動及自主化之要求，原則上行政處分之作成及其內容，均由行政機關單方決定，唯若係需得申請始得作成之行政處分（Antragsbedürftiger Verwaltungsakt）（註二三），則人民之申請及其內容，往往爲行政處分內容之重要決定因素。行政機關對於申請，輒只能爲核可或駁回，而少有自主性之裁量空間。就擬制行政處分之立法類型，無獨有偶地，中外之法制均係對需得申請之行政處分，而爲規定（註二四），而擬制行政處分事實上並無作成行政處分，因此，人民在擬制行政處分之規定下，實質上，已爲行政處分之內容預做決定矣！

(5) 應由第三人參與或應得上級機關核可之行政處分能否擬制之疑義

行政處分之效果，有單純涉及相對人之權利者；有涉及相對人以外之第三人權益者，亦即所謂之「第三人效力行政處分或雙重效果之行政

註二三　需得申請之行政處分與需得同意之行政處分（zustimmungsbedürftiger Verwaltungsakt），爲需得協力之行政處分（mitwirkungsbedürftiger Verwaltungsakt）之程序概念。需得申請之行政處分，申請不只係公權力發動之契機，且爲使行政處分合法做成之程序上要件；需得同意之行政處分，同意乃行政處分確定生法律效果之具條件性質的構成要件要素。至於 O. Mayer 流傳下來之「基於臣服而爲之行政處分」（Verwaltungsakt auf Unterwerfung），臣服之表示乃行政處分有效之發生要件。Vgl. H. J. Wolff/O. Bachof, Verwaltungsrecht, I. § 48, II, III a), SS. 403 ff., 408 ff.; H.-U. Erichsen/W. Martens, in: dies. (Hrsg.), Allgemeines Verwaltungsrecht, § 12 IV, S. 206 ff.; § 39 III, S. 354; H. P. Bull, Allgemeines Verwaltungsrecht, Rn. 638.

註二四　參見註一、註十所引法條。

處分」（Verwaltungsakt mit Dritten Od. Doppelwirkung）（註二五）（註二六），其作成既攸關第三人權益，理應在程序上允其參與，特別是對第三人具有不利影響之行政處分的情形，以避免形成「被忽略之當事人」（die übergangene Partei）的結果（註二七）。具有第三人效力之行政處分，在程序上允許該具有利害關係之第三人參與（Drittenbewirkung auf Verfahren am Verwaltungsakt mit Drittenwirkung），不僅具有保障第三人權益之功能，且有避免其提起爭訟之防訴效果，更有避免發生「既成事實」（Vollendeten Tatsachen）之作用（註二八）。在法律上，應由第三人參與之程序，包括人民及行政機關之參與，苟此程序有所缺漏，即構成程序上之瑕疵及違法之效果，如其係以階段性行政處分之型態爲之，則因多階段行政處分（mehrstufiger Verwaltungsakt）未完成完整之階段，不能對外生效（註二九）。擬制行政處分之類型，不乏涉及第三人之權益的情形（如建築、建設之核可處分），由於

註二五　Vgl. H.-W. Laubinger, Der Verwaltungsakt mit Doppelwirkung; U. Battis, Allgemeines Verwaltungsrecht, Rn. 120, 121, 123, 200, 215, 224, 375.

註二六　附負擔之授益行政處分（Begünstigender Verwaltungsakt mit Auflage），只係內容之雙重，而非效果之雙重，應予以注意。

註二七　Zum Begriff von der übergangenen Partei, siehe, F. Panholzer, in: Fröhler/Pindur (Hrsg.), Rechtsschutz bei "vollendeten Tatsachen", S. 11 ff.

註二八　Vgl. F. Hufen, Fehler im Verwaltungsverfahren, S. 262 ff.. 關於既成事實之概念及其救濟，請參見 Fröhler/Pindur (Hrsg.), Rechtsschutz bei "vollendeten Tatsachen"; W. Blümel, Raumplanung, vollendete Tatsachen und Rechtsschutz; F. Panholzer, "vollendete Tatsachen" und übergangene Partei; E. Wolny, Die Rechtsschutzbeeinträchtigung durch "vollendete Tatsachen" bei staatlichen Raumplanung; C. Degenhart, Vollendete Tatsachen und faktische Rechtslagen im Verwaltungsrecht, AöR 1978, 163 ff.

註二九　Vgl. F. Hufen, Fehler im Verwaltungsverfahren, S. 262.

其事實上既未爲處分，類皆亦未踐行第三人參與程序，則擬制行政處分是否亦可能發生「程序瑕疵之違法」，甚至「對外不生效力」之情形，洵堪注意及檢討者也。

行政行爲之作成，有依法應得上級機關之核可者（如都市計畫主要計畫及細部計畫之發布實施、徵收土地及區域計畫）（註三〇）（註三一），於未得核可前，「行政處分」乃屬尚未成立（註三二）。因此，如有依法應得上級機關核可者，於核可前，雖有行政處分之外觀（Verwaltungsaktschein），仍未具備其應有之實質者，似不宜列爲擬制之對象，亦即其不具有得被擬制之資格。

（6）擬制行政處分是否允許撤銷或廢止之疑義

違法行政處分之廢棄（Aufhebung），曰撤銷（Rücknahme）；合法行政處分之廢棄，曰廢止（Widerruf）。違法行政處分及不當行政處分，除其瑕疵重大，而且明白，始歸於無效以外，非經撤銷，仍屬有效存在。擬制行政處分本無行政處分之作成，只因法律之擬制，始在規範之理念上存在，而欲發生擬制行政處分，必須具備所有形式上及實質上之合法要件，包括人民必須依法申請（程序要件），且在實體上具備請求權（實體要件），被申請之行政機關爲適格之機關（有被申請，並進而予以程序上及實體上決定之權限之資格）。是所謂依法申請，自應解爲人民之申請在程序及實體方面，均屬合法者爲限（另詳本文四、（二）之探討）。準此，擬制行政處分不能爲撤銷之對象，特別是職權撤銷之

註三〇　參見我國都市計畫法第二〇條及第二三條、土地法第二二二條及區域計畫法第九條。

註三一　除區域計畫屬發展計畫，具有法規命令之性質（區域計畫法第三條）外，都市計畫之細部計畫及徵收土地，應屬行政處分之性質，計畫變更之性質亦同。參見司法院大法官會議釋字第一五六號解釋。

註三二　參見林紀東，行政法，頁三二〇。

客體，似無可疑。然若屬具有第三人效力之行政處分，在法律上必須允許第三人參加程序，否則卽存在程序瑕疵之情形，似又須例外允許依其請求，而爲撤銷矣！

至於擬制行政處分之廢止，在課予負擔之情形，準同一般行政處分，採得以隨時廢止之原則（註三三），但在實證法上，擬制課予負擔之行政處分，似只有擬制爲駁回之情形（另見下述第（10）之說明），而在此種擬制之行政處分，其廢止旣難想像（溯及地廢止），亦復少有實益。較值得吾人正視者，厥爲擬制授益行政處分之廢止，特別是廢止應否有特別之限制及擬制後遲延作成之反對性行政處分（actio administratio contrarius），能否認爲係廢止擬制行政處分之默示行政處分（Stillschweigender Verwaltungsakt mit Derogationswirkung）等問題。

目前之法制及理論，對於違法授益行政處分之撤銷，已有重大之限制（註三四），合法行政處分之廢止，亦同（註三五）。擬制不容許反證

註三三　參見涂懷瑩，行政法原理，頁五七〇；張家洋，行政法，頁六一四；F. Mayer/F. Kopp, Allgemeines Verwaltungsrecht, S. 243; H. Maurer, Allgemeines Verwaltungsrecht, § 11, Rn. 49, 50.

註三四　參見西德行政程序法第四八條（§ 48 VwVfG）; P. Stelkens, in: Stelkens/Bonk/Leonhardt, Verwaltungsverfahrensgesetz, Kommentar zum § 48 VwVfG; W. Klappstein, in: H.J. Knack (Hrsg.), Verwaltungsverfahrensgesetz, Kommentar zum § 48 VwVfG; F.O. Kopp, VwVfG, Kommentar zum § 48 VwVfG; C.H. Ule/H.-W. Laubinger, Verwaltungsverfahrensrecht, § 62 II, S. 437 ff.

註三五　參見西德行政程序法第四九條; P. Stelkens, in: Stelkens/Bonk/Leonhardt, Verwaltungsverfahrensgesetz, Kommentar zum § 49 VwVfG; W. Klappstein, in: H.J. Knack (Hrsg.), Verwaltungsverfahrensgesetz, Kommentar zum § 49 VwVfG; F.O. Kopp, Verwaltungsverfahrensgesetz, Kommentar zum § 49 VwVfG; C.H. Ule/H.-W. Laubinger, Verwaltungsverfahrensrecht, § 63, S. 450 ff.

推翻，只係證據法則，且推翻之對象係事實，擬制行政處分之效果，在於行政處分之存在，合法有效存在之行政處分猶可廢止，擬制行政處分除法有明文，豈又能獨免？因此，除具有溯及效力之廢止以外（註三六），其廢止之原因及限制，似與一般行政處分同即可。

其次，論及擬制後遲延作成之反對性行政處分，能否認爲係廢止擬制行政處分之默示行政處分的問題，在擬制駁回之情形，最具實際作用。本來行政處分之廢止，應另以一廢止之處分爲之，而不得以附款（附期限或附條件）之方式爲之，蓋後者只生行政處分之當然中止及條件成就（解除條件）之問題，與行政處分之廢棄有別。在我國訴願之實務上，本於訴願法第二條第二項「視同駁回之行政處分」（另詳本文四、（二）、(3)、（三）、(2)之分析），而提起之訴願，於決定前，若被告機關已作成行政處分，如爲核可之處分，則以訴願已無必要（保護之利益），而予以無理由駁回之決定；反之，如仍爲駁回之處分，則以「不爲處分之狀態已不存在」，而爲程序駁回，對於訴願人程序上經濟之保護，似欠妥當。準此，擬制行政處分後遲延所作成之反對性行政處分，對於擬制核可或授益行政處分言，除具備廢止之原因及明示爲廢止之意思外，應認係違法，且無效之行政處分。

（7）擬制行政處分之案件，是否限於應以行政處分處理者之疑義

擬制行政處分制度之功能，主要在於使事實上不存在之行政處分，在觀念上存在，而發生與行政處分存在時同一之效果。如前所述，擬制行政處分之原因，在於避免行政機關長期擱置，延宕不決。因此，擬制行政處分乃在於挽救行政機關應爲行政處分，而不爲行政處分，致有侵

註三六　Vgl. F. Mayer/F. Kopp, Allgemeines Verwaltungsrecht, S. 244.

害人民權益之虞的狀態。職此之故，得被擬制爲行政處分之案件，並非毫無限制，而應限於在行政程序上應以行政處分爲之者。吾人觀乎中外有關擬制行政處分之案件，類皆爲應以行政處分爲之者，似可予以斷定。至於我國訴願法第二條第二項規定之情形，似亦應從同（另詳本文四、（一）、2、（二）、1、(2)、②之分析）。

（8）要式行政處分能否擬制之疑義

行政處分依其作成之程序是否應履行一定之方式或具備一定之方式，有要式行政處分與不要式行政處分（formloser Verwaltungsakt）之別。行政處分除法律別有規定者外，類皆屬不要式行政處分，而要式行政處分非屬性質較重要者，即係爲便於證明其存在之用。例如，應踐履聽證程序或應以書面作成之行政處分是。擬制行政處分是否有區別爲要式行政處分與不要式行政處分之必要？謹按：要式行政處分其方式之欠缺，通常形成行政處分之瑕疵，而此僅限於實際上作成行政處分之情形。擬制行政處分事實上旣未作成行政處分，自無踐履一定方式之可言，亦不因其未具備要式，而流於瑕疵，自不待言。因此，吾人得以斷言，擬制行政處分無分要式與否，亦遑論其方式之有無欠缺及欠缺時之效果矣！吾人試觀乎擬制行政處分之類型，大部分乃屬要式行政處分，而擬制重在效果，非在程序，殆可思過半矣！

（9）授益行政處分與負擔行政處分應否差別處理之疑義

給與人民利益及課予人民負擔或對人民不利之行政處分，不僅在行政法之規範上異其處理，即對人民之權益，亦有重大之差別。在行政法上，負擔行政處分之要求較嚴，授益行政處分之要求則較鬆。在各國法制上，擬制行政處分以授益行政處分較多，例如我國動員戡亂時期集會遊行法第十二條第三項、都市計畫法第二十條第三項及所得稅法第五十六條第二項；日本中小企業團體組織法第二十條第二項前段及農業合作社法第六十一條第二項前段；西德建設法第十九條第三項及市建設助長法第十五條第六項是。至於我國關稅法第五條之一第一、二項，表面上爲課稅處分，而屬於負擔行政處分，事實上仍爲授益行政處分。

擬制爲駁回之行政處分，例如日本地方自治法第二百五十七條第二項及生活保護法第二十四條第四項；奧地利一九三四年憲法第一百六十四條第三項第二句（註三七）及法國、比利時、盧森堡、西班牙、哥倫比亞、希臘、土耳其、墨西哥（聯邦財務法院）、南斯拉夫與義大利等國之法制（註三八），形式上雖可歸類爲廣義之不利行政處分，但畢竟非課予負擔之行政處分。唯從各國法制觀之，擬制行政處分將核可與駁回明文化，自亦寓有差別處理之意焉！我國訴願法第二條第二項之規定，對此究採何種態度，不甚明朗（詳見本文四、（二）、3、(3)之分析）。

（10）視同核可或駁回之要件與效果：執行力與執行義務之分析

由於擬制行政處分均係針對人民之申請而發，因此，不管其實質內容爲何，在類型上，不外乎視同核可或駁回兩種。不論是視同核可之行政處分，抑或視同駁回之行政處分，均必須符合擬制之構成要件，亦即人民依法提出申請，而行政機關未於法定期限內爲決定是。所謂人民依法提出申請，則必須其在實體法上有請求權，而其申請完全符合法定程

註三七　其規定爲「凡行政之違法不作爲，訴願至最高行政機關，不於六個月內決定者，擬制爲駁回之裁定」。

註三八　Vgl. J. Jurina, in: H. Mosler (Hrsg.), Gerichtsschutz gegen die Exekutive, Bd. III, S. 119 ff., m. w. H.; C. Tomuschat, in: H. Mosler (Hrsg.), edenda, S. 83 ff.

序之要求；至於該行政機關不僅在程序上有受理之義務，抑且在實體上有爲決定之權能，特別是在視同核可之情形，始克當之。至若只有人民在實體法有請求權，但其申請不合程序上之要求，或行政機關並無受理之權限，雖誤加受理，在實體上亦乏決定之權限，此時，根本無法適用擬制行政處分之餘地，充其量，亦只能擬制爲駁回之行政處分，如此，始符合擬制行政處分制度之根本目的。

若干事項，法律既規定須得主管機關之核可，始得行使或有效爲之，或免除一定之義務（限制），則雖法律之構成要件具備，亦不能主動發生法律預定之效果，此時，立法者爲防行政機關之懈怠或力有未逮，致人民之權益失卻迅速有效之幈幪，乃以擬制代替行政機關之決定，在顧及公私利害之均衡及人民道德上之危險，而採取視同核可或視同駁回之擬制效果。若係視同許可之擬制行政處分，則相對之人民可以依該擬制行政處分之內容，行使其權利，必要時尙可要求行政機關履行處分內容之義務或確保其內容之實現。因此，視爲核可之擬制行政處分，雖非行政機關自行作成，亦應承認其執行力，並課予行政機關執行之義務（確保實現處分內容之義務），否則，將有失立法之根本目的。若係視爲駁回之擬制行政處分，雖學者關心之重點，在於相對人「訴因」之取得（參見本文三、2、(6)），但其所應具有之一般行政處分的效力，仍不應有所軒輊。

（11）擬制行政處分發生效力之時點

第查擬制行政處分亦發生行政處分應有之效力，抑且發生特殊之附隨效果，但其效力發生之確切時點，則爲一般人所忽略。通常只有在視爲駁回之擬制行政處分，在相對人得以行使訴權上有所規定，例如：我國訴願法第九條第二項規定：「第二條第二項規定之視同行政處分，人民得自該項所指之法定期限經過後滿十日之次日起，於三十日內提起訴願」。法國一九四五年七月三十一日命令（Ord. 31 Juill. 1945）第四十九條及一九六三年七月三十日教令（Décr. 30 Juill. 1963）第五十三條之三第二項規定：「凡對訴訟具有法律上值得保護之利益者，得於法定期限（délai）內（通常爲行政決定或不於四個月內決定者，於屆滿四個月後之二個月內），依訴訟之目的，分別向管轄法院具狀（在地方行政法院稱 requête，在中央行政法院稱 recours）起訴」。唯此只係得以主張行政救濟權之「起點」，一般行政處分於相對人收到處分書之翌日，即得行使此權，但其一般效力，乃自行政處分作成，對外發生效力之時點，即告發生（處分送達或即時處分之即時起）。準此，擬制行政處分之實體上效力，應以其擬制之時，爲其效力發生之時點，亦即行政機關法定決定期間屆滿之時或適當期限屆至之時。前者較爲明確，後者則存在判斷之餘地。

(12) 擬制行政處分是否無需通知及證明之問題

通常行政處分欲對外生效（in Kraft treten），必須爲通知（Bekanntgabe）（個別告知、送達及公告）。唯擬制行政處分事實上行政機關並未作成行政處分，並無通知之程序，其擬制之效果，因擬制而發生，自亦無需通知。唯行政處分效果之發生，以行政處分存在爲前提，而行政處分是否存在，乃屬事實問題。如其存否不明，主張其存在者，自應負證明之責。

2. 行政救濟法方面

我國學界對於擬制行政處分制度之關注，一向偏重於其對行政救濟法之影響（註三九），即民國五十九年十二月二十三日修正公布之訴願法第二條第二項，立法院之關注所在，似亦偏向此一方面（註四〇）。因此，本文有必要對與擬制行政處分有關之行政救濟法問題，予以深入之剖析，冀能得其肯棨。以下依次就我國行政爭訟採行政處分中心主義之疑義、行政訴訟之標的與訴訟種類、我國行政訴訟制度是否採取訴訟種類明定主義之疑義、現行行政訴訟法關於訴訟種類之規範有無漏洞及能否塡補之疑義、司法院「行政訴訟法修正草案」有關規定之妥當性、訴因及其取得之時點、訟源之增減效用及訴權主體之問題，分別予以探討。

(1) 我國行政爭訟採行政處分中心主義之疑義

我國憲法第十六條規定：「人民有請願、訴願及訴訟之權」。由於請願、訴願及訴訟三權，其內容、行使之對象及程序雖不同，但目的接近，合稱「權利保護請求權」。憲法第十六條只曰「訴訟權」，然因同法第七十七條規定之結果，知其包括「行政訴訟權」在內。但此一規定，配合同法第二十二條之規範作用，似可解爲其乃「最低之保障規定」（註四一）。從爭訟性觀之，我國行政爭訟制度包括訴願及行政訴訟兩種。而現行訴願法第一條及行政訴訟法第一條之規定，顯然均以行政處分爲爭訟之對象，從而可謂我國行政爭訟制度，係採行政處分中心主義。唯若從我國行政爭訟制度之沿革及憲法之精神觀之，行政爭訟是否侷限於行政處分中心主義，則有待研究。

註三九　參見註三所引各文獻，特別是黃昭元氏之論文。

註四〇　請參見立法院法制委員會第四十三會期第六次、第七次會議紀錄及立法院第四十六會期第十六次、第十七次及第二十三次會議紀錄。

註四一　參見蔡志方，我國憲法上行政訴訟制度之規範取向，憲政時代，第十四卷第四期，頁三、五。

夷考清末立憲運動，曾著手於行政爭訟制度之建立（註四二），其爭訟之對象，雖未明文限於行政處分，但從有關規定觀察，似亦可肯定（註四三）。民初平政院時代，由人民提起之行政訴訟，限於因違法行政處分所引起者爲限（註四四），但由肅政史補充提起者，尙及於行政命令（註四五）。爾後之行政法院時代，在訴願先行主義之支配下，一概以行政處分爲爭訟中心（註四六），實務之做法，亦亦步亦趨。唯吾人若從依法行政原則與行政訴訟制度之關係（註四七）、權利保護完善性之法理（註四八），甚至憲政思潮，予以綜合探討，不難發現我國向來將行政爭訟之對象限於行政處分，於人民權利之保護未免不週，而依法行政之要求亦難保，實不符憲法之規範取向（註四九）。徒以類似訴願法第二條第二項之擬制行政處分制度，達到保護人民之權益，從憲法之觀點言之，實屬捨本逐末之舉。

(2) 行政訴訟之標的與訴訟種類

所謂行政訴訟之標的（Streitgegenstand des Verwaltungsproze-

註四二　請參見蔡志方，我國第一個行政訴訟審判機關——平政院，憲政時代，第十一卷第一期，頁二〇以下。

註四三　參見大清行政裁判院官制草案第一條及第九條。

註四四　參見行政訴訟條例第一條、行政訴訟法第一條。

註四五　參見行政訴訟法第二條、第十二條；行政訴訟條例第一條第三款、第十一條及第十二條。

註四六　參見行政訴訟法第一條。

註四七　參見蔡志方前揭（註四一）文，頁六以下。

註四八　參見蔡志方，從權利保護功能之強化，論我國行政訴訟制度應有之取向，頁二四、一七三以下。
此外，從「有權利，卽有救濟」（Ubi jus, ibi remedium）之法理（並參見司法院大法官會議解釋第二四三號解釋），亦得以推知。

註四九　詳參見蔡志方前揭（註四一）文，頁十一；前揭（註四八）論文，頁一九六、二〇一。

sses），依最新之訴訟標的理論（註五〇），乃指原告在行政訴訟程序中，要求行政法院爲裁判之事項，亦卽原告在行政訴訟上所爲之請求（Begehren），其非行政處分本身甚明。行政處分之存在，卽使在抗告訴訟之體系，亦非行政訴訟之標的，而只係訴因。因此，擬制行政處分之制度，與行政訴訟之標的，並無直接之關係。縱然在我國之通說，認爲行政訴訟之種類（Klagearten）只限於撤銷訴訟一種（詳下述），其訴訟標的只係請求行政法院撤銷違法、侵害原告權利之行政處分，若擬制行政處分爲視同核可，亦唯有在具有第三人效力之行政處分的情形，始有存在之價值；若係視爲駁回，則在撤銷訴訟下，並無法達到原告行使訴訟權之基本目的（註五一），擬制行政處分之制度，自亦無存在之價值。其根本之道，應係適度增加訴訟之種類。吾人試觀察德、日、法、奧、義等國有關訴訟種類之規定（註五二），而對照其擬制行政處分制度之類型，卽可知我國法制過於保守，並有捨本逐末之嫌。

(3) 我國行政訴訟制度是否採取訴訟種類明定主義之疑義

訴訟種類之規定，具有加強保護人民之權利及強化法院裁判方法之雙重功能（註五三），而各國法制對於訴訟種類之規範模式，大分爲訴訟種類明定及未明定、訴訟種類列舉主義與例示主義（註五四）。凡是訴訟種類採取明定及列舉主義者，則人民所得主張之訴訟標的及法院所

註五〇 中文文獻，詳參見吳東都，論行政處分撤銷訴訟之訴訟標的，頁五以下；德文文獻，詳參見 C. H. Ule, Verwaltungsprozeßrecht, S. 215ff.; O. Tschira/W. Schmitt Glaeser, Verwaltungsprozessrecht, SS. 206 ff., 74 ff., 81 ff., 183 ff.; 194 ff.; 162 ff., 169 ff.

註五一 參見黃昭元前揭（註三）文，頁三以下。

註五二 詳參見蔡志方前揭（註四八）論文，頁九五以下。

註五三 參見蔡志方前揭（註四八）論文，頁九二以下。

註五四 參見蔡志方前揭（註四八）論文，頁九五以下。

得裁判之方法，將唯法律之規定是從；反之，採取訴訟種類未明定或雖明定，但只係採例示主義，則允許隨環境之變遷，發展足以實現權利保護所必要之訴訟種類（註五五）。

我國之行政訴訟種類，由行政訴訟法第二條及第一條、第二十六條之規定合併以觀，似可間接得知只存在撤銷之訴（實質上附帶確認作用）及極狹隘之給付訴訟（附帶損害賠償之訴）（註五六）。唯我國行政訴訟法上述三條之規定，是否爲列舉規定，查該法之立法過程並未明示，似只能從憲法有關規定之精神中推知，我國行政訴訟法有關訴訟種類之規定，只係片段性之規定，而非採明定之主義（註五七）。此外，基於權利保護之完整性及行政訴訟制度追求目的之有效實現，宜採法、瑞、義型態之訴訟種類未明定主義（註五八）。換言之，我國憲法在規範取向上，乃採訴訟種類未明定主義，而行政訴訟法雖間接從裁判方法之規定中，推知其採取撤銷訴訟之類型，但從權利保護之完善性及法規維護之完整性（註五九），亦應認係採訴訟種類未明定主義爲是

註五五　同上註。

註五六　唯亦有學者不論其係採列舉主義或例示主義，而認爲行政訴訟法在文義上並未明文限制行政訴訟之訴訟種類，而認爲對視同行政處分所提起之行政訴訟，理論上應認係給付訴訟，並認爲行政訴訟法第一條所定之行政訴訟，尙容許其他訴訟類型之存在；即使從同法第二條觀之，在請求回復原狀之情形，即可能存在課予義務之訴；抑有進者，認爲同法第二六條之「變更」判決，尙存在法院自爲決定之判決、第二七條乃以有「積極變更」之可能爲前提。故認爲：即使不修正現行行政訴訟法，而以解釋方式承認課予義務之訴，並非絕不可能。參見黃昭元前揭（註三）論文，頁二二九～二三一。

註五七　唯從我國憲法之規範層次言，可認係採訴訟種類不明定之模式，且不宜執憲法第二三條及第二二條，而認爲行政訴訟法之規定，乃用以限制訴訟之種類。參見蔡志方前揭（註四一）文，頁九。

註五八　參見蔡志方前揭（註四八）論文，頁一〇一以下。

註五九　行政訴訟制度之功能取向，攸關行政裁判權之範圍、訴權之類型、訴訟程序之進行主義。詳參見蔡志方前揭（註四八）論文，頁一〇以下。

（註六〇）。準此，我國訴願制度囿於撤銷處分之型態，而以行政處分之存在為前提，並在訴願法第二條第二項採取擬制行政處分之制度，實屬疊床架屋之舉，充其量，亦僅使人民得以訴願而已，而依該條項提起之訴願，根本非為撤銷行政處分，而係要求為積極、有利之行政處分，迤邐而下之訴願先行主義（註六一），嚴格言之，亦只係規制撤銷訴訟，絕非排除其他之訴訟種類，應予以鄭重指陳者也。

（4）現行行政訴訟法關於訴訟種類之規範有無漏洞及能否填補之疑義

「有權利，即有救濟」(Ubi jus, ibi remedium) 及「權利救濟必須無漏洞及有效」(Lücklosigkeit und Effektivität des Rechtsschutzes)，乃現代法治國家之基本原則。我國在步向法治國家之旅途，行政訴訟制度乃其重要佐助及衡準。在追求法治國家此二原則下，我國現行之行政訴訟法關於訴訟種類之規範是否存在漏洞（註六二），亦即有無欠缺達成規範目的或計畫之有效制度、方法之情形。在我國學界之通說，行政訴訟種類之不足，可謂係我國行政訴訟制度之重大缺失（註六三）。唯若欲肯定此種漏洞之存在及其補救之道，則須先探索其造成之根本原因，所謂「窮理於事物始生之處，研幾於心意初動之時」，其意在此。

夷考我國歷次之行政訴訟法規。並無有關訴訟種類之直接明文規定

註六〇　本人前認為我國行政訴訟之種類，係採法律明定（參見拙著博士論文，頁九六），應屬誤解，已在其後之論著中變更，在此特別再度表明。參見蔡志方前揭（註四一）文，頁九、十一。

註六一　關於訴願先行主義之合憲性及妥當性，請參見蔡志方前揭（註四八）論文，頁一八四以下。

註六二　關於我國現行行政訴訟制度之缺失及改進方向，請參見蔡志方前揭（註四八）論文，頁一九二以下；陳秀美，我國現行行政訴訟制度之研究；同作者，改進現行行政訴訟制度之研究。

註六三　行政訴訟種類之重要功能及其在行政訴訟制度上之突出地位，請參見蔡志方前揭（註四八）論文，頁九二以下。

（註六四），從各期之憲法規範取向，亦無法斷定係採取訴訟種類明定及列舉主義。因此，若認爲我國向來之行政訴訟種類之規範存在漏洞，則究其根本原因，不外乎我國學界及實務界誤認我國係採訴訟種類明定與列舉主義所致，否則，亦係肇因於我國行政法學之不發達及實務界之不够進取。在確認我國之行政訴訟法關於訴訟種類之規範，係採取未明定之模式下，充其量只存在「法律漏洞」(Gesetzeslücke)，以目的性擴張之方法爲「制定法內之法律補充」(gesetzimmanente Rechtsfortbildung) 即可（註六五）。此亦屬行政法院權限內所得行使者。

若以「制定法內之法律補充」方法，塡補我國現行行政法關於訴訟種類之規範漏洞，則應以我國憲法對行政訴訟之規範取向爲準繩，確認行政訴訟法第一條第一項之規定，只係撤銷違法行政處分之特別要件、第二十六條及第二十七條之規定，只係撤銷違法行政處分時，裁判方法之特別要件（註六六），而依行政訴訟之規範目的，擴張其訴訟類型。

註六四　其詳細之探討，本人曾撰「我國行政爭訟制度之沿革」（廖義男教授主持及指導，國科會專題研究報告），惜該文並未刊行。

註六五　在我國現制，能否以法律解釋 (Gesetzesauslegung) 之方法擴充訴訟種類，從法的結構 (Rechtskonstruktion) 言之，仍應存疑。黃昭元氏從我國行政訴訟法第一條之文義解釋著手，認可擴張承認撤銷訴訟以外之訴訟類型，似有先入爲主、從結論中找理由及違反法學方法之嫌；再者，氏從同法第二條導出課予義務之訴之存在，似亦忽略訴訟種類獨立性格，而執照之吊銷處分經撤銷後，其吊銷處分溯及地失效，此時似以發還原執照爲已足；又其次，從行政訴訟法第二六條及第二七條中之變更，爲概念衍義，可謂用心良苦，然此一解釋方法，事實上乃屬於法律補充。因我國現行法並無給付訴訟（課予訴訟）之明文，其有之者，亦僅有第二條之規定，而其無法爲當然解釋也，明矣!

註六六　有謂我國行政訴訟法第二六條之撤銷，包括全部或一部撤銷，而將變更解釋成積極變更，而第二七條之不利益變更之禁止中所謂之變更，認係以有積極變更之可能爲前提（見前註第五六）。唯此似未顧及訴訟標的之原因，亦即撤銷行政處分本身之可分性、行政訴訟之權利保障功能及訴外裁判之禁止原則。蓋若行政處分可分，則對違法之部分若為謀徹底改善，並使有關之規範臻於明確，則採取「制定法外之法的補充」(Gesetzesübersteigende Rechtsfortbildung)，亦即立法補充，當更能立竿見影，自不待言。

(5) 司法院「行政訴訟法修正草案」有關規定之妥當性

司法院鑒於現行行政訴訟法之不完備，於民國七十年七月間，乃延攬學者專家，組成「司法院行政訴訟制度研究修正委員會」，著手研修行政訴訟制度，歷時七年有餘，完成「行政訴訟法修正草案」初稿，計三百零三條，其重擬稿(因應雙軌制所重擬)，計三百零七條(註六七)，目前正會請行政院表示意見中。

謹按：「行政訴訟法修正草案」之三百零七條條文，其涉及擬制行政處分之制度者，計有：第二條、第三條、第四條、第五條、第六條、第八條、第一百零五條、第一百零六條、第一百零八條、第一百十二條、第一百九十五條、第一百九十九條、第二百十三條、第二百六十八條、第二百八十二條、第三百零二條、第三百零三條及第三百零四條，其中部分規定影響重大，實堪注意。

(接前註)

訴請撤銷即可，此時在訴訟上，即為部分撤銷（變更之本義），而非全部撤銷。反之，行政處分若不可分，例如行政處分之附條件或期限部分違法，則此時必須訴請就該行政處分為撤銷，只就違法之附款撤銷，其效果仍及於全部，此時仍屬撤銷，而非變更。若係因違反作為義務，則應命為作為或自行決定，亦不生撤銷及變更之問題。要言之，壹以訴之聲明定裁判之範圍。一部有理由、一部無理由，以可分為前提。只有在承認撤銷訴訟及課以義務訴訟或自行決定訴訟之情形，始能以訴之合併之方式，發生「撤銷及積極變更判決」之結果。全之廢，曰撤銷；全之損，曰變更；無之興，曰給付。

註六七 參見翁岳生，順應世界法制潮流，擴大行政訴訟範圍，司法周刊，第二八七期，第一版；司法院行政訴訟制度研究修正委員會，行政訴訟法修正草案總說明暨條文對照表，頁二。

就第二條言之，誠爲此一修正草案之最重要規定，且具有牽一髮而動全身之影響。蓋此一規定若併同修正草案第一條予以觀之，則我國之行政訴訟制度自此將眞正發揮完整保障人民之權益，並促使依法行政原則徹底執行之角色（註六八），亦即具有消除權利保護及依法行政之死角的功能，此外，亦將爲我國擺脫以行政處分爲中心之行政訴訟制度露一曙光。

就第三條言之，其雖擴大我國之行政訴訟種類，而具有重大之貢獻，然因其採訴訟種類明定及列舉主義，亦將限制我國行政訴訟種類之再發展（註六九）。抑有進者，因第四條、第五條、第六條、第八條及第十一條規定之結果，將使列舉主義之內容更爲強固。

就第四條言之，因採取訴願先行主義，對於消極（拒絕請求之）行政處分之行政訴訟，將徒失時效，遲滯救濟而已。甚且，採取所謂之雙軌制，亦將引起不少之弊端，似屬多此一舉（註七〇）。

就第五條言之，有謂依我國現行訴願法第二條第二項規定，行政機關之不作爲已「視同行政處分」，再依行政法院之見解，所謂「視同行政處分」，乃是視同「消極」的行政處分，卽「視同拒絕的行政處分」，故如現行訴願法第二條第二項規定不修正或廢止，則對「視同拒絕的行政處分」，於將來得依草案第五條提起「應爲行政處分之訴」，反而對眞正明示的拒絕處分，卻無法提起「應爲行政處分之訴」，兩者之間顯失平衡。從而，以爲第五條之規定宜予修正，使人民亦得對行政機關之

註六八　事實上，兩者具有目的與手段之關係，至少亦存有主要目的與附隨效果之關係（請參見蔡志方前揭（註四八）論文，頁六以下；同著者，前揭（註四一）文，頁六以下）。姑置此不論，由於第一、二條之規定，將使行政訴訟確保人民權益及行政合法性之範圍擴大。

註六九　關於行政訴訟種類明定及列舉之影響，請參見蔡志方前揭（註四八）論文，頁九六以下。

註七〇　參見蔡志方（註四一）文，頁十六，註五一。

「拒絕處分」提起「應爲行政處分之訴」云云（註七一）。其實，此乃誤解我國訴願制度之眞正精神於先，而忽略其必須在訴願均被逾期不爲決定時，始有此情形於後。雖然依訴願法第一條之規定，依向來學者及實務之看法，認爲必須有行政處分之存在，始得訴願，故遂有同法第二條第二項之規定，抑且將該項之規定，譽爲立法之德政或德政之立法（註七二），其實其德績，尙遠不及同法第十一條及第二十二條第三項之規定。抑有進者，因訴願法第二條第二項之規定，除賦與訴願人訴因（Cause of Action; Klagegründe）外（詳下述(6)之說明），反使人誤以爲訴願之種類限於撤銷行政處分，迤邐而下，在行政訴訟法修正草案上，對於「求爲有利之行政處分」之訴訟種類的單純性及經濟性，亦將造成困擾（詳本文四、(一)、1、(二)、2、(2)），特別是草案第五條中「應作爲而不作爲」之類型及解釋與採取訴願先行主義之妥當性疑慮。

就第六條言之，因擬制行政處分，而發生是否成立一定公法關係之疑義時，即可能訴諸確認之訴（第一項之情形）。

就第一百零五條言之，誠爲一進步而妥切之修正，因其切合各種類型之訴訟。

就第一百零六條言之，若訴願法第二條第二項發生訴因以外之實體法上效果（詳本文四、(一)、1之探討），則因其存在力（Bestandskraft）之效果，單純提起「請求應爲行政處分之訴訟」，若不能認爲存在「默示之撤銷訴訟之合併」，則勢須提起撤銷訴訟。在訴願或再訴願之決定機關逾越法定期限仍不爲決定，而逕行提起行政訴訟時，將無法

註七一　參見黃昭元氏前揭（註三）論文，頁二四五。

註七二　參見康炎村前揭（註三）文，法律評論，三十九卷五期，頁九；另見註四〇所引立法院之紀錄；其得失評論，參見黃昭元前揭（註三）論文，頁一以下。

適用，卽依草案第五條之規定，亦勢將形成不安定之狀態（無限期可以起訴）。

就第一百零八條言之，在擬制行政處分之情形，若有訴願及再訴願之決定機關均逾法定期限，而不爲決定時，併同第五條之規定，將難以發生規範效果。

就第一百十二條言之，若承認訴願法第二條第二項之實體的規範效果，則訴之合併的追加，將以本條之規定爲其程序上依據。

就第一百九十五條第二項言之，與擬制行政處分之關係尙屬其次，但與草案第一條結合，將發生行政訴訟保護人民權利功能優位之作用；但若與同草案第一百九十七條結合，則又將發生公益至上，而與第一條確立之宗旨相齟齬之情形。

就第一百九十九條言之，於擬制行政處分，行政機關根本不行使裁量權，是否構成權力濫用，而得予以撤銷，易滋疑義。

就第二百六十八條言之，在訴願及（或）再訴願決定機關逾法定期限，仍未決定，而原告逕行起訴之情形，將不生規範作用，而只有訴願（再訴願人）未逕行起訴，並靜待決定後始起訴之情形，始生規範作用。

就第二百八十二條言之，在具有第三人效力行政處分（含擬制行政處分）之情形，乃係一良好之新制度。

(6) 訴因及其取得之時點

起訴，應表明訴之要素及其有關之原因事實，藉以確定訴訟拘束暨判決確定之效力範圍。在抗告訴訟之領域，除抽象之規範審查（abstrakte Normenkontrolle）外，一般以撤銷違法之行政處分或求爲適法之行政處分，爲訴訟標的。各種訴訟均必須以一定之法律原因，亦卽法律基礎爲其主張之依據，行政訴訟及訴願亦然，稱爲訴因 (Cas d'ouverture; Cause of Action; Klagegründe)。其作用在於決定起訴理由及事實依據，以法國爲例，其行政訴訟之訴因，依通說計有：欠缺權限 (incompétence)、違反方式 (vice de forme)、濫用權力 (détournement de pouvoir) 及違反法規範 (violation de la loi) (註七三)。訴因與訴權、訴訟種類，具有密切之牽聯關係，但非同一事物。我國傳統上，認爲訴願及行政訴訟均以行政處分爲中心，且以其存在爲前提 (註七四)，是以有訴願法第二條第二項之規定。實則，如前所述，訴願及行政訴訟制度除非侷限於撤銷行政處分，否則，行政處分之存在並非訴因及訴訟標的之必要條件。

由於擬制行政處分在事實上並無行政處分之作成，因此，人民訴因之取得時點不易確定，而有明文予以規定之必要，予以明文規定者，如我國訴願法第九條第二項；法國一九四五年七月三十一日命令第四十九條及一九六三年七月三十日教令第五十三條之三第二項；奧地利行政法院法第二十七條 (§27 VwGG)；義大利一九七一年十二月六日區行政法院設置法第二〇條，一九七一年十一月二十四日簡化行政訴願之教令

註七三　參見蔡志方，法國行政救濟制度研究（下），憲政時代，八卷四期，頁六五以下；H. Reinhard, Der Staatsrat in Frankreich, JöR 1982, S. 106 ff.

註七四　參見馬君碩，中國行政法總論，頁三九八、四三九以下、五〇一以下；史尚寬，行政法論，頁二六三、二七八以下；王昌華，中國行政法新論，頁二九六以下、三一七以下；林紀東，訴願及行政訴訟，頁二三以下、九八以下；陳鑑波，行政法學，頁四四三以下、四六七；管歐，中國行政法總論，頁五〇六以下、五四二以下；張載宇，行政法要論，頁四三八以下、四七〇以下；涂懷瑩，行政法原理，頁六六三以下、七〇一以下；張家洋，行政法，頁七〇九以下、七五〇以下；黃異，行政法總論，頁一六七以下；古登美，行政救濟制度，頁五二以下，一五六以下；此外，並參見行政法院不勝枚舉之判例、判決。

第六條（註七五）；西德行政法院法第七十五條(§75 VwGO)（註七六）。

(7) 訟源之增減效用

擬制行政處分之制度，除發生實體法上之作用以外，在行政救濟法上，亦具有增減訟源之功能。何以言之？蓋擬制行政處分之制度，使人民在行政處分中心主義之行政爭訟，得以取得訴因，而得以行使行政救濟權。不管係擬制駁回或核可，均可能促成一定人民之訴因的取得，故，增加訟源乃其必然結果。但若係不涉及第三人權益效果之擬制行政處分，在視同核可之情形，則將發生減少訟源之功能。蓋此時具有滅卻訴因之作用也。若在採取廣泛概括權限之行政救濟制度及承認利害關係者訴訟之國家，擬制行政處分之增加訟源作用，將發生於撤銷訴訟；反之，對於給付訴訟將發生減抑之功能。

(8) 訴權主體之問題

孰在具體之個案中，對行政處分得以主張行政救濟，乃屬於訴權(Locus standi; Klagebefugnis; Beschwerdelegitimation; L'intérêt a agir dans le recours; la legittimazione del giudice) 之問題。訴權之歸屬者，爲訴權主體。

對於擬制行政處分，何人得以主張行政救濟，純粹涉及權利保護功能之行政救濟體制，而無關法規之維持。對於擬制行政處分得以主張訴權之主體，因擬制行政處分之特殊屬性（法律直接實現之性格），只能

註七五　奧地利之怠慢訴訟 (Säumnisbeschwerde) 之起訴期間，爲請求決定提出後六個月之翌日起；義大利之「沉默訴願」(Silenzio) 及「怠慢訴訟」(ricorso ritardo) 之起訴期間，則均爲九十日。

註七六　對於因不作爲起訴者 (Untätigkeitsklage)，自請求作爲之次日起算三個月後，始被允許，如有特別規定，則依該規定。

存在「被害者訴訟」(Verletztenklage) 及「利害關係者訴訟」(Interessentenklage)，而不可能存在「民眾訴訟」(Popularklage)（註七七）。

對於擬制行政處分，首當其衝者，厥爲處分相對人 (Adressat)，特別是視爲駁回或拒絕之行政處分之相對人。反之，在視爲核可行政處分之情形，則以第三利害關係人爲其主角。若係屬於具有第三人效力之行政處分，於視同駁回或核可之行政處分，均可能發生利害關係者訴訟，但以視同核可之情形較多。

四、訴願法第二條之檢討

何謂行政處分，在我國之立法定義，首見於民國五十九年十二月二十三日修正公布之訴願法第二條。雖其第一項之規定，只係學說及判例之成文化，但具有統一及澄淸之功能。就第二項之規定言之，向來之學界及立法機關，似只注意其行政救濟上之功能，而忽略其規定對全部行政法體系之衝擊。由於我國學界對此尙乏深入之探討，本文在此將多所著墨。本文以爲，訴願法第二條之規定，特別是其第二項，至少涉及下列三大問題，即程序法與實體法之協調、訴願法第二條第二項構成要件之分析及訴願法第二條第二項效果規定之分析。以下依次予以探討。

（一）程序法與實體法之協調

程序法向較具技術性及手段性，而實體法較具目的性及倫理色彩。

註七七 關於三種訴訟類型及概念之比較，詳參見蔡志方前揭（註四八）論文，頁四八以下。

程序法之規定，以完全、有效及經濟地實現實體法之規定爲其鵠的。因此，不只程序法應與實體法協調，且程序法應以實體法規範之實現馬首是瞻!

1. 訴願法第二條之規範作用是否及於實體法之疑義

訴願法之規定，乃我國憲法第十六條有關訴願制度之具體化，覈其性質，乃行政爭訟之重要程序規定。因此，吾人視訴願法爲程序法之一門，而且有程序之規範作用，要無疑義。訴願法第二條之規定，既置諸訴願法之內，則徒由形式論之，其具有程序法上之規範作用，似亦無可懷疑。吾人試將其配合同法第一條、第三條～第九條、第十二條、第十四條、第十五條、第十七條、第二十二條、第二十三條及第二十五條之規定觀之，殆亦得肯定。唯訴願法第二條之規定，是否具有實體法上之規範作用，洵值得研究。就訴願法之程序規範作用言，固可推論其規定具有此功能，但不能謂其所有規定之性質，均屬程序之規定，例如訴願法第二十六條，乃組織法之規定，而非程序之規定。再者，吾人亦不得排除程序法之規定，同時兼有實體法上之作用的法規範（註七八），甚至程序法之規定本身，即同時兼具程序及實體之規範作用（註七九）（註八〇）；反之，實體法之規定，亦可能同時發生程序上之規範作用

註七八 例如：德國民事訴訟法（ZPO）之第七六條第二項、第三〇二條第四項第三款、第六〇〇條第二項、第七一七條第二項及第三項、第八〇六條、第八一五條第三項、第八一九條及第九四五條等。Vgl. L. Rosenberg/K. H. Schwab, Zivilprozessrecht, S. 5.

註七九 Vgl. A. Blomeyer, Zivilprozessrecht, S. 3.

註八〇 因此，有學者認爲民法與民訴法之區別，不在於其規範作用（Normenwirkung），而係其生命圈（Lebensbereichen）之不同。Vgl. A. Blomeyer, Zivilprozessrecht, S. 3.

（註八一）。吾人之所以伈伈 乎探討訴願法第二條是否具有實體之規範作用者，乃其攸關訴訟標的、訴訟種類、訴之合併、視同行政處分之內容（駁回或核可）及訴權主體等問題，特別是若訴願法第二條第二項具有實體之規範作用，則其與其他擬制行政處分之規定的關係，以至於「行政訴訟法修正草案」第五條之妥當性及規範範圍（是否及於一般請求權）等問題，將發生重大之影響，而非只係訴因之賦與之問題。

首先，就訴願法第二條第一項言，其本爲學說及實務之明文化，具有統一及明確之功能。因此，其條文雖曰「本法所稱行政處分，謂中央或地方機關基於職權，就特定之具體事件所爲發生公法上效果之單方行政行爲」，但其規範作用配合第一條之規定，實際上並不限於訴願之程序上意義而已，抑且擴張至實體法上行政處分之界定的功能，而發生類似西德一九七六年行政程序法第三十五條之行政程序法之功能。準此，我國行政處分之概念，不論係實體法或程序法上，均須以訴願法第二條第一項爲準繩。唯吾人得以瞭解者，乃訴願法第二條第一項所規定之行政處分，限於作爲性質之行政處分，包括明示之核可處分及駁回處分。

其次，論及訴願法第二條第二項，由於其條文規定：「中央或地方機關對於人民依法聲請之案件，於法定期限內應作爲而不作爲，致損害人民之權利或利益者，視同行政處分」，可知其限於消極不作爲之擬制行政處分，至於其究爲視同駁回或視同核可，則仍值得探討（詳本文四、（三）之分析）。唯在此從形式上觀之，其與同條第一項，似皆兼具實體法與程序法之規範作用。就此一規定中之「致損害人民之權利或利益者」，實屬贅言，蓋中央或地方機關對於人民依法聲請之案件，於法定期限內應作爲而不作爲，單就權利享有之時效言，鮮有不造成人民權利

註八一　Vgl. A. Blomeyer, Zivilprozessrecht, S. 4.

或利益之損害者。唯若捨時效利益不談，則從「致損害人民之權利或利益者」之要件觀之，則其效果似爲「擬制爲駁回之行政處分」。苟耳，則此一擬制行政處分之規定，將成爲「視同駁回處分」之一般性規定，且不發生與其他行政法規規定重疊，而形成普通法與特別法之適用關係，換言之，其他視同核可之擬制行政處分規定，如動員戡亂時期集會遊行法第十二條第三項、都市計畫法第二十條第三項、所得稅法第五十六條第二項及關稅法第五條之一第一、二項之規定，迥不相侔。抑且，此一規定發生實體法上之規範結果，行政機關遲延後所爲之核可處分，應推定爲撤銷駁回之行政處分，同時爲核可之新處分。反之，行政機關遲延後所爲之駁回處分，則只係具有宣示性或確認性之再處分(wiederholender Verwaltungsakt)，而非具有創設性之重新處分。(erneuerter od. wiederaufgriffener Verwaltungsakt)，若謂訴願法第二條第二項，只生程序上之規範作用，亦只能以其係訴願法之規定，而非一般行政程序法之規定爲根據，但從實質上觀之，則其既爲消極不作爲之擬制規定，而與第一項之明示行政處分之規定並立，自不能爲不同規範作用之認定。雖有以爲我國訴願之種類，只限於撤銷行政處分一種，從而欲提起訴願，必須以行政處分之存在爲前提，事實上，此種看法既不符合憲法第十六條之規範取向（權利保護之有效性及經濟性），亦誤解訴願之眞正目的（註八二）。因此，不能執訴願法第二條第二項之規定，只係訴因之賦與，而排除其實體規範之功能。

2. 訴願法第二條第二項視同行政處分之基本要素，應否準同行政處分之疑義

註八二　在我國之訴願實務上，我國訴願法乃採訴願種類未明定主義，因而承認「求爲積極行政處分」及「確認不爲行政處分違法」之訴願類型。

擬制行政處分之制度，其實體上發生使行政處分存在及行政法之法律關係變動之效果，因此，擬制行政處分之案件，其先決要件，是否應準同行政處分，殊值得吾人研究。本文前面雖已斷定「得被擬制爲行政處分之案件，並非毫無限制，而應限於在行政程序上應以行政處分爲之者」，並預先肯認「我國訴願法第二條第二項規定之情形，似亦應從同」（註八三），然在此仍有再加闡微之必要（並另見本文四、（二）、2、(2) 之分析）。

首先就訴願法第二條第二項要件中之「人民依法聲請之案件」及「中央或地方機關於法定期限內應作爲而不作爲」觀之，雖人民依法聲請之目的，未必在於獲得行政處分本身，而可能只係在於覓得一定之實物給付、核可執照、免除義務、暫緩履行義務或提供資訊……等，然其給予、核可、免除或暫緩義務，依法乃必須以行政處分爲之，始能發生「行政處分之公法上效果」，而提供資訊或實物，依法則非必須以行政處分爲之，亦不發生「行政處分之公法上效果」，殊無予以擬制之必要，㮣言，擬制行政處分之基本目的及功能，只在於發生行政處分存在時所具有之效果，前已屢屢言之矣！若係事實行爲或抽象之一般命令，則殊無必要予以擬制爲行政處分，且於實體及程序行政法之體系，將造成紊亂。

其次，訴願法第二條第一項之規範意旨，在於明示之行政處分的定義，其可能文義非如訴願法第一條、第三條～第八條、第十四條、第十五條、第二十二條及第二十五條包含作爲及不作爲處分，而係以同法第十二條、第十七條及第二十三條之規定相同，因此，訴願法第二條第一項之規定，乃有必要，而有探討其基本要素應否準同行政處分之餘地。

註八三　參見本文三、（二）、1、(7)。

綜上所述，吾人確認：訴願法第二條第二項視同行政處分之基本要素，應準同行政處分。質言之，擬制行政處分之案件，必須係關於特定之具體事件，應由具有權限之中央或地方機關以單方行政行爲（卽行政處分）爲之者。

（二）訴願法第二條第二項構成要件之分析

擬制行政處分在型態上，有別於一般行政處分，故必須具備特別之要件。依我國訴願法第二條第二項之規定，必須具備下列要件，卽(一)人民依法聲請之案件，（二）中央或地方機關在法定期限內應作爲而不作爲（違反作爲義務），（三）侵害人民之權利或利益。以下分述之：

1. 人民依法聲請之案件

一般明示作成之行政處分，其作成兼具主動性及被動性，而擬制行政處分則只具有被動性。以下探討人民依法聲請之案件，所可能涉及之問題。

(1) 依法聲請之法律依據及其效果

所謂依法聲請之案件，其問題涉及兩層次，亦卽依法聲請之法律依據及其效果與夫案件之屬性。先說明依法聲請之法律依據及其效果，此又可從請求權之規範基礎及受理之權限及決定之義務兩端述之。

①請求權之規範基礎　人民公法上之權利（ die subjektiven öffentlich-rechtlichen Rechte)（註八四），依其發展趨勢，乃從客觀之秩序的反射，進入主觀之支配及請求的內涵，特別是對於公權力得以主張權利保護之可能（註八五）；由消極之自由權，演進爲積極之參與影響及分享社會給付之受益權（註八六）。人民「公法上之權利」，依其得以主張及受保護之層次，得大別爲單純事實上之利益（faktische Interessen)（非權利）、有裁決餘地之受益（Destination）（最弱之權利）及完全賦與之權利（volle Einräumungsberechtigung)（完全之權利）（註八七）。最完全之公法上權利，乃是得以訴爲主張之權利，特別是其實現得訴請裁判，而受司法保護者。權利具有滋長及新生之性格，可能一法規範依舊見解，並不創設或存在公權利，但依現今之看法，甚至承認可以訴訟主張之公法上請求權（註八八）。人民之權利得以訴願及訴

註八四 關於人民公法上之權利，重要之文獻，可參見 D. C. F. Gerber, Ueber öffentliche Rechte, S. 62 ff.; G. Jellinek, System der subjektiven öffentlichen Rechte, S. 41 ff., insb. S. 94 ff.; W. Jellinek, Verwaltungsrecht, S. 191 ff.; F. Fleiner, Institutionen des deutschen Verwaltungsrechts, S. 172 ff.; H. J. Wolff/O. Bachof, Verwaltungsrecht, Bd. 1, S. 318 ff.; O. Mayer, Deutsches Verwaltungsrecht, Bd. 1, S. 103 ff.; F. Mayer/F. Kopp, Allgemeines Verwaltungsrecht, S. 167 ff.; W. Henke, Das subjektive Recht im System des öffentlichen Rechts, DöV 1980, S. 621 ff.; E. Schmidt-Aßmann, in: Maunz/Dürig (Hrsg.), Grundgesetz, Rn. 116 ff.; zum § 19 GG.; Th. Schramm/G. P. Strunk, Staatsrecht, Bd. II, S. 81 ff.; K. Stern, Das Staatsrecht der Bundesrepublik Deutschland. Bd. III/1. S. 508 ff.; W.-R. Schenke, § 19 Abs. 4 GG in: Bonner Kommentar, Rn. 287-291; E. Forsthoff, Lehrbuch des Verwaltungsrechts, S. 184 ff., m. w. H.

註八五 Vgl. K. Stern, aaO. (Fn. 85), S. 512.

註八六 參見林紀東，行政法，頁一一〇以下；K. Stern, aaO. (Fn. 85), S. 558 ff.; E. Forsthoff, aaO. (Fn. 85), S. 368 ff.

註八七 Vgl. H. J. Wolff/O. Bachof, aaO. (Fn. 85), II § 43, S. 327 ff.

註八八 Vgl. E. Forsthoff, aaO. (Fn. 85), S. 189 mit Beispiel von Fürsorgepflichtung.

訟途徑爲主張者，必須是本於公法之規範所賦與之請求權，單純之地位(Position od. Status)、期待及私法上之權利，自應予以排除（註八九）。公法上請求權之內容，乃以追求個人爲法律所保護之利益（rechtlich geschützten Individiualinteressen）爲目的（註九〇），而要求國家爲作爲（Tun)、忍受(Dulden)或不作爲（Unterlassen）之權利（註九一）。就擬制行政處分所可能引起之訴訟，只限於以國家爲作爲爲內容，而不及於忍受或不作爲之事項。

依目前有力之通說，凡欲以訴之方式主張權利保護者，在採取被害者訴訟（Verletztenklage）或利害關係者訴訟（Interessentenklage）類型之訴訟體制（註九二），其請求權之基礎，必須其法規範至少亦保護個人權益，而非只保護一般之公益（註九三）、（註九四），此卽所謂之

註八九 大陸法系之司法制度，原則上仍以公法與私法之區別，做爲劃分民事法院與行政法院審判權之基礎。關於公法與私法之區別，文獻可參考蔡志方，公法與私法之區別——理論上之探討，法聲，第十七期，頁二三～七四；田中二郎，公法と私法，頁一～四二；塩野宏，公法と私法，頁一～一四五；H. J. Wolff/O. Bachof, Varwaltungsrecht. Band I § 22, S. 97 ff.; M. Bullinger, Öffentliches Recht und Privatrecht; N. Achterberg, Allgemeines Verwaltungsrecht, Rn. 12 ff. zum § 1; F. Mayer/F. Kopp, Allgemeines Verwaltungsrecht, S. 80 ff.; D. Schmidt, Die Unterscheidung von privatem und öffentlichem Recht, insb. S. 49 ff.

註九〇 Vgl. K. Stern, aaO. (Fn. 85), S. 525; E. Schmidt-Aβmann, in: Maunz/Dürig (Hrsg.), Rn. 118 ff. § 19 IV GG.

註九一 Vgl. E. Forsthoff, aaO. (Fn. 85), S. 184.

註九二 關於此等類型訴訟體制之探討，詳參見蔡志方前揭（註四八）論文，頁四八以下及所引之文獻。

註九三 Vgl. E. Schmidt-Aβmann, in: Maunz/Dürig (Hrsg.), Rn. 127ff. § 19 IV GG; E. Forsthoff. aaO. (Fn. 85), S. 187 ff.; F. O. Kopp, Verwaltungsgerichtsordnung, Rn. 48 zum § 42 VwGO; E. Eyermann/L. Fröhler/J. Kormann, Verwaltungsgerichtsordnung, Rn. 155 ff. zum § 42 VwGO.

註九四 關於公益之概念，中文之文獻，請參見李建良，從公法學之觀點論公益之概念與原則，特別是頁五二以下。

「保護規範說」(Schutznormlehre)(註九五)。保護規範說雖爲 O. Bühler 所首創(註九六),而主張「公權利,乃人民對於國家之法律地位,人民在此法律地位上得基於一具強制性,用以保護其個人利益所頒布之法規,本於該法規,人民得以對於行政,向國家爲某種請求或對之爲某種作爲」(註九七),但其理論基礎,應歸功於 G. Jellinek 所提出之「反射權與權利」之區別(註九八)。保護規範說之三大特徵,在於規範之保護目的非絕對只從規範制定者之意思推知、規範之保護目的非只就該規範本身,而係由其有關之規範羣(umgebenden Normengefüge)中推出,且在規範目的之探求時,基本權利可以充爲價值澄清及體系釐清之角色(註九九)。在公法之法源,究竟孰可充爲公法上請求權之基礎,依 O. Bachof 之見解,認爲得以獲取權利之法規範,必須係以實質法律(materielles Gesetz),而非只係綱領式之宣示,亦非只係對行政之命令(Verwaltungsanordnung);此一實質法律本於一明確之構成要件,規定義務人(Verpflichteten)(債務人、忍受義務人、干擾者)及權利人(Berechtigten),而權利人由於法律效果,不僅在事實

註九五 關於規範保護說之探討,請參見 E. Schmidt-Aβmann, in: Maunz/Dürig (Hrsg.), Rn. 128 zum § 19 IV, m. w. H.; H. J. Wolff/O. Bachof. Verwaltungsrecht. Bd. I. § 43 Ib 2, S. 322 ff., m. w. H.; F. O. Kopp, Verwaltungsgerichtsordnung, Rn. 48 zum § 42 VwGO mit w. H.; K. Stern, aaO. (Fn. 85), S. 534 ff.

註九六 Vgl. O. Bühler, Die subjektiven öffentlichen Rechte und ihr Schutz in der deutschen Verwaltungsrechtsprechung, S. 22.

註九七 同註九六。

註九八 Vgl. K. Stern, aaO. (Fn. 85), S. 534; G. Jellinek, aaO. (Fn. 85), S. 67-81.

註九九 Vgl. E. Schmidt-Aβmann, in: Maunz/Dürig (Hrsg.), Rn. 128 zum § 19 IV GG.

上受益，且亦應被賦與利益（註一〇〇）。準此，公法上之請求權得以訴爲主張者，必須其係本於實質的公法，而依其構成要件，人民不但在事實上受益，且依法亦應被賦與利益，而此種利益構成訴之權能內容，得以要求爲一定之作爲或不作爲，故爲實質之請求權，而非只係一形式上之主張可能性（註一〇一）。因此，凡是賦與人民（個人）得以訴願或行政訴訟，主張國家（行政）對之爲一定之作爲（給付）之法規範，均屬於請求權之規範基礎，憲法、法律及法規命令，乃主要、直接之請求權的規範基礎；習慣法及行政規則，乃次要、間接之請求權的規範基礎（註一〇二）。

②受理之權限及決定之義務　對於人民依法聲請之案件，必須行政機關具有受理之權限及決定之義務，其構成要件，始足當之。通常具有決定義務之機關，亦同時具有受理之權限。所謂「依法聲請」，必須是具備實體法上之請求權，而程序之遵行，亦符合程序法之規定，缺一不可。判斷行政機關之受理權限及決定之義務，必須顧及國家任務之變遷、權力分立之原理及申請相對機關之組織權限，以至於聲請人民申請之合秩序性。主管機關乃具有受理權限及決定義務之行政單位，我國之行政法規通常均有主管機關之規定條款，即使法無明文，亦可溯源至組

註一〇〇　Vgl. H.J. Wolff/O. Bachof, Verwaltungsrecht, Bd. I. § 43 Ib, S. 323.

註一〇一　H.J. Wolff 及 O. Bachof 氏，將行使權（Ausübungsberechtigungen）依其強弱程度，分爲行政法上之占有地位（verwaltungsrechtlicher Besitzstand）及完全之公權利（volle subjektive öffentliche Rechte）兩大類。前者，復分爲依裁量剝奪之許可（Verstattung）及法定原因剝奪之許可（Gestattung）。Vgl. Dies., Verwaltungsrecht, Bd. I. § 43 III 6, S. 330 ff.

註一〇二　行政規則（Verwaltungsvorschriften）必須配合平等原則，始發生對外效力及請求權之原因。Vgl. H. J. Wolff/O. Bachof, Verwaltungsrecht, Bd. I. § 43 Ib, S. 324; H. Maurer, Allgemeines Verwaltungsrecht, Rn. 20 ff. zum § 24, S. 514 ff.

織法規或憲法所蘊涵之權力分立原理。行政機關若屬一般機關，則通常具有受理之權限，但決定之權限輒歸業務專屬機關。凡屬行政事件，原則上行政機關皆可受理，但若其缺乏決定之權限，則應移轉予主管機關。合法之受理，首先發生程序上之繫屬效力，而受理機關即應為程序上之處理；若其為主管機關，於申請人之請求符合實體要件時，並有為實體決定之義務。

(2) 案件之屬性

①請求乃論　依據保護規範說之請求權理論，人民欲以訴之方式主張其權利或利益時，必須其具備法規範所保護之權利，且得以訴之途徑為主張。因此，非關個人之權益事項，即使個人得以「公益代表人」之身分，請求國家為一定之行為者（如請願或民眾訴訟型態之訴願及訴訟），或者人民之「形式上請求」，只係促使公權力之發動，均非我國訴願法第二條第二項所欲規範者。依訴願法第二條第二項之規範意旨，得被擬制為行政處分之案件，乃屬於「需得申請之行政處分」(Antragsbedürftiger Verwaltungsakt)。因此，擬制之基本前提，乃必須有人民之請求，亦即請求乃論之案件。此外，縱為請求乃論之案件，其由非適格之人提起，亦不具備請求乃論之要件。

②案件應行處理之方式　本文前面已詳細探討擬制行政處分之基本目的及其效果，並據以確認擬制行政處分之先決要件，必須係人民申請之案件應以行政處分為之者，始能使擬制行政處分發生實體及程序法上之效果。因此，我國訴願法第二條第二項所謂「人民依法聲請之案件」，應以其應以行政處分為之者為限，始能允許擬制為行政處分，否則，人民依法聲請之案件應以法規命令、行政計畫或事實行為為之者，充其量亦只能賦與程序上之效果而已，亦即只能取得訴因，而不能取得

行政處分之實體法效果。

2. 中央或地方機關在法定期限內應作爲而不作爲

擬制行政處分之重要要件，在於人民依法聲請之案件、人民聲請之案件應以行政處分爲之、行政機關在法定期限內違反作爲義務及因而侵害人民之權利或利益。因此，人民聲請案件之受理及決定機關爲中央或地方，並非重要因素，至多只涉及訴願之管轄而已，故，以下只探討其它要素。

(1) 法定期限之確立

①法定期限　我國訴願法第二條第二項對於行政機關之違反決定期限，採取奧地利模式之條文（註一〇三），而非德、日之相當期限主義（註一〇四）。因此，於解釋我國訴願法第二條第二項之「法定期限」，是否應拘泥於文義解釋，而認爲所謂之「法定期限」，乃法律明文規定之期限（註一〇五），抑或可擴張爲「適當期限」，易滋疑義。

註一〇三　奧國聯邦憲法第一三二條對於怠慢訴訟之起訴要件，雖只曰違反決定義務（Verletzung der Entscheidungspflicht），但其行政法院法第二七條對於怠慢訴訟提起之期間限制，卻採六個月之明文規定。

註一〇四　參見西德行政法院法（Verwaltungsgerichtsordnung）第七五條（in angemessener Frist）（聯邦建設法第十九條第三項及市建設助長法第十五條第六項準用聯邦建設法第十九條第三項，則採二個月之決定期限）、日本行政不服審查法第二條第二項及行政事件訴訟法第三條第五項。

註一〇五　我國之行政法規，明文規定決定期限者，計有動員戡亂時期集會遊行法第十二條第一、二項、都市計畫法第二〇條及第二一條、建築法第三三條、第四〇條、第七〇條及第八〇條、勞資爭議處理法第十一條及第十五條、所得稅法第五六條第二項及第八六條、關稅法第五條之一、第二四條、外銷品沖退原料稅捐辦法第二〇條第一項、契稅條例第二二條、商業登記法第二四條、商標法第十五條、商品檢驗法第二五條（間接規定）、獎勵投資條例施行細則第四八條第一項、第五八條第一項及第六一條第二項、華僑回國投資條例第七條第三項、外國人投資條例第八條第三項、礦業法第二一條、訴願法第二〇條及專利法第三八條。

再者，即使法律明文規定期限，究爲屬訓示性規定 (Soll-Vorschriften) 或強行規定 (Muβ-Vorschriften)，亦易啟疑竇。尤其值得吾人注意者，若訴願法第二條第二項採取狹義之文義解釋，則因大部分行政法規均欠缺處理期限之規定，將使訴願法第二條第二項規定之美意落空，除非制定行政程序法，而規定一般之處理期限條文。若欲彌補此種漏洞，除採立法方式制定行政程序法，規定一般之處理期限外或應擴張解釋包括行政機關本於職權所定之行政命令及後述之適當期限（註一〇六）。當然，若爲視同許可之行政處分，爲使構成要件明確，當以法律明定決定期限爲宜。反之，視同駁回之行政處分，則採適當期限爲宜。

②適當期限　如前所述，我國訴願法第二條第二項之規定，若採取狹義之文義解釋，將「法定期限」解爲「法律明定之期限」，則我國訴願法第二條第二項規定之目的，將無法完全實現，而形成重大缺陷；抑且由行政機關頒布之處理案件時限表，亦將流於形式或僅爲內部之處務規則，而無法確實發揮保護人民權利之功能矣!

我國之行政法規，非如日本諸國，設有擬制爲駁回之行政處分的規定（註一〇七），因此，若認爲訴願法第二條第二項乃擬制爲駁回之行政處分的規定，則其與視同核可之規定，即迥不相侔（另詳本文四、（三））。若認爲訴願法第二條第二項爲視同駁回之一般性規定，則除可能引起若干缺陷外，就「法定期限」之合目的性解釋，卻提供一恰當之環境。蓋若訴願法第二條第二項之立法目的，只在於提供人民以訴因，則擴張解釋「法定期限」包括「法律明定之期限」、「本於法定職權所定之期限」及「依法理所定之適當期限」（亦即本於比例原則所衍

註一〇六　例如臺灣省政府暨所屬各機關公文處理規則第一九八條；臺北市政府人民法人或團體申請案件服務項目處理時限表之規定是。

註一〇七　同註三七、三八，並參見本文三、（二）、(9)。

生之期限)，似更符合法律之精神，唯此在法學方法論上，已屬漏洞之塡補 (Lückenausfüllung; Rechtsfortbildung)，自不待言。

(2) 應作爲而不作爲：作爲義務之違反

我國訴願法第二條第二項規定：中央或地方機關對於人民依法聲請之案件，於法定期限內「應作爲而不作爲」，致損害人民之權利或利益者，視同行政處分。將行政機關之違反作爲義務，相應於人民之依法聲請，亦即擬制行政處分之案件，並非單純因行政機關之不作爲，即有以致之，而係人民依法聲請之案件，與行政機關之受理及決定義務間，做一有機之聯結 (Junktim)。換言之，人民之請求權的內容，適爲行政機關之義務的內容，兩者間具有對應之關係。由於應作爲而不作爲，以存在作爲之義務爲前提，以下依次探討作爲義務之確立及其規範基礎、作爲義務之內容、作爲義務與請求權之關係及不作爲之類型。

①作爲義務之確立及其規範基礎　訴願法第二條第二項與其他擬制行政處分之規定同，均以被請求之機關有作爲義務爲前提，因此，作爲義務之確立，乃其首務，而在法治國家依法行政原則之支配下，行政機關作爲義務之規範基礎，亦爲值得探討之事項。國家之義務，因環境之改變而代有不同，所謂警察國家、市民之自由法治國家（夜警國家）及社會法治國家，即係用以說明國家任務之改變，所反映之國家型態。國家任務之最終實現，主要仍仰賴行政，而國家之任務範圍，通常大於其義務範圍，前者以基本國策 (Staatsziele) 勾勒之，後者則以人民之基本權利 (Grundrechte) 及行政對其他國家權力本於權力分立所負之義務，予以表現。國家之行政義務，雖包括作爲、忍受及不作爲義務三大類，但對於公衆 (die Allgemeinheit)，通常只存在作爲義務，而對於個人，則存在三種義務。所謂「無法律亦得行政」，乃行政之權力，

而非義務，通常屬於授益行政之性質。唯隨著時代之轉移，在給付國家之理念下（註一〇八），卽使未有直接之給付立法（Leistungsgesetzgebung）或者以往爲單純之公益性規定（社會政策性立法），今日亦可能衍生個人之請求權。因此，行政機關之作爲義務，不僅從「保護規範說」中相對地導出人民之請求權，同時亦確立受制於人民請求權之作爲義務內容。準此，人民請求權之規範基礎，亦同時爲行政機關作爲義務之規範基礎；反之，在採取「被害者訴訟」及「利害關係者訴訟」體制之國家，行政機關作爲義務之規範基礎，乃大於人民請求權之規範基礎；而且，在擬制行政處分制度之限縮下，其作爲義務只限於應以行政處分爲之之規制權（Regelungsgewalt）。

②作爲義務之內容：實體及程序上作爲義務及其界限　人民公法上之權利，依其法律依據及效果內容，可分爲實體法上之公權利及程序法上之公權利。前者，構成行政法律關係之實質（Substrat），後者則構成人民實體權利之鞏固及保障之機會或形式權利。在民主法治國家日益注重人民程序上正義之今日，人民程序法上之公權利，例如行政救濟權、聽審權、行政指導及行政教示受益權、無瑕疵之裁量請求權……，種類日形增加，其重要性亦益加受重視，與實體權不但並駕齊驅，抑且有凌駕其上之勢。

擬制行政處分制度上行政機關之作爲義務，究爲實體上或程序上之作爲義務，與擬制行政處分之實體或程序效果，適成同方向之平行關係。我國行政法上之擬制行政處分規定，類皆具有實體法上之效果，故其相應之行政機關作爲義務，亦屬實體上之作爲義務，其構成要件始稱該當。我國訴願法第二條第二項之規定，若只承認其具有程序上之效

註一〇八　Vgl. E. Forsthoff, aaO. (Fn. 85), S. 368 ff.; ders., Die Verwaltung als Leistungsträger.

力，則擬制之結果，將只發生形式上之拘束力，而不發生實體上之構成要件效力（Tatbestandswirkung）及既定力（Rechtskraft），人民得更爲請求，行政機關亦得重爲處分，我國之實務在訴因取得說之支配下，亦採此見解，其缺陷乃行政不經濟及法律秩序不安定。

行政機關之程序上作爲義務，其內容只係在消滅或解消程序上之繫屬狀態而已，並不以積極實現聲請人民之實體權利爲要務。因此，若行政機關之法定作爲義務僅限於程序上者，則其作爲僅止於決定受理人民之聲請，並依程序法之規定予以處理，並不能進一步創設或變更聲請人民之實質權利，此其界限之所在也。

③作爲義務與請求權之關係：單純不作爲能否爲訴願或行政訴訟之原因——與國家賠償法第二條第二項後段之比較　如前所述，在採取「被害者訴訟」及「利害關係者訴訟」制度之國家，個人（人民）欲以訴願（或類似制度）或行政訴訟謀求行政救濟者，必須被告機關違反之作爲義務與原告之請求權間，存在對應之關係，亦即原告請求權之內容，恰爲被告機關作爲義務之內容，且在保護規範之體系下，被告機關「實體法上之作爲義務」，亦適爲原告「實體法上之請求權」（註一〇九）。

註一〇九　我國之訴願制度，採取被害者訴願爲原則（訴願法第一條），利害關係者訴願及民眾訴願爲例外，亦即以法有明文者爲限（都市計畫法第十九條、第二四條及第二五條、建築法第四五條第二項、專利法第三二條、第三七條及第一一八條、商標法第三一條、第三二條、第四六條、第五〇條、第五四條及第五八條）。行政訴訟制度則採權利被害者訴訟之原則（行政訴訟法第一條第一項），但是否允許利害關係者訴訟及民眾訴訟，則存在疑義。有謂依商標法第五〇條及專利法第三七條，乃允許民眾訴訟型態之行政訴訟（吳庚教授及曾華松評事曾告訴撰者，另司法院行政訴訟制度研究修正委員會草擬之行政訴訟法修正草案第九條亦肯認之），然本文表示質疑，因商標法只規定得依法訴願，而專利法第三七條之「對於再審查之審定有不服時，得於審定書送達之次日起三十日內，依法提起訴願及行政訴訟」，其中所謂「依法」提起訴願及「行政訴訟」，究係依專利法第三七條或行政訴訟法第一條？如係依前者，則專利法第三七條即爲行政訴訟法第一條之特別法，而承認民眾訴訟。反之，如係依後者，證以專利法施行細則第三四條之規定及異議再審查之法律關係、程序當事人與審定之處分相對人，甚至於事實上願提起異議之人對公告發明之利害關係，似仍非眞正之民眾訴訟，充其量亦只係利害關係者訴訟。

因此，不具保護個人權利作用之公益法規，主管機關縱違反有關之作爲義務，不管有無人民對之爲請願，個人亦不得以反射利益被侵害爲由，提起訴願或行政訴訟。從訴願法第二條第二項規定之構成要件「中央或地方機關對於人民依法聲請之案件，於法定期限內應作爲而不作爲」，可知人民請求權之行使（請求之表示），乃形成不履行作爲義務之動力。行政機關單純不作爲或作爲義務非關請求者之請求權時（純粹公益法規），均非訴願或行政訴訟之原因。

至若以損害賠償爲目的之國家賠償制度，旣不採訴願及行政訴訟先行主義，乃重在損害結果之塡補。準此，國家賠償法第二條第二項後段之規定，與民法第一百八十六條第一項之規定同在塡補損害之結果，不以公務員之違反作爲義務係動因於人民之請求爲必要，卽單純義務之違反，不管義務之內容爲何（作爲、忍受或不作爲）、應履行義務方式如何（包括事實行爲及法律行爲、抽象與具體之規制行爲不行使），只要其與人民自由或權利之損害間具有因果關係卽可。

④不作爲之類型　我國訴願法第二條第二項只規定「應作爲而不作爲」，至於不作爲之類型如何，由於攸關訴訟（願）種類，有予以明確化、具體化之必要。以下依行政機關程序及實體上之作爲程度及作爲價値，分成完全未作爲、未完成全部作爲及無價値之積極作爲三項，分別予以探討。附帶一提者，乃作爲之程度，依法定期限屆至時判定；而作爲價値之有無，則從該當之請求權實體內容判斷之。

⑤完全未作爲　行政機關受理人民依法所爲之聲請，在程序上卽發生繫屬之效力，而應依法加以處理。人民之聲請合法者，卽應依法進行審查或聽證等程序，其實體上有理由者，卽應予以核可之決定。若受理聲請後，卽予以擱置，而不置可否，完全未進行法定程序者，卽可歸類於「完全未作爲」之類型。其逾越法定處理期限者，應卽發生作爲義

務之違反。

⑥未完成全部作爲　行政機關受理人民依法所爲之聲請後，在法定期限（包括依法延長之期限）屆至前，雖已進行部分程序，但仍未作成決定者，因爲違反法定處理期限，仍發生作爲義務之違反。形式上程序已完結，但部分聲請漏未決定者，亦同。此時，違反法定處理期限與違反法定決定期限發生競合。

⑦無價值之積極作爲　行政機關受理人民依法所爲之聲請後，雖在法定決定期限屆至前作成處分，然其處分之內容，乃係不利於聲請之人民（駁回後只部分核可），亦即行政機關雖對於聲請已爲積極之作爲，然作爲之結果及內容，乃消極之行政處分或對於聲請之人民言，乃屬無價值之行政處分。此時是否承認存在作爲義務之違反，攸關擬制行政處分相對人之權益及訴訟（願）種類。析言之，相對人能否不訴請撤銷「擬制之行政處分」，而逕行請求課予義務之訴？如肯認之，則訴願法第二條第二項之規範作用，將不包括實體上之效果，而與本文前面之探討發生齟齬。司法院行政訴訟制度研究修正委員會擬定之「行政訴訟法修正草案」第五條，似亦植基於程序上處理義務之違反，不侷限於「完全未作爲」及「未完成全部作爲」之案件，而係亦包括「無價值之積極作爲」。準此，訴願法第二條第二項之擬制行政處分，並不生實體法上之效果；對之提起之訴訟種類，乃課予義務之訴，而不需合併提起撤銷訴訟，亦不必承認課予義務之訴蘊涵有先行撤銷擬制行政處分之必要。採此種觀點，將產生實體法上之不完整性，亦即擬制行政處分未受依法訴願或行政訴訟撤銷者，產生實體法上之效果，反之，單純提起課予義務之訴，即不產生實體法上之效果，其理論基盤似不堅實。本文以爲，無價值之積極作爲應納入作爲義務之違反的類型，將有助於權利救濟之經濟性及實效性，並且對之得以課予義務之訴主張之，而此訴乃默

示合併撤銷訴訟。至於因完全未作爲或未完成全部作爲，則課予義務之訴，乃單純之特別類型的給付訴訟。

3. 侵害人民之權利或利益

我國之訴願制度，兼採「被害者訴願」、「利害關係者訴願」及「民眾訴願」制度，後兩者以法有明文爲限（訴願法第一條）。訴願法第二條第二項採取權利保護說之立場及被害者訴願之類型，規定擬制行政處分之構成要件，必須是中央或地方機關對於人民依法聲請之案件，於法定期限內應作爲而不作爲，「致損害人民之權利或利益者」。括弧中之規定，仍秉保護規範說之遺緒，並嚴格要求行政機關違反作爲義務與人民之損害間，有相當之因果關係。事實上，此一規定要件，只具宣示性之意義，即使無此規定，亦應如此解釋。唯其規定於訴願法中，易使人聯想其效果，偏向於視同駁回之行政處分（另詳後述）。

(1) 保護規範之作用

夷考我國之訴願制度，寓有權利保護及法規維持之雙重作用（註一一〇），而訴願之發動，依訴願法第一條之規定，乃採取「被害者訴願」，依其他特別法，則有採「利害關係者訴願」及「民眾訴願」者（註一一一）。唯就擬制行政處分言，依訴願法第二條第二項，以「致損害人民之權利或利益」爲擬制之條件，若欲以擬制行政處分爲訴因提起訴願，則此乃「被害者訴願」，亦即訴權之實體基礎，必係一保護個人權益之規範，吾人亦可謂准許擬制行政處分相對人提起訴願，乃本於

註一一〇　參見訴願法第一條、第十一條、第十四條、第十六條及第十七條。
註一一一　同註一〇九。

保護規範作用使然。唯此乃限於聲請人與訴願人同一之情形，特此說明。

(2) 聲請人與受害人是否必須同一之分析：第三人效力之行政處分

訴願法第二條第二項規定「中央或地方機關對於人民依法聲請之案件，於法定期限內應作爲而不作爲，致損害人民之權利或利益者，視同行政處分」，若著重於被害人訴因之取得，而非在於實體法上行政處分之存在，姑不論其法效爲視同駁回或核可（此與判斷聲請人是否與被害人同一甚有關係，另詳下述（3）、（4）之分析），通常認爲依法爲聲請之人民，與因行政機關違反作爲義務而受害之人，必須爲同一，此乃保護規範說必然之推論，亦爲採取「被害者訴願」制度應有之前提。在我國訴願法制，利害關係者訴願或民眾訴願，寧屬例外，必須法有明文。唯吾人若認爲訴願法第二條第二項，係視同核可行政處分之一般性規定，則在具有第三人（負擔）效力之行政處分，聲請人與受害人顯然不同一。就我國訴願法之立法目的、行政法規體系之協調與夫法律秩序之安定言，似不宜採此見解。

(3) 是否爲視同駁回之行政處分之分析

我國訴願法第二條之規定，具有程序及實體之規範作用，已如前述。若訴願法第二條第二項之規定，誠如最初立法者之意思，只係使聲請人取得訴因，則此一規定之法效，顯然傾向於視同駁回之行政處分，且得充爲視同駁回之一般性規定。此亦爲保護規範說之必然推論，在我國行政法之體系內，欲採視爲核可，則須另以明文規定之，例如所得稅法第五十六條第二項、關稅法第五條之一第一、二項、都市計畫法第二十條第三項、動員戡亂時期集會遊行法第十二條第三項；此外，訴願法

第二十一條之規定，亦屬於視爲駁回之類型。唯就人民權利享有之迅速性及時效性言，對於不具第三人負擔效力或無害於公益之行政處分，或具有急迫性需要之申請，顯然不甚妥當。若欲將訴願法第二條第二項充作視同駁回之行政處分之一般性規定，則有必要重新檢討現行法規，增加視爲核可行政處分之明文。

(4) 是否爲視同核可之行政處分之分析

若訴願法第二條第二項之規定，允許聲請人與受害人不必同一，則於具有第三人負擔之行政處分，對於聲請人而言，乃視同核可之行政處分。此時，必須承認受害之第三人具有訴權，以資救濟。唯若採此見解，則現行法上若干規定視同核可之明文，將失去意義，抑且對於利害關係人，以至於一般公衆，均將發生不安定之威脅。唯爲避免因行政機關人力不足、服務態度欠佳或欠缺效率觀念，似又有必要採取視同核可之行政處分制度。特別是對於拘束處分，而構成要件又該當之情形。

（三）訴願法第二條第二項效果規定之分析

我國訴願法第二條第二項之效果規定，只曰「視同行政處分」，至於係視同駁回或核可，則未臻明確。其立法技術，較諸德、奥、日之法制，甚至我國其他行政法規之規定，顯爲遜色。以下擬從有關法律之立法精神及理論基礎，分析訴願法第二條第二項之法律效果。

1. 視同（全部）核可？

訴願法第二條第二項之規定，若從訴因之取得及聲請人與被害人之同一性觀之，無疑其視同行政處分之效果，應係視同駁回。唯在何等情況下，有可能爲視同核可，仍值得吾人研議。

(1) 法律依據及立法例

在各國之立法例上，就行政機關對於人民依法聲請之案件，於法定期限內應作爲而不作爲，規定視同核可之行政處分者，如我國所得稅法第五十六條第二項、關稅法第五條之一第一、二項、都市計畫法第二十條第三項及動員戡亂時期集會遊行法第十二條第三項；日本中小企業團體組織法第二〇條第二項前段及農業合作社法第六十一條第二項前段；西德建設法第十九條第三項及市建設助長法第十五條第六項。此等規定之構成要件，雖未明文「致損害人民之權利或利益」，然此在請求乃論之案件，想當然耳，無待於明文。因此，訴願法第二條第二項之規定，若只係一般擬制行政處分之規定，亦非必然排除其效果及於視同核可之可能性。唯若如此，上述我國法之規定，將屬多餘。抑且，應爲駁回之擬制者，勢必一一明文規定，立法之不經濟，莫此爲甚。

(2) 學說及理論基礎

將訴願法第二條第二項解爲視同核可，或允許視同核可者，在我國學界似尚未之見。唯如前所述，若訴願法第二條第二項允許聲請人與受害人得以不同一，則在具有第三人效力行政處分之情形，對於聲請人而言，即極可能解釋爲視同核可，甚至應如此解釋，始符合體系。

次就擬制行政處分所應具備之要件言（通常應爲證明及嗣後爲實體審查），若聲請人之聲請案件，苟在實體法及程序法上均符合法律之規定，實宜肯定其所請，而視同核可之行政處分，要非得以行政機關之泄沓，犧牲人民之權益，而製造行政上之紛爭。矧言，若可能危及第三人及公共之利益者，亦可以明文規定視同駁回之方式爲之，在立法上非不可行也。抑且，採此種方式，將可敦促行政機關黽勉從事，並提昇服務水準。

2. 視同（全部）駁回?

(1) 法律依據及立法例

我國之實務，將訴願法第二條第二項解爲視同駁回之行政處分（註一一二），在各國之立法例上，亦嘗有以明文規定行政機關對於人民依法聲請之案件，於法定期限內應作爲而不作爲者，視爲駁回之行政處分者，如奧地利一九二五年一般行政程序法第七十三條（一九五〇年一般行政程序法同條第二項第三句規定：「遲延非完全歸咎於官署者，請求應予以駁回」）、一九三四年憲法第一百六十四條第三項第二句；日本昭和二十五年生活保護法（昭和六十一年法四六修正）第二十四條第四項。該等外國立法例不同於我國訴願法之處，在於其明文規定視同駁回，無需另事探求。

(2) 學說與理論基礎

我國訴願及行政訴訟之一大缺陷，在於以行政處分爲救濟中心，並採撤銷訴願及撤銷訴訟種類，以致於無行政處分之存在，人民卽無法提起行政救濟，是以有主張爲免行政機關對人民之請求延不處理，致影響人民之權益，有必要規定行政機關對於人民依法聲請之案件，於法定期

註一一二　實務上採視爲駁回之見解，參見行政法院四十六年判字第六十四號判例、五十一年判字第三九一號判例、五十二年判字第一七三號判例、五十四年判字第一七三號判例及五十六年判字第九十七號。

限內應作爲而不作爲者，視爲駁回之行政處分，使人民得藉此提起訴願（註一一三）。此一見解，亦爲立法院所採，而於民國五十九年十二月二十三日修正訴願法時，形成第二條第二項之規定。如前所述，單純從訴因之賦與及訴願法第二條第二項規定之聲請人與被害人必須同一之考慮，甚至於整體行政體系之考量，此說應屬正確。唯由於我國行政法明文規定視同核可之情形，並不多覯，若不激發公務員之責任心及服務熱誠、增加必要人力及設備，則對於實質上符合法定要件之申請案件，將造成人民權益享有之缺失，特別是對於具有時效性及非財產性之權利，將非徒以第二次權利保護之國家賠償制度所可濟事。

3. 部分核可、部分駁回之可能性

姑不論訴願法第二條第二項之擬制效果爲視同核可或視同駁回，其先決之條件，至少須聲請在程序上合法，始有擬制爲行政處分之可言。若承認訴願法第二條第二項具有實體之規範作用，則所謂依法聲請，勢必顧及其實體法要件之該當性。苟如此，則聲請之案件包括二請求，或一請求包括兩可分之部分，其一部分有理由、另一部分無理由，於視同核可之行政處分，勢亦必發生部分核可、部分駁回之結果。反之，於視同駁回之行政處分，則全部均爲視同駁回，就實質上不合法之部分，是否生實體上之效果，實有再研議之必要。

4. 法律效果之內容

訴願法第二條第二項之法律效果，不外乎實體法與程序法上之效

註一一三　馬君碩，中國行政法總論，頁五〇四參照。

果、視同核可或視同駁回之效果。至於其歸屬，如前之分析，似尚未有定論，因無論採何歸類，於現行法體系下，均存在缺陷。故，以下並不斷言訴願法是否只具有程序法之效果及只係視爲駁回，而擬從實體及程序法兩層面、視同核可或駁回，探討遲延後所作成之行政處分之效力及程序法效果之影響。

(1) 實體法效果之分析：特別是遲延後所作成之行政處分之效力

無論擬制行政處分之效果爲視同核可或駁回，在實體法上，將發生如下之效果：(1) 行政處分之存在，亦即在規範之概念上，存在一行政處分；(2) 行政法上權利義務之確認及得喪變更；(3) 行政處分之執行或容忍行政處分內容之實現；(4) 遲延後所作成之行政處分，如前所述，除具備廢止之原因及明示廢止之意思外，應認係違法，無效之行政處分。詳言之，認爲係視爲核可之行政處分，遲延後所爲之核可，只係觀念通知；遲延後所爲之駁回，除具備廢止之原因及明示廢止擬制之行政處分之意思外，應認係違法，且不生效力。反之，若認爲係視爲駁回之行政處分，遲延後所爲之駁回，只係觀念通知；遲延後所爲之核可，除具有廢止原擬制行政處分之意思外，亦應認係違法，且不生效力。此外，實體法效果之判斷基準時，亦以擬制之時，即行政機關法定決定期間屆滿之時或適當期限屆至之時，前者較爲明確，後者則存在判斷之餘地。

(2) 程序法效果之分析

訴願法第二條第二項之程序法效果，並非只限於訴因之賦與，而尚包括訴願或行政訴訟後所爲行政處分之程序法效果。若採視同核可之行政處分，則申請人即無訴願及行政訴訟之必要，而在具有第三人負擔效力之行政處分，該第三人即取得訴因。反之，若採視同駁回之行政處分，則申請人則取得訴因。

在視同核可之行政處分，第三人提起訴願或行政訴訟後，即不應再有遲延後作成之行政處分，如有之，其為駁回之行政處分者，如具備廢止之原因及明示廢止擬制行政處分，則訴願或行政訴訟之人，即因訴訟之標的存有情事變遷，而無保護之必要。反之，原聲請人即可對之為行政救濟。否則，於程序無影響。

在視同駁回之行政處分，申請人提起訴願或行政訴訟後，遲延後所為之駁回，只係觀念通知，於程序無影響。遲延後所為之核可，如有廢止原擬制行政處分之意見，則訴願人或行政訴訟原告，將因情事變遷，其訴願及行政訴訟將欠缺訴之利益，而應駁回之。

五、從法之策略，論我國訴願法第二條第二項法律效果之限定及訴願法之修正：代結論

我國訴願法於民國五十九年十二月二十三日修正公布，增訂第二條第二項之目的，主要在於使聲請之人民對於行政機關違法不作為，亦得提起訴願，藉以保障人民之權利，並促進行政效率。其著眼似只侷限於此，而未顧及其納入後對行政法秩序之影響，特別是其在實體法及程序法上之規範作用，其效果究為視同核可或駁回。該修正公布後，學者之研究似亦少做通盤之檢討（註一一四），而其對行政訴訟之影響，最近

註一一四　例如林紀東、高崑峯、張劍寒、翁岳生、古登美，我國行政程序法之研究，頁二一、六六，「我國行政程序法研究條文」第七一條第二項及其立法說明，似亦未就此等問題檢討。

始有較詳盡之討論（註一一五），唯對於我國之行政法體系未充分檢討，以致仍難免有方柄圓鑿之處（註一一六），殊屬可惜!

依本文所見，訴願法第二條之規定，具有行政程序法一般性規定之性格，其規範作用不囿於訴願制度，其第二項規定亦非單純只爲訴因之賦與，而具有實體及程序上之規範作用。就現行體系言，訴願法第二條第二項宜明文規定其效果爲「視同駁回之行政處分」，並廣泛檢討現行行政法規，增訂「視爲核可」之聲請案件。此外，訴願法第二條第二項之「法定期間」，宜求其完整及明確化，修正爲「除法律另有規定或已爲延長處理期限之通知外，未於受理案件後三個月內爲處分者，視同駁回之行政處分」。準此，訴願法第二條第二項宜修正爲：「中央或地方機關對於人民依法聲請之案件，除法律另有規定或已爲延長處理期限之通知者外，未於受理案件後三個月內爲處分者，視爲駁回」。此外，應通盤檢討各種行政事件之適當處理期限，明定於法條之中。

再者，爲因應行政訴訟法之修正，擴大行政訴訟裁判之範圍及增加訴訟之種類，訴願法第一條宜修正爲「人民對於中央或地方機關之行政處分，認爲違法或不當，致損害其權利或利益者，得依本法提起訴願，請求撤銷行政處分，但法律另有規定者，從其規定」。增訂第二項「人民對於擬制駁回之行政處分，得依本法提起訴願，請求撤銷之，並命原處分機關依法爲核可之行政處分」。

最後附帶一言者，乃是我國若從事於行政程序法之制定時，必須將擬制行政處分之制度納入，並通盤考量行政事件之聲請宜以視同核可爲擬制者，應爲明文，而充爲一般性規定之行政程序法，則宜以明定視同

註一一五　參見黃昭元前揭（註三）論文。

註一一六　例如黃昭元氏前揭（註三）論文，頁二四六，乃忽略西德缺乏視同駁回行政處分之制度所致，亦未注意行政法院法第六八條第二項規定之要旨。

駁回之型態出之，以避免類似訴願法第二條第二項之困擾。

（本文原載於東吳法律學報六卷二期）

本文主要參考資料索引

一、中、日文著作

王昌華　中國行政法新論　初版　中華大典編印會、王昌華　五十七年九月

田中二郎　公法と私法　初版一刷　有斐閣　昭和三十年六月三十日

史尚寬　行政法論　重刊　史吳仲芳、史光華　六十七年九月

司法院行政訴訟制度研究修正委員會　行政訴訟法修正草案總說明暨條文對照表　司法院　七十七年八月

古登美　行政救濟制度　初版　文馨　六十六年三月

吳東都　論行政處分撤銷訴訟之訴訟標的　臺大法研所碩士論文　七十六年六月

李建良　從公法學之觀點論公益之概念與原則　興大法研所碩士論文　七十五年六月

我妻榮（編輯代表）　新版新法律學辭典　新版初版第二十八刷　有斐閣　昭和五十九年三月三十日

林紀東　行政法原論（下）　臺修一版　正中　六十八年三月

行政法新論　改訂第三十版　自刊　七十八年三月

行政法　修訂四版　三民　七十八年九月

行政法論文集　商務　六十二年元月

訴願及行政訴訟　初版　正中　六十五年十月

林紀東、高崑峯、張劍寒、翁岳生、古登美　我國行政程序法之研究　初版　行政院研究發展考核委員會　七十年三月

馬君碩　中國行政法總論　第三次增訂　商務　七十三年二月

翁岳生　行政法與現代法治國家　三版　自刊　一九七九年十月
順應世界法制潮流、擴大行政訴訟範圍　司法周刊　第二八七期第一、四版
徐瑞晃　公法契約之研究　輿大法研所碩士論文　七十三年六月
涂懷瑩　行政法原理　修訂四版　五南　七十六年八月
張載宇　行政法要論　六版　漢林　六十六年八月
張家洋　行政法　三版　三民　七十八年九月
康炎村　論行政上之不作爲與其救濟之關係　法律評論　第三十九卷第五期
黃明絹　公法契約之研究——西德立法之探討　政大法研所碩士論文　七十三年六月
黃昭元　論對行政機關怠爲行政處分之行政訴訟　臺大法研所碩士論文　七十八年六月
黃茂榮　法學方法與現代民法　增訂再版　自刊　一九八二年十月
黃建輝　法律漏洞　類推適用　初版　蔚理　七十七年七月二十日
黃　異　行政法總論　修訂版　自刊　七十八年
楊仁壽　闡釋法律之方法論　初版　最高法院　七十四年七月
法學方法論　三版　自刊　七十六年十一月
塩野宏　公法と私法　初版一刷　有斐閣　一九八九年一月十日
菊井康郎　行政行爲の存在法　初版一刷　有斐閣　昭和五十七年八月二十日
管　歐　中國行政法總論　第二十五版修訂本　自刊　七十七年九月
管歐、劉得寬、蔡墩銘、陳榮宗、賴源河　法律類似語辨異　初版　五南　七十六年九月
廖義男　國家賠償法　初版　自刊　七十年七月
陳秀美　改進現行行政訴訟制度之研究　司法院　七十一年四月
我國現行行政訴訟制度之研究　文化法研所碩士論文　七十三年

七月

陳鑑波　行政法學　第八版增訂本　自刊　六十六年八月

蔡志方　規範替廢論　法聲　第十六期

公法與私法之區別——理論上之探討　法聲　第十七期

法國行政救濟制度研究（上）、（下）　憲政時代　第七卷第四期、第八卷第四期

我國第一個行政訴訟審判機關　憲政時代　第十一卷第一期

我國行政爭訟制度之沿革　行政院國科會研究報告　七十四年十二月三十一日

從權利保護功能之強化，論我國行政訴訟制度應有之取向　臺大法研所博士論文　七十七年六月

我國憲法上行政訴訟制度之規範取向　憲政時代　第十四卷第四期

鄭玉波　法諺（一）　初版　自刊　七十三年八月

法學緒論　三修訂四版　七十八年二月

二、德文著作

Achterberg, N. Allgemeines Verwaltungsrecht 2. Aufl. C.F. Müller, Heidelberg 1986

Battis, U. Allgemeines Verwaltungsrecht 1. Aufl. C. F. Müller, Heidelberg 1983

Blomeyer, A. Zivilprozessrecht 2. Aufl. Duncker & Humblot, Berlin 1985

Blümel, W. Raumplanung, vollendete Tatsachen und Rechtsschutz in: Festschrift für Ernst Forsthoff zum 65. Geburtstag C.H. Beck, München 1967

Bühler, O. Die subjektiven öffentiichen Rechte und ihr Schutz in der deutschen Verwaltungsrechtsprechung Berlin-Stuttgart-Leipzig 1914

Bull, H.P. Allgemeines Verwaltungsrecht 2. Aufl. C.F. Müller, Heidelberg 1986

Bullinger, M. Öffentliches Recht und Privatrecht 1. Aufl. W. Kohlhammer, Stuttgart 1968

Degenhart, C. Vollendete Tatsachen und faktische Rechtslagen im Verwaltungsrecht AöR 1978, 163 ff.

Degenhart/Maurer(Hrsg.) Kommentar zum Bonner Grundgesetz 54. Lieferung C. F. Müller, Heidelberg 1988

Erichsen/Martens(Hrsg.) Allgemeines Verwaltungsrecht 7. Aufl. Walter de Gruyter, Berlin 1986

Eyermann/Fröhler/Kormann Verwaltungsgerichtsordnung 9. Aufl. C. H. Beck, München 1988

Fleiner, F. Institutionen des deutschen Verwaltungsrechts 8. Aufl. J.C.B. Mohr (Paul Siebeck), Tübingen 1928

Forsthoff, E. Die Verwaltung als Leistungsträger 1. Aufl. W. Kohlhammer, Stuttgart 1938

Lehrbuch des Verwaltungsrechts 10. Aufl. C.H. Beck, München 1973

Fröhler/Pindur (Hrsg.) Rechtsschutz bei “vollendeten Tatsachen” 1. Aufl. Kommunale Forschung in Österreich

Gerber, D.C.F. Ueber öffentliche Rechte, Unveränderter Abdruck der 1852 erschienenen 1. Auflage. J.C.B. Mohr (Paul Siebeck), Tübingen 1913

Henke, W. Das Subjektive Recht im System des öffentlichen Rechts DöV 1980, 621 ff.

Hufen, F. Fehler im Verwaltungsverfahren 1. Aufl. Nomos, Baden-Baden 1986

Jellinek, G. System der subjektiven öffentlichen Rechte 2. Aufl. J. C. B. Mohr (Paul Siebeck), Tübingen 1919

Jellinek, W. Verwaltungsrecht 3. Aufl. Springer Verlag, Berlin 1931

Knack, H. J. (Hrsg.) Verwaltungsverfahrensgesetz 2. Aufl. Garl Heymanns, Köln 1982

Kopp, F. Verwaltungsverfahrensgesetz 4. Aufl. C. H. Beck, München 1986

Verwaltungsgerichtsordnung 7. Aufl. C. H. Beck, München 1986

Larenz, K. Methodenlehre der Rechtswissenschaft, Studienausgabe 1. Aufl. Springer, Berlin 1983

Laubinger, H. -W. Der Verwaltungsakt mit Doppelwirkung 1. Aufl. O. Schwartz, Göttingen 1967

Maunz/Dürig (Hrsg.) Grundgesetz Kommentar 24. Lieferung G. H. Beck, München 1985

Mayer, F. / Kopp, F. Allgemeines Verwaltungsrecht 5. Aufl. R. Boorberg, Stuttgart 1985

Mayer, O. Deutsches Verwaltungsrecht, Erster Band, Unveränderter Nachdruck der 1924 erschienenen dritten Auflage Duncker & Humblot, Berlin 1969

Mosler, H. (Hrsg.) Gerichtsschutz gegen die Exekutive Bände 1-3, Carl Heymanns, Köln 1969-1971

Panholzer, F. "Vollendete Tatsachen" und übergangene Partei in: Fröhler/Pindur (Hrsg.), Rechtsschutz bei vollendeten Tatsachen

Reinhard, H.	Der Staatsrat in Frankreich JöR 1982, 73 ff.
Rosenberg/ Schwab	Zivilprozeβrecht 14. Aufl. C.F. Beck, München 1986
Schlarmann/ Wolny/Löwer/ Ronellenfitsch	Rechtsstaat und Planung 1. Aufl. Springer, Wien 1982
Schmidt, D.	Die Unterscheidung von privatem und öffentlichem Recht 1. Aufl. Nomos, Baden-Baden 1985
Schramm/Strunk	Staatsrecht Bd. II. 3. Aufl. Carl Heymanns, Köln 1985
Stern, K.	Das Staatsrecht der Bundesrepublik Deutschland Bd. III/1, 1. Aufl. C.H. Beck, München 1988
Tilch, H. (Red.)	Münchener Rechts-Lexikon 1. Aufl. C.H. Beck, München 1987
Tschira/Schmitt Glaeser	Verwaltungsprozeβrecht 7. Boorberg, Stuttgart 1985
Ule, C.H.	Verwaltungsprozeβrecht 9. Aufl. C.H. Beck, München 1987
Ule/Laubinger	Verwaltungsverfahrensrecht 3. Aufl. Carl Heymanns, Köln 1986
Wolff/Bachof	Verwaltungsrecht Bd. I. 9. Aufl. C. H. Beck, München 1974
Wolny, E.	Die Rechtsschutzbeeinträchtigung durch "vollendeten Tatsachen" in: Fröhler/Pindur (Hrsg.), Rechtsschutz bei vollendeten Tatsachen

陸、論擬制行政處分與訴之利益

一、問題之提出

二、訴之利益與擬制行政處分之類型

（一）訴之利益在權利保護制度上之地位及功能

（二）擬制行政處分之類型與訴之利益

三、擬制行政處分訴之利益及其存在時點

（一）擬制行政處分訴願訴之利益之始期

（二）擬制行政處分訴願訴之利益之終期

四、擬制行政處分之訴訟（願）種類與訴之利益

（一）撤銷之訴

（二）給付之訴（含國家賠償訴訟）

（三）不作爲違法確認之訴

五、結　論

陸、論擬制行政處分與訴之利益

一、問題之提出

擬制行政處分制度之存在目的，在於確保行政效率、敦促公務員敏勉服勤，並保障人民迅速享有權利，而以最後一者爲其根本目的(註一)，我國訴願法於民國五十九年十二月二十三日修正公布，其第二條第二項之增訂，卽本斯旨， 唯依據同法第九條第二項規定， 人民對於該條項所規定之視同行政處分，得自該項所指之法定期限經過後滿十日之次日起，於三十日內提起訴願（註二）。準此， 訴願法第二條第二項所規定之人民，能否在該項所指之法定期限屆至以前，或在該項所指之法定期限經過後未滿十日內，抑或在逾同法第九條第二項所定之期限，但在受理機關逾法定期限後始作成之處分送達之次日起三十日內提起訴願？訴願管轄機關如受理訴願後，能否以欠缺訴願之利益，而以訴願不合法，予以駁回？

二、訴之利益與擬制行政處分之類型

註 一　關於擬制行政處分之目的，詳請參見蔡志方，擬制行政處分制度之研究，頁三以下，東吳法律學報，六卷二期，頁一四七以下。

註 二　關於此一規定之妥當性，詳請參見蔡志方，論行政處分之存在與訴願之提起——訴願法第二條第二項與第九條規定間之齟齬，憲政時代，十六卷二期，頁八〇以下。

(一) 訴之利益在權利保護制度上之地位及功能

訴願得以不合法或無理由予以駁回，前者以裁定爲之，後者以實體決定處理。訴願不必要或欠缺訴願之利益，究應以不合法裁定駁回或從實體上審究，而以無理由駁回，我國學界尚少有探討。在我國實務上，類皆以訴願標的不存在（包括嗣後喪失與自始不存在），而以程序駁回（註三）及禁止預防性行政救濟（註四），予以處理。兩者雖非嚴格意義之訴願利益問題，但與訴願利益間，仍有密切之關聯。羅馬法諺有云:「無損害者，無訴訟」(Actio non datur non damnificato)，故即使具備法定要件，而欠缺權利保護之必要 (Rechtsschutzbedürfnis) 者，其訴仍屬不被許可。在現代之法治國家，訴願或訴訟之權利保護，亦即行政或司法之公權力救濟，雖爲人民所享有之公權利，受憲法之保障，且國家有提供完善之制度以促其實現之義務，然而，從權利不得濫用及權利本身具有界限之觀點言之，權利保護之必要即成爲權利保護請求權之限制基礎（註五），當然此一「欠缺權利保護之必要，即不給與權利保護」之命題，在先驗及經驗上，均具有妥當性，可充爲一憲法位階之基本法規範。

註　三　在訴願實務上，恆以原處分業經原處分機關自行撤銷在案，是以原處分已不存在，而以程序駁回訴願，我國行政法院亦肯定此一見解，參見行政法院下列判例：六十二年判字第四六七號判例（原處分已撤銷）、六十一年裁字第九十二號判例（已不存在之前行政處分）、五十八年判字第三九七號判例（原處分已不存在）及五十六年判字第二八三號判例（對已被更正之處分訴願）。

註　四　參見行政法院四十四年判字第六十二號判例。

註　五　Vgl. W. Grunsky, Grundlagen des Verfahrensrechts, 1. Aufl. S. 337 ff., Gieseking Verlag, Bielefeld 1970.

此外，由於社會環境之變遷、國家任務之劇增與夫法治主義之殷求等因素，導致訴訟量大增與夫法院負擔之過重（註六），爲免流於「權利保護機會越多，實質受保護之結果反少」（註七）或避免法院負擔過重，以欠缺權利保護之必要，逕以程序裁定駁回訴訟（註八），在訴願制度上，亦具有妥當性。

訴之利益法則，乃一不確定之法的概念（unbestimmter Rechtsbegriff），有待於具體化。有認爲法治國家禁止自力救濟，固屬原則，但要求法院提供救濟，亦必須係迫不得已之最終手段或理由（Ultima ratio）（註九），因此，能以訴訟以外之（合法）方法解決者，即無理由訴訟（註十）。有謂權利保護之方法，必須由法院之裁判始能達到或始爲正當、合法時，或者無更便宜、快速、可靠、確實或有效之方法時，訴訟始具有必要性（註十一）。關於訴之利益之概念，在我國訴願實務及學說，尚未被類型化，有待於吾人努力。

（二）擬制行政處分之類型與訴之利益

我國訴願法第二條第二項增訂之原意，乃在於補救因同法第一條規

註　六　參見蔡志方，論行政訴訟過量與行政法院負擔過重之原因及解決之道，頁二二以下，植根雜誌，七卷三期。

註　七　Vgl. H. Sendler, Zu wenig durch zu viel Rechtsschutz im Verwaltungsprozeβ? in: Justiz und Recht, Festschrift aus Anlaβ des 10. Jährigen Bestehens Richterakademie, S. 176 ff. C. F. Müller, Heidelberg 1983.

註　八　西德學者 Wolfgang Grunsky 認爲「權利保護必要性」之法則，主要乃在保護法院免於過度負擔。Siehe, ders., aaO. (Fn. 5), S. 339.

註　九　Siehe, W. Grunsky, aaO. (Fn. 5), S. 337.

註　十　Vgl. W. Grunsky, aaO. (Fn. 5), ebendort.

註十一　Vgl. L. Rosenberg/K. H. Schwab, Zivilprozessrecht, 14. Aufl. S. 548 C. H. Beck, München 1986.

定及實務向來所侷限之「行政處分撤銷類型訴願（訟）」，必須以行政處分之存在爲要件，而人民因行政機關對其申請不爲核駁所致之侵害權益，無法以訴願及行政訴訟爲救濟所爲之補救措施，姑不論此一規定能否發揮應有之功能（註十二），其影響訴願之合法性甚巨，有予以探討之必要。由於擬制行政處分之類型不同，其對於申請人權益之影響效果，迥然不同，其訴願有無必要，亦有決定性之影響。故依擬制核可之行政處分與擬制駁回之行政處分二大類型加以分析及檢討。

1. 視同核可之行政處分與訴之利益

擬制行政處分之效果，有爲視同核可者，例如我國所得稅法第五十六條第二項、關稅法第五條之一第一、二項、都市計畫法第二十條第三項及動員戡亂時期集會遊行法第十二條第三項；日本中小企業團體組織法（中小企業團體の組織に關する法律）第二十條第二項前段及農業合作社法（農業協同組合法）第六十一條第二項；德國建設法第十九條第三項（舊聯邦建設法同條項）（§ 19 Abs. 3 BauGB=§19 Abs. 3 BBauG）及市建設助長法第十五條第六項（§15 Abs. 6 StBauFG=Gesetz über städtebauliche Sanierungs- und Entwicklungsmaβnahmen in den Gemeinden 18, 8, 1976）。即係視同核可，則理應不侵害申請人之權益，其在擬制後提起訴願，即顯屬多餘，縱然其在擬制前即提起訴願，則可能因禁止預防性訴願，而被駁回，亦可能因嗣後受核可之處分（包括明示核可與擬制核可），而以情事變更爲由，被駁回訴願。唯

註十二　其實我國訴願及行政訴訟之主要缺失，在於訴願（訟）種類太狹隘所致，徒以擬制行政處分之制度，並無法大幅改善我國之行政救濟制度。詳請參見蔡志方的前揭（註一）文，頁十五以下。

在具有第三人效力，特別是第三人負擔之行政處分（Verwaltungsakt mit Drittbelastung）的擬制，若係由該第三人提起訴願，則存在訴之利益，但若從擬制之實體及程序要件觀之（註十三），其得以勝訴之機會，恐將甚爲渺茫也。

2. 視同駁回之行政處分與訴之利益

擬制行政處分之效果，在實體法上，發生行政處分之存在（註十四），因此，在視同駁回之情形，就其相對人（Adressat）而言，不論係爲防止行政處分在程序上歸於確定，或爲進一步請求積極核可授益之申請（授益行政處分），訴願均有其必要，換言之，在視同駁回之行政處分，就撤銷類型訴願或給付類型訴願，不但發生訴因（Cause of Action; Klagegründe）（註十五），且具備訴之利益。

三、擬制行政處分訴之利益及其存在時點

擬制行政處分之制度，乃爲需經申請之行政處分（Antragsbedürftiger Verwaltungsakt）而設，申請人之申請，在法律效果上觀之，發生申請案件之繫屬，而使行政程序發動（Einleitung）、申請人取得一定之程序參與權（Beteiligungsberechtigung）及受理機關依法作成行政處

註十三　參見蔡志方前揭（註一）文，頁二七以下。
註十四　參見蔡志方前揭（註一）文，頁六以下。
註十五　參見蔡志方前揭（註一）文，頁二二以下。

分（Erlaβ eines Verwaltungsakts）之義務（註十六），申請人何時起及何時止，始能為訴願，亦即訴之利益存在於何等時點，前者涉及申請人個人權益之保障，後者涉及法律秩序與公益之維護，在擬制行政處分之情形，與一般需經申請之行政處分之程序同，有一猶豫期間（Zögerndauer）之前置及請求救濟之終期之時效（Verjährungsfrist）規定。以下分擬制行政處分訴願之始期（Beginns- od. Einleitungsdatum）及終期（Schluβdatum），予以討論。

（一）擬制行政處分訴願訴之利益之始期

我國訴願法第九條第二項規定：「第二條第二項規定之視同行政處分，人民得自該項所指之法定期限經過後滿十日之次日起，於三十日內提起訴願」。依此規定，則人民就擬制行政處分欲提起訴願者，只能在同法第二條第二項所指之法定期限（註十七）經過後滿十日之次日起，換言之，在法定期限另加十日，而於次日，始得以訴願。此一規定之所以異於同條第一項者，在於第一項乃針對行政機關主動而積極做成處分，而第二項則只適用於在法定期限經過後，仍未為處分之情形。唯就第一項之規定，若係機關依職權主動做成處分，其相對人只能提起撤銷類型訴願，固無需另定十日之猶豫期間，若係因人民之陳情，但非基於公法請求權而求為行政處分者（註十八），仍屬依職權所為行政處分，無由成立擬制行政處分，只有遲延後所為行政處分，始發生究應適用第一項或

註十六　Vgl. M. Schnell, Der Antrag im Verwaltungsverfahren, SS. 17 ff.; 32 ff., Duncker & Humblot, Berlin 1986.

註十七　蔡志方前揭（註一）文，頁三二以下。

註十八　蔡志方前揭（註一）文，頁二七以下。

第二項之疑義（註十九）。就我國訴願法第九條第二項之立法基礎言，其所以另加十日之猶豫期間，可能之原因，在於：(1) 擬制行政處分事實上並未做成處分，行政處分之存在，無寧只係觀念或理念上之存在而已；(2) 一般行政處分做成後，尙待送達或通知，訴因之取得亦考慮除去送達或通知之前置期間，擬制行政處分雖實際上無需送達或通知，但賦與十日之期間，受理機關或可能在此期間內做成處分，並爲送達，可免除訴願之提起，尙稱合理；(3) 一般民眾對此等案件，亦常靜待受理機關做成決定，至多再前往催辦，少立即提起訴願，符合人性之常理。唯吾人若細覈擬制行政處分之實像，並顧及人民權利享有及保護之迅捷，則此一前置期間，造成行政處分之存在起點與得提起訴願起點間之差距，似無必要（註二〇）。抑有進者，此規定有將擬制行政處分生效之始點延後十日之嫌，擬制行政處分旣無需送達，此十日之前置，誠屬多餘也。

就擬制行政處分言，皆爲需經申請之行政處分，除非案件特具時效性（註二一）或無關公益之侵害（註二二），斟酌公私利害，在行政程序上，非不得延長處理時限，並預先通知申請人（註二三），唯此有待於「行政程序法」爲統一之規定（註二四）。就申請人而言，若其申請之案件甚具時效性，其在法定期限屆滿之日，即親詣受理機關或以電話得知其

註十九　關於遲延所爲行政處分之效力，請參見蔡志方前揭（註一）文，頁十一、四一。

註二〇　參見蔡志方前揭（註二）文，頁八二以下。

註二一　如動員戡亂時期集會遊行法第十二條。

註二二　如我國所得稅法第五六條第二項、關稅法第五條之一第一、二項及都市計畫法第二〇條第三項。

註二三　參見我國建築法第三三條、訴願法第二〇條。

註二四　西德一九七六年行政程序法（Verwaltungsverfahrensgesetz v. 25 Mai 1976）第三一條第七項規定，只有官署所定之期限，始得延長；奧地利一九五〇年一般行政程序法（Allgemeines Verwaltungsverfahrensgesetz）第三三條第四項規定，法律或（法規）命令所規定之期限，除有明文規定，不得延長。

申請案件尚未處理，則訴願法第九條第二項之另加十日期間，認爲係供作送達行政處分期間之用，顯非必要，矧言，積極或現實做成之行政處分，其生效乃在送達（Zustellung）或通知（Bekanntgabe）後始發生，但擬制行政處分在現實上根本未做成，更無送達或通知之可言，其生效應係始於法定期間屆滿之時或適當期限屆至之時（註二五），此從我國及各國之擬制行政處分之法例（註二六），得以窺之。唯就所謂之「逾法定期限仍未作爲」，因其類型究係完全未作爲、未完成全部作爲或無價值之積極作爲（註二七），不僅攸關訴願之類型，亦與訴之利益有所影響。

抽象言之，擬制行政處分訴願之訴的利益，其始期應就具體之訴願請求權發生之時點求之。由於訴願制度之功能，依通說雖兼採法規維持說及權利保護說，但究其最終目的及眞正功能，應係人民權利之保護（註二八），雖言「有權利，卽有救濟；有救濟，卽有權利」（Ubi jus, ibi remedium; Ubi remedium, ibi jus），但無損害，卽無需救濟；無需救濟，卽無訴願之必要，亦卽訴願顯欠缺訴之利益。因此，判斷訴之利益，首須確認權利有無受到損害，凡無損害，則欠缺訴之利益（狹義之訴的利益），卽縱然存有損害，但尙不必訴諸訴願或提起訴願亦無濟於事時，亦欠缺訴之利益（廣義之訴的利益）。前者涉及訴之利益的始期，後者攸關訴之利益的終期。就損害之發生，本須有實害始可，但現代之權利救濟制度，則有限度地顧及損害之防免及既成事實（Vollend-

---

註二五　參見蔡志方前揭（註一）文，頁十四。

註二六　參見蔡志方前揭（註一）文，頁四之註十。

註二七　參見蔡志方前揭（註一）文，頁三六以下。

註二八　其實法規維持說或權利保護說之分野，其作用非在於訴願之功能，而在於訴權體系及其運作基礎之不同。其理論之探討，詳參見蔡志方，從權利保護功能之強化，論我國行政訴訟制度應有之取向，頁六以下，臺大法硏所博士論文，七十七年六月。

ete Tatsachen; fait accompli）之發生，例外地允許預防性訴訟 (Preventive Actions; vorbeugende Klagen)（有別於暫行權利保護），如不作為之預防訴訟（vorbeugende Klage auf Unterlassung; Unterlassungsklage）。但在求行政機關為一定作為之事件，則排除預防性訴訟，以避免杞人憂天型或急躁型訴願，徒增行政程序之困擾及妨礙他人之利用行政救濟機會。是以就擬制行政處分之訴願，訴之利益的發生時點（始期），應與申請人訴因取得同步，亦即視同駁回之處分生效之時點開始（註二九），質言之，即訴願法第二條第二項所指之法定期限屆滿之次日起，訴之利益即開始存在。

（二）擬制行政處分訴願訴之利益之終期

對於擬制行政處分提起訴願，在何時其必要性始告消滅，乃訴願訴之利益之終期問題。訴願一如其他權利救濟，並非行政處分一旦存在，即永遠皆有訴願之必要。在我國實務上，對於擬制行政處分提起訴願者，常因申請之案件在訴願後已做成（遲延做成之行政處分），以情事變遷，無訴願之必要，而予以駁回。唯遲延後所做成之行政處分，應分別就訴願人之不同及行政處分內容之差別，為不同之處理，質言之，擬制行政處分係視為核可者，遲延後所為之核可，只係觀念通知；遲延後所為之駁回，除具備廢止之原因及明示廢止擬制之行政處分之意思外，應認係違法，且不生效力。故訴之利益，均仍存在。反之，若擬制行政處分認為係駁回之行政處分，遲延後所為之駁回，只係觀念通知；遲延後所為之核可，除具有廢止原擬制行政處分之意思外，亦應認係違法，

註二九　參見蔡志方前揭（註一）文，頁十三以下、二二以下。

且不生效力。故訴之利益，亦均仍存在（註三〇）。綜上所述，吾人可以得知，訴願提起後，如訴願之標的，係在求為有利之處分，則訴願提起後所為有利之處分生效時，即為訴願訴之利益的終期；反之，訴願之標的，係在求除去擬制行政處分者，則在具有撤銷或廢止擬制行政處分之處分生效時（註三一），訴願之訴之利益即告終了。此外，處分發生確定力之時，亦同。唯對於具有第三人效力之行政處分，因擬制行政處分並無實際做成，更無通知該第三人參與程序，或使其知得以訴願之期間。故，該第三人訴願期間之起算，宜以其實際獲悉之時為準，為兼顧法之安定性及處分相對人之利益，訴願法第九條第三項，應有其適用。

四、擬制行政處分之訴訟(願)種類與訴之利益

對於擬制行政處分提起訴願或行政訴訟，其訴之利益的有無，因其訴訟（願）種類之不同，而異其處理。茲就擬制行政處分之構成要件，可能提起之撤銷之訴、給付之訴（含國家賠償訴訟），及不作為違法確認之訴三大類型，分項逐一加以探討。

（一）撤銷之訴

因視為駁回之擬制行政處分提起訴願或行政訴訟，是否有必要，在撤銷之訴言之，只有在吾人肯認擬制駁回之行政處分亦具有實體法之效

註三〇　參見蔡志方前揭（註一）文，頁四一。

註三一　關於擬制行政處分之撤銷與廢止，請參見蔡志方前揭（註一）文，頁十以下。

果（註三二），始具有訴之利益。唯究其實際，在視爲駁回之擬制行政處分，當事人訴之標的乃在求爲積極有利之處分，而非單純之撤銷而已，所謂撤銷之訴，至多只能默示合併於給付之訴（課予義務之訴）之中，值得吾人注意。

（二）給付之訴（含國家賠償訴訟）

由於擬制行政處分現實上並未做成處分，故除視同核可之情形以外，人民依訴願法第二條第二項，提起訴願或行政訴訟（採訴訟種類不明定及例示主義），請求爲積極有利之處分，應具有訴之利益，且始爲訴之眞正目的所在。就視爲駁回之擬制行政處分言，尙可尋求第二次之權利保護，亦卽依國家賠償法第二條第二項後段，請求國家賠償，如其依國家賠償法第十一條第一項規定之程序要件提起訴訟，卽存在訴之利益。

（三）不作爲違法確認之訴

我國之行政救濟法規體系中，「不作爲違法之確認」只係撤銷之訴及國家賠償訴訟之先決問題，而不似日本行政事件訴訟法第三條列有獨立之「不作爲違法確認之訴」及德國行政法院法第四十三條有限度承認具從屬性之確認訴訟（Feststellungsklage）。在訴訟種類未明定及例示主義下，不作爲違法確認之訴，在違法不卽爲無效之理論下，除法有明文外，仍不存在訴之利益。

註三二　參見蔡志方前揭（註一）文，頁六以下。

五、結　　論

基於權利保護之本質要求及權利保護之必要，擬制行政處分是否有訴願或行政訴訟之必要，亦卽是否存在訴之利益，首須確認訴願人或行政訴訟原告有無權益受侵害，其次再探究擬制行政處分之類型及訴之種類，分別定其訴之必要性。就視同核可之行政處分，只有第三人因而受害者，其訴具有利益。就視同駁回之行政處分，其相對人就撤銷擬制行政處分，只具有形式之訴之利益，就給付之訴，始具有眞正之訴之利益。不作爲違法確認之訴，在擬制行政處分之領域，卽使在國家賠償訴訟，因其乃先決問題，缺乏獨立起訴之必要。就訴之利益存在之始點言，乃有必要以訴謀求救濟，且得以訴之方式爲之之時起算；訴之利益存在之終點，則在於以訴尋求救濟已無必要或已屬不可能之時。因此，訴願法第二條第二項規定之人民，除非允許預防性訴訟，否則不得在該項所指之法定期限屆至以前訴願，但在該項所指之法定期限經過後未滿十日內提起訴願，則應認爲具有訴之利益，唯可能因情事變遷（如已做成有利之處分），而嗣後地喪失訴之利益。至於遲延後所做成之行政處分，除明示廢止或撤銷擬制行政處分，對之在訴願法第九條第二項所定之期限後，而在遲延行政處分（Verspätete Verwaltungsakte）送達後，在同條第一項所定期限內，對之提起訴願外，只有在確認之訴，充其量具有訴之利益。

（本文原載於植根雜誌七卷六期）

柒、論遲到之行政處分

一、問題之提出

二、遲到之行政處分的概念及意義

（一）確立遲到之行政處分的概念之必要性

（二）遲到之行政處分的意義

（三）遲到之行政處分的概念之運作領域

三、遲到之行政處分的類型

（一）遲到之行政處分類型在時間上之特性

（二）遲到之行政處分作爲國家賠償之原因：類型（一）

（三）遲到之行政處分作爲擬制行政處分之確認與修廢：類型（二）

四、遲到之行政處分在行政救濟法上之影響

（一）國家賠償程序

（二）訴願程序

（三）行政訴訟程序

五、結　論

柒、論遲到之行政處分

一、問題之提出

在行政法之規範秩序下，人民欲有效為一定之行為，輒需得主管行政機關之許可。主管機關就人民之申請，如既未許可，又未予拒絕，曠日持久，遷延不決，於講究效率機宜及環境瞬息萬變之今日，對於申請核可之人民，自極不利，是以行政法規往往有規定人民申請案件應行決定之期限（註一），各級政府亦有一般性之案件處理時限規定（註二），抑有進者，為防止因行政機關泄沓致侵害人民之權益，乃有訴願法第二條第二項擬制行政處分制度之規定（註三）。唯我國行政法規對於法定

註 一　我國之行政法規明文規定決定期限者，如動員戡亂時期集會遊行法第十二條第一、二項、都市計畫法第二〇條及第二一條、建築法第三三條、第四〇條、第七〇條及第八〇條、勞資爭議處理法第一一條及第一五條、所得稅法第五六條第二項及第八六條、關稅法第五條之一、第二四條、外銷品沖退原料稅捐辦法第二〇條第一項、契稅條例第二二條、商業登記法第二四條、商標法第一五條、商品檢驗法第二五條（間接規定）、獎勵投資條例施行細則第四八條第一項、第五八條第一項及第六一條第二項、華僑回國投資條例第七條第三項、外國人投資條例第八條第三項、礦業法第二一條、違警罰法第四七條第一項、訴願法第二〇條及專利法第三八條。

註 二　例如臺灣省政府暨所屬各機關公文處理規則第一九八條、臺灣省政府暨所屬機關處理人民或法團申請案件項目暨期限表、臺北市人民法人或團體申請案件服務項目處理時限表之規定。

註 三　詳請參見蔡志方，擬制行政處分制度之研究，東吳法律學報，第六卷第二期，頁一四五以下。

期限後爲行政處分是否允許及其法律效果如何，缺乏明文，學界似亦少有探討（註四）。由於在行政實務上，常見此種「逾越法定期限後爲行政處分」，亦即「遲到之行政處分」(Verspätete Verwaltungsakte)，其概念、類型及其在實體與程序行政法之影響如何，洵值得吾人探討者也（註五）。

註　四　少數文獻，可參見蔡志方上揭文，頁一五四以下、一八五；蔡志方，論行政處分之存在與訴願之提起——訴願法第二條第二項與第九條規定間之齟齬，憲政時代，第十六卷第二期，頁八〇以下。

註　五　茲錄一則有關「遲到之行政處分」之訴願案，以供參考：賴錫榮君因第七八二〇二九六四號「氣動油壓泵浦進氣閥改良構造」新型專利申請事件，不服中央標準局審查逾一年四個月，至今尚未審定所提起之訴願案。

訴願意旨：按專利法第三八條第四項規定：「主管機關辦理審查及再審查，自收文之日止，又得逾一年」，系爭專利案審查至今已逾一年四個月未獲初審審定，因此提起本件訴願案。

訴願決定：訴願駁回。

訴願決定理由：(1) 按「中央或地方機關對於人民依法聲請之案件，於法定期限內應作爲而不作爲，致損害人民之權利或利益者，視同行政處分」爲訴願法第二條第二項所明定，是對於行政機關之不作爲亦得提起訴願。

(2) 訴願人於七十八年四月六日以系爭案向原處分機關申請新型專利，審查逾一年四月尚未審定，違反專利法第三八條第四項規定，是其依法應作爲而不作爲，依訴願法第二條第二項規定，訴願人對之提起訴願，請求其爲一定之作爲（審結本案），應屬合法。

(3) 提起訴願爲對於行政處分聲明不服之方法，本件訴願之提起雖爲合法，然於訴願程序中，系爭專利案已經原處分機關於七十九年九月十九日初審審定，其不作爲之狀態已經消失，是本件訴願之利益已不存在（訴願目的已達），應駁回其訴願。

二、遲到之行政處分的概念及意義

（一）確立遲到之行政處分的概念之必要性

法律概念之確立，乃爲便於使用及實用，並促進法學之進一步發展。我國訴願法第二條第一、二項，於民國五十九年十二月二十三日修正公布時，分別確立行政處分及視同（擬制）行政處分之概念，對我國實務及理論界，造成深遠之影響。唯「遲到之行政處分」之概念，迄未在學界被提出，遑論其明文化。由於其涉及逾越法定期限後爲行政處分之可否，其法律性質與效果，特別是其是否得廢止擬制行政處分及影響行政救濟之處理程序，是以何謂「遲到之行政處分」，其內涵爲何，有加以定義之必要。

（二）遲到之行政處分的意義

所謂「遲到之行政處分」，指中央或地方機關對於人民依法聲請之案件，於法定期限後始作成之行政處分。準此，其不同於中央或地方機關基於職權主動作成，而因送達或通知程序有所遲誤或延宕之行政處分，蓋此時行政處分之生效，乃以實際送達或通知之時爲準。以行政處分生效之時點論，則中央或地方機關對於人民依法聲請之案件，雖在法定期限內已製作行政處分，但因送達或通知程序，實際上到達相對人之時點已在法定期限之後者，亦屬「遲到之行政處分」。至於用以撤廢擬制處分者，則不屬之。

（三）遲到之行政處分的概念之運作領域

依據上述「遲到之行政處分」的意義，則其概念之特徵或基本要素，計有：(1)「遲到之行政處分」須其係需得申請之行政處分（Anragsbedürftiger Verwaltungsakt)；(2)「遲到之行政處分」須爲具有決定期限之行政處分；「遲到之行政處分」須爲處分機關在法律上有決定義務行政處分。(3) 玆分成三項，說明「遲到之行政處分」的概念之運作領域。

1. 需要申請之行政處分

我國訴願法第二條第一項規定：「本法所稱行政處分，謂中央或地方機關基於職權，就特定之具體事件所爲發生公法上效果之單方行政行爲。」準此，行政處分之特性，在於其公法上行政行爲之特定性、具體性及單方性。其中特別是意思表示之單方性，使行政處分之作成，具有形成權行使之特性。在現代之社會法治國家或福利國家，行政固應主動、積極地爲活動，但若干行政事項，特別係禁止事項之解除及純粹授益之給與，往往需得人民之申請，行政機關始能合法、有效地發動公權力，而適用「請求乃論」原則，爲行政之例外情形。屬於此一類型者，如集會遊行之准許、各種執照（如醫師、會計師、律師……及建築執照）及證照（如護照、營利事業登記證、駕駛執照、土地所有權狀、商標及專利權、著作權執照……）之核發與夫訴願決定之作成等是。此等需要申請之行政處分，一旦人民爲申請，在行政程序上卽發生繫屬之作用，受理機關卽有發動職權，依法爲核駁之義務，而此等案件亦恒有處理期限之限制，是以在法定決定期限後爲決定，卽發生所謂「遲到之行政處分」，如在法定決定期限後一直未有所行動，則充其量只存在所謂「擬制行政處分」之情形（註六），而無所謂「遲到之行政處分」。如係「非需要申請之行政處分」，而係「得主動作成之行政處分」，則雖在行政處分，事實上作成後已交付送達，但因事實上未在預定期限內送達於相對人，此時乃行政處分未生效，且此等行政處分多屬課予負擔之行政處分，對於人民之權利義務未生何作用，亦無需歸類於「遲到之行政處分」之概念之內。

2. 有決定期限之行政處分

一般所謂「遲到」，必先有一「時限」之存在，在該時限之後所爲之行爲，始爲「遲到」，例如上班、開會或約會，以上午八時爲簽到或會面之終點，則逾八時始到達者，卽係「遲到」。就行政處分言，其是否爲「遲到之行政處分」，除上述之「需要申請之行政處分」及後述之「行政機關有決定義務之行政處分」之要件外，最重要者，厥爲其須爲「有決定期限之行政處分」。舉例言之，依動員戡亂時期集會遊行法第十二條之規定：「室外集會、遊行申請之許可或不許可，主管機關應於收受申請書之日起三日內以書面通知負責人。依第九條第一項但書之規定提出申請者，主管機關應於收受申請書之時起二十四小時內，以書面通知負責人。如室外集會、遊行之申請，主管於收受申請書之日起，逾三日後始通知許可或不許可或依第九條第一項但書之規定提出之申請，主管機關於收受申請書之時起，逾二十四小時後始爲核駁之通知者，卽

註　六　關於擬制行政處分之成立要件，詳請參見蔡志方前揭（註三）文，頁一七一～一八二。

所謂「遲到之行政處分」。

屬於訴願法第二條第二項規定:「中央或地方機關對於人民依法聲請之案件,於法定期限內應作爲而不作爲,致損害人民之權利或利益者,視同行政處分」。是以視同行政處分之構成,其中最重要之要素,即係逾法定期限應作爲而不作爲,可知決定期限具關鍵性地位。

判斷行政處分是否爲「遲到之行政處分」,必須先確立「決定期限」之基準。我國行政法規明文規定決定期限,而屬於「法定期限」者,並不多觀(註七),雖然省及直轄市政府已建立全盤性之決定期限基準(註八),但中央行政機關之決定期限,在行政程序法未制定及規定一般之決定期限以前,透過法解釋之方法,建立「適當期限」以填補漏洞,似甚有必要(註九)。

3. 行政機關有決定義務之行政處分

是否構成「遲到之行政處分」,另一要件,乃行政機關有決定之義務,且其決定之性質屬於行政處分。因此,行政機關無決定義務之行政處分,不具爲「遲到之行政處分」的能力。

一般言之,國家行政之任務,通常大於其對人民之義務,而其義務之範圍,亦大於人民具有請求權,而行政機關相應地具有決定義務之事項。就「遲到之行政處分」言,行政機關之決定義務之範圍,小於國家賠償法第二條第二項後段之作爲義務。行政機關之作爲義務,不僅從

註 七 同註一。
註 八 同註二。
註 九 參見蔡志方前揭(註三)文,頁一七七。

「保護規範說」中相對地導出人民之請求權（註十），同時亦確立受制於人民請求權之作爲義務內容。準此，人民請求權之規範基礎，亦同時爲行政機關作爲義務之規範基礎；反之，在採取「被害者訴訟」及「利害關係者訴訟」體制之國家（註十一），行政機關作爲義務之規範基礎，乃大於人民請求權之規範基礎。就行政機關應以行政處分爲決定之事項，又較行政機關之作爲義務範圍爲狹窄。

綜上所述，行政機關無決定之義務，或雖有決定之義務，但非應以行政處分爲決定者，均不能成立「遲到之行政處分」。

三、遲到之行政處分的類型

（一）遲到之行政處分類型在時間上之特性

如前所述，「遲到之行政處分」的運作領域或要件，包括(1)需要申請之行政處分、(2)有決定期限之行政處分及(3)行政機關有決定義務之行政處分。其中尤以(2)爲其關鍵要素。此外，遲到之行政處分類型在時間上具有如下之特性：(1)實際上作成之行政處分，必須係在「決定期限」、「本於法定職權所定之期限」或「依法理所定之適當期限」後送達或爲公告、通知；(2)決定行政處分是否遲到，並無所謂「在途期間」之扣除問題，此與人民在公法上之行爲是否逾期之計算不

註　十　關於「保護規範說」理論之介紹，詳參見李庭熙，論附第三人效力之行政處分，頁八三以下，臺大法研所碩士論文，民國七十九年六月。

註十一　關於「利害關係者訴訟」及「被害者訴訟」之概念，詳請參見蔡志方，從權利保護功能之強化，論我國行政訴訟制度應有之取向，頁四八以下，臺大法研所博士論文，民國七十七年六月。

同；(3) 決定行政處分是否遲到，時間之計算，採年曆計算法，且無所謂期限之末日爲星期日、紀念日或其他休假日不得算入之原則；(4) 行政處分之送達如係以公告或公示送達爲之者，則其是否遲到，前者以公告日爲準，後者則似以公示後另加二十日爲計算及認定基準(註十二)。

(二) 遲到之行政處分作爲國家賠償之原因：類型(一)

行政處分爲最典型、最重要、使用最頻仍之行政行爲方式，亦係公權力行使之表徵，違法之行政處分侵害人民之權利者，可能構成國家賠償之原因(註十三)，即人民依法向主管行政機關聲請爲核可之行政處分，公務員怠於執行職務，逾法定期限仍未爲核駁，致侵害人民之權益，依訴願法第二條第二項，視同行政處分(註十四)，此外，亦同時構成國家賠償之原因(註十五)，即使在法定決定期限後始作成處分，如已造成人民權利之損害，亦同(註十六)。

(三) 遲到之行政處分作爲擬制行政處分之確認與修廢：類型(二)

註十二　參見司法院院字第九九二號解釋。

註十三　參見國家賠償法第二條第二項前段。

註十四　訴願法第二條第二項之法律效果，究視同核可或駁回，詳請參見蔡志方前揭(註三)文，頁一八二以下。

註十五　參見國家賠償法第二條第二項後段；最高法院七十二年臺上字第七〇四號判例。

註十六　唯可能減少或消滅損害、滅卻國家賠償之訴因，詳見本文四(一)之探討。

擬制行政處分之效果，除在實體法上發生行政處分之存在、行政法上法律關係之確認及得喪變更，在程序法上發生訴因之取得外，最明顯者，莫過於「視同駁回」與「視同核可」（註十七）。遲到之行政處分，往往在擬制行政處分存在後作成，其法律上之效力如何，誠值得吾人探討。以下分別就擬制核可與駁回及遲到之行政處分爲核可與駁回之情形，加以分析。

1. 擬制核可之行政處分

在我國立法上，採擬制核可之行政處分者，如所得稅法第五十六條第二項、關稅法第五條之一第一、二項、都市計畫法第三項及動員戡亂時期集會遊行法第十二條第三項。至於訴願法第二條第二項之規定，除在具有第三人效力之行政處分（Verwaltungsakt mit Drittwirkung）（註十八），應認係視同核可外（註十九），應認爲係視同駁回（註二〇）。

(1) 遲到行政處分爲核可者

如上所述，我國若干行政法規採取擬制核可之行政處分，則凡具備擬制行政處分之實體及程序上之要件（註二一），在理念上卽存在一具有實體法及程序法效果之行政處分。在擬制行政處分爲擬制核可，而遲到

註十七　詳請參見蔡志方前揭（註三）文，頁一五〇以下、一六六以下、一八三以下。

註十八　關於第三人效力之行政處分，中文文獻詳參見李庭熙前揭（註十）碩士論文。

註十九　參見蔡志方前揭（註三）文，頁一八三。

註二〇　實務見解採之，參見行政法院四十六年判字第六十四號、五十一年判字第三九一號、五十二年判字第一七三號、五十四年判字第一七三號及五十六年判字第九十七號等判例。

註二一　參見蔡志方前揭（註三）文，頁一七一以下。

之行政處分亦爲核可之情形，其可資疑慮之處較少，可認爲只係觀念通知，只生確認之作用（註二二），並非行政處分。

（2）遲到之行政處分爲駁回者

擬制核可之行政處分，其遲延後之行政處分能否爲駁回，涉及擬制行政處分是否允許撤銷或廢止及遲延後之行政處分之意思內容的判定等問題。

就擬制行政處分是否允許撤銷或廢止言，擬制行政處分乃本於法律規定之結果，原則上不能爲撤銷之對象，特別是職權撤銷之客體，但在具有第三人效力之行政處分，如在程序上未允許該利害第三人參加，則例外地允許依其申請，而爲撤銷。至於擬制行政處分之廢止，在課予負擔之情形，與一般行政處分同，以得以隨時廢止爲原則，但在實證法上，擬制課予負擔之行政處分，似只有擬制爲駁回之情形，而在此種擬制之行政處分，其廢止旣難想像，亦復少有實益。就視同核可之行政處分言，其法律效果在於行政處分之存在而已，合法有效存在之行政處分猶可廢止，擬制行政處分除法有明文，豈又能獨免？因此，除具有溯及效力之廢止以外，其廢止之原因及限制，似與一般行政處分同卽可。因此，如擬制行政處分存在後，明示用以撤銷或廢止該處分之行政處分，姑不論其有效與否，乃一獨立之新處分，並非玆所謂之「遲延之行政處分」，故值得考慮者，只有遲延後作成之反對性行政處分，能否被認爲係廢止或撤銷制行政處分之默示的行政處分（Stillschweigender Verwaltungsakt mit Derogationswirkung)問題，此在擬制駁回之情形，較具實際作用（詳後述）。依本文所見，擬制爲核可之行政處分，其遲延

註二二　參見蔡志方前揭（註三）文，頁一八五。

後所作成之反對性行政處分(遲到之駁回行政處分)，除具備廢止之原因及明示廢止之意思外，應認係違法，且無效之行政處分（註二三），唯如其明示爲廢止擬制行政處分，則其乃一新處分，而非遲到之行政處分。

2. 擬制駁回之行政處分

我國之行政法規缺乏擬制駁回之行政處分的明文，其唯一得解釋爲擬制駁回之行政處分者，乃訴願法第二條第二項。在擬制爲駁回之行政處分存在後之遲到之行政處分，亦可依其內容爲核可或駁回，分別予以處理。

(1) 遲到之行政處分爲核可者

擬制駁回之行政處分，其後作成之遲到行政處分爲核可者，其性質爲何，必須考慮擬制行政處分制度之根本目的、擬制行政處分之法律效果及能否在法定決定期限後容許所謂「遲到之行政處分」的存在等問題。

就擬制行政處分制度之目的，在於保障行政效率、敦促公務員服勤之態度及保障人民之權益，特別是人民享有權利之機會、速度及經濟性（註二四）。就人民權利之保障言，在擬制爲駁回之行政處分，其遲到之行政處分爲核可者，雖係遲來之正義，然聊勝於無，似應允許之，並承認其實體及程序上之效力。若我國訴願法第二條第二項之規範目的，只在於訴因之取得（註二五），而人民就之提起行政救濟之目的亦只在求

註二三　參見蔡志方前揭（註三）文，頁一五四以下、一八五。

註二四　參見蔡志方前揭（註三）文，頁一四八以下。

註二五　其分析與批判，詳請參見蔡志方前揭（註三）文，頁一六六以下、一八五。

爲處分（註二六），果爾，則爲核可之遲到之行政處分，正亦爲其所需，似不宜遽予排斥。唯若從擬制行政處分之實體及程序法上效果觀之（註二七），則不宜允許遲到之行政處分「取代」擬制之行政處分，故原則上應認爲其違法，且不生效力（註二八）。唯此乃在擬制行政處分相對人未提起訴願、行政訴訟之情形，如其已提起行政救濟者，遲到之行政處分係在程序終結前爲之者，基於訴訟經濟之理由，似應例外允許之，並承認其實體及程序法上之效力。

(2) 遲到之行政處分爲駁回者

擬制駁回之行政處分，其遲到之行政處分爲駁回者，若肯認擬制行政處分之實體法上效果，則遲到之行政處分只係觀念通知，充其量只生確認之附隨效果而已（註二九），亦非行政處分。

四、遲到之行政處分在行政救濟法上之影響

由於逾越法定期限仍未爲行政處分，除足以造成人民權利之侵害外，後因行政法規採取擬制行政處分之制度，不論係擬制爲核可或駁回，均影響行政救濟（註三〇），至於逾越法定期限後始作成之遲到之行政處分，對行政救濟有何影響，以下擬依次就國家賠償程序、訴願程序

註二六　司法院行政訴訟制度研究修正委員會所研擬之「行政訴訟法修正草案」第五條，即採此一見解。
註二七　詳參見蔡志方前揭（註三）文，頁一五〇、一五一、一五七、一六〇、一六六、一六七、一八三以下。
註二八　參見蔡志方前揭（註三）文，頁一八五。
註二九　同上註。
註三〇　請參見蔡志方前揭（註三）文，頁一五八以下。

及行政訴訟程序予以分析及檢討。

(一) 國家賠償程序

我國國家賠償法第二條及第三條規定之國家賠償原因，包括：公務員執行職務行使公權力，因故意或過失不法侵害人民自由或權利、公務員怠於執行職務，致人民自由或權利遭受損害、公有公共設施因設置或管理有欠缺，致人民生命、身體或財產受損害。中央或地方機關就人民依法所爲之申請，如該申請須以行政處分爲之，而在法定決定期限未爲處分，自可能造成申請人民權利受損，而構成國家賠償之原因，惟如在人民提起國家賠償以前或在提起國家賠償以後，程序終結以前或以後，始作成行政處分，則其對國家賠償程序將有如下之影響或作用：

1. 訴因之滅卻

如上所述，中央或地方機關就人民依法所爲之申請，如該申請須以行政處分爲之，而在法定決定期限內未爲處分，自可能造成申請人民之權利受損，而構成國家賠償之原因，換言之，此時申請人因該機關之違法不作爲，而取得國家賠償之訴因(Cause of Action; Klagegründe)。唯如在該申請人民提起國家賠償以前，尙未就預期將獲得核可之行政處分，而爲一定之權利上處置，或只有計畫而無實施行爲，則嗣後遲到之核可的行政處分，阻止其實害之發生，此時因申請人未發生損害，則可能發生之國家賠償的訴因，即因而遭到滅卻(ausgelösst od. gehindert)。

2. 損害範圍之減少或消滅

中央或地方機關就人民依法所為之申請，如該申請須為行政處分，而在法定期限內未為處分，如因而造成申請人民權利之損害，但如遲到之行政處分核可人民之申請者，而有利於人民，其因而所受損害範圍，不但阻止其擴大，更可能因之而減少或消滅。如申請人民已提起國家賠償訴訟，則因損害範圍之減少或消滅，可能必須減少賠償請求之範圍或撤回訴訟。

3. 當作賠償之方法

我國國家賠償法第七條規定，國家負損害賠償責任者，應以金錢為之，但以回復原狀為適當者，得依請求，回復損害發生前原狀(下略)。就人民依法聲請中央或地方機關為核可之行政處分，而其逾期仍未為處分者，雖可依國家賠償法主張救濟，但依請求之性質（如執照之許可）或申請人之目的，則仍以為核可之行政處分，最切合實際需要，而以提起訴訟及行政訴訟為最佳，但我國實務及學說咸認現行法採撤銷訴願或訴訟一種而已（註三一），申請人民自無法循此途徑以獲致救濟，是以唯有提起國家賠償訴訟一途。唯如前所述，依國家賠償法第七條第一項之規定，國家負賠償責任者，以金錢為之為原則，唯依但書之規定，以回復原狀為適當者，得依請求，回復損害發生前之原狀。就因逾越法定

註三一　其批判及辨正，詳請參見蔡志方，我國憲法上行政訴訟制度之規範取向，憲政時代，第十四卷第四期，頁九、十一；同著者，前揭（註三）文，頁一六一以下、一六四以下。

期限仍未爲行政處分，致發生國家賠償訴訟者，在現行司法制度下，國家賠償訴訟裁判法院似無權命被告機關以行政處分（核可處分）爲賠償之方法，但如原告爲請求，而被告機關亦同意，則非不能以訴訟上之和解方法終結訴訟，故國家賠償法第七條第一項但書之適用，並不排除以核可之行政處分爲賠償方法也。因此，遲到之核可行政處分，雖非因國家賠償訴訟裁判之結果，但非不能將之轉換爲訴訟上和解之履行，而成爲國家賠償之方法。

（二）訴願程序

由於我國之實務一向執拗於所謂之「行政處分中心之行政爭訟主義」（註三二），爲免造成權利救濟之漏洞，訴願法乃有五十九年十二月二十三日第二條第二項之增訂。此一增訂對行政救濟之影響最大（註三三），在訴願程序上，如又有遲到之行政處分介入，則其情形將更爲複雜。以下擬就訴願期限之基準時、訴願之種類、訴之標的及訴之利益，加以探討。

1. 訴願期限之基準時

我國訴願法第九條因應同法第二條第二項之規定，就訴願期限分別就撤銷既存之行政處分（同法第二條第一項）及求爲有利之行政處分（同法第二條第二項），分別規定訴願期限。

註三二　詳請參見蔡志方前揭（註三）文，頁一五九以下。
註三三　請參見蔡志方前揭（註三）文，頁一六一以下、一六四以下。

(1) 對擬制行政處分提起訴願

我國訴願法第九條第二項規定:「第二條第二項規定之視同行政處分,人民得自該項所指之法定期限經過後滿十日之次日起,於三十日內提起訴願。」準此,欲對擬制行政處分提起訴願者,自必須遵守此一法定期限。唯構成訴願法第二條第二項之擬制行政處分,對申請人而言,必爲擬制爲駁回之行政處分(註三四),唯其提起訴願之目的,除在阻止其申請案罹於確定以外,眞正之目的,應在求爲積極、有利之核可處分,而非只在求爲決定(處分)而已(註三五),如其提起訴願,似須以訴之合併方式爲主張。唯若就求爲積極、有利之核可處分言,此一訴願期限之規定,似嫌太短(註三六),抑且勢須同時禁止遲延後再爲行政處分(遲到之行政處分)。唯若係具有第三人效力之擬制核可行政處分,則其提起訴願之期限,仍維持現行規定,對該第三人之保障,顯屬不週,唯如以其知悉之時起算,則法律狀態又易流於不安定,故宜與處分相對人之訴願期限,齊一標準,酌予延長。

(2) 對遲到之行政處分提起訴願

如前所述(註三七),遲到之行政處分只有構成廢止或撤銷擬制核可之行政處分的默示行政處分時,始有對之提起訴願,請求撤銷之必要。此時,訴願期限應適用訴願法第九條第一項之規定。其餘遲到之行政處分,因無提起訴願之必要,縱有對之提起者,得逕以欠缺訴之利益,予

註三四　參見蔡志方前揭(註三)文,頁一八三以下。

註三五　參見蔡志方前揭(註三)文,頁一六一以下。

註三六　參見蔡志方,論行政處分之存在與訴願之提起——訴願法第二條第二項與第九條規定間之齟齬,憲政時代,第十六卷第二期,頁八三。

註三七　參見本文三、(三)。

以駁回，而不必考慮其是否逾期。

2. 訴願之種類

對於遲到之行政處分，得以訴願之種類，只有撤銷之訴一種。如只係對其合法性及效力發生疑義，則以請求解釋或確認即可，無需提起訴願也。

3. 訴之利益

此須就對擬制行政處分提起訴願後，始有一遲到之行政處分到達，則該訴願有無利益及單純對於一遲到之行政處分提起訴願有無利益，分別加以討論。就前者言，對於一擬制爲駁回之行政處分提起撤銷及請求爲有利處分之合併的訴願，則若遲到之行政處分爲核可者，其訴願即因情事變更，嗣後欠缺訴之利益；反之，如遲到之行政處分仍爲駁回者，則因其只生確認作用，對訴願無影響。前述情形，若係一第三人對擬制核可之行政處分提起撤銷之訴願，則遲到之行政處分爲核可者，對訴願之利益無影響；反之，遲到之行政處分爲駁回者，則除爲默示廢止擬制行政處分之行政處分，使其訴願因情事變更，嗣後喪失訴之利益外，餘則爲影響，至多只存在不屬於「遲到之行政處分」，而係因一「新的廢止行政處分」，致其訴之利益嗣後喪失之情形。就後者言，對單純之遲到之行政處分訴願，只有於承認主管機關在訴願法第九條第二項之法定期限後仍得爲有效之遲到的行政處分，而其內容侵害訴願人之權益時，訴願始具有利益，餘均應認爲欠缺訴之利益。

（三）行政訴訟程序

已進入行政訴訟程序後始作成之遲到的行政處分，對行政訴訟之程序有何影響，可分別就訴訟種類、先行程序、訴之利益及訴之變更四點予以說明。

1. 訴訟種類

就擬制行政處分提起撤銷之行政訴訟，則遲到之行政處分如有訴訟之必要，其訴訟種類亦只可能有撤銷訴訟一種，至多尚存在一確認其違法或／及無效之訴而已。

2. 先行程序

就擬制行政處分提起行政訴訟後始作成之遲到之行政處分，在現行法制上，其乃另一行政處分或只係觀念通知（非行政處分）。就前者欲提起訴願者，自須踐行訴願之先行程序。

3. 訴之利益

就擬制駁回之行政處分提起行政訴訟者，遲到之行政 處分爲核 可者，使原告之訴嗣後喪失訴之利益；遲到之行政處分爲駁回者，則不生影響。反之，就擬制核可之行政處分提起行政訴訟者，前述之情形，恰成倒置之關係。

4. 訴之變更與駁回

原告提起行政訴訟後，遲到之行政處分有足以滅卻訴因或增加訴訟之原因者，在行政訴訟程序上，將導致訴之撤回、追加或合併。

五、結　論

我國之行政法規爲確保人民及時享有應得之權益，並促進行政之效率，乃有擬制行政處分制度之設，然由於未徹底配合必要之周邊制度，並調整既存之法律制度，致在運用上出現不少彼此牴牾或發生齟齬之情形（註三八），本文特別就中央或地方機關就人民依法聲請之案件，逾越法定決定期限，依訴願法第二條第二項及其他規定（註三九），已擬制爲行政處分後，是否得以再對該聲請案爲行政處分，擬制行政處分存在後所爲行政處分之性質與效果，加以探討，並提出「遲到之行政處分」之概念，以與用爲明示撤銷或廢止擬制行政處分之「遲延後之新行政處分」相區別。依本文所見，中央或地方機關就人民依法聲請之案件，未於法定決定期限內爲處分，而已形成擬制行政處分者，除爲擬制爲駁回之行政處分，申請人（即相對人）未提起行政救濟或雖提起行政

註三八　參見蔡志方前揭（註三）文，頁一四九以下；同著者，前揭（註三六）文，頁八〇以下。

註三九　我國所得稅法第五六條第二頁、關稅法第五條之一第一、二項、都市計畫法第二〇條第三項、動員戡亂時期集會遊行法第十二條第三項。

救濟，但程序尚未終結之情形外，應不准再為處分，其遲到之行政處分只係具有行政處分形式，而為觀念通知之非行政處分，否則，應認係一獨立、新作成之廢止處分，受廢止處分應有之限制。我國訴願法第二條第二項之視同行政處分，非只在謀訴因之取得而已，遲到之駁回處分不能補正其違法之不作為狀態，而嗣後滅卻訴因，訴願審理機關不得以「被告機關未作為之狀態已不存在」，而駁回訴願。此外，如被告機關如與原告和解，則得以嗣後一遲到之核可處分充作國家賠償之方法。

（本文原載於植根雜誌六卷十二期）

捌、論訴願法上之複數代理、複數訴願與撤回訴願之效力

一、案例及問題

二、問題之解析

三、修法之建議

捌、論訴願法上之複數代理、複數訴願與撤回訴願之效力

一、案例及問題

甲因其所有之註册商標被關係人乙申請評定事件，不服中央標準局認系爭商標上之圖形與據以評定之註册商標圖樣上之圖形近似而為申請成立之處分，先後由其代理人丙、丁分別向經濟部提起訴願，唯丁於經濟部審理前撤回共代理申訴提起之訴願，而丙並不知丁撤回訴願，且其亦無意撤回其代理甲所提起之訴願，試問訴願審議機關應如何處理?

本件所涉之問題，包括:（1）丁能否就同一評定成立之處分，再代理本人提起訴願?（2）丁撤回其代理本人所提起之訴願，其效力是否只及於其代理提起之訴願，抑或亦及於丙代理本人所提起之訴願?（3）本案究只係第一點之問題，或同時涉及第二點之問題? 應如何解決? 其依據何在?

二、問題之解析

就本件問題之處理順序言，首先必須探討丁能否就同一評定成立之

處分，再代理本人提起訴願。就此一問題言，如丁確具有代理權，且其訴願之提起並未逾越法定期限，則必須探討是訴願之提起有無必要，換言之，該訴願是否具有「權利保護之必要」，以及是否違反「一事不再理」之原則。

就本案言，訴願法第十六條後段之規定及行政院暨所屬各級行政機關訴願審議委員會審議規則第十三條第一項第六款之規定，應無適用，唯訴願法第十七條第一項前段之規定，必須於訴願人提出訴願時，即附理由（不應受理）以決定駁回之，本件乃對於受理之案件撤回之，構成要件不該當，已無適用之餘地，當然所謂「不應受理」，應包括「訴願無實益」之情形（行政法院五十九年判字第一九〇號判例），我國訴願法雖無如民事訴訟法第二百五十三條及刑事訴訟法第三百零三條第二款之規定，但訴願是否具備必要性，須先於實體爲審查，則爲學說與實務所共認（註一）。因此，如丁之訴願與丙之訴願，具有實質之同一性，而不構成追加、合併之情形，自可以其欠缺保護之必要爲理由，以決定駁回之；但如未予以駁回，則其訴願仍屬合法、有效（發生繫屬之效力），故，丁之撤回基於避免「一事再理」情形之發生，自應允許其撤回，甚至應依職權諭知其撤回（職權教示之一種），始符合本人之眞意、誠實信用，並確保訴之經濟。依本文所見，本件雖不符合行政院暨所屬各級行政機關訴願審議委員會審議規則第十三條第一項第六款之規定，但於其提起訴願時，即得以同條項第五款或第七款之規定，諭知不應受理，而以決定駁回之。唯本案尙未待審議，即已被撤回，故亦無此等規定之適用，而只能容認其撤回，否則，亦須教示其撤回，如其堅不

註 一　關於訴之利益的法理及欠缺訴之利益的類型，詳參見黃紹文，論行政訴訟中訴之利益，頁一九八以下，臺大法研所碩士論文，七十七年六月；Ferdinand O. Kopp, Rn./30 ff., Vor. 40 VwGO, 7. Aufl. C.H. Beck, München 1986.

撤回，則待其中一案確定後，再以決定駁回之。

由於本件中丁代理提起之訴願，於訴願審議機關審理前已撤回，則只能進一步探討丁之代理撤回訴願之行為，究只及於其代理提起之訴願，抑或亦及於丙代理提起之訴願？此一問題尚涉及訴願之複數代理人間之權限分際，換言之，訴願之複數代理究為共同代理或分別代理？如係共同代理，則本件中之二件訴願是否均違法，並不生效力？如係分別代理，則第二訴願是否為「錯誤之訴願」？抑或視同二訴願只係單一訴願（亦即表見或假裝之複數訴願）？如認係為實質之單一訴願，則各代理人能否撤回其代理提起之訴願，而以「牽一髮而動全身」，亦發生全部之撤回效果？

關於複數代理，究為共同代理或分別代理，民法第一百六十八條規定：「代理人有數人者，其代理行為應共同為之，但法律另有規定或本人另有意思表示者，不在此限」，民事訴訟法第七十一條規定：「訴訟代理人有二人以上者，均得單獨代理當事人。違反前項之規定而為委任者，對於他造不生效力」。訴願法及行政訴訟法對此均乏明文，但後者依其第三十三條準用民事訴訟法第七十一條之規定。就本件言之，究應適用民法第一百六十八條或民事訴訟法第七十一條（類推）？如採前者，則複數代理以共同代理為原則，分別代理為例外；反之，如採後者，則在意定代理之情形，只限於分別代理。本件如採前者，則二訴願均違法，並均不生效力（註二），顯然不利於本人，且實務上，通常少採取共同代理之複數代理訴願（及訴訟），即純從民法與民事訴訟法之屬性言，就權利救濟程序言，後者乃居於特別法之地位，故應優先適用（註三）。

註　二　參見民法第七一條之規定。

註　三　訴願法修正草案第二八條及行政訴訟法修正草案第五二條，亦採同一見解，其目的在避免遲滯程序。

其次，丙丁如均爲合法之代理人，則二人之提起訴願行爲，效果均直接歸於本人，依民法第五百三十五條之規定，丁自須以善良管理人之注意爲之，如其知丙已提起訴願，自不致提起同一標的之訴願，依民法第八十八條第一項，得依錯誤之意思表示處理，且探求其眞意，當只係撤回其錯誤提起之訴而已，此外，既係分別代理，則除有特別之明示，自不能撤回另一代理人所提起之訴願。最後，雖然兩訴願之標的均相同，爲實質上之一訴願，但就繫屬之程序效果言，仍有其個別性，故丁之撤回訴願不影響丙爲本人所提起之訴願。

三、修法之建議

行訴願法對於代理缺乏明文，在訴願專門性日高，而訴願委由代理人爲之甚盛之今日，自應明文規範之，使納入正軌，目前之修法工作已注意及此，列有規範之條文，就複數代理亦設有專條，但就其中一代理人之撤回訴願之效力或重複訴願時，除有現行法第十六條後段（修正草案第四十三條）之情形外，宜參酌民事訴訟法第二百五十三條，增訂：「訴願提起後，不得就同一事件再行提起訴願，但爲訴之合併或追加者，不在此限」，並將此種複數訴願之後一訴願，規定屬於無效，以免滋生困擾。

（本文原載於植根雜誌七卷二期）

玖、從立法裁量權之界限，論國家賠償法第十三條之合憲性

一、問題之提出

二、立法權之界限與立法裁量權之範圍

三、國家賠償法第十三條立法裁量之妥當性

四、修法之建議及結語

玖、從立法裁量權之界限，論國家賠償法第十三條之合憲性

一、問題之提出

我國爲使人民公權利之保護更臻於完善，乃於民國六十九年七月二日公布國家賠償法，此亦使我國憲法第二十四條規定之意旨，獲致更具體之實現。唯此法仍不乏值得進一步研議者，茲所欲探討之問題，乃是國家賠償法第十三條對於有審判與追訴職務公務員之國家賠償要件，做不同於一般公務員國家賠償之規定，立法者有無裁量之餘地？如有之，則其裁量權之行使是否妥當？判斷立法裁量權是否妥當行使之標準何在？本條應如何規範，始稱妥適？

二、立法權之界限與立法裁量權之範圍

民主法治國家之政府，乃權力有限之政府。立法機關受人民之付託制定法律，其權力亦非無限，其權力之行使亦須受人性尊嚴（Menschenwürde) 所衍生之諸原則的限制（註一），立法行爲之國民複決、司法審查或違憲審查制度，即此要求之具體化（註二）。

立法權之界限究竟何在？其裁量權之範圍爲何？各國之學者及實務，爲確保人性尊嚴法治國家體制，乃致力於具體標準之探求，並獲致初步之成果。根據德國學者之研究，發現若干立法所應遵循或受限制之既存規則 (Vorgegebenheiten)（註三），包括「合乎事理」(Sachgemäβheit)、「契合體系」(Systemgemäβheit)、「合乎邏輯」(Folgerichtigkeit）及「適當或恰當」(Angemessenheit)（註四）。所謂「合乎事

註 一　關於人性尊嚴之意義及衍生之諸原則，請詳見蔡志方，從人性尊嚴之具體化，論行政程序法及行政救濟法之應有取向，中國比較法學會「人性尊嚴與法治建設研討會」論文，轉載於植根雜誌，八卷一期，頁四以下、八卷二期，頁一以下、八卷三期，頁一以下；J. Messner, Die Idee der Menschenwürde im Rechtsstaat der pluralistischen Gesellschaft, in: Menschenwürde und freiheitliche Rechtsordnung, Festschrift für Willi Geiger zum 65. Geburtstag, S. 221 ff., J. C. B. Mohr (Paul Siebeck) 1974; Ch. Starck, Menschenwürde als Verfassungsgarantie im modernen Staat, JZ 1981, S. 457 ff.; E. Denninger, Über das Verhältnis von Menschenrechten zum positiven Recht, JZ 1982, S. 225 ff.; G. Dürig, Der Grundrechtssatz von der Menschenwürde, AöR 81, Heft. 2. S. 117 ff.; W. G. Vitzthum, Die Menschenwürde als Verfassungsbegriff, JZ 1985, S. 201 ff.; N. Hoerster, Zur Bedeutung des Prinzips der Menschenwürde, JuS 1983, S. 93 ff.; V. Kubeš, Theorie der Gesetzgebung, S. 260 ff., Springer-Verlag 1987.

註 二　關於違憲審查制度與國民主權、人權之關係，文獻請參見李鴻禧，違憲審查論，特別是頁四五以下、八九以下、三三九以下，自刊，一九八六年十月，初版；蘆部信喜，憲法訴訟の理論，特別是頁四以下，初版十七刷，有斐閣，昭和六十一年二月二十八日；蘆部信喜(編)，講座憲法訴訟，第一卷，頁四九～二一五，初版一刷，有斐閣，昭和六十二年四月三十日。

註 三　Vgl. H. Schneider, Gesetzgebung, S. 33 ff., C. F. Müller 1982; V. Kubeš, aaO. (Fn. 1), S. 260 ff.

註 四　Vgl. H. Schneider, aaO. (Fn. 3), ebendort.

理」，乃指立法過程之考量及處置，符合「事物之本質」（Natur der Sache）（註五），換言之，立法對立法之事項能根據各該事項在自然法則或人類普偏之認識與價值上，恰如其分地予以安排，而臻於和諧之境界。因此，禁止立法將無關聯之因素納入考慮（註六）、客觀上不能之事項列爲須執行或履行（註七）或不切實際之要求（註八）。所謂「契合體系」，乃指在所有法律規範，必須形成一有條不紊、彼此和諧之秩序，不得彼此矛盾（註九）。欲符合立法之「體系性正義」（Systemgerechtigkeit），則立法必須具有一貫性或繼續性（Kontinuität）（註十）、安定性（Sicherheit）（註十一）及脈絡相通性（Konsequenz）（註十二）、法律用語及規範結構亦須明確（Klarheit u. Eindeutigkeit）（註十三）。所謂「合乎邏輯」，乃指立法之價值判斷根據，必須符合經驗及自然規律，不能存在唐突之處（註十四）。所謂「適當或恰當」，乃指立法採取之措施及具體安排方法，必須與目的間存在比例，亦卽立法上之比例原則（Verhältnismäßigkeit）（註十五），立法不能過於嚴苛或失於過

註　五　關於事物本質之概念，Vgl. H. Schambeck, Natur der Sache, Springer-Verlag 1964; A. Gern, Die "Natur der Sache" als Rechtsgrundsatz im Verfassungs- und Verwaltungsrecht, JuS 1988, S. 534 ff., m. w. H.（中譯，請見植根雜誌，八卷五期，「事理」作爲憲法與行政法上之法律原則）。

註　六　Vgl. A. Gern, aaO. (Fn. 5), JuS 1988, S. 537 ff.

註　七　Vgl. A. Gern, aaO. (Fn. 5), JuS 1988, S. 537.

註　八　Vgl. A. Gern, aaO. (Fn. 5), JuS 1988, S. 537.

註　九　Vgl. F.-J. Peine, Systemgerechtigkeit, insb. S. 24 ff., Nomos 1985.

註　十　Vgl. F.-J. Peine, aaO. (Fn. 9), S. 239 ff.

註十一　Vgl. F.-J. Peine, aaO. (Fn. 9), S. 260; F. Scholz, Rechtssicherheit, insb. S. 3 ff., Walter de Gruyter 1955.

註十二　Vgl. F.-J. Peine, aaO. (Fn. 9), S. 282 ff.

註十三　Vgl. F.-J. Peine, aaO. (Fn. 9), SS. 80 ff., 260 ff.

註十四　Vgl. H. Schneider, aaO. (Fn. 3), SS. 35, 36.

註十五　Vgl. H. Schneider, aaO. (Fn. 3), S. 38; L. Hirschberg, Der Grundsatz der Verhältnismäßigkeit, Otto Schwartz 1981.

寬，致在執行上有不具備期待可能性之情形（註十六）。

對立法之合憲性，德國聯邦憲法法院提出下列之最低要求，卽「平等性」(Gleichheit)、「比例性」(Verhältnismäβigkeit) 及「明確性」(Bestimmtheit und Klarheit)（註十七）。所謂「平等性」，卽立法應契守平等原則，凡立法事項依其本質，乃相同或相似者，則應爲相同或類似之處理，反之，則應爲不同之處置，亦卽所謂之「相同之事件，應相同處理；類似之事件，應爲類似之處理；不同之事件，應爲不同之處理」，亦卽正義之原則（註十八）。所謂「比例性」，卽立法採取之方法或手段，必須與立法所欲追求之目的相當、合乎比例（註十九）。所謂「明確性」，乃法治國家之根本原則（註二〇），卽立法所使用之文句，必須得以明白而確定地表示出規範之意旨（註二一），尤其是在攸關人民義務與責任之法領域（註二二）。

註十六 Vgl. A. Gern, aaO. (Fn. 5), JuS 1988, S. 537.
立法是否從寬，文獻另請參見城仲模，從法治行政論「立法從寬執行從嚴」之法理，原載法律評論，五十三卷十二期，收於行政法之基礎理論，增訂新版，頁三九以下。

註十七 Vgl. H. Schneider, aaO. (Fn. 3), S. 38 ff., m. w. H.; BVerfGE 4, 243; 52, 273; 53, 179, 329; 54, 26; 57, 115; 17, 23; 40, 136; 43, 227; 44, 295; 48, 239, 361; 33, 189; 30, 316; 57, 136; 23, 133; 50, 332 ff., 57, 159 ff.; 26, 204; 53, 96.

註十八 此乃德國學者法學方法上之共識 (Vorverständnis)，卽 "Gleiches, gleich behandeln; Ungleiches, ungleich behandeln, Ähnliches, nichtgleich, aber nur ähnlich behandeln".

註十九 同註十五。

註二〇 參見蔡志方，法治國家中司法之任務，頁七一，臺大法研所碩士論文，七〇年六月。

註二一 尤其是刑法與稅法等法律領域之規定，德國法上使用不確定概念之情形，Vgl. H. Schneider, aaO. (Fn. 3), S. 42 ff.

註二二 Vgl. F.-J. Peine, aaO. (Fn. 9), S. 80 ff.

對於立法之合憲性審查基準，日本學界提出了所謂之「二重基準理論」（註二三），最受注目。所謂「二重基準」，即將立法之事項究係涉及「精神自由之規制」或「經濟自由之規制」，凡屬前者，則立法者幾無裁量之餘地或只有極嚴格之條件下，始有之；而凡屬後者，則在所謂之「合理基準」下，立法者有廣泛之裁量權（註二四）。

在我國，一般認爲只要不違反憲法，則立法院即有充分之立法權限，唯在何等情況下，其權力之行使應受限制及如何受限制，則不甚明確。我國司法院大法官會議依據憲法第七十九條第二項，職司「憲法之維護」（註二五），其對立法之合憲性的審查基準，似以「憲法之意旨或本旨」（註二六）、「比例原則」（必要、相當）（註二七）及「立法裁量範圍」（註二八）爲主要類型。實則前者乃自明之理，而後者之實質內容爲何，則默而未宣，有概念之名，而乏概念之實（註二九）。

依本文所見，依憲法之根本原則，具有拘束立法權之作用者，包括

註二三　請參見李惠宗，立法裁量類型化試論，憲政時代，十六卷一期，頁七八；蘆部信喜（編），前揭（註二）書，頁一二五以下（江橋崇，二重の基準論）；蘆部信喜，前揭（註二）書，頁六五以下；藤井俊夫，憲法訴訟と違憲審査基準，一刷，頁二九以下，成文堂，昭和六〇年九月一日。

註二四　參見李惠宗，上揭文，同處。

註二五　請參見翁岳生，憲法之維護者，收於行政法與現代法治國家，三版，頁四七五以下；翁岳生，憲法之維護者——回顧與展望，收於司法院大法官釋憲四十週年紀念論文集，頁一三三以下，司法院，七十九年九月十五日。

註二六　如司法院大法官會議釋字第三號、第三十號、第三十一號、第七十四號、第一六二號、第一六六號、第二一〇號、第二一六號、第二三四號、第二五五號等解釋。

註二七　如司法院大法官會議釋字第一〇五號、第二一一號、第二二三號、第二二四號、第二二九號、第二五七號、第二六五號、第二八一號、第二八四號、第二八八號等解釋。

註二八　如司法院大法官會議釋字第二〇四號、第二二八號及第二四六號解釋。

註二九　參見李惠宗，前揭（註二三）文，頁八五以下。

憲法前言所揭櫫之立憲四大目標，即「鞏固國權」、「保障民權」、「奠定社會安寧」及「增進人民福利」、第一條之民主共和國體、第二條之「國民主權原理」、第七條之平等原則、第二十二條所蘊涵之「權利保護之完整性」（註三〇）、第二十三條之比例原則、第一百四十二條之民生主義原則及第一百七十一條之「憲法優位原則」，其中第二十三條之比例原則，實爲一消極性限制之原則。且依憲法第二十三條之規定，其規範範圍，似亦只以該條以前各條列舉之自由的限制爲限（註三一）。然本文以爲比例原則，乃憲法之一根本原則，其拘束立法權之範圍，應不限於憲法上人民基本權利及自由之限制而已，而應及於其他立法措施與立法目的之關係，亦卽具有全面性之拘束力。抑有進者，憲法第一百十一條所蘊涵之「事物本質」或「事物的實質關聯性原則」，亦屬具有拘束立法權作用之原則（註三二）。

三、國家賠償法第十三條立法裁量之妥當性

我國憲法第二十四條規定：「凡公務員違法侵害人民之自由或權利

註三〇 參見司法院大法官會議解釋第二四二號。

註三一 此從憲法第二三條「以上各條……」，似可如此推論，唯若從「以上各條……，除……不得以法律限制之」，則不得如此推論，劉鐵錚大法官亦認爲憲法第二四條之「依法律」，並非「法律保留」之意義，似亦認爲憲法第二四條無比例原則之適用。請參見司法院大法官會議解釋續編（四），頁七九，司法院，七十九年六月。

註三二 該條係以「事物本質」爲決定中央與地方權限劃分之標準，卽立法院爲解決時，亦應依此爲之。在德國亦曾以「事物本質」決定聯邦與各邦間權限之分際，Vgl. A. Gern, aaO. (Fn. 5), JuS 1988, S. 537 ff.; BVerfGE 11, 89(98 ff.); 12, 205(251); 22, 180(217); 41, 292.

者，除依法律受懲戒外，應負刑事及民事責任。被害人民就其所受損害，並得依法律向國家請求賠償」，此爲憲法對人民之「公法上損害賠償請求基本權利」的「實體權利」規定，不同於同法第十六條之「程序請求權」之規定，但均發生對立法者之委託（註三三），立法者有權，且有義務根據憲法之意旨予以具體化，亦卽此時存在「法律保留」，依中央法規標準法第五條第一款或第二款，立法院有立法之權力及義務，因此，乃有民國六十九年七月二日國家賠償法之制頒。唯因公務員之違法公權力行爲所引起之國家賠償責任，該法卻有二條不同之規定，卽第二條第二、三項規定一般公務員行爲之國家賠償責任及第十三條規定追審公務員行爲之國家賠償責任。前者規定之內容，乃「公務員於執行職務行使公權力時，因故意或過失不法侵害人民自由或權利者，國家應負損害賠償責任。公務員怠於執行職務，致人民自由或權利遭受損害者亦同。前項情形，公務員有故意或重大過失時，賠償義務機關對之有求償權」，而後者規定之內容，乃「有審判或追訴職務之公務員，因執行職務侵害人民自由或權利，就其參與審判或追訴案件犯職務上之罪，經判決有罪確定者，適用本法規定」，對照兩者，則將產生如下之結果或問題：(1) 因有審判或追訴職務之公務員，因執行職務侵害人民自由或權利之行爲，只有其等之過失，尙不發生國家賠償責任，而必須係具有故意，成立職務上之罪，並經判決有罪確定，被害人民始能據以請求；(2) 本條是否有同法第六條之適用，卽寃獄賠償法之規定，是否優先於本條而被適用；如屬肯定，則用寃獄賠償法只涉及刑事案件之追審行爲，既不以故意或過失爲要件，則此將使民事及行政法院之法官的審判

註三三　關於憲法對立法者委託之概念，請參見陳新民，憲法基本權利之基本理論，上册，初版，頁三七以下，自刊，七十九年一月；K. Stern, Das Staatsrecht der Bundesrepublik Deutschland, Bd. III/1, S. 1286 ff., C.H. Beck 1988.

行為，只就故意之違法行為，始成立國家賠償責任，有立法偏畸不一致之情形；(3) 該條無求償之規定，則是否有同法第二條第三項求償規定之適用，不無疑義，即有適用，似亦只能就故意行為求償，亦即「無賠償，即無求償之法理」；再者，因同法第六條規定之故，亦將使刑事案件因冤獄賠償法第十六條第二項優先適用之結果，使求償權之發生，在刑事法官重於民事及行政法院法官之情形；(4) 該條規定，將使追審公務員知法較一般公務員為熟稔，成立國家賠償責任及被求償之機會反輕、反少之情形。以上四點，對於重新檢討國家賠償法第十三條之立法妥當性，洵屬十分重要者也。

對於此條立法之妥當性，民國七十六年二月十四日，蔡進展氏曾聲請司法院大法官會議解釋。氏聲請之意旨，乃指國家賠償法第十三條有違憲之虞（疑義）；其論據分別為：(1) 憲法第二十四條所規定之國家賠償請求權，不得以法律限制之，亦即無憲法第二十三條可以法律限制之餘地；(2) 國家賠償法第十三條之程序規定，亦阻礙人民訴訟權之行使；(3) 國家賠償法第十三條之規定與第二條第二項之規定不同，違反憲法第七條所表彰之平等原則（註三四）。司法院大法官會議乃於翌年六月十七日，以釋字第二二八號解釋表示：「國家賠償法第十三條規定：『有審判或追訴職務之公務員，因執行職務侵害人民自由或權利，就其參與審判或追訴案件犯職務上之罪，經判決有罪確定者，適用本法規定。』係針對審判與追訴職務之特性所為之特別規定，尚未逾越立法裁量之範圍，與憲法並無牴觸」（註三五）。其解釋理由之根本論據，亦有三，即 (1) 立法院根據國家賠償法第二十四條制定國家賠償法，享有「合理之立法裁量權」；(2) 國家賠償法第十三條乃同法第二條第二項

註三四　前揭（註三一）司法院大法官會議解釋續編（四），頁八〇。
註三五　同上，頁七五。

前段之特別規定，基於訴訟制度已具備之糾正功能、刑事案件復有寃獄賠償制度、爲維護審判獨立及追訴不受外界干擾，在難以避免之差誤的合理範圍內，應予容忍；(3) 憲法所定平等之原則，並不禁止法律因國家機關功能之差別，而對國家賠償責任爲合理之不同規定，國家賠償法針對審判及追訴職務之特性，而爲第十三條之特別規定，爲維護審判獨立及追訴不受外界干擾所必要，尙未逾立法裁量權範圍，與憲法第七條、第十六條、第二十三條及第二十四條並無牴觸（註三六）。是根據此號解釋，司法院大法官會議認爲憲法第二十四條之具體化，立法院享有「合理之立法裁量權」，而國家賠償法第十三條對於偵審公務員國家賠償責任所爲之特別規定，乃係在現行訴訟制度已足以保護人民權益之情形下，爲維護審判獨立及追訴不受外界干擾，所採取之「合理可以忍受範圍」之措施，故亦不違反平等原則。

對於司法院大法官會議此號解釋之論點，吾人以爲仍容有可議之處。第一，憲法第二十四條所規定之國家賠償責任成立之要件，只曰「公務員違法侵害人民之自由或權利」，而未明文是否須有故意或過失，立法者雖可斟酌國家之財力、公權力行使之公益及公務員可能受求償造成之影響，而爲限制，但此限制必須合理妥當，不能導致人民幾至無救濟，而公務員個人責任反而加重。因此，立法者之裁量，必須充分做到「利益衡量」(Güterabwägung)，並顧及立法之體系正義。本號解釋對利益衡量，只做局部，且偏於形式公益，而忽略人民因民事及行政訴訟審判可能遭致之損害及寃獄以外權利之保護（註三七），再者，該等公務員將因此一規定，而依民法第一百八十六條加重其個人責任（註三八），

註三六　同上，頁七六。

註三七　同上，頁七八以下，劉鐵錚大法官之不同意見理由。

註三八　同上，頁七八，劉鐵錚大法官之不同意見理由。

其結果勢必悖反立法之初衷。第二，國家賠償法第十三條之規定，配合刑法第一百二十四條及第一百二十五條之規定，將使人民因有審判或追訴權公務員之違法侵害其自由與權利的行爲，無法從國家直接獲致救濟，此將鏤空憲法第二十四條創設國家賠償制度之本意（註三九）。第三，本條之規定，將因同法第六條規定，刑事案件須優先適用冤獄賠償法，致使刑事之追訴或審判行爲成立國家賠償之要件，反採「無過失責任主義」，而民事及行政案件則採「故意責任主義」之懸殊、不當之結果。抑有進者，刑事之追訴或審判公務員之受求償責任，亦將因冤獄賠償法第十六條第二項之優先適用，而與一般公務員相同，均就故意或重大過失之違法行爲負責，反之，民事及行政法院之法官的受求償責任，至多只負故意之責任（註四〇），僅就同爲法官，卽有此不偏之差別，恐非立法經過「謹愼考量」之應有結果。第四，國家賠償法第十三條之規定，不但已發生前述刑事偵審公務員與民事、行政法院法官國家賠償責任之偏頗、欠缺合理之差別待遇，其與同法第二條第二項之不同規定，更造成（應）知法較多之公務員，其因違法所應負之國家賠償責任及被求償之責任，反較（應）知法少之公務員爲輕之不合理的結果，有違立法裁量之「事理符合性」及「平等性」。

綜合以上各點，吾人以爲國家賠償法第十三條之規定，難稱妥當，亦不符合立法權行使之合憲性，有予以修正之必要。

註三九　請參見東吳大學法學院、彥棻文教基金會、中國憲法學會合辦，我國司法制度上檢察官之地位硏討會，董保城之報告，憲政時代，十六卷四期，頁四三以下。

註四〇　此點向爲國人所疏忽，足爲重新檢討國家賠償法第十三條之核心問題。

四、修法之建議及結語

爲使國家賠償法第十三條之規定，契符「合乎事理」、「契合體系」、「合乎邏輯」及臻於「恰當」，其可行之途徑及理由如下：1. 刪除本條，而使刑事案件之追審公務員違法之國家賠償，就羈押或刑之執行部分，仍優先適用寃獄賠償法，以特別保障人民之人身、生命權，而其餘與民事、行政法院法官，均適用同法第二條第二項之規定。如此，既不發生妨礙審判獨立及偵查、追訴行爲，更可以促使有關之執法人員，發揮法律專業知識、注意謹愼依法行事，以維護人權之保障，並可使所有公務員同受國家賠償法之保障與約束，而無厚此薄彼之情形。2. 將原條文修正爲：「有審判職務之公務員，因執行職務侵害人民之自由或權利者，經提起再審或非常上訴，確定原裁判違法，被害人民得依本法請求國家賠償。前項情形，公務員有故意或重大過失時，賠償義務機關對之有求償權」。因此，既可避免人民受到司法之違法行爲的侵害，而無損害賠償救濟之機會，亦可調整一切司法行爲之國家賠償責任的齊一性，更可避免知法愈多，守法責任愈低之不合理現象，甚至至少亦可統一司法人員與一般公務員之國家賠償責任與受求償之責任。此採純粹之違法結果責任或無過失責任，用以提昇司法之品質，此不但可貫徹第一次權利保護優先原則，更可避免「有損害，而無塡補」之窘境（註四一）。

國家賠償之目的，在於提供人民第二次權利保護，塡補人民因違法公權力行爲所生之損害，現行國家賠償法第十三條所存在之不合理的差別待遇，應速予以除去。

（本文原載於立法院院聞月刊二十卷十一期）

註四一　前揭（註三一）司法院大法官會議解釋續編（四），頁七七，劉鐵錚大法官不同意見意旨似亦相同。

拾、國家賠償法第十一條但書疑義之研究

一、問題之提出——有意之省略或闕漏？

二、國賠法第十一條第一項但書之文義解釋

三、國賠法第十一條第一項但書之目的解釋

四、國賠法第十一條第一項但書規定修改之芻議

五、結　語

拾、國家賠償法第十一條但書疑義之研究

一、問題之提出——有意之省略或闕漏？

我國國家賠償法第十一條第一項規定：「賠償義務機關拒絕賠償，或自提出請求之日起三十日不開始協議，或自開始協議之日起逾六十日協議不成立時，請求權人得提起損害賠償之訴。但已依行政訴訟法規定，附帶請求損害賠償者，就同一原因事實，不得更行起訴。」依此規定，則請求權人同時提起損害賠償之訴及行政訴訟附帶損害賠償之訴，或在提起損害賠償之訴後，提起行政訴訟附帶損害賠償之訴者，有無但書之適用？所謂「已依行政訴訟法規定，附帶請求損害賠償」，是否不論其程序或實體裁判內容，或請求權人已撤回時，均有但書之適用？請求權人雖已依行政訴訟法規定，附帶請求損害賠償，但就所失利益另行提起國家賠償，是否亦有但書之適用？抑且基於一事不再理或既判力之觀點，此一但書有無必要，均不無研究之必要。

對於前揭三項疑點，究屬立法上有意之省略(omisso habendus)或闕漏？此一但書之必要性何在？本文擬從法解釋學之觀點，加以分析、探求，希能解決迷津，並聊供修法及用法之參考，敬請斯學宏達指正！

二、國賠法第十一條第一項但書之文義解釋

實證法條之解釋原則，乃先文義後論理，如文義解釋之結果，甚爲合理周全，即無需另事他求，此乃法解釋學上之第一定律。

就國賠法第十一條第一項但書之文義觀之，所謂「已依行政訴訟法規定，附帶請求損害賠償者，就同一原因事實，不得更行起訴」，就構成要件部分，包括「已依行政訴訟法規定，附帶請求損害賠償者」及「就同一原因事實，更行提起國家賠償之訴」。就前者言，乃指依行政訴訟法第二條第一項，於行政訴訟程序終結前，附帶請求損害賠償者。唯所謂「已依行政訴訟法規定，附帶請求損害賠償者」，其可能之文義，尙包括：(1) 在國賠訴訟繫屬前，已有行政訴訟附帶損害賠償訴訟繫屬；(2) 在國賠訴訟繫屬前，已有行政訴訟附帶損害賠償訴訟終結；(3) 在國賠訴訟繫屬前，已有行政訴訟附帶損害賠償訴訟繫屬，但已撤回者。依國賠法第十二條之規定，則此一多義性，徒從文義解釋，將無法解決，但如刪除該但書，而適用民事訴訟法第二百五十三條，則 (1) 之情形，即不復存在，且依民事訴訟法第四百條第一項，(2) 之情形，亦不被允許，但依民事訴訟法第二百六十三條第一項，則 (3) 之情形，應被容許（但書未刪則被禁止），若依民事訴訟法第二百六十三條第二項，則 (3) 之情形，亦不能存在。由此觀之，但書刪除，在立法目的上，反較妥切。就後者言，所謂就同一原因事實，更行提起國家賠償之訴，乃在禁止基於相同之法律及事實原因的「同一案件」，更行起訴，亦卽廣義之一事不再理之原則（含程序上之一事不再理及實體上之既判力原則），若刪除但書，依國賠法第十二條及民事訴訟法第二百五十三

條、第二百六十三條第二項及第四百條第一項，亦能達到相同之目的。

基於上述之分析，則應刪除但書，因此，在提起國賠前，已撤回行政訴訟附帶損害賠償之訴者，依國賠法第十二條及民事訴訟法第二百六十三條，則在本案終局裁判前爲之者，仍可再行提起國賠訴訟。

再者，就所失利益之部分，如依國賠法第十一條第一項但書之文義，則有三種可能之解釋，卽（1）不得再行起訴，請求國家賠償；（2）依國家賠償法第五條及民法第二百十六條、併同該但書，應允許另提國賠；（3）如將行政訴訟法第二條第二項，認爲是國賠法第六條所謂之「其他法律有特別規定」，其結果將與（1）同，但此將使人民不願利用具有訴訟經濟功能之附帶之訴及具有第一次權利救濟作用之行政訴訟制度。本文以爲，基於法之統一性，應刪除行政訴訟法第二條第二項但書，或在國賠法第五條增訂因違法行政處分提起國家賠償之案件，其損害賠償範圍，依行政訴訟法第二條第二項之規定，以杜爭議，而非可逕依國賠法第六條，認爲行訴法第二條第二項，乃所謂之「其他法律有特別規定」，蓋其乃對「附帶之訴」所爲之規定也。

三、國賠法第十一條第一項但書之目的解釋

根據國家賠償法草案總說明第九點，第十一條第一項但書之立法意旨，乃是採「一事不再理之原則」。所謂「一事不再理之原則」，在訴訟制度上之作用，乃在於確保法之安定性及司法之權威性或尊嚴。在訴訟制度上，所謂「一事不再理」，必須是當事人同一、訴訟標的同一、原因事實及證據，均屬同一。由於國家賠償訴訟之目的，在於就國家之違法公權力行爲或設施狀態所引起之損害，於請求賠償因之所引起之損

害未果的情形下，向司法機關起訴，請求其以裁判之方法，達到獲得賠償。在現行制度下，欲向國家主張損害賠償，而得以訴之方法爲之，且可能形成「一事不再理」之情形，唯有依行政訴訟法第二條提起「附帶損害賠償之訴」及依國家賠償法第十一條第一項向國家賠償法院提起損害賠償之訴兩途，故國家賠償法第十一條第一項但書規定之目的，頗爲得當。

唯儘管如此，且因訴願制度未設附帶損害賠償之途徑，但就違法行政處分所引起之國家賠償責任，其關鍵乃在行政處分之「違法性」，雖然目前通說認爲在「公定力之理論」下，只有行政處分之「撤銷」，始專屬於訴願管轄機關及行政法院，而「違法性」之認定，則無此限制，其他法院亦有認定權，矧言，撤銷之訴與損害賠償之訴目的不同，不必強求人民須先進行第一次權利保護，且如第一次權利保護已不可能時（已生形式之確定力），就已發生之損害，自應允許人民有第二次權利保護之機會，因此，本條但書之規定，應屬合理。然而，在違法行政處分所引起之國家賠償案件，違法性之判斷，乃先決問題（Vorfrage），且同爲國家機關，其認定不能紛歧，矧言，雖然撤銷之訴與損害賠償之訴目的不同，而違法行政處分卽使已因訴願法第九條所規定之訴願法定期限已經過，而生形式之確定力，人民不得再據以爭訟，而不致發生「違法性」認定之紛歧，但若吾人再觀訴願法第十七條第二項，則可知結論未必如此。因此，吾人以爲就訴願、行政訴訟及國家賠償訴訟間之關係，不只就賠償一端應予以釐清，卽就違法性之判斷，亦應確保其統一性，甚至基於程序之經濟，訴願程序中亦應允許附帶請求損害賠償，始堪稱周延妥當也。

四、國賠法第十一條第一項但書規定修改之芻議

基於前述之發現，爲防止裁判紛歧，並兼顧程序之經濟，本文以爲行政法院應增加審級，允許上訴制度，而國家賠償訴訟案件，統由行政法院管轄，而國家賠償法第十一條第一項及第十二條之規定，均須予以修正。就第十一條第一項之修正，本文建議其內容如下:「提起訴願，得附帶請求損害賠償。賠償義務機關拒絕賠償或自提出請求之日起逾三十日不開始協議，或自開始協議之日起逾六十日協議不成立，或提起附帶請求損害賠償之訴願，有訴願法第二十一條或行政訴訟法第一條第一項後段規定之情形者，得向行政法院提起損害賠償之訴。但已提起附帶請求損害賠償之訴願確定或依行政訴訟法第二條提起附帶損害賠償之訴者，亦同。同時提起附帶請求損害賠償之訴願及國家賠償訴訟者，以訴願爲準。」

此一修正之第一項，使因違法行政處分所引起之損害，亦得在訴願程序中併爲請求，有助於程序之經濟，此時一般之協議，則併入訴願之準備程序即可。

此一修正之第二項，乃針對非因違法行政處分所引起之國家賠償所爲之規定，並配合第一項之程序有逾期不爲決定，在所謂「雙軌制」採行時，得以確保權利保護之迅速性所爲。而國家賠償程序，悉改由行政法院審理，亦可避免司法裁判之紛歧及國家意志之不統一。但書則在確保法之安定性及程序之經濟。

此一修正之第三項，乃一方面顧及決定與裁判之統一，它方面在於

顧全先行程序之順序與人民之審級利益。

五、結 語

現行國家賠償法之立法，雖有不少值得讚賞之處，但其中仍不乏存在爭議或缺乏妥當性者，其中第十三條及第十一條第一項但書，即屬之。本文嘗試從文義解釋及目的解釋分析國家賠償法第十一條但書之眞義及疑義，並提出修正之建議，期使國家賠償法之立法，能臻至「經濟」、「明確」及「體系分明」之境界。

（本文原載於立法院院聞月刊二十卷十二期）

拾壹、論公共地役權與既成道路之準據法

一、事實狀態與問題

二、法律之規定及實務之見解

三、內政部及法院見解之批評

四、德國法之認識

五、公共地役權及既成道路之準據與我國應有之做法

拾壹、論公共地役權與既成道路之準據法

一、事實狀態與問題

道路之暢通攸關民生，因此，政府有關機關對於阻礙交通甚爲重視，其於公有道路固不待言，即對於私人所有而供公眾通行之道路，亦甚爲關切，而在內政部之解釋函令和行政法院、最高法院之判決中，即一再強調公共地役權和既成道路或巷道問題。其中最值得吾人關心者，乃是公共地役權之時效取得與既成道路之法律關係。究竟法律上之公共地役權其形成要件及根據何在？時效取得公共地役權之根據及妥當性如何？公共地役權之法律關係當事人爲誰？如發生公共地役權之爭訟，究由何法院系統管轄？以時效取得公共地役權，其法律根據是否與憲法之規定精神相符？

二、法律之規定及實務之見解

我國憲法第十五條規定，人民之生存權、工作權及「財產權」，應予保障。第二十三條規定，以上各條列舉之自由權利，除爲防止妨礙他

人自由、避免緊急危難、維持社會秩序或增進公共利益所必要者外，不得以法律限制之。第一百四十三條第一項規定，中華民國領土內之土地屬於國民全體。人民依法取得之土地所有權，應受法律之保障與限制。……。第一百七十一條第一項規定，法律與憲法牴觸者無效。第一百七十二條規定，命令與憲法或法律牴觸者無效。民法第一百五十七條規定，物權，除本法或其他法律有規定外，不得創設。第七百六十五條規定，所有人，於法令限制之範圍內，得自由使用、收益、處分其所有物，並排除他人之干涉。第八百五十一條規定，稱地役權者，謂以他人土地供自己土地便宜之用之權。第八百五十二條規定，地役權以繼續並表見者為限，因時效而取得。建築法第四十八條規定，直轄市、縣（市）（局）主管建築機關，應指定已經公告道路之境界線為建築線。但都市細部計畫規定須退縮建築時，得在已經公告道路之境界線以外另定建築線。土地法第八十一條規定，市縣地政機關得就管轄區內之土地，依國家經濟政策、地方需要情形及土地所能供使用之性質，分別商同有關機關，編為各種使用地。第九十三條規定，依都市計畫已公布為道路或其他公共使用之土地，得為保留徵收，並限制其建築。但臨時性質之建築，不在此限。第二百零八條規定，國家因下列公共事業之需要，得依本法之規定徵收私有土地。但徵收之範圍，應以其事業所需者為限。土地法施行法第二十條規定，依土地法第八十四條編定使用地公布後，應分別通知土地所有權人，並報請中央地政機關備查。平均地權條例第五十二條規定，為促進土地合理使用，並謀經濟均衡發展，各級主管機關應依國家經濟政策、地方需要情形、土地所能提供使用之性質、與區域計畫及都市計畫之規定，全面編定各種土地用途。公路法第十三條第一項規定，公路需用之土地，得依土地法之規定申請徵收。

依內政部之解釋及函令，認為可依時效取得認定是否為供公眾進行之道路（60. 11. 27臺內地字第四二九八一一號代電）；關於巷路形成及供公衆通行事實之認定，純屬執行上作業問題，應由該管政府於便民之原則下依職權自行處理（66. 6. 28 臺內營字第七三八二六七號函）；認定供公衆通行道路目前「得就其供使用之性質、使用期間、通行情形及公益上需要而爲認定」（68. 10. 1 臺內營字第四九〇五八號函）。最高法院六十一年臺上字第八七九號判決要旨謂：「地役權之取得時效，依民法第八百五十二條之規定，以繼續表見者爲限，倘合於民法第七百六十七條所規定之二十年間和平繼續占有之要件，並不以他人未登記之不動產爲限，上訴人對於被上訴人已和平繼續占有系爭土地充作公用道路逾二十年，既不爭執，故系爭土地縱上訴人已登記之不動產，仍不妨礙被上訴人公用地役權時效之取得。」六十四年臺上字第七四〇號判決要旨謂：「民法第八百五十二條所謂因時效而取得地役權，以繼續並表見者爲限，……，而所謂繼續地役，乃依於不動產之位置，不必由人之行爲而自無間斷而行之者，如需由人每次之行爲而行之，非繼續存在無間者，即爲不繼續地役，上訴人所主張之地役權，既僅在利用上開巷道，供其通行，而非在土地上開設通行道路，直接支配該土地，顯係不繼續地役，不得依時效而取得地役權。」行政法院之多數判決亦咸認公共地役可由「長期供公衆通行之事實」而取得（參見四十五年度判字第八號判決、四十六年度判字第三十九號判決、五十三年度判字第一五七號判決、五十七年度判字第二六七號判決、五十七年度判字第三十二號判決及五十九年度判字第六三八號判決）。

三、內政部及法院見解之批評

行政機關之行爲須受依法行政原則之支配，而此原則乃由法律優位與法律保留兩者所形成。公共地役權之法律關係，究爲公法關係？抑爲私法關係？若公共地役權爲公法關係，則應有公法之依據；且只有公物關係始能由公法機關支配不特定人之公眾，而公眾亦可依法主張此種「公權利」（私物權之對世效力，只有物權權利人可爲主張）；若公共地役權爲私法關係，則其權利人應係可特定之私人，行政機關能否立於私人地位而成爲權利主體，卽其是否得由不特定人爲其取得公共地役權，或者由其爲公眾以時效取得公共地役權，不無疑義。除非不特定人皆有行政機關取得地役權之意思，並符合繼續而表現之要件達一定期間，且須經登記始告取得。縱可如此取得，權利人並非一般不特定人（卽公眾），除非行政機關依公法指定該權利開始公用，否則，一般公眾亦不能主張通行權，若開始公用，則此時「公共地役權」亦成爲公法關係矣！但此與法定要件及事實似皆有未符，因該等公眾未必有需役地，行政機關亦未必有私法上之需役地。在其爲不特定人取得公共地役權之情況，亦屬相同。而欲形成他有公物關係，亦必須依據法律爲之（參見行政法院五十三年度判字第一五七號判決），民法係民事法律關係之準據法（參見民法第一條），不能做爲公法物權之準據甚明（依國有財產法第一、二條、民法第一一八五條〔無人繼承財產歸國庫〕、提存法第十五條第二項〔逾十年未提取之提存物歸國庫〕、土地法第十四、十五條及憲法第一四三條第二項及前面所列法律以徵收方式，或依懲治叛亂條例第八條、戡亂時期檢肅匪諜條例第十二、十四條、刑法第三八條沒收之方式，雖可取得「國有」財產權，但並非卽可發生公用之公法物權關係，不能不注意！）欲使私人之土地，成爲「不特定之公眾皆可依公法役權使用之公共地役權之客體」，必須爲公用之處分（行政處分之一種）（參見國有財產法第七條、第三二條以下）。故，在國家之道路公法支配權下，公法地役權、既成巷道之內容及性質，與「民法上地役權」實迥不相侔!

公有物權，其內容包括不動產、動產、有價證券及權利（參見國有財產法第三條），依其用途可分公務用財產、事業用財產及公共用財產，公共地役權卽屬於公共用財產（同法第四條參照），其取得依國有財產法第二條，計有依據法律之規定（見上所列），基於權力之行使或預算支出(參見預算法)（或以公法契約〔含債及物權之法律行爲〕、或在預算法支配下以私法關係取得〔嚴格言之，爲具有私法外觀之公法關係〕、或接受捐贈。但其開始公用則係依據公法，而非於取得權利時，卽當然發生公用關係，故爲二行爲，而非一行爲之公私法混合，亦非雙階段。

從民法之特質及條件觀之，事實上依據民法只能成立多數地役權人之「複數主體地役權」（此一術語，爲本人所創，如有不當將接受雅諫更改之），亦卽一般所主張之「時效取得公共役權」的眞義。從民法立場言之，能否同時爲自己及不特定之他人（公眾）以時效取得地役權，從民法時效取得制度及其法定要件觀之，似以採否定說爲當，因此，最高法院六十一年臺上字第八七九號判決不無疑義，行政法院之判決在體系上亦欠缺說服力。由此，似可認爲內政部及兩大法院，對於公共地役權與既成道路之法律關係，頗有失察之處。

四、德國法之認識

傳統上，德國認定公物之標準，係以有體物（與我國異）（參見 W. Weber, in: VVDStRL21, S. 149 ）在非爲一般人所共有共用（如陽光、空氣），而得以達成公共福祉（Gemeinwohl）之功能，並具有公法上之法律地位（öffentlich-rechtlicher Rechtsstatus）（參見 H.-J. Papier, Recht der öffentlichen Sachen, S. 15 ff., Walter de Gruyter Berlin 1977）。公物權之特質，計有公物多爲公私物之組合、公物權主之多數性、公法役權（öffentlich-rechtliche Dienstbarkeit）之存在、雙元結構、使用之無對價性（參見 H.-J. Papier, aaO. SS. 17, 19.）。公共地役權，屬於民用公物權下之公共用物權，其種類如公共街道（含市街、道路、廣場）、公共水道、空中航域上之供役地位。在德國法上，公路及街道必須是實際上供公共使用（faktische Indienststellung zum Gemeingebrauch），如就私人土地欲成立公法地役權，須以行政處分做成公物之指定及開始公用（Widmung）之表示，並且須公告及通知當事人，使其知所異議。通常取得公共地役權，須得所有權人之同意，除依徵收處分者外，事實上之使用，所有權人可主張「類似徵收之侵害」(enteignungsgleicher Eingriff）而請求補償。時效取得公共地役權，已不爲法律及實務所採，即依所謂之因不可記憶的時效（unvordenkliche Verjährung）所生之開始公用，已不再做爲權利及法律上之推定（Praesumtio iuris et de jure），此時欲成立公法地役權，其程序與他種情形完全相同。此外，所有權人在道路主權（Wegehoheit）下之忍受義務（Duldungspflicht），只有在公共使用目的範圍內，其他干涉及有對價之使用土地，皆須獲得其同意。至於依據民法（BGB）第九百零三條所爲之任意性行走，則只要其忍受通行，在「所有權之社會拘束」（die soziale Bindung des Eigentums）範圍內（西德基本法第十四條第二項規定：所有權負有義務，其使用須同時有利於公眾），發生「事實上之公的道路」(tastächlich-öffentlicher Weg）之特別義務（參見 OVG, Münster DVB1. 1972, 508），此時並不受道路法之支配（以上各點詳見 Ingo von Münch (Hg.), Besonderes Verwaltungsrecht, 5. Aufl. SS. 550-560, Walter de Gruyter Verlag, Berlin 1979)。所謂「事實上之公物」(tatsächlichen-öffentlichen Sachen), 只係所有權社會化之產物，仍受私法之支配。

五、公共地役權及旣成道路之準據與我國應有之做法

本於前述，吾人以爲依據民法只能成立「複數地役權關係」，在我國未有類似德國之「社會拘束法則」形成以前（我國憲法第二三條規定：以上各條列舉之自由權利，除爲防止妨礙他人自由，避免緊急危難，維持社會秩序，或增進公共利益所必要者外，不得以法律限制之。民法第七六五條亦重申所有權之法令限制，而此等限制如相鄰權之限制、受徵收之限制、耕地租金之限制、特殊林地之收歸國有、墾林地及伐林之限制、林地狩獵之限制、營漁權之限制、國家總動員法施行後對耕地分配、耕作力之支配、租佃關係之限制，尙未及於公共地役及旣成巷道之問題），凡欲成立「他有公用道路之公共地役關係」者，應分別以公共供役地，而以行政處分或行政法規命令發布開始公用之意思表示，其他事實上之道路使用，除相鄰關係者外，爲公物關係者（如所有權人已開設道路，而公眾通行其上不甚影響其權益，依民法第一四八條第二項，只成立民法上之事實上使用關係），並應以「類似徵收之侵害」概念，給予權利人補償。

因此，行政機關應依法編列公共道路名單，發布「公用開始」之命令，並進行補償，否則只能認係民法上之「複數地役權」，未經登記者

亦不承認其享有地役權之法律保護；以時效取得「公法地役權」有違反法治國家之國家措施可預見性（die Voraussehbarkeit）及可測知性（die Meβbarkeit）之原則（參見 Maunz/Zippelius, Deutsches Staatsrecht, 24. Aufl. S. 87 ff.，Verlag C. H. Beck, München 1982），應屬違憲（公路法第四條參看）。

至於臺省日據時代爲日政府徵收而無補償者，若依彼時之法律可認已移轉所有權者，本於「既成狀態承繼法則」，卽無庸再爲徵收程序，否則，應另行辦理徵收，踐行補償手續。

至此，可獲得一結論：（一）公共地役權之法律關係爲公法關係，適用不成文之公法原則；（二）公共地役權不能時效取得，否則應認違背法治國家原則；（三）公共地役權之法律關係當事人爲國家與土地所有人、國家與公眾、公眾與土地所有人，形成三面之公法關係；（四）發生公共地役權爭訟，基礎關係（卽國家有無正當權源利用該地）及利用關係皆由行政法院管轄，但目前我國行政訴訟以行政處分之存在爲前提，將發生困難，只能權用私法訴訟。

（本文原載於臺大法律服務社法律服務二十期）

拾貳、行政訴訟經濟制度之研究

一、前　言

二、有關行政訴訟經濟之制度分析

（一）訴　願

（二）職權進行與職權調查主義

（三）集中審理原則

（四）變更性裁判權

（五）程序之中止

（六）獨任法官與小法庭

（七）書面審理

（八）中間裁判

（九）訴之合併、訴之變更及程序上之合併與分離

（十）和　解

（十一）參加、共同訴訟與團體訴訟

（十二）模範訴訟與抽象規範審查

（十三）依附訴訟與附帶訴訟

（十四）訴之撤回、認諾與捨棄

（十五）法院裁決

（十六）律師或代理強制

(十七) 裁判理由之減輕

(十八) 躍級訴訟與限縮審級

(十九) 心證之公開 (司圖加特模式)

三、我國行政訴訟法修正草案關於訴訟經濟相應措施之探討

(一) 訴　願

(二) 職權進行與職權調查主義

(三) 集中審理原則

(四) 變更性裁判權

(五) 程序之中止

(六) 書面審理

(七) 中間裁判

(八) 訴之合併、追加、變更與反訴

(九) 和　解

(十) 參加、共同訴訟、團體訴訟及選任當事人

(十一) 依附訴訟與附帶訴訟

(十二) 訴之撤回、認諾與捨棄

(十三) 律師或代理強制

(十四) 簡易訴訟程序

(十五) 躍級訴訟與限縮審級

(十六) 心證之公開

四、結　論

拾貳、行政訴訟經濟制度之研究

一、前　言

現代法治國家爲保障人民免於受行政權之違法侵害，爰設各種行政救濟制度，而以行政訴訟制度爲其犖犖大者。完善之行政訴訟制度，必須契符權利保護之完整性、正確性、迅速性、經濟性及實現性（註一），今處各國行政訴訟數量大增、法院負擔日重及程序進行遲緩之情況下，行政訴訟途徑（Verwaltungsrechtsweg）已成爲有限之資源（註二），如何予以最有效之運用，乃今日值得吾人深究之急務。

訴訟，本屬不經濟；預防訴訟，始爲上策。此有賴於完善之法規、優良之行政官僚系統、健全之律師制度、訴願制度及善用司法制度之國民等相互配合。訴訟經濟之原則及制度（Prinzip und Institutionen der Prozeβökonomie oder- wirtschaftlichkeit），乃用以追求及確保正確、迅速及簡易解決爭訟，並預防訴訟之再發生，爲所有訴訟制度所共通，故各種訴訟法因其目的之不同，乃設各種不同謀求「以最少之人力、物力及時間，達成最佳及最終之解決紛爭」之規定（註三）。完善之訴訟

註　一　請參見蔡志方，從權利保護功能之強化，論我國行政訴訟制度應有之取向，頁二三以下，臺大法研所博士論文，七十七年六月。

註　二　Vgl. G. Pfeiffer, Knappe Ressource Recht, ZRP 1981, S. 121 ff.

註　三　Vgl. P. Hütten, Die Prezeβökonomie als Rechtserheblicher Entscheidungsgesichtspunkt, S. 3 ff., Diss., Würzburg 1975.

法規，除確保法官之依法裁判以外，並保障當事人之程序利益，並寓有訴訟經濟之意義。本文擬選擇若干與行政訴訟之經濟有關之制度，各國之相應措施加以比較，並分析其優劣，最後擬探討我國行政訴訟法修正草案對此一問題之態度，並提出看法供參考。

二、有關行政訴訟經濟之制度分析

行政爭訟制度上，攸關行政訴訟經濟之制度或原則者，計有訴願、職權進行與職權調查主義、集中審理原則、變更性裁判權、程序之中止、獨任法官與小法庭、書面審理、中間裁判、訴之合併、訴之變更及程序上之合併與分離、和解、參加、共同訴訟與團體訴訟、模範訴訟與抽象規範審查、依附訴訟與附帶訴訟、訴之撤回、認諾與捨棄、法院裁決、律師或代理強制、裁判理由之減輕、躍級訴訟與限縮審級、心證之公開（司圖加特模式）等。茲依次加以說明，並以比較方法，評騭其利弊得失。

（一）訴 願

在抗告訴訟，各國之行政訴訟法類皆規定有性質相近之先行程序，在我國爲訴願（再訴願）（註四），在西德爲異議（Widerspruch）（註五），在日本爲行政不服審查、在奧國爲訴願（Berufung）（註六）、在義大利

註 四 參見我國行政訴訟法第一條第一項。

註 五 參見西德行政法院法第六八條。

註 六 奧國之訴願，包括 Rekurs，Beschwerde 及 Vorstellung。參見一般行政程序法（AVG）第六三條。

爲訴願（Ricorsi amministrativi）（註七）。

訴願，做爲行政救濟方法之一種，其與行政訴訟在程序上之關係，可分爲先行程序(Vorverfahren)與併存程序(mitlaufendes Verfahren)。屬於前者之訴願，其踐行乃行政訴訟爲實體判決之前提要件（註八），反之，屬於後者之訴願，則爲一種與行政訴訟程序併存或獨立之權利救濟方法（註九），例如在我國對於不能提起行政訴訟，而只能爲訴願之情形。

訴願制度在採取訴願先行主義之國家，使人民增加一次救濟機會，且在行政事項日益專門、高度技術化之今日，行政擁有較多之人才及設備，先使行政部門審查，自爲反省，亦有助於人民澄清法律及事實疑點、補充資料及論點，同時減輕法院之負擔（註十），故在某程度上，亦具有訴訟經濟之功能。在西德實務上，不採先行程序，則在抗告訴訟之審理，法院往往難以發揮其應有之功能（註十一）。由此可知，類似

註 七　Cf. Art. 1 D. P. R. 24. 11. 1971, n. 1199, Semplificazione dei procedimenti in materia di ricorsi amministrativi.

註 八　Vgl. E. Eyermann/L. Fröhler/J. Kormann, Verwaltungsgerichtsordnung, 9. Aufl. Rn. 2 zum § 68 VwGO, C. H. Beck, München 1988.

註 九　詳請參見蔡志方，從訴願前置主義與行政訴訟審級之關係，論行政訴訟先行程序單軌制與雙軌制之優劣得失，頁十八以下，自刊，七十七年七月十三日；R. Breuer, "Mitlaufende Verwaltungskontrolle"-prozessuale Entwicklung und Irrwege, NJW 1980, S. 1832 ff.; W. Krebs, Subjektiver Rechtsschutz und objektive Rechtskontrolle, in: Festschrift für C.-F. Menger zum 70. Geburtstag, S. 193.

註 十　Vgl. O. E. Krasney, Das Vorverfahren im Entwurf einer Verwaltungsprozeßordnung, NVwZ 1982, S. 406; J. Meyer-Ladewig, Entwicklungstendenzen im Verwaltungsprozeßrecht, DöV 1978, S. 307; C. H. Ule, Verwaltungsprozeßrecht, 9. Aufl. S. 118 ff., C. H. Beck, München 1987.

註十一　Vgl. J. Meyer-Ladewig, Rn. 2 zu Vor. § 77 SGG, 3. Aufl. C. H. Beck, München 1987; ders., aaO. (Fn. 11), ebenda; E. Röper, Rechtsausschüsse zur Entlastung der Verwaltungsgerichte, DöV 1978, S. 314 ff.

訴願之先行程序的重要性矣! 唯不可或忘者，乃此只能在擁有良好之訴願制度下，始能具有此功能!

（二）職權進行與職權調查主義

職權進行主義（Amtsbetriebsmaxime）與職權調查主義（Untersuchungsmaxime），常被分別與當事人進行主義(Parteibetriebsmaxime)或處分主義（Dispositionsprinzip; Verfügungsprinzip）及辯論主義（Verhandlungsmaxime）對照說明，而被強調係支配公法領域之重要原則（註十二）。雖然大多數國家之行政訴訟制度，類皆非採絕對單一之職權進行主義及職權調查主義，然無可否認者，乃其係行政訴訟制度普遍而重要之支配原理。所謂職權進行主義，在行政訴訟上，指訴訟繫屬後，訴訟程序之開啟、進行、中止及終結，悉由行政法院指揮及支配者（註十三）；而職權調查主義，乃指行政法院就訴訟關係所依據之重要基礎法律事實之蒐集及澄清，負完全之責任，不受當事人事實陳述及證據聲明之拘束，而基於合義務之裁量，依職權調查與訴訟有重要關係之必要事實（註十四）。兩者之作用，攸關公權力之運作、法律秩序之

註十二 Vgl. W. Berg, Grundsätze des verwaltungsgerichtlichen Verfahrens, in: Festschrift für C.-F. Menger zum 70. Geburtstag, S. 538; W. Grunsky, Grundlagen des Verfahrensrechts, 2. Aufl. S. 165, Gieseking, Bielefeld 1974.

註十三 Vgl. W. Grunsky, aaO. (Fn. 12), S. 24 ff.

註十四 Vgl. W. Berg, aaO. (Fn. 12), S. 540; E. Eyermann/L. Fröhler/J. Kormann, aaO. (Fn. 8), Rn. 1 zum § 86 VwGO; J. Hensler, Die Verwaltungsgerichtsbeschwerde im Kanton Schwyz, 1. Aufl. S. 137, Schulthess, Zürich 1980; H. Kistler, Die Verwaltungsrechtspflege im Kanton Graubünden, 1. Aufl. S. 161, Schulthess, Zürich 1979; B. Kropshofer, Untersuchungsgrundsatz und anwaltliche Vertretung im Verwaltungsprozeβ, 1. Aufl. S. 25 ff., m. w. H., Duncker & Humblot, Berlin 1981; A. Lang, Untersuchungs-und Verhandlungsmaxime im Verwaltungsprozeβ, VerwArch. 1961. S. 61.

維持、公益之維護及平衡當事人間武器之不平等（註十五）。

行政訴訟為藉行政合法性之控制，以維護法律秩序及保障人民權利，則須依據實質眞實之法律構成要件事實，適用該當法規為裁判，始能眞正契符「依法行政」之要求（註十六）及確保人民「司法訴訟之基本權利」，亦始為公益之所倚，實質正義與行政控制眞義之所在（註十七）。職權進行主義與職權調查主義之消極方面，在防止當事人拖延訴訟，卻除不必要之程序（註十八）；積極方面，則藉訴訟指揮權及闡明義務，使當事人提出必要之事實資料，補充不完整或不明確之聲明，以當事人之協力義務（Mitwirkungspflicht）使法院更易於迅速發現眞實，促進

註十五 Vgl. W. Berg, aaO. (Fn. 12), S. 542 ff.; F. Bopp, Die Untersuchungsmaxime in deutschen und französischen Verwaltungsprozeβ, S. 114 ff., Diss., Nürnberg 1969; F. O. Kopp, Rn. 1 zum § 86 VwGO, 7. Aufl. C. H. Beck, München 1986; D. Kreitl, Präklusion verspäteten Vorbringen im Verwaltungsprozeβ, S. 69 ff., Diss., Passau 1987; C. G. V. Pestalozza, Der Untersuchungsgrundsatz, in: Festschrift zum 50 Jährigen Bestehens des Richard Boorberg Verlags, S. 186 ff., Boorberg, Stuttgart 1977; C. Rasenack, Die Feststellung von Tatsachen durch das Revisionsgericht im verwaltungsgerichtlichen Prozeβ, in: Cammerer/Jeschek (Hrsg.), Tatsachenfeststellung in der Revisionsinstanz, 1. Aufl. S. 65, Fn. 21, Metzner, Frankfurt a/M. 1982.

註十六 W. Berg 氏謂：「要求依法行政之公益，法律只有在要件事實已具備才適用，高權之決定，原則上不可只迎合私益之事實狀況卽予適用……」。Siehe, ders., Zur Untersuchungsmaxime im Verwaltungsverfahren, Die Verwaltung 1976, S. 165, gleicher Meinungen, Vgl. F. O. Kopp, Rn. 2 zum § 24 VwVfG, 4. Aufl. C. H. Beck, München 1986.

註十七 Vgl. F. O. Kopp, aaO. (Fn. 15), Rn. 1 zum § 86 VwGO; B. Kropshofer, aaO. (Fn. 14), S. 47.

註十八 Vgl. F. O. Kopp, aaO. (Fn. 15), Rn. 4. 6. 21 zum § 86 VwGO; B. Kropshofer, aaO. (Fn. 14), S. 87; A. Lang, aaO. (Fn. 14), S. 79, 185; C. H. Ule, aaO. (Fn. 10), S. 134.

訴訟；使當事人獲致眞正之滿足，而放棄（因誤會等所致之）不必要訴訟之防訴效果（註十九）。

法國之行政訴訟程序，具有糾問之性格（caractère inquisitorial），訴訟繫屬後，程序之開啟、進行、中止、繼續及終結之權，操諸法院，特別是調查（Instruction），爭訟所繫之事實，全部由報告官（Rapporteur）（相當於我國之受命評事）準備調查事項（註二〇）。一九八一年起，庭長就被告官署在調查程序中之答覆（辯）考慮太久者，可逕依其主張「推斷事實」（註二一）。法國行政法院之法官，其權能及義務在訴訟之指揮，廣泛地依裁量決定事實之闡明，對行政裁量之事項，亦可爲事實調查（註二二）。法國不分舉證負擔與證明負擔，原則上，原告負證明責任（actori incumbit probatio），但法院可爲不同之分配（註二三）。由於行政掌握事實資訊較多，可用之設備亦夥，形成兩造武器不平等，故法國之糾問主義旨在消弭此一現象，此外，亦重在促進程序之迅捷（註二四）。

西德基本法強調司法保護之有效性（基本法第十九條第四項）、國

註十九 Vgl. B. Kropshofer, aaO. (Fn. 14), S. 44; 另 Kreitl 氏謂：「法院有說明、指示及教示義務，使國民成爲程序之主體，使敗訴者因自己責任所致，而非因不知或不諳程序爲原因」，可供參考。Siehe, D. Kreitl, Präklusion verspäteten Vorbringens im Verwaltungsprozeβ, Diss., S. 72, Passau, 1987.

註二〇 Cf. C. Gabolde, La procédure des tribunaux administratifs, 465°, 3. Éd. Dalloz, Paris 1981; B. Pacteau, Contentieux administratif, 211°, 1. Éd. Press Universitaires de France, Paris 1985; G. Peiser, Contentieux administratif, p. 80 et suite, 3. Éd. Dalloz, Paris 1983.

註二一 Cf. Brown/Garner, French administrative Law, 3. Ed. p. 60, Butterworth, London 1983.

註二二 Vgl. F. Bopp aaO. (Fn. 15), S. 117.

註二三 Vgl. F. Bopp aaO. (Fn. 15), S. 119.

註二四 Vgl. F. Bopp aaO. (Fn. 15), S. 114-116.

民法定聽審權（基本法第一〇三條第一項）等基本權利之保障及依法行政與依法審判原則（基本法第二〇條第三項、第九十七條第一項），三大公法裁判權（即一般行政法院、財政法院及社會法院）之程序法，乃準此分別規定確保此等要求之「職權調查主義」(Untersuchungsgrundsatz)（註二五）。目前西德學界對行政訴訟上「職權調查主義」關心之重點，乃在於法院應依職權調查之範圍（有無限制），其與當事人（參與人）協力義務 (Mitwirkungspflicht) 間之關係（註二六）、遲延提出之聲明，能否予以駁回（註二七）及技術性行政規則對事實推斷之影響（註二八）數端。其反映於訴訟經濟者，厥爲有效、徹底、眞正地解決紛爭及防止潛在紛爭之存在，致再生訴訟。因此，法院應依職權調查之

註二五 Vgl. § 86 VwGO; § 103 SGG; § 76 FGO.

註二六 Vgl. W. Berg, Grundsätze des verwaltungsgerichtlichen Verfahrens, in: Festsch. f. C.-F. Menger zum 70. Geburtstag, S. 543 ff.; F.O. Kopp, aaO. (Fn. 15), Rn. 11 ff. zu § 86 VwGO; B. Kropshofer, aaO. (Fn. 14), S. 44 ff.; J. Meyer-Ladewig, Rn. 4, 7, 14, 16 zu § 103 SGG, Sozialgerichtsgesetz, 3. Aufl. C.H. Beck, München 1987; W.-R. Schenke, Rn. 87 zu § 19 IV GG, in: H. Maurer (Hrsg.), Bonner Kommentar zum Grundgesetz, Stand: 12, 1989, C.F. Müller, Heidelberg; K.-D. Schromek, Die Mitwirkungspflichten der am Verwaltungsverfahren Beteiligten- eine Grenze des Untersuchungsgrundsatzes? S. 233ff., Peter Lang, Frankfurt am Main. 1989.

註二七 站在依法行政、實質眞實之要求上。類採否定說。 Vgl. M. Marx, Die Notwendigkeit und Tragweite der Untersuchungsmaxime in den Verwaltungsprozeßgesetzen, 1. Aufl. S. 225, Peter Lang, Frankfurt am Main 1985; J. Meyer-Ladewig, aaO. (Fn. 26), Rn. 13 zu § 103 SGG; W.-R. Schenke, aaO. (Fn. 26), Rn. 87 zu § 19 IV GG.

註二八 Vgl. W. Berg, aaO. (Fn. 26), S. 546 ff.; F.O. Kopp, aaO. (Fn. 15), Rn. 5a zu § 86 VwGO.

事項，並非無限制，而係只在法律所許之範圍（註二九），就訴訟程序（如訴之許可要件事實）及本案相關、必要之待證事實（註三〇）、足以促成裁判之作成（Entscheidungsreife machen）者，利用有效、相當之證明方法廓清事實，足使法院確信訴訟關係之成否即可。因此，證據方法不適當（ungeeignet）、無法達成（unreichbar）、高度不經濟（höchst unökonomisch）、意在拖延訴訟（prozeβverschleppende）及事已顯然者（schon wahrscheinlich），均不予調查（註三一）。重要事項經法院指明，而參與人因過咎不為協力者，不得以違反闡明義務（Aufklärungspflicht），嗣後為法律審上訴（Revision）（註三二），是以駁回遲延提出在上述條件下，應被允許（註三三）。至於技術性之規範（Technische Normen）或行政規則，如 TA-Luft，TA-Lärm 等，因其法規範形式之不同，對法院之拘束力其處理方法不一，是否依職權調查，或得逕以之為認事用法之依據，目前尚乏統一之見解。唯依多數說，技術性規則為「預行之鑑定（報告）」(antizipierte Sachverständigengutachten)（註三四），因其只係鑑定，且非就個案所為，無拘束法院之效力，至多

註二九　例如行政裁量之事項，非在探究裁量之瑕疵者，不得依職權調查；涉及原告人身自由者，不得命為檢查身體。Vgl. A. Lang, aaO. (Fn. 14), S. 190; J. Meyer-Ladewig, aaO. (Fn. 26), Rn. 14 zu § 103 SGG.

註三〇　因此，參與人提出不相關或法院認為不必要之事項，均不予調查。

註三一　Vgl. F. O. Kopp, aaO. (Fn. 15), Rn. 6, 21 zu § 86 VwGO; J. Meyer-Ladewig, aaO. (Fn. 26), Rn. 8 zu § 103 SGG; K. D Schromek, aaO. (Fn. 26), ebendort.

註三二　Vgl. F. O. Kopp. (Fn. 15), Rn. 5 zu § 86 VwGO; J. Meyer-Ladewig, aaO. (Fn. 26), Rn. 20 zu § 103 SGG.

註三三　Vgl. D. Kreitl, aaO. (Fn. 19), S. 82 ff.

註三四　Vgl. R. Breuer, Direkte und indirekte Konzeption technischer Regeln durch die Rechtsordnung, AöR 1976, S. 82; S. Zängl, Rechtsverbindlichkeit technischer Regeln(Normen) im Baurecht, BayVBl. 1986, S. 357 ff.; P. Badura, Grenzen und Alternativen

只具推論（tatsächliche Vermutung）之效果，如涉及應依職權調查之事項，法院就存在異常事實或新知識之發現，仍應爲調查（註三五），或存在顯然之瑕疵或矛盾，以不當事實爲前提，鑑定人專業知識或獨立

---

des gerichtlichen Rechtsschutzes in Verwaltungsstreitsachen, JA 1984, S. 89; G.R. Baum, Die Verwaltungsgerichtsbarkeit im Spannungsfeld zwischen Gesetzesvollzug und Individualrechtsschutz, DöV 1980, S. 429 ff.; D. Czajka, Der Stand von Wissenschaft und Technik als Gegenstand richterlicher Sachaufklärung, DöV 1982, S. 105 ff.; ders., in: A. Roβnagel (Hrsg.), Recht und Technik im Spannungsfeld der Kernenergiekontroverse, S. 192ff., Westdeutscher Verlag, Opladen 1984; P. Feuchte, Prognose, Vorsorge und Planung bei der Genehmigung industrieller Anlagen, Die Verwaltung 1977, S. 295; J. Ipsen, Die Genehmigung technischer Großanlagen, rechtliche Regelungen und neuere Judikatur, AöR 1982, S. 269; M. Kloepfer, Rechtsschutz im Umweltschutz, VerwArch. 1985, S. 395 ff.; T.C. Paefgen, Gerichtliche Kontrolle administrativer Prognoseentscheidungen, BayVBl. 1986, S. 518 ff.; C.H. Ule, Die Bindung der Verwaltungsgerichte an die Immissionswerte der TA-Luft, BB. 1976, S. 446ff.; P. Marburger, Die Regeln der Technik im Recht, 1. Aufl. S. 24 ff., Carl Heymanns, Köln 1979; F. Nicklisch, Konkretisierung wissenschaftlichtechnischer Standards bei der Genehmigung komplexer Groβanlagen, BB. 1981, S. 505 ff.; F. Ossenbühl, Die Bewertung technischer Risiken bei der Rechtssetzung, DöV 1982, S. 833 ff.; R. Stober, Zur Bedeutung des Einwendungsausschlusses an atom- und immissionsrechtlichen Genehmigungsverfahren, AöR 1981, S. 41 ff.; W. Brohm, Verwaltung und Verwaltungsgerichtsbarkeit als Steuerungsmechanismen in einem polyzentrischen System der Rechtserzeugung, DöV 1987, S. 267; B.-C. Funk, Sensible und defizitäre Bereiche des Rechtsschutzes in der öffentlichen Verwaltung, JBl. 1987, S. 155 ff.; K.-H. Ladeur, Zum planerischen Charakter der technischen Normen im Umweltrecht-Zugleich ein Beitrag zum Wyhl-Urteil des BVwG-, UPR 1987. S. 256 ff.

註三五 Vgl. W. Berg, aaO. (Fn. 26), S. 547; F.O. Kopp, aaO. (Fn. 15), Rn. 5a zu § 86 VwGO; S. Zängl, aaO. (Fn. 34), BayVBl. 1986, S. 357.

性可疑時，可再付調查（註三六）。西德聯邦行政法院在 Wyhl 案件之判決中（註三七），認爲放射性之排放的一般理算基礎，不是預行鑑定，而是行政法院應受拘束之規範具體化準則（normkonkretisierende Richtlinie）（註三八），屬於具法規範性質之行政規則（Verwaltungsvorschriften）（註三九）。最近更有學者提出技術規範之計畫性質者（註四〇），其結果行政享有判斷及裁量餘地（註四一）。

奧地利之裁決訴訟（Beschwerde gegen Bescheid），行政法院具嗣後之法律審（Revisionsinstanz）性質，就事實部分乃行政程序之續行，故，除行政官署所認定之事實程序上有瑕疵者外，行政法院受其拘束（註四二）。就裁決之撤銷，在當事人訴訟標的所及之事實理由範圍內，儘管當事人所提事實不當，仍得依職權調查其他理由，而撤銷之（註四三）。唯此理由必須爲被告官署所引用者始可（註四四）。職權主義衍生自法治國家之原則，謀求儘可能接近眞實（註四五）。措施訴訟（Maβnahmebeschwerde）及怠慢訴訟（Säumnisbeschwerde），行政法院依職權調查訴訟要件事實，不受上述限制。

義大利之行政訴訟程序，有別於其他各國，受當事人進行主義（Principio dell'impulso di parte）及處分主義（principio dispositivo）

註三六 Vgl. R. Breuer, aaO. (Fn. 34), AöR 1976, S. 83.

註三七 Siehe, BVerwG, UPR 1986, 107 ff.; BVerwGE 72, 300.

註三八 Siehe, UPR 1986, S. 112.

註三九 Vgl. W. Brohm, aaO. (Fn. 34), DöV 1987, S. 267.

註四〇 Vgl. K.-H. Ladeur, aaO. (Fn. 34), UPR 1987, S. 257 ff.

註四一 Vgl. K.-H. Ladeur, aaO. (Fn. 34), UPR 1987, S. 259.

註四二 Vgl. § 41 I VwGG; P. Oberndorfer, Die österreichische Verwaltungsgerichtsbarkeit, 1. Aufl. SS. 36, 133, Rudolf Trauner, Linz 1983.

註四三 Vgl. P. Oberndorfer, aaO. (Fn. 42), S. 129.

註四四 Vgl. P. Oberndorfer, aaO. (Fn. 42), ebenda.

註四五 Vgl. P. Oberndorfer, aaO. (Fn. 42), ebendort.

之支配（註四六）。就事實之澄清（istruttoria, istruzione），審判長得命原告於提起訴訟後三十日內，抄送被訴決定或官署拒絕開立之證明，命被告官署提出處分之副本，其依據之過程及文書，第三人亦同。就證據調查，採處分主義與職權調查主義之混合型態，缺乏嚴格之證明負擔(onere della prova)(註四七)。原告未遵行協力義務者，訴訟即被駁回；被告不遵行協力義務者，則法院依原告陳述之事實確認之（註四八）。

瑞士之聯邦行政訴訟，爲謀獲致裁判重要事實之正確及完全之澄清，採有條件限制之職權調查主義，以追求實質之眞實，法官不受當事人陳述、事實說明及證據聲明之拘束（註四九）。因此，當事人不負舉證及主張之負擔，而只負證明負擔。依聯邦司法組織法（Bundesgesetz für die Organisation der Bundesrechtspflege, OG）第一〇五條第一項規定：聯邦法院得依職權調查事實之確認；同條第二項規定：如訴訟委員會或州法院爲前審級之裁判，其事實之確認非顯然不正確、不完全或違反重要程序規定下所確定者，聯邦法院受其拘束。由於事實之推斷，事實情況當事人最清楚，故常需徵召私人協力確認（註五〇）。尤其，證據只有相對人持有時，法院應加強其職權推知，命其協力提出（註五一）。

註四六　Vgl. D. Karwiese, Kontrolle der Verwaltung durch ordentliche Gerichte und allgemeine Verwaltungsgerichte nach italienischem Recht, 1. Aufl. S. 69 ff., Metzner, Frankfurt am Main 1986.

註四七　Vgl. D. Karwiese, aaO. (Fn. 46), S. 85, Fn. 121.

註四八　Vgl. D. Karwiese, aaO. (Fn. 46), S. 86.

註四九　Vgl. F. Gygi, Bundesverwaltungsrechtspflege, 2. Aufl. S. 207.

註五〇　Vgl. F. Gygi, aaO. (Fn. 49), S. 209 und davon gezitierten BGE 103, I, b, 129.

註五一　Vgl. F. Gygi, aaO. (Fn. 49), S. 210 und davon gezitierten BGE 100, I, b, 361 ff., 103, I, b, 194, 106, I, b, 75 ff., 203.

日本行政事件訴訟法強調行政訴訟與公益之密切關係（註五二），特於第二十四條規定法院認爲必要時，得依職權調查證據，但證據調查之結果應予當事人表示意見之機會。兼顧實質眞實之發現與當事人之聽審權，其精神與西德法制彷彿。日本之行政訴訟，亦減輕兩造之舉證負擔，而證明負擔則依證據法則分配之。

我國行政訴訟法就訴訟繫屬後程序之進行，採取職權進行主義，其相關規定，計有第五條（受理訴訟之裁定）、第六條（自行迴避）、第八條（命參加訴訟）、第十二條（命停止執行）、第二十一條（證人或鑑定人之傳喚）、第二十五條（程序中止之裁定）。就事實之調查，亦採職權調查主義，其相關規定，計有第十八條及第二十二條。第十八條規定：「被告機關未委任訴訟代理人或未提出答辯書經行政法院另定期間，以書面催告，而仍延置不理者，行政法院得以職權調查事實，逕爲判決。」若單就文義觀之，行政法院之職權調查似只限於此，始得行使。果爾，則充其量一方面顯示當事人無舉證負擔，另一方面就協力義務之違反，欠缺制裁效果。本條並未明示其就裁判重要事實資料之蒐集，不受當事人事實陳述及證據聲明之拘束，就攸關正確適用法律，以維護國民有效權利保護（不因不知主張而蒙受不利）及依法行政之公益（追求實質之眞實，而確保法律之尊嚴），負完全之責任。它方面，亦無法得知當事人之協力義務。唯若依同法第三十三條準用民事訴訟法第一百九十三條第一項（事實陳述義務）、第一百九十五條第一項（眞實及完全陳述之義務）、第一百九十九條第二項（審判長之闡明義務）及第二百八十八條（職權調查證據）之規定，仍可確認我國行政訴訟仍存在當事人協力義務，從第一百九十九條第二項及第二百九十七條第一項

註五二　參見山村恆年、阿部泰隆編（失代利則），行政事件訴訟法，初版，頁二二九，三省堂，昭和五十九年。

（調查證據結果之辯論）規定合併以觀，對聽審權亦有相當之保障。若再從同法第二百八十六條（證據調查主義）及第二百八十八條之規定合併觀之，前者消極上寓有訴訟經濟之意義，後者積極上含有追求實質眞實之意義，不容忽略。唯民事訴訟法第二百八十八條被準用之結果，其所謂「因其他情形認爲必要時，得依職權調查證據」，是否在於確保依法行政之公益及調和行政訴訟兩造武器之不平等，則文義不明，實務上亦少觸及，容有再發展之必要。

綜上所述，除義大利外，各國行政訴訟均注重實質眞實之發現、法院之闡明義務、當事人之協力義務及訴訟經濟，然在法律規定上，似以西德法制爲優，其實務及學說亦頗已道盡職權調查主義之精蘊，值得吾人注意。

（三）集中審理原則

爲謀以最少之人力、物力及在最短之程序內解決訴訟，「儘可能一次辯論、一次終結」之「集中審理原則」(Konzentrationsprinzip)，乃爲各國行政訴訟制度所採取。集中審理原則之目的，即在加速程序，並獲致訴訟經濟（註五三），因之，通常審判長乃命一（受命）法官準備程序，充分蒐集、整理解決訴訟所必要之事實、證據、兩造之主張與準據法規，以利言詞辯論或裁判審理期日之順利進行。此一原則除有助於訴訟程序之迅速及訴訟經濟外，攸關直接審理原則及合議制之契守，不可不注意。

註五三 Vgl. W. Grunsky, aaO. (Fn. 12), S. 219 ff.; C. H. Ule, aaO. (Fn. 10), S. 136 ff.

法國行政訴訟制度上集中審理原則，乃在起訴狀送達書記處（Bureau du greffe），即由審判長（庭長）指定一名報告官（Rapporteur）從事案情之鳩理、事實之蒐集（藉兩造攻防方法書類之交換，命爲必要之調查方法）、適用法規之研擬及判例之分析，撰擬「假判決」（判決草案），供審判庭參考（註五四）。此一程序，分析、過濾、蒐集及整理工作，可節省裁判庭之人力、物力浪費，自不待言。

西德之行政訴訟制度亦普遍採用集中審理原則，行政法院法第八十六條第三項至第五項規定審判長之闡明權、參與人書狀提出之義務、第八十七條規定審判長或其指定之法官之準備程序命令權限：「審判長或其指定之法官，爲使爭訟儘可能在一次言詞辯論即終結，於言詞辯論前有權爲必要之命令。其有權試行使參與人爲爭訟之善意解決及和解。餘準用民事訴訟法第二百七十三條第二項、第三項第一句及第四項第一句（註五五）。財政法院法第七十九條（註五六）及社會法院法第一百零六條（註五七），亦有同旨之規定。

註五四 Voir, R. 105 et suite, CTA; Art. 51 et suite, Décr. n° 63-766 du 30, Juill. 1963.

註五五 Vgl. F. O. Kopp, aaO. (Fn. 15), Rn. 30 zu § 86 u. Rn. 1-6 zu § 87 VwGO; Eyermann/Fröhler/Kormann, aaO. (Fn. 8), Kommentierungen zu § 87 VwGO; K. Redeker/H.-J. von Oertzen, Verwaltungsgerichtsordnung (Kommentar), 9. Aufl. Rn. 1 ff. zu § 87 VwGO, Kohlhammer, Stuttgart 1988.

註五六 其第一、三句規定同行政法院法第八七條第一、三句。其第二句規定：「審判長或其指定之法官有權試使參與人說明事實及法律之狀況。」Dazu, Vgl. K. Tipke/H. W. Kruse, Finanzgerichtsordnung (Kommentar), Kommentierungen zu § 79 FGO, Stand: 1990, Otto Schmidt, Köln; F. Gräber/R. V. Groll/H.-R. Koch/R. Ruban, Finanzgerichtsordnung, 2. Aufl. Rz. 1 ff. zu § 87 FGO, Beck, München 1987.

註五七 第一項規定審判長之闡明權、第二項規定審判長之集中審理權限，第三項規定其特別權限、第四項規定採證之準用規定。In einzelnen, dazu, Vgl. J. Meyer-Ladewig, aaO. (Fn. 26), Kommentierungen zu § 106 SGG.

奧地利行政訴訟上之報告官（Berichter）制度，乃遂行集中審理原則之重要體制。每一具體個案，由行政法院院長任命一名報告官（加強庭另任命多名協同報告官 “Mitberichter”）（註五八），在先理程序（Vorverfahren）料理案件事實、交換兩造之攻防意見、蒐集證據方法等一切利於結案之準備工作（註五九）。其在先理程序有爲訴訟指揮之命令權，就準備裁判及程序輔助行爲，並得爲處分（註六〇）。

義大利之行政訴訟，亦適用集中審理原則（Principio della concentrazione），以期爭訟能在一次審理卽告終結，至少亦應以部分或中間裁判促使其實現（註六一）。一九〇七年八月十七日第六四二號教諭，諮政院訴訟部命令第三十條規定，就調查證據可命一受命推事爲之。

瑞士聯邦司法組織法第一百二十條適用聯邦民事訴訟法第五條，訴訟本案審理之準備及書類之交換，由一名調查法官（Instruktionsrichter）指揮；證人之訊問、當事人之審問，由另一名法官爲之。

日本行政事件訴訟法第七條，適用民事訴訟法第一百四十九條、第一百五十二條、第二百六十五條、第二百七十九條、第三百條、第三百零四條、第三百二十一條及第三百三十四條，對於訴訟審理之準備工作，亦由受命裁判官爲之。

我國行政訴訟法未明文規定集中審理原則，然依第三十三條準用民事訴訟法第二百七十條，採此原則自明。我國自平政院時代起迄今，實務上均行之不墜（註六二）。

註五八　Vgl. § 14 I VwGG.

註五九　Vgl. §§ 35-38 VwGG.

註六〇　Vgl. § 14 II VwGG; P. Oberndorfer, aaO. (Fn. 42), SS. 59, 146, 152.

註六一　Vgl. D. Karwiese, aaO. (Fn. 46), S. 71.

註六二　平政院時代之「專任審理評事」，行政法院時代之「配受案件評事」或「承辦評事」，卽在執行此一原則。參見蔡志方，我國第一個行政訴訟審判機關——平政院，憲政時代，第十一卷一期，頁三一以下；行政法院處務規程（五十一年六月十九日）第三二條。

綜上所述，各國行政訴訟均採集中審理原則，由受命法官（報告官、承辦評事）準備程序、梳理案情，於結案之迅速及經濟效果頗宏。然若不限制其權限於結案之準備，則易流於「合議其名，獨任其實」、「直接審理其名，間接審理其實」之弊。

（四）變更性裁判權

所謂「變更性裁判權」（reformatorische Gerichtsbarkeit），指法院就違法被訴之行政行爲，非只能撤銷或廢棄而已，並得就所認定之事實，在法定要件內逕爲變更之決定者而言（註六三）。在變更性裁判，法院不必只廢棄原決定，而命被告官署另爲「適法之處分」，可避免因被告官署再生實體或程序瑕疵，引發另一訴訟，故具訴訟經濟之效。

法國只有處罰之訴（Le contentieux de la répression），法院可變更罰額高度（註六四）；西德行政法院及財政法院，只就給付之金額有關案件爲變更（註六五）；義大利行政法院只能在強制訴訟（Giudizio di ottemperanza）（註六六），藉實質決定權爲變更性裁判；瑞士行政訴訟以廢棄裁判（Kassatorische Entscheidung）爲主，變更性裁判爲輔（註六七）；我國行政訴訟法第二十六條，雖規定行政法院得以判決變

註六三　其與實質性裁判（meritorische Gerichtsbarkeit）之區別，詳見蔡志方前揭（註一）文，頁一三九以下，特別是頁一四一以下。

註六四　Cf. Auby/Drago, Traité de contentieux administratif, 2. Éd. 1257°, Librairie Général de droit et de Jurisprudence, Paris 1975.

註六五　Vgl. § 113 II VwGO; § 100 II FGO.

註六六　參見蔡志方前揭（註一）文，頁七五以下。

註六七　Vgl. M. Metz, Der direkte Verwaltungsprozeβ in der Bundesrechtspflege, 1. Aufl. S. 43, Helbing & Lichtenhahn, Basel 1980.

更原處分或原決定，但實務上行之不多，類皆只撤銷，而命原處分機關「另為合法適當之處分」（註六八）。

此外，在法律審上訴（Revision），裁判法院在權限內調查事實，認可自行裁判者，即自行為變更性裁判，不再發回更審（註六九），亦具類似性質及效果。

（五）程序之中止

為防無謂之程序發生，凡訴訟關係之成立與否，以其他決定或裁判為準據者，在該決定或裁判未確定前，停止本案程序之進行，謂之「程序之中止」。（註七〇）此制普遍為各國所採用，法國實務上「先決問題」（question préjudicielle）為中止程序之原因之一（註七一）；西德則明文規定法院得中止程序（註七二）；瑞士聯邦司法組織法第一百二十條準用聯邦民事訴訟法第六條第一項；日本行政事件訴訟法第四十五條係規定爭點訴訟及我國行政訴訟法第二十五條等皆是。

註六八　此可避免司法權逾越，並造成行政法院替行政機關為「處分」之情形。唯邇來行政法院之裁判，卻有發生行政院已撤銷原決定及原處分，而命原處分機關另為適法之處分，在該行政機關尚未另為處分以前，即實質上替行政機關為決定之情形。參見行政法院七十九年四月十九日七九判字第六〇一號判決。

註六九　Vgl. C. Rasenack, in: Cammerer/Jeschek (Hrsg.), Tatsachenfeststellung in der Revisionsinstanz, 1. Aufl. S. 60 ff., Metzner, Frankfurt am Main 1982.

註七〇　有別於因當事人之死亡、法院不能運作等原因所致之程序停止（參見民事訴訟法第一六八條～第一八一條、第一八三條～第一八五條、第一八九條、第一九一條）與國家賠償法施行細則第三八條規定之情形，亦屬有間。

註七一　Cf. Brown/Garner, Op. cit. supra (Fn. 21), p. 75 ff.

註七二　Siehe, § 75, 94 VwGO; 114 SGG; § 74 FGO.

（六）獨任法官與小法庭

若捨裁判之正確性不談，合議制就程序所花費之時間及人力、物力，當然較諸獨任制爲多；大法庭較諸小法庭，其情形亦相埒。若不損及裁判之正確性，對於顯無理由或不合法之訴訟，或訴訟所涉之事實及法律均單純、簡易者，是否有必要由合議庭或大法庭投入過多不必要之人力與物力？

在行政訴訟之領域，有不因案件之性質，一律由統一型態之裁判庭審理者，如我國，有依案件之重要性（具有原則性意義、將變更判例、與其他裁判庭見解不同、足以形成法律之再發展或引起輿論者），由不同型態之裁判庭審理者，如法、德、奧、瑞、義及日本；有依案件之簡易，由獨任法官或小法庭審理者，前者如法國，後者如德、奧。此既富彈性，亦符訴訟經濟之原則。

法國中央行政法院對於訴顯不合法、行政鑑定之命令、中止地方行政法院停止執行之決定，由單一法官審理（註七三）。凡有一九八〇年元月十日教令所述情形，由單一庭（三名法官及一名報告官）審理（註七四）。

西德之行政訴訟，原則上由各級行政法院之「庭」裁判，遇有特別重要案件，則由大法庭（groβer Senat）審理，惟其純爲統一裁判之法

註七三 Cf. B. Pacteau, Op. cit. supra (Fn. 20), 36°.

註七四 Cf. Auby/Drago, Op. cit. supra (Fn. 64), 176°, 177°; Laubadère/Venezia/Gaudemet, Traité de droit administratif, tome I, 906-2°, Librairie Général de droit et de Jurisprudence, Paris 1984; B. Pacteau, Op. cit. supra (Fn. 20), 36°.

律意見審，本案仍由一般庭依大法庭之法律見解裁判（註七五）。邇來因訴訟過量，爲加速程序及減輕法院負擔，就簡易案件，不必榮譽職法官參與，以法院之裁定（Gerichtsbescheid）裁判（註七六）。擬議中之統一行政訴訟法，更引進獨任法官之制度（註七七）。

奧地利之行政法院，有關行政罰之案件，由三人庭裁判，一般性案件由五人庭審理，但案件特別簡易或已爲判例所澄清，或駁回訴訟及停止程序者，由三人庭審理，但五人庭已行庭議者，不在此限（註七八）。就停止效力之申請案件，由報告官裁判（註七九）。

義大利之地區行政法院，不分案件性質，統由三名法官組成之裁判庭審理（註八〇）。中央行政法院一般由五名法官組成裁判庭審理，涉及統一裁判及具原則意義之案件，由含院長在內共十三名法官組成之大法庭審判（註八一）。

瑞士聯邦法院行政法庭由三名法官組成裁判庭，唯爭訟對法院或行政之實務具原則性意義或財產性爭訟價額在八千瑞士法郎以上者，由五名法官組成裁判庭審理，然訴顯不合法或無理由者，仍由三名法官裁判（註八二）。

日本因審級之不同，法庭之組成員數亦不一（註八三）。地方法院

註七五　Vgl. § 11, 12 VwGO; § 41 SGG; 11 (2) FGO.

註七六　Vgl. § 1 I EntlG.

註七七　Siehe, § 4 EVwPO, BT-Drucks. 10/3437.

註七八　Vgl. § 12 VwGG.

註七九　Vgl. § 14 II VwGG.

註八〇　Vgl. D. Karwiese, aaO. (Fn. 46), S. 41 ff.; I. Winkler, Die Einführung der unteren Stufe der Verwaltungsgerichtsbarkeit in Italien, Die Verwaltung 1984, S. 497 ff.

註八一　Vgl. D. Karwiese, aaO. (Fn. 46), SS. 43, 44.

註八二　Vgl. §§ 15 III, 109 OG.

註八三　參見日本裁判所法第十條、第十八條及第二六條。

原則上採獨任制（註八四），高等法院為三人合議（註八五），最高法院因案件之重要性，分別由大法庭及小法庭審理（註八六）。

綜上所述，以因案件性質之不同，而異其裁判體者為優，而須明確規定其要件，始可眞正達到訴訟經濟之效果。

（七）書面審理

所謂「書面審理」，指訴訟繫屬後，從事實之蒐集、調查、法律見解主張之攻防，以至於判決，均未給與當事人言詞辯論機會者。目前各國之行政訴訟制度，甚少以此為原則，而我國採之（註八七），其妥當性大有探討之餘地。

書面審理相對於言詞審理，後者為辯論主義之精要所在，亦為確保直接審理及發現實體眞實之方法，因此，競為戰後各國行政訴訟制度所採。所謂職權調查主義，旨在發現正確之裁判基礎事實——實質之眞實，並非不予當事人以言詞表達意見，而只蔽於訴狀之探求。所謂公文書推定其為眞正（註八八），在行政訴訟當事人之特性下，徒求書面審理，似難確保其契符爭訟事實。「事實雖勝於雄辯」，然一面之詞，何以取信？而「眞理越辯越明」，準此，為實質眞實主義所支配之行政訴訟，書面審理似非為最好之方法。唯行政訴訟在一定條件下，亦非全然須行言詞辯論，例如：訴顯不合法、顯無理由、只作程序審查者、當事人協議放棄者。因此，凡行政訴訟只為程序問題之審理或訴訟程序之準

註八四　參見日本裁判所法第二六條。
註八五　參見日本裁判所法第十八條。
註八六　參見日本裁判所法第十條、第九條。
註八七　參見我國行政訴訟法第十九條。
註八八　參見我國民事訴訟法第三五五條。

備者，宜採書面審理，此亦爲各國所採，然若爲實體裁判而不行言詞審理，則與只行準備程序即爲判決何異？矧言，言詞辯論給予兩造澄清事實，防止誤解書面資料之機會（註八九）。

由於採取書面審理爲原則之國家，似只有我國，因此，其存在之缺失，除上述以外，茲就我國行政訴訟法之規定予以探討。依第十三條規定，起訴狀應載明事實：第十四條規定，命補正之事項，只限於訴狀不合法定程式，而不及於事實之錯誤或缺漏；依第二十條規定，當事人於言詞辯論時，得補充書狀或更正錯誤及提出新證據。準此，只行書面審理，則當事人不易更正錯誤及提出新證據，於當事人權益之保障及依法行政之確保，均難謂無缺失（註九〇）。再者，依第十九條及第二十三條之規定，是否行言詞辯論，仍繫於法院之裁量，而當事人請求言詞辯論者多，法院爲准駁，須先爲裁定，勢將增法院另一負擔，不符經濟原則者一。再其次，不行言詞辯論，則法院失去最接近事實之當事人協助，則易遺漏調查重要事實或斟酌重要證物，此難免有違民事訴訟法第二百八十八條合義務之裁量，致構成行政訴訟法第二十八條第一款、第十款再審之事由，如此不能防止再訴訟，不符合經濟原則者二。再者，書面審理易違直接審理原則，無法確保實質之眞實；而第十八條規定行政官署之委任訴訟代理人將失其實益。

吾人再從職權調查主義之精神出發（詳前述（二）），則當事人之事實陳述及證據聲明，並非皆須爲調查（註九一），因此，言詞審理爲原則，非即必生訴訟不經濟，此其一。反之，法院認爲有調查必要者，

註八九　Vgl. W. Grunsky, aaO. (Fn. 12), S. 215

註九〇　反之，若採言詞審理爲原則，則第二〇條之規定應防當事人以之拖延訴訟，妨礙集中審理。

註九一　參見行政法院四十九年裁字第十九號判例。

由當事人之言詞辯論益可發現眞實，達成調查之目的，此其二。爲言詞辯論時，審判長就其不必要之部分，得禁止之，並曉諭其爲必要之辯論（註九二），此其三。法院依職權調查證據之結果，應曉諭當事人爲辯論（註九三），給予書面辯論，較諸言詞辯論更費時、不直接、不經濟、難以追求眞實，亦不無牴牾「訴訟民主化」之疑，此其四。若捨言詞審理，非不可設書面審理之例外，而不必要之言詞辯論，可於法文明定賦與審判長裁定免除，更可因此使被告官署面對訴訟敬謹從事，此其五。苟行政法院厲行職權調查以發現眞實，而乏當事人之協助，則匪特眞正之事實不被提出，法院徒爲奔波，此猶不經濟者也，亦爲形成法院過度負擔之原因，此其六。

綜上所述，書面審理之微量價値，不得做爲其成爲原則之依據，而只能爲行政訴訟程序之例外。

（八）中間裁判

中間裁判（Zwischenurteil），乃用於解決訴訟程序之個別爭點，而非在終結全部程序（註九四）。由於其可施用之對象頗夥，故，乏統一之定義，然共同之特質，乃須法院尚未能就本案爲終局判決者，始得爲之，且必須對於原告皆屬有利（註九五），然原告仍無法據之而得終局勝訴之判決也。中間裁判，就個別爭點先行釐淸，可防止權利保護之延宕（註九六），且由於就中間裁判可藉上訴等程序糾正之，庶不致待全

註九二　參見行政訴訟法第三三條準用民事訴訟法第一九九條。
註九三　參見行政訴訟法第三三條準用民事訴訟法第二九七條第一項。
註九四　Vgl. W. Grunsky, aaO. (Fn. 12), S. 466; C. H. Ule, aaO. (Fn. 10), S. 291 ff.
註九五　Vgl. W. Grunsky, aaO. (Fn. 12), S. 467.
註九六　Vgl. W. Grunsky, aaO. (Fn. 12), S. 470.

案終結，始以小爭點之瑕疵，而廢棄全部判決，故具訴訟經濟作用（註九七）。

中間裁判之制度，爲各國所採行，有明文於行政訴訟法規者，如西德（註九八）；有適用或準用民事訴訟法者，如日本及我國（註九九）；有委由實務發展者，如法、奧、瑞及義大利。由於可適用之對象不統一，故不明文規定無礙，卽明文規定之，亦只具訓示或宣言之效果。

（九）訴之合併、訴之變更及程序上之合併與分離

訴，通常固以一訴一請求（訴訟標的）及一原告對一被告爲原則，而法院通常亦以一案一辦爲常例。唯基於訴訟經濟之觀點，若能「畢數功於一役」，將數件訴訟在一程序上予以解決，則匪特當事人及法院減輕負擔，而法院特別因無需重複已審理過之程序，更可避免裁判矛盾之危險，足以預防再訴訟，在訴訟過量及程序遲緩之今日，實爲一理想之努力方向。各國行政訴訟制度上之「訴之變更」、「訴之追加」及「訴之合併」，卽在於因應此一需要（註一〇〇）。

註九七　Vgl. F. Gygi, aaO. (Fn. 49), S. 142.

註九八　Vgl. § 109 VwGO; § 97 FGO; 其審查對象，不限於訴之合法性，參見 Eyermann/Fröhler/Kormann, aaO. (Fn. 8), Rn. 7 ff. zu § 109 VwGO; F. O. Kopp, aaO. (Fn. 15), Rn. 2 ff. zu § 109 VwGO; Redeker/v. Oertzen, aaO. (Fn. 55), Rn. 2 zu § 109 VwGO.

註九九　參見日本行政事件訴訟法第七條，適用民事訴訟法第一八四條；我國行政訴訟法第三三條，準用民事訴訟法第三八三條。

註一〇〇　參見南博方編（上原洋允），注釋行政事件訴訟法，頁一七九、一八六，有斐閣，昭和五十六年；鈴木忠一、三個月章監修（矢野邦雄），實務民事訴訟講座 8，行政訴訟 I，頁一八一以下，有斐閣，昭和五十六年；園部逸夫、時岡泰編（古崎慶長、青柳馨），行政爭訟法，初版，頁二六三、二七二，青林、昭林五十九年；F. O. Kopp, aaO. (Fn. 15), Rn. 1 zu § 91 VwGO; J. Meyer-Ladewig, aaO. (Fn. 26), Rn. 1 zu § 99 SGG.

「訴之變更」、「訴之追加」及「訴之合併」，以訴訟繫屬狀態繼續爲要件，而對訴訟標的爲合目的性之更動。因此，消滅訴訟繫屬狀態之「訴之撤回」及「終結」，不屬於訴之變更；即訴訟主體之變更，如追加被告、原告異動（由另一人承繼）或數訴之主體（訴訟標的共同）合併（主觀合併：共同訴訟），純法律基礎或事實之補充、更正；甚至訴訟標的限制，均不在此討論。由於訴訟經濟之全面性，必須顧及原、被告及法院，甚至第三人（參加人）之經濟與權利，因此，訴之變更、追加及合併，必須爲合目的性之限制。

西德行政法院法第四十四條規定客觀之訴的合併（objektive Klagenhäufung），爲原告複數請求之起訴方式、第九十三條規定法院之程序合併及分開處理權、第九十一條規定原告之訴訟變更；財政法院法第四十三條規定原告訴之合併（Verbindung von Klagen）、第六十七條規定原告之訴訟變更、第七十三條規定法院之程序合併及分開處理權；社會法院法第五十六條規定原告訴訟之合併、第九十九條規定原告訴之變更、第一百十三條規定法院之程序合併及分開處理權。就訴之變更言，三訴訟法或就明文，或因準用之結果（註一〇一），可謂完全一致。茲舉其要件說明如後：(1) 訴之變更，須原告於訴訟繫屬後爲之（註一〇二）；(2) 訴之變更，須原告於訴訟仍繫屬中爲之（註一〇三）；(3) 須係原告於訴訟繫屬中，變更訴訟標的（註一〇四），以聲明向法院表示變更，

註一〇一 Vgl. § 173 VwGO; § 155 FGO; i. V. m. § 264 ZPO.

註一〇二 Vgl. F.O. Kopp, aaO. (Fn. 15), Rn. 21 zu § 91 VwGO; J. Meyer-Ladewig, aaO. (Fn. 26), Rn. 2 zu § 99 SGG.

註一〇三 Vgl. F.O. Kopp, aaO. (Fn. 15), Rn. 21 zu § 91 VwGO.

註一〇四 關於訴之變更概念，Vgl. W. Grunsky, aaO. (Fn. 12), S. 122 ff.; F.O. Kopp, aaO. (Fn. 15), Rn. 2 zu § 91 VwGO; J. Meyer-Ladewig, aaO. (Fn. 26), Rn. 2 zu § 99 SGG; 事實之追加、更正及法律陳述之補充及更正；本案事實或附帶請求之聲明的擴張或限制；因嗣後發生之標的，而以另一標的或利益請求取代原本請求之標的者，Vgl. § 264 ZPO; § 99 III SGG; F. O. Kopp, aaO. (Fn. 15), Rn. 3, 4, 8 ff., zu § 91 VwGO.

如係嗣後加入其他訴之原因（Klagegrund），則爲訴之追加，亦即所謂之「嗣後的訴之合併」(nachträgliche Klagehäufung)，有別於一般訴之合併（詳下述）；(4) 訴之變更，須得參與人之同意（註一〇五），其同意可爲事前之許可（實際上少見）（註一〇六），可明示或默示（註一〇七）；只獲法院之認可爲已足（註一〇八），亦無需爲明示（註一〇九），被告同意亦可（註一一〇）。此等同意及認可，分別在保障其他參與人之權益及避免法院之不必要負擔。唯訴訟經濟並非訴訟變更之主要目的，因此，若全部參與人已同意，而法院認爲於事無補或有害（如增加負擔或延宕訴訟），法院似亦不能予以駁回（註一一一）；(5) 訴訟主體之變更或訴訟種類之改變，須符合其他法定許可要件（前者如訴訟能力，後者如先行程序之踐行及訴訟期限之遵守）（註一一二）；(6) 必須受訴法院仍有管轄權（註一一三）。就訴之合併言，可分主觀之合併（共同訴訟）（詳下述（十一））、客觀之合併及程序處理上之合併。

註一〇五 Vgl. F. O. Kopp, aaO. (Fn. 15), Rn. 16 zu § 91 VwGO; J. Meyer-Ladewig, aaO. (Fn. 26), Rn. 9 zu § 99 SGG.

註一〇六 Vgl. F. O. Kopp, aaO. (Fn. 15), Rn. 17 zu § 91 VwGO.

註一〇七 Vgl. F. O. Kopp, aaO. (Fn. 15), ebenda; J. Meyer-Ladewig, aaO. (Fn. 26), Rn. 9 zu § 99 SGG.

註一〇八 條文規定爲：「法院認爲於事有補」(für sachdienlich hält)。

註一〇九 Vgl. F. O. Kopp, aaO. (Fn. 15), Rn. 18 zu § 91 VwGO; J. Meyer-Ladewig, aaO. (Fn. 26), Rn. 11 zu § 99 SGG; Redeker/V. Oertzen, aaO. (Fn. 55), Rn. 13 zu § 91 VwGO; Eyermann/Fröhler/Kormann, aaO. (Fn. 8), Rn. 13 zu § 91 VwGO.

註一一〇 Vgl. § 91 II VwGO; § 67 II FGO; § 99 II SGG.

註一一一 學者間似均未注意及此，故除其有違公益外，不能禁止之。Eyermann/Fröhler/Kormann, aaO. (Fn. 8), Rn. 13 zu § 91 VwGO.

註一一二 Vgl. F. O. Kopp, aaO. (Fn. 15), Rn. 32 zu § 91 VwGO; J. Meyer-Ladewig, aaO. (Fn. 26), Rn. 13 zu § 99 SGG.

註一一三 同上註。

客觀之合併屬於原告之處分權；程序處理上之合併，則爲法院之裁量權範圍。基於訴訟經濟之考量，訴之合併須預防其欲益反損，故須有所限制及補救之道。關於客觀訴之合併，行政法法院第四十四條、財政法院法第四十三條及社會法院法第五十六條規定之內容一致，其要件如下：(1) 除中間確認之訴外，多數之訴的請求（標的），應於起訴時一併提起（註一一四），否則，乃屬於訴之追加或嗣後之訴之合併，爲訴之變更問題；(2) 須爲多數之「訴的請求」(Klagebegehren)，多數法律觀點或事實，而只追求一訴訟標的者，非訴之合併（註一一五）；(3) 須數訴之請求間具關聯性，亦卽在法律上或事實上，彼此相牽連；(4) 須數訴之請求均係同一原告（可爲多數人）對同一被告提起者；(5) 須爲一訴追求數訴之請求，如係數訴分別追求數訴之請求，只能爲程序之合併（註一一六）；(6) 須同一法院就數訴均具有管轄權。此外，訴之合併，得爲累積式 (kumulativ)、預備式 (eventual) 及階梯（段）式 (stufig)（註一一七）。就程序處理上之合併言，行政法院法第九十三條、財政法院法第七十三條及社會法院法第一百十三條規定文義不盡相同，但其目的在使法院就程序得以爲合目的性之處理（特別是在減輕負擔方面、避免矛盾之裁判及參與人間之爭訟關係儘可能廣泛地解決，則屬一

註一一四 Vgl. § 173 VwGO; i. V. m. § 256 II ZPO.

註一一五 Vgl. F. O. Kopp, aaO. (Fn. 15), Rn. 2 zu § 44 VwGO; J. Meyer-Ladewig, aaO. (Fn. 26), Rn. 3 zu § 56 SGG.

註一一六 在此種情形，卽使當事人同一，訴之請求間具有牽連關係（如提起撤銷之訴及請求結果除去之訴），而原告分成數訴提起，站在訴訟經濟觀點，亦宜允許之（嗣後之合併），然現行法無規定，其要件不符客觀訴之合併、訴之追加及一般訴之變更。

註一一七 Vgl. Eyermann/Fröhler/Kormann, aaO. (Fn. 8), Rn. 1 zu § 44 VwGO; W. Grunsky, aaO. (Fn. 12), S. 62 ff.; F. O. Kopp, aaO. (Fn. 15), Rn. 1 zu § 44 VwGO; J. Meyer-Ladewig, aaO. (Fn. 26), Rn. 4 zu § 56 SGG; Redeker/v. Oertzen, aaO. (Fn. 55), Rn. 1 zu § 44 VwGO.

致）（註一一八）。程序上合併之要件：(1) 多數程序（不必均屬本案程序）繫屬於同一法院；(2) 多數程序須在事實上或法律上就同一基礎而發（註一一九），參與人則不必同一；所謂繫屬法院亦不必同一法庭，但須非不同之專庭（註一二〇）。由於程序之合併，純屬合目的性之考量，其不合目的者，原爲合併之程序，亦可再分開處理（必要共同訴訟例外）（註一二一）。此等制度在解決大量程序（Massenverfahren）上，亦屬利器（註一二二）。

奧地利之行政法院法規，未明文規定訴之變更、追加及合併，亦無準用民事訴訟法之規定（註一二三），而委由實務發展。理論上承認訴之合併、變更及追加（註一二四），但實務則採限制之態度（註一二五）。

註一一八 Vgl. F.O. Kopp, aaO. (Fn. 15), Rn. 1 zu § 93 VwGO; J. Meyer-Ladewig, aaO. (Fn. 26), Rn. 1 zu § 113 SGG.

註一一九 Vgl. F.O. Kopp, aaO. (Fn. 15), Rn. 4 zu § 93 VwGO; J. Meyer-Ladewig, aaO. (Fn. 26), Rn. 2 zu § 113 SGG; Redeker/v. Oertzen, aaO. (Fn. 55), Rn. 2 zu § 93 VwGO.

註一二〇 Vgl. J. Meyer-Ladewig, aaO. (Fn. 26), Rn. 2 zu § 113 SGG.

註一二一 Vgl. Eyermann/Fröhler/Kormann, aaO. (Fn. 8), Rn. 10 zu § 93 VwGO; F.O. Kopp, aaO. (Fn. 15), Rn. 1, 7 zu § 93 VwGO; J. Meyer-Ladewig, aaO. (Fn. 26), Rn. 5 zu. § 113 SGG; Redeker/v. Oertzen, aaO. (Fn. 55), Rn. 3 zu § 93 VwGO.

註一二二 Vgl. F.O. Kopp, Gesetzliche Regelungen zur Bewältigung von Massenverfahren, DVBl. 1980, S. 329; ders., Welchen Anforderungen soll eine einheitlichen Verwaltungsprozeßordnung genügen, um im Rahmen einer funktionsfähigen Rechtspflege effektiven Rechtsschutz zu gewährleisten? Gutachten zum 54. DJT, S. 120; ders., aaO. (Fn. 15), Rn. 3 zu § 93 VwGO.

註一二三 依行政法院法第六二條第一項，行政法院之程序本法未另爲規定時，適用「一般行政程序法」之規定。

註一二四 Vgl. P. Oberndorfer, aaO. (Fn. 42), S. 115.

註一二五 實務上允許以新訴代舊訴 (VwSlg 4453 A/1957)，除此之外，訴訟標的之嗣後變更，則多持否定態度 (VwGH 13, 5, 1959, Zl, 744/745/59; VwSlg 8419 A 1973)。訴訟期限後訴訟基礎之變更、補充、擴張，即使被告同意，亦不許之 (VwGH 27, 2, 1980, Zl, 1498/79, 18, 6, 1976, Zl, 2276/75)。

瑞士聯邦司法組織法未明定訴之變更、追加及合併，但依其第一百二十條準用聯邦民事訴訟法第二十四條（訴之合併）及第二十六條（訴之變更），其情形與西德法制類似（註一二六）。唯因聯邦法院之行政訴訟裁判權，主在審查行政處分之合法性，因此，實務上不許可對訴訟標的爲新的請求（註一二七）。

日本行政事件訴訟法對於訴之合併（第十六條、第十七條）、訴之追加（第十八條～第二十條）、訴之變更（第二十一條）及程序之合併處理（第十三條），均有詳細之規定。第十三條規定撤銷訴訟具有第一款～第六款之法定關聯之請求，繫屬於個別之法院，除有爲高等法院以外，得本於申請或依職權，將關聯請求移送撤銷之訴之繫屬法院審理（註一二八）。第十六條規定：(1) 有關牽聯請求之訴，得合併於撤銷之訴；(2) 依前項規定爲訴之合併，如撤銷之訴之第一審法院爲高等法院時，應得有牽聯請求訴訟被告同意。被告不提出異議而參與本案之辯論或在準備程序中爲陳述時，視爲已有同意。第十八條規定第三人所爲請求之追加合併，在撤銷之訴言詞辯論終結前，得以當事人一方爲被告，將有關牽聯之訴合併於撤銷之訴而提起，然如撤銷之訴繫屬於高等法院時，應得被告（明示或默示同意）。第十九條規定原告爲請求之追

註一二六　瑞士聯邦司法組織法第二四條規定如下：「(1) 原告對同一被告之數個請求，如聯邦法院就各個請求俱有管轄權時，得於一訴中主張之。(2)（略）。(3) 法官認爲合目的時，得隨時分開合併之訴訟。」；第二六條規定：「(1) 權利請求得以另一或其他與先前主張之請求具有關聯之請求變更之，(2) 以新事實之陳述說明被變更之訴之理由者，受第十九條第二項及第三項之限制（按：指提出之時點）。」

註一二七　Vgl. BGE 98 I. b. 428; 99, I. b. 126, 198; 104, I. b. 315 ff., zitiert aus F. Gygi, aaO. (Fn. 49), S. 256.

註一二八　參見南博方編（井土正明），前揭（註一〇〇）書，頁一四六以下；山村恆年、阿部泰隆編（細川俊彥），前揭（註五二）書，頁一四九以下。

加合併：(1) 原告在撤銷之訴言詞辯論終結前，得將有關牽連請求之訴合併於撤銷之訴而提起之。如該撤銷之訴繫屬於高等法院時，應得被告（明示或默示）之同意。(2) 前項規定，就撤銷之訴，得準用民事訴訟法第二百三十二條（訴之變更）之規定。第二十條規定：依前條第一項前段規定，將撤銷處分之訴合併於對處分之審查請求爲駁回之裁決提起撤銷之訴時，同項後段雖有準用第十九條第二項之規定，無須得提起撤銷處分之訴被告之同意，且提起此項訴訟時，就訴訟期間之遵守，應視爲於提起撤銷裁決之訴時已提起撤銷處分之訴。第二十一條規定對於國家及公共團體請求之訴訟，在請求基礎同一及被告適格之情形下，於言詞辯論終結前，本於原告之聲請，准予爲訴之請求的變更（註一二九）。前述之規定，於其他抗告訴訟準用之（註一三〇）。

我國行政訴訟法除第二條第一項就附帶損害賠償之訴予以規定（另詳下述（十三）），具有訴之合併、變更及追加之作用，並無其他特別規定。然以目前僅有撤銷之訴之情況，民事訴訟法第二百四十八條、第二百五十五條～第二百五十八條準用之價值甚少。然將來增加訴訟種類及審級（註一三一），則此等準用規定，必不敷用，必須另行規定（註一三二），但在採取訴願前置主義下，恐亦生不切實際或拖延訴訟（如關

註一二九　參見南博方編（上原洋允、仲江利政、南三郎），前揭（註一〇〇）書，頁一七六以下、一八五以下、一八九以下；山村恆年、阿部泰隆編（小林茂雄），前揭（註五二）書，頁一八九以下、二〇〇以下、二〇三以下、二〇九以下及二一二以下；鈴木忠一、三個月章監修（矢野邦雄），前揭（註一〇〇）書，頁一八一以下。

註一三〇　參見同法第三八條。

註一三一　行政法院組織法修正草案第二條，採二審級制，而行政訴訟法修正草案第三條，亦擴大訴訟種類，包括撤銷訴訟、確認訴訟及給付訴訟。

註一三二　行政訴訟法修正草案第一一二條，就訴之變更、追加及其限制，有特別之規定，而第一一六條亦明文準用民事訴訟法第二四八條及第二五七條。

聯請求尚在訴願中，勢須中止程序或不准合併、追加）（註一三三）。

綜上所述，訴之合併、變更及追加等，因行政訴訟體制之不同（如先行程序、訴之種類等），否則，必須做不同之因應，難以強移外制，必致格格不入或有橘逾淮之情況。

（十）和　解

和解（Vergleich; Transaction; Conciliazione），謂當事人約定，互相讓步（Nachgeben; Concession; Cedere），以終止爭執或防止爭執發生之契約。在訴訟法上，以終止爭執之契約爲限，復可分爲訴訟外和解與訴訟上和解。兩者之別，在於後者直接發生終結訴訟（繫屬）之效果。由於必須雙方讓步（有別於單方讓步之認諾及訴之捨棄或撤回）（詳下述（十四）），因此，必須當事人對讓步之事項具有處分權，故，和解在訴訟上乃處分主義之表現。和解制度，除涉及強行或禁止之規定外，爲各國民事法所普遍承認。在行政法（特別是行政訴訟法）之領域，因攸關依法行政之要求及當事人（特別是行政官署一方）之權限，並未爲各國所普遍採納，只有限度採行而見諸明文者（直接承認型），如法國（註一三四）、西德（註一三五）；有未明文，而或間接由法

註一三三　參見行政訴訟法修正草案第一一二條及其立法理由第四點。目前行政訴訟準用民事訴訟法第二四八條，既不相符，亦無助於訴訟經濟，蓋其未限於關聯性請求也。民事訴訟法第二五七條與現行法院體制不符。同法第二五五條及第二五六條，除附帶損害賠償之訴，因行政訴訟法第二條第一項已明文，不必準用外，僅用於變更訴訟標的（如原主張撤銷處分及決定，後予以限縮，或原只主張撤銷處分或決定，後予以擴張）及追加關聯性請求或具關聯性標的（如數具牽連處分之撤銷），始稍具實益。

註一三四　V. Art. 75, 7°, Code administratif commune; Loi du 10 août 1871, Art. 46, 16° et code civil, Art. 2045.

註一三五　Siehe, § 106 VwGO; § 101 I SGG.

律推知或委由實務發展者（間接承認型），如我國（註一三六）、日本（註一三七）及瑞士（註一三八），有未以法律明定其可否，而實務上予以拒絕者（間接否認型），如奧地利（註一三九）、義大利（註一四〇）。

由於行政訴訟負有權利救濟及維護法律之雙重任務（有主從之別），而一般行政程序在依法行政之法治國家要求下，行政官署亦不得隨意（恣意）處分其權限，因此，在法定事實及法律要件明確下，應認不得成立和解，唯有在官署主、客觀之合理評斷下尚不明確，且在其處分權內，並不害及公益及牴觸法規時，始得爲之（註一四一）。在此嚴格要求

註一三六　在我國能否依行政訴訟法第三三條，而準用民事訴訟法第三七七條以下關於訴訟上和解之規定，實務及學說缺乏明確之見解；民法第七三六條以下，因性質不符，不能準用。是否可委諸行政法一般原則，亦乏學說提及。唯在我國法上不乏類似訴訟外和解之制度者，如國家賠償法第十條第二項；區域計畫法第十四條第二項；都市計畫法第二九條第二項、第四一條；下水道法第十五條；市區道路條例第八條及軍事徵用法第二九條第二項等之協議，性質上爲公法契約，具有和解之作用。

註一三七　在日本能否依行政事件訴訟法第七條，而適用民事訴訟法第一三六條、第二〇三條關於和解之規定，其情形如我國，實務上承認和解制度；在學說上有肯、否二說。肯定說在行政自由裁量權範圍內，承認其處分權及若干實定法對協議之規定爲依據；否定說認自由裁量權與訴訟標的之處分權同視，自由裁量生裁判同一效果不當，行政事件涉及公益，任意讓步不符行政之行使方式之高權性及單方判斷性。參見山村恆年、阿部泰隆編（片岡安夫），前揭（註五二）書，頁六九以下；南博方編（高林克巳），前揭（註一〇〇）書，頁八〇；鈴木忠一、三個月章監修（富澤達），前揭（註一〇〇）書，頁二七九以下。

註一三八　瑞士聯邦司法組織法第一二〇條準用聯邦民事訴訟法第七三條，得爲和解，然實務上以當事人對標的具有處分權爲限，故甚少適用。Vgl. F. Gygi, aaO. (Fn. 49), S. 327.

註一三九　Vgl. P. Oberndorfer, aaO. (Fn. 42), S. 129.

註一四〇　義大利缺乏明文，其民事訴訟法之執行及過渡規定（Disposizioni di attuazione del codice di procedura civile e disposizioni transitoirie）第一四七條第一項，在社會法領域之和解，不生實體及訴訟法之拘束力；文獻上所列舉終結訴訟之原因，亦不及於「訴訟上和解」。Vgl. D. Karwiese, aaO. (Fn. 46), S. 95 ff.

註一四一　Vgl. § 55 VwVfG u. § 106 VwGO (BRD); W. Grunsky, aaO. (Fn. 12), S. 94.

下，本於訴訟上經濟之要求，宜許爲訴訟上和解。蓋事實最接近之兩造（特別是行政官署）亦不明確，則徒求行政法院依職權探知，匪特過求，亦不易以便宜之方式迅速獲致眞相。以其既不利於兩造及法院，又不能有助於公益，寧允其爲和解之爲愈也。

（十一）參加、共同訴訟與團體訴訟

參加與共同訴訟，其共通點在於訴訟程序上主體之多數（前者形成當事人或參與人之多數，後者形成主要當事人之多數）及程序上經濟之共同要求。其不同者，除各自固有目的之不同外（註一四二），主要在於訴訟參加之參加人，乃以「第三人」身分參與他人之訴訟程序，且必須在他人訴訟（已且尚）繫屬中爲之；共同訴訟之共同訴訟人（Streitgenossene），皆係以主要之當事人地位參與訴訟程序，本質上其訴與主體均爲多數，至於其形成訴訟團體（Streitgemeinschaft）之時間，不限於

註一四二　參加之固有目的，在於維護參加人之權益，以既判力之擴張促進法之安定性、防患其他訴訟之發生。參見南博方編（上原洋允），前揭（註一〇〇）書，頁一九八以下；雄川一郎、塩野宏、園部逸夫編（並木茂），現代行政法大系，5卷，行政爭訟Ⅱ，頁一六五以下，有斐閣，昭和五十九年；山村恆年、阿部泰隆編（小林茂雄），前揭（註五二）書，頁二二〇以下；Eyermann/Fröhler/Kormann, aaO. (Fn. 8), Rn. 1 zu § 65 VwGO; W. Grunsky, aaO. (Fn. 12), S. 289 ff.; F. O. Kopp, aaO. (Fn. 15), Rn. 1 zu § 65 VwGO; J. Meyer-Ladewig, aaO. (Fn. 26), Rn. 3 zu § 75 SGG; R. Stober, Beiladung im Verwaltungsprozeβ, in: Festschrift für C.-F. Menger zum 70. Geburtstag, S. 403 ff.; 共同訴訟之目的，特別是一般共同訴訟，在於免除審理之重複、避免裁判之矛盾，同一處分關係之紛爭一舉解決，並防審理複雜化及遲延。參見南博方編（上原洋允），前揭（註一〇〇）書，頁一八二；山村恆年、阿部泰隆編（小林茂雄），前揭（註五二）書，頁一九三。

起訴時或繫屬後（以訴之追加的變更方式為之）（註一四三）。團體訴訟與參加，只在謀訴訟之經濟共通外，餘則迥不相侔。團體訴訟與共同訴訟共通之處，除謀訴訟之經濟外，乃在於實體法上權利、義務主體之多數，其不同點，在於共同訴訟，在訴訟上具有「顯性之複數主體」及「訴之多數」（故，亦恆為客觀訴之合併）（註一四四），而團體訴訟在訴訟上，具有「隱性之複數主體」，亦即潛在多數之可能的訴訟主體，訴在程序上則為單數。此外，兩者存在之目的亦不同（註一四五）。

就促成訴訟經濟之效能言，參加藉訴訟既判力之擴張，避免其他訴訟及防止同一對象可能訴訟之裁判矛盾，具有防止訴訟之作用（註一四六），此外，由於參加人不必限於支持原告或被告（與民訴上從參加“Nebenintervention”不同），藉其資訊之提供，可導正裁判之偏失，使裁判契符訴訟經濟之先決前提：正確。共同訴訟，使數件訴訟在同一程序中處理，可免重複審理程序。團體訴訟，以團體組織之財力及有體系之資訊、完整而豐富之消息依據，可提供法院快速而正確之裁判事實

註一四三 Statt aller, Vgl. F.O. Kopp, aaO. (Fn.15), Rn.2 zu § 64 u. Rn.2 zu § 65 VwGO.

註一四四 Vgl. H. Faber, Die Verbandsklage im Verwaltungsprozeβ, 1. Aufl. S.11 ff., Nomos, Baden-Baden 1972; F. Gygi, aaO. (Fn.49), S.160; D. Neumeyer, Die Klagebefugnis in Verwaltungsprozeβ, 1. Aufl. S.48. Duncker & Humblot, Berlin 1979; W.C. Schmel, Massenverfahren vor den Verwaltungsbehörden und den Verwaltungsgerichten, S.236 ff., Duncker & Humblot, Berlin 1982; W. Skouris, Verletztenklagen und Interessentenklagen im Verwaltungsprozeβ, 1. Aufl. S. 211 ff., Carl Heymanns, Köln 1981.

註一四五 H. Faber 提出合理化之效果 (Rationalisierungseffekt)、實質之平等保護 (materialer Gleichheitsschutz)、糾正政治上競爭之歪曲 (Korrektur politischer Wettbewerbsverzerrungen) 及團體當作客觀訴權之主體 (Verband als Träger objektiven Klagebefugnisse) 為其積極效果。Vgl. ders., aaO. (Fn.144), S.74 ff.

註一四六 Vgl. F.O. Kopp, aaO. (Fn.15), Rn.1 zu § 65 VwGO.

依據（註一四七），其吸收潛在之多數原告，以一訴解決眾多紛爭，具有簡化程序之功能（註一四八），間亦加速訴訟之處理。

法國行政訴訟法規只斷簡殘編地規定參加（Intervention）程序之處理（註一四九），對於共同訴訟及團體訴訟缺乏明文，委由實務發展。由於法國向採個別訴訟原則（principe d'individualisation des recours），對於共同訴訟（recours colletifs）採嚴格之態度（註一五〇）。近之敎令，雖放寬採納，但限制應由一名代理提起，而送達亦對其爲之（註一五一）。至於團體訴訟，則持開放之態度，凡具有訴訟利益卽允許之（註一五二）。

西德行政法院法第六十五條（註一五三）、財政法院法第六十條（註一五四）及社會法院法第七十五條（註一五五），分別依訴訟之特性，規

註一四七 Vgl. H. Faber, aaO. (Fn. 144), S. 75 ff.

註一四八 Vgl. F. Gygi, aaO. (Fn. 49), S. 160.

註一四九 V. R. 83, 154 CTA; Art. 61, Ord. n° 45-1708 du 31, Juill. 1945.

註一五〇 Cf. Auby/Drago, Op. cit. supra (Fn. 64), 1052°, 1053°; B. Pacteau, Op. cit. supra (Fn. 20), 181°.

註一五一 V. Décr. n° 84-819 du 29 août 1984.

註一五二 參見蔡志方前揭（註一）文，頁五八。

註一五三 規定如下：「(1) 法院在程序尙未有旣判力終結或尙在較高審級繫屬中，得本於職權或因其他人之申請，命因裁判涉及其法律上利益者參加；(2) 就爭訟法律關係參與之第三人，如裁判對之亦必須合一確定者，應命其參加（必要參加）；(3) 參加之決議應送達所有參與人。事件之狀態及參加之理由，應說明之。參加不得撤銷。」

註一五四 規定如下：「財政法院得依職權或因其他人之申請，命就稅法上法律利益爲裁判所涉及者，特別是依稅法與納稅義務人同負有責任之人爲參加；(2) 爲其他賦稅權利人管領賦稅者，其作爲賦稅權利人之利益爲裁判所涉及時，不必因此而命其參加；(3) 就爭訟法律關係參與之第三人，如裁判對之亦須合一確定者，應命其參加（必要參加）。依第四八條不具訴權之共同權利人，不適用之；(4) 參加之決議，應送達所有參與人，事件之狀況及參加之理由，應說明之；(5) 爲共同權利人而參加者，得要求指定共同代收人；(6) 參

定訴訟參加（Beiladung），並分普通參加與必要參加（einfache und notwendige Beiladung），前者重在法院程序上合目的性之考量，後者則依事件本質之要求及程序合法性之要求爲之。就共同訴訟（Streitgenossenschaft）言，三訴訟法均明文準用民事訴訟法第五十九條至第六十三條之規定，就主參加訴訟（Hauptintervention），在一般行政訴訟及財政訴訟甚少有適用之機會，致略而不提（註一五六），只有社會法院法第七十四條明文準用之。就團體訴訟，西德除少數邦（卽 Hessen, Bremen 及 Hamburg）明文規定外，向採保守之態度，學界則積極主張開放（註一五七）。

奧地利之行政訴訟法規未明文規定共同訴訟及團體訴訟，然實務則採之，唯採被害者訴訟型態（註一五八）。參加之制度，在奧國稱「共同

加人在爲原告或被告之參與人聲明範圍內，主張獨立之攻擊及防禦方法，並有效爲一切程序行爲。必要參加者始得提出不同之事實聲明。」

註一五五 規定如下：「(1)法院得依職權或因其他人之申請，命其正當利益爲裁判所涉及者參加。戰爭犧牲者照顧事件，應依申請命德意志聯邦共和國參加；(2) 就爭訟法律關係參與之第三人，如裁判對之亦須合一確定或在請求之拒絕事件，爲另一保險主體，或在戰爭犧牲者照顧之事件，邦被認爲具有給付義務者，應命其參加；(3) 參加之決議，應送達所有參與人。事件之狀況及參加之理由，應說明之。命第三人參加之決議，不得撤銷之；(4) 參加人得在其他參與人之聲明範圍內，主張獨立之攻擊及防禦方法，並有效爲一切程序行爲。依第二項所爲之參加者，始得提出不同之事實聲明；(5) 保險主體及戰爭犧牲者照顧事件之邦，得依參加對之爲給付之判決。」

註一五六 Vgl. J. Meyer-Ladewig, aaO. (Fn. 26), Rn. 1 zu § 74 SGG.

註一五七 參見蔡志方前揭（註一）文，頁六〇以下；H. Faber, aaO. (Fn. 144), S. 45 ff.

註一五八 Vgl. Walter/Mayer, Grundriβ des österreichischen Bundes-Verfassungsrechts, 6. Aufl. Rz. 968, Manz, Wien 1988.

參與人」(Mitbeteiligte)，規定於行政法院法第二十一條（註一五九），採法律上利益涉及者參加說。

義大利行政訴訟法規承認參加、共同訴訟及團體訴訟，除後者外，一九七一年十二月六日第一〇三四號法律第二十條間接表示共同訴訟、第二十二條第二項間接規定參加（註一六〇），而其明文規定，則見於一九〇七年八月十七日第六四二號教諭第三十七條至第四十條（註一六一）。凡就爭訟具有利益者，在各該關係程序進行中爲之（註一六二）。

瑞士聯邦司法組織法第一百一十條第一項，默示提及參加及共同訴訟，其明文則係被準用之聯邦民事訴訟法第十五條（參加）及第二十四條第二項（共同訴訟）（註一六三）。

日本行政事件訴訟法第十七條規定共同訴訟（註一六四）、第二十二

註一五九　規定如下：「(1) 行政訴訟程序之當事人（Parteien），指原告(Beschwerdeführer)、被告官署 (die belangte Behörde) 及其法律上利益爲行政處分撤銷之結果所涉及之人（共同參與人）；(2) 卽使訴訟未列共同參與人，仍應依職權考慮所有共同參與人聽審，並使其獲得維護其權利之機會。」

註一六〇　規定如下：「凡爲程序所涉及者，在不牴觸本法規定下，得依諮政院訴訟部程序規則第三七條以下之規定，參加該程序。參加之聲明向當事人之選舉住所及爲處分之行政官署送達，並須於送達後二十日內向地區行政法院之辦公室寄存。」

註一六一　第三七條規定：「就訴訟具有利益者，得爲參加。參加，向該管（訴訟）部聲請之。申請應附理由，以證明文件引述，由當事人及其律師簽名，或僅由特別授權之律師簽名。」

註一六二　見同規則第三七條第一項及第四〇條。

註一六三　該項第一款後段規定：「法官得命立於法律團體之第三人參加訴訟。參加人爲當事人。」

註一六四　該條第一項規定：「撤銷處分及裁決之訴，以關聯請求爲限之原告合併及被告合併。第二項規定時間之限制。」

條規定第三人之訴訟參加（註一六五）、第二十三條規定行政官署之訴訟參加（註一六六）。依彼國學者之見解，第二十二條之參加，側重於原告參加，故必須本訴合法；第二十三條之參加，側重於被告參加，故性質上必須主張行政處分之有效成立，不許行政意思分裂（註一六七）。

我國行政訴訟法第七條第一項規定行政訴訟之當事人及於參加人，第八條規定行政法院得命有利害關係之第三人參加訴訟；並得因第三人之請求，允許其參加。所謂「有利害關係之第三人」，實務嚴加限縮，只限於從參加（註一六八），且所謂「利害關係」，只指法律上之利害（註一六九）。就共同訴訟，依行政訴訟法第三十三條準用民事訴訟法第五十三條、第五十五條至第五十七條之規定（註一七〇）。行政訴訟法第一條第一項、第九條之規定予以結合，乃生被告共同訴訟之基礎，但因第九條之明定，遂被排除（註一七一），唯兩行政機關共同為處分者，

註一六五　規定如下：「(1) 因訴訟結果致侵害第三人之權利時，法院得因當事人或該第三人之聲請或依職權，以裁定使第三人參加訴訟。(2) 法院在為前項裁定前，應事先聽取當事人及第三人之意見。(3) 為第一項聲請之第三人，對於駁回其聲請之裁定，得提起即時抗告。(4) 依第一項參加訴訟之第三人，準用民事訴訟法第六二條之規定（按：必要之共同訴訟人之地位）。(5) 依第一規定有第三人請求參加時，準用民事訴訟法第六八條之規定（按：參加人之參與訴訟）。」

註一六六　規定如下：「(1) 法院認為其他行政機關有參加訴訟之必要時，得因當事人或該行政機關之聲請或依職權，以裁定命該行政機關參加訴訟。(2) 法院在為前項裁定前，應先聽取當事人及該行政機關之意見。(3) 依第一項參加訴訟之行政機關，準用民事訴訟法第六九條（按：參加人之訴訟行為）之規定。」

註一六七　參見山村恆年、阿部泰隆編（小林茂雄），前揭（註五二）書，頁二二三、二二六。

註一六八　參見行政法院四十四年判字第八十二號、五十年裁字第三十七號判例。

註一六九　參見行政法院四十七年裁字第五十四號判例。

註一七〇　民事訴訟法第五四條之規定，在我國行政訴訟之性質上，不能準用。

註一七一　參見行政法院四十六年裁字第十七號、五十四年判字第一六八號及六十一年裁字第二一六號判例。

自仍存在共同被告。至於團體訴訟，由於我國行政訴訟法第一條規定之結果，阻礙以自己名義爲其成員訴訟之機會，間接否定其存在（註一七二）。

綜上所述，參加之制度應分必要參加與普通參加，前者應許其爲獨立之攻防，並有效爲一切程序行爲。此外，在行政訴訟法上應明定其要件。共同訴訟一般採準用民事訴訟法之規定，但宜限於「主參加」之外之共同訴訟。團體訴訟對於大量訴訟處理及預防有所裨益，似可採取。

（十二）模範訴訟與抽象規範審查

戰後由於行政職能之擴大，行政活動積極增加，大型之行政建設計畫頻仍，其影響所及之人數，常以千萬計。在法治國家行政合法化要求下，行政程序法上乃有所謂之「大量手續」（Massenverfahren）之規定，以應付行政面臨大量手續時人力、物力之侷限（註一七三）。所謂大量手續，不僅在行政程序上爲一新興之重要問題，其影響所及，在行政訴訟上亦爲一待決之困難問題。西德慕尼黑第二機場計畫確定決議之撤銷訴訟，原告共計五千七百二十四名（註一七四），類此案件（註一七五），

註一七二　至於合作社、農會、漁會、工商團體、縣、鄉、鎭等公、私法人，其權利已獨立於其成員之外，並具獨立之法律地位，自亦不能爲團體訴訟。

註一七三　西德行政程序法上有所謂之「大量手續」，其介紹請參見翁岳生，行政法與現代法治國家，三版。頁二五七以下（在此稱大眾手續），自刊，六十八年十月；F.O. Kopp, aaO. (Fn. 16), Rn. 1 ff. zu § 17 VwGO; Ule/Laubinger, Verwaltungsverfahrensrecht, 3. Aufl. S. 313 ff., Carl Heymanns, Köln 1986.

註一七四　Vgl. V. Henle, Die Masse im Massenverfahren, BayVBl. 1981, S. 10.

註一七五　Vgl. V. Henle, aaO. (Fn. 174), BayVBl. 1981, S. 5 Fn. 43.

若以傳統一案一處理方式，則匪特慕尼黑行政法院將崩潰，即全案確定恐需數十年，其影響之大之廣，不可言喻。即使以參加、共同訴訟處理，單就裁判書之製作及送達一項（此外如訊問程序、法庭空間、調查證據，均難解決），該院之人力已無法負荷。對當事人而言，由於利害不盡相同，能否選任共同代理人，其間之諮商，亦屬一大困難。此一案件，慕尼黑地方行政法院最後中止程序，在所有案件中，分門別類，共篩選爲四十種，進行所謂之「模範程序」(Musterverfahren)，共行六十七次審理期日及大約十一個月之言詞辯論，其間共三十名左右之鑑定人從事鑑定（註一七六）。迨此等模範程序進行，其他未被選上之同種類訴訟，即以之爲模範，逕依「決議」(Beschluβ) 以模範訴訟之事實及理由予以確定（註一七七）。由於「落選之訴訟」原告，以其憲法上被保障之平等權（§ 3 I GG）、訴訟權（§ 19 IV GG）被侵害爲由，向聯邦憲法法院提起憲法訴訟，結果該院第二庭之三人委員會（小組）裁決所訴不成立，並諭知濫用訴訟罰（註一七八）。雖然此一模範訴訟在實證法 (de lege lata) 及應行法（de lege ferenda）上，仍存在若干疑義（註一七九），然在訴訟經濟之觀點上，對「超大量訴訟」而言，在參加、共同訴訟仍不經濟，團體訴訟又無法成立下，無疑係一解決案件之

註一七六　Vgl. J. Schmidt, Die Bewältigung von verwaltungsgerichtlichen Massenverfahren, DVBl. 1982, S. 148.

註一七七　Vgl. Gerhart/Jacob, Massenverfahren und Musterprozeβ vor den Verwaltungsgerichten, DöV 1982, S. 350 ff.

註一七八　Vgl. BVerfG; Beschluβ des zweiten Senats (Dreierausschuβ) vom 27, 3. 1980-2 BvR 316/80-, DVBl. 1980, S. 833 ff. = BVerfGE 54, 39 ff.

註一七九　Vgl. M. Fröhlinger, Zum vorläufigen Rechtsschutz in verwaltungsgerichtlichen Massenverfahren, DöV 1983, S. 363 ff.; Gerhart/Jacob, aaO. (Fn. 177), DöV 1982, S. 345 ff.; F. O. Kopp, aaO. (Fn. 122), DVBl. 1980, S. 324 ff.; W. C. Schmel, aaO. (Fn. 1/4), S. 229 ff.

良方（註一八〇），扼言，基於程序之加速及權利保護之有效性猶有足多。目前只有西德採行此一制度，且爲「統一行政訴訟法草案」所全面繼受（註一八一）。

其次，論及抽象規範審查（abstrakte Normenkontrolle），又稱原則的規範審查（prinzipale Normenkontrolle），乃別於附帶規範審查（inzidentale Normenkontrolle）或具體規範審查（konkrete Normenkontrolle）（註一八二），兩者主在促進法之安定性、法之明確、法律適用之統一，亦有助於訴訟上之經濟、避免更多之訴訟及減輕法院之負擔（註一八三）。由於法規範之抽象性及普遍拘束力，其是否符合上位規範，特別是法律及憲法，攸關法院「依法裁判」。法官受法律之拘束，恆與法官之規範審查並存（註一八四），附帶或具體之規範審查權爲適用法律之法官所享有，乃各國所普遍承認（註一八五），然其只生個案之法規確認作用，並不生一般拘束力及對世效力（Allgemeinverbindlichkeit und Rechtskraftwirkung inter ommes）（能否藉判例而生較廣之拘束力，係另一問題），故，不能防止對同一事項再發生訴訟，在行政法之領域所稱法規（Rechtssatz）或法規範（Rechtsnormen），指非就個案所爲之一般、抽象，而具規範人民權利義務關係之規則。因此，其是否符合上位規範發生疑義時，則潛伏大量訴訟發生之可能。目前，在行

註一八〇 Vgl. Gerhart/Jacob, aaO. (Fn. 177), DöV 1982, S. 349; J. Meyer-Ladewig, aaO. (Fn. 26), Rn. 3 zu § 114 SGG.

註一八一 Siehe, § 97 III, IV EVwPO.

註一八二 Zur ihren Unterscheidungen, Vgl. H.-J. Papier, Normenkontrolle (§ 47 VwGO), in: Festschrift für C.-F. Menger zum 70. Geburtstag, S. 518 ff., Carl Heymanns, Köln 1985.

註一八三 Vgl. F. O. Kopp, aaO. (Fn. 15), Rn. 3 zu § 47 VwGO.

註一八四 Vgl. H.-J. Papier, aaO. (Fn. 182), S. 517 ff.

註一八五 我國司法院大法官會議釋字第三十八號、第一三七號及第二一六號解釋，當係指具體規範審查而言。

政訴訟上允許爲抽象規範審查之「國家」，似只有西德（註一八六）。西德依行政法院法第四十七條規定，邦高等行政法院在其審判權範圍內，本於申請，裁判依建設法（Baugesetzbuch）所頒之自治規章及同法第二百四十六條第二項爲依據之法規命令及其他邦法所規定，位階在邦法律下之法規命令等之合法性。唯此只在利於邦及聯邦憲法法院之權限保留下爲之。此外，爲確保裁判之統一及法律之再形成，高等行政法院就可爲法律審上訴之法律解釋，有向聯邦行政法院提出審查之義務。此一制度兼具權利保護及客觀法律秩序之維持（故屬於缺乏二造之抗告訴訟"Beanstandungsklage"），對於防止不必要之訴訟，頗有貢獻（註一八七）。

（十三）依附訴訟與附帶訴訟

所謂「附帶訴訟」，指就自己繫屬之本訴，在言詞辯論終結前，就關聯之請求，提出從屬之訴，性質上雖爲「客觀訴之合併」（亦得以追加方式爲之），但因其不能獨立向行政法院提起，與一般訴之合併有別

註一八六　瑞士亦有三州採行。Vgl. W.E. Hagmann, Die st. gallische Verwaltungsrechtspflege und das Rechtsmittelverfahren vor dem Regierungsrat, 1. Aufl. S. 21, Schulthess, Zürich 1979.

註一八七　我國之抽象規範審查，由司法院大法官會議掌理（憲法第七九條第二項、第一七一條第二項、司法院組織法第三條、司法院大法官會議法）、日本由最高法院大法庭行使（日本國憲法第八一條、裁判所法第十條、刑事訴訟規則第二五四條）、法國由憲法委員會（一九五八年憲法第五六條以下）、義大利及奧地利由憲法法院（義憲第一三四條以下、奧聯邦憲法第一三七條以下）、瑞士由聯邦法院國法庭行使（§ 83 ff. OG）；西德並在聯邦設聯邦憲法法院，各邦設邦憲法法院，但 Schlewig-Holstein 邦委託聯邦憲法法院行使之（§ 27 der Landessatzung für Schlewig-Holstein）。

乃我國行政訴訟制度上之特例（註一八八）。在國家賠償法施行前（民國七十年七月一日），其主要作用在保護被害人民之權利，其後，不但有助於確保裁判之統一（註一八九），防止進一步之訴訟，並可避免重複審理基礎事項之合法性，有助於訴訟之經濟。此一制度，只在以撤銷之訴具有獨立性之我國，有存在之價值。

其次，所謂「依附訴訟」(Anschluβklage)，乃指就法院之裁判爲不服之救濟 (Rechtsmittel)，利用他人已繫屬之救濟程序（主要程序）遂行保護自己權利之訴訟，如其自己可獨立提起，而只係利用他人已繫屬之程序，乃獨立之依附訴訟，否則，爲非獨立之依附訴訟（與參加亦有別）。依附訴訟之制度，乃基於便宜性及防止不必要之上訴等程序（註一九〇），故有助於訴訟之經濟效用。採此制者，計有西德行政法院法及社會法院法上之「依附上訴」(Anschluβberufung und -revision) 及「依附抗告」(Anschluβbeschwerde)（註一九一）、瑞士之依附上訴 (Anschluβrechtsmittel)，唯其只限於法律特別規定具從屬、不獨立之依附訴訟（註一九二）。依附訴訟除訴訟經濟之功能外，並具保護依附訴訟者 (Anschluβer) 權利之作用，試從西德行政法院法第一百二十七條

註一八八　民初之行政訴訟條例第二條及行政訴訟法第三條，均禁止平政院受理損害賠償之訴，迨民國二十一年十一月十七日行政訴訟法始准許之。直到目前，行政訴訟乃抗告訴訟中之撤銷之訴，不能單獨向行政法院提起損害賠償之訴，而只能依國家賠償法向民事法院之國家賠償專庭起訴，附帶損害賠償之訴在行政訴訟上，性質上猶如刑訴上之附帶民事損害賠償之訴（刑事訴訟法第四八七條以下參照）。

註一八九　因民事法院就基礎事項之合法性，可獨立裁判。

註一九〇　Vgl. F.O. Kopp, aaO. (Fn. 15), Rn. 1 zu § 127 VwGO.

註一九一　Vgl. §§ 127, 141, 147 VwGO; §§ 143, 159, 160, 172, 178 SGG.

註一九二　Vgl. F. Gygi, aaO. (Fn. 49), S. 234 ff.

之規定，卽可窺其一斑（註一九三）。西德之依附訴訟制度，值得採取二或三審級訴訟之國家參考。

（十四）訴之撤回、認諾與捨棄

訴之撤回（Rücknahme der Klage; révocation d'action; rinuncia al ricorso)、認諾（Anerkenntnis der Klage）及捨棄（Verzicht der Klage; désistement; rinuncia al diritto di azione)，均爲處分主義下之產物。訴之撤回，乃純訴訟程序行爲，除法律特別規定外，因其只生滅卻訴訟繫屬之效果，故原告在法定期限內仍可再起訴（註一九四），而原進行之程序必須重新爲之，其行使之良否，攸關被告及其他參與人之權利及訴訟之經濟甚巨，因此，必須爲適當之限制（註一九五）。

就訴訟之認諾與捨棄言，前者乃被告對原告之請求，在訴訟標的上積極爲同意，後者乃原告在訴訟上表示放棄爲訴訟標的之請求，兩者均

註一九三　其規定如下：「上訴之被告及其他參與人，卽使其已捨棄上訴，於言詞辯論進行中，仍得爲依附上訴。上訴期限過後始提起依附上訴者或參與人已放棄上訴者，如上訴被撤回或因不合法而被駁回，依附上訴不生效力。

註一九四　Vgl. Eyermann/Fröhler/Kormann, aaO. (Fn. 8), Rn. 1 zu § 92 VwGO; W. Grunsky, aaO. (Fn. 12), S. 68; Redeker/v. Oertzen, Rn. 2 zu § 92 VwGO; C. H. Ule, aaO. (Fn. 10), S. 241.

註一九五　西德行政法院法第九二條第一項、第一二六條第一項及第一四〇條第一項規定撤回之時間限制及言詞辯論之申請送達後或公益代表人參與言詞辯論者，應得其等之同意。同法第一二六條第二項、第一四〇條第二項規定，上訴經撤回者，不得再上訴。我國行政訴訟法未明文規定訴之撤回；有主張依第三三條準用民事訴訟法第二六二條及第二六三條（參見陳秀美，我國現行行政訴訟制度之研究，頁一八一以下，文化大學法研所碩士論文，七十三年七月），唯此一規定似無法防止濫用。

為單方之意思表示，生實體權利之處分及訴訟權之處分效果（註一九六），因此，一如和解，必須原、被告（特別是被告）對標的事項具有處分權，始得有效為之（註一九七）。在法國、奧地利及義大利行政訴訟上，尚有擬制捨棄或職權認定捨棄。法國除在行政訴訟法典規則第一百五十六條規定明示之捨棄（désistement）外，復於一九六三年七月三十日第七百六十六號教令（一九八一年元月十六日第二十九號教令修正）第五十三條之三規定，原告起訴後四個月內不行使訴訟程序；緊急程序不在所定期限內進行程序，原告或其代理人不為遵期交換書狀，中央行政法院可認定其為捨棄（註一九八）。奧地利行政法院法第三十三條規定，原告有不為訴訟之行為、不遵期補提理由等，視同撤回；同法第三十四條規定，原告程序之瑕疵不遵期補正，視同撤回（註一九九）。義大利一九七一年十二月六日第一〇三四號法律第二十五條規定，起訴後二年內不（續）行程序行為者，視同放棄（註二〇〇），此乃因義大利行政訴訟採當事人進行主義之結果。

就訴訟之經濟言，法院本於原告之捨棄及被告之認諾，即可終結訴訟，不必進一步為其他程序，似可採行。

（十五）法院裁決

我國行政訴訟規定行政法院之裁判行為，分為判決（實體裁判）

註一九六　通說認只生訴訟法上之效果，少數說主張亦生實體法上之效果（Vgl. W. Grunsky, aaO. (Fn. 12), S. 80 und Fn. 3），唯在行政訴訟上，將因訴之確定，而使行政行為生確定力，特別是要件事實之確認效果，其結果在實體權利上亦受支配。

註一九七　Vgl. C.H. Ule, aaO. (Fn. 10), S. 248.

註一九八　Cf. B. Pacteau, Op. cit. supra (Fn. 20), 200°.

註一九九　Vgl. P. Oberndorfer, aaO. (Fn. 42), S. 161 ff.

註二〇〇　Vgl. D. Karwiese, aaO. (Fn. 46), S. 96.

（第二十六條）及裁定（程序裁判）（第十四條及第二十三條）及其他處分行爲（第五條、第八條、第十二條、第十四條第二項、第二十一條及第二十五條）；西德行政法院之裁判行爲分判決（Urteil）、決議（Beschluβ)、暫行裁決（Vorbescheid)、命令及處分（Anordnung und Verfügung）及本節欲探討之法院裁決(Gerichtsbescheid)（註二〇一）。西德之法院裁決制度，規定於減輕行政法院及財政法院負擔法，乃就行政訴訟案件之簡易者，得毋需言詞辯論及榮譽職法官之參與，而只由職業法官爲書面審理，並予以裁決，而此裁決具有判決之形式、內容及效力，藉此減輕法院之負擔，並致訴訟之經濟。其乃過渡時期之小法庭及書面審理制度之綜合，乃西德常規之例外（註二〇二）。依該法第一條之規定，得以法院裁決爲裁判者，須具備下列要件：（1）第一級行政法院之訴（Klage），（2）尙未定言詞辯論期日及尙未行證據調查，（3）法院一致認爲案件在事實及法律性質上無特別困難之處，（4）程序上事實已被澄清，參與人事先已獲聽證，（5）非就行政法院之判決不得上訴（Berufung）或只有經許可始能上訴之案件，然依同法第四條，案件之上訴絕對需先獲許可者，不在此限（註二〇三）。

西德此制雖尙存在若干疑義，特別是案件困難性之界定(註二〇四)，但就解決訴訟過量、加速訴訟程序，其正當性猶如奧地利之「簡縮程

註二〇一　Vgl. C. H. Ule, aaO. (Fn. 10), S. 287 ff.

註二〇二　Dazu, Vgl. Eyermann/Fröhler/Kormann, aaO. (Fn. 14), Anhang zu § 84 VwGO; Redeker/v. Oertzen, aaO. (Fn. 55), Rn. 9 ff., zu § 1 EntlG; F. O. Kopp, aaO. (Fn. 15), Rn. 1 zu Entlg § 1.

註二〇三　Vgl. Redeker/v. Oertzen, aaO. (Fn. 55), Rn. 10 ff., zu § 1 EntlG; F. O. Kopp, aaO. (Fn. 15), Rn. 3 ff. zu § 1 EntlG.

註二〇四　Vgl. F. O. Kopp, aaO. (Fn. 15), Rn. 2, 8 zu § 1 EntlG.

序」(abgekürztes Verfahren)（註二〇五）及瑞士之「即審程序」(或稱大致審理程序）(Summarisches Verfahren)（註二〇六），值得吾人參考。

（十六）律師或代理强制

行政訴訟是否須由代理人爲之？如須由代理人爲之，則代理人之資格應否有所限制？各國行政訴訟制度所採不一。有完全不採代理强制及律師强制者，如我國（註二〇七）、日本（註二〇八）及瑞士（註二〇九）；有原則不採律師强制，而例外採之者，如奧地利（註二一〇）；有依審級之不同，在最高審級採代理强制，餘不採者，如西德（註二一一）；有原則上採律師强制，例外不採者，如法國（註二一二）；有完全採律師强制

註二〇五　此含訴顯不合法、顯無理由之駁回、顯有理由之撤銷裁決及規勸程序（Vorhalteverfahren)。Vgl. P. Oberndorfer, aaO. (Fn. 42), S. 144 ff.

註二〇六　Vgl. F. Gygi, aaO. (Fn. 49), S. 318.

註二〇七　參見行政訴訟法第十三條第二項第二款、第三三條準用民事訴訟法第六八條以下。

註二〇八　參見行政事件訴訟法第七條、民事訴訟法第七九條以下。

註二〇九　Vgl. § 29 OG; F. Gygi, aaO. (Fn. 49), S. 184 ff.

註二一〇　奧地利行政訴訟不採代理强制，如委任代理，則代理人須爲律師，是爲相對之律師强制。程序再審及恢復原狀之聲請，應由律師具狀，是爲絕對之律師强制。唯原告或聲請人爲獨立地位之聯邦、邦或市之機關，由前述機關管理之行政主體、聯邦、邦、市鎭團體或市鎭所屬具有法律知識之現役或已退休之職員，就自己之案件，同時向行政法院聲請准許程序協助及指定代表人爲程序輔助之當事人，又爲其例外。Vgl. P. Oberndorfer, aaO. (Fn. 42), S. 102 ff.

註二一一　西德之聯邦行政法院採代理（律師或一般大學法科教授）强制、法律審上訴、不許可之上訴及拒絕提出及提供說明之決議所提抗告及高等行政法院、地方行政法院以決議應代理者。Vgl. § 67 I, II, VwGO.

註二一二　法國行政訴訟之第一、二審級，原則上均應由律師代理，例外始不必。中央行政法院之代理律師並限於在中央行政法院及最高民、刑法院律師團中之六十名律師中選任。

者，如義大利（註二一三）。

考夫採行律師或代理強制，無非在於行政訴訟，特別是上訴審，涉及高度專業性之法律問題，非一般市井小民所能應付，勉強自爲處理，不但不易得其肯棨，權利不易受到保障，亦容易遲滯訴訟，加重法院及其他參與人之負擔，故，採行律師或代理強制，藉律師或具特殊專業知識之代理人，於司法秩序、效率之維護、保障其他參與人之利益、程序之簡化及加速，甚至於原告亦具裨益（註二一四）。

如上所述，律師強制或代理強制之始意，在藉律師或具有特殊專業知識（特別是行政訴訟法學之知識），以加強權利保護之周全及迅速，因此，如當事人自己卽具有此專業知識（例如專攻行政訴訟之公法學者、教授），應例外免除代理強制。唯似應依行政訴訟種類，定不同資格之代理人，如西德社會法院法第一百六十六條，就社會行政訴訟卽使勞資之公會、獨立之勞工聯合會、雇主聯盟、農業聯合會及戰爭犧牲者聯合會之成員及職員，依章程或委任，與律師同可爲代理人（註二一五）。此外，因程序之性質，亦可免爲代理強制（註二一六）。準此，西德及奧國之制度，堪供取法。就我國現制言，律師之法律知識固然普遍強於一般國民，但律師高考旣不考行政法及行政訴訟法，檢覈考試不但不將主授

註二一三　義大利行政訴訟在地區行政法院，須由法定代理（procuratore legale）（欲登錄爲律師者，須先有此六年以上之職務資歷）或律師（avvocato）代理；在中央行政法院情形如法國。參見 Art. 19 II, L. 6, 12, 1971, n. 1034; Art. 35 I, TU 1924, N. 1054.

註二一四　Vgl. F. O. Kopp, aaO. (Fn. 15), Rn. 4 zu § 67 VwGO; J. Meyer-Ladewig, aaO. (Fn. 26), Rn. 1 zu § 166 SGG.

註二一五　J. Meyer-Ladewig, aaO. (Fn. 26), Rn. 7 ff. zu § 166 SGG.

註二一六　Vgl. F. O. Kopp, aaO. (Fn. 15), Rn. 7 zu § 67 VwGO; J. Meyer-Ladewig, aaO. (Fn. 26), Rn. 3 zu § 166 SGG.

行政法之教授、副教授及講師列爲有應檢覈之資格者（註二一七），卽面試科目亦不含行政（訴訟）法（註二一八），以此在行政訴訟逕採律師強制，恐有違憲法第十六條及第二十二條所衍生之「自行訴訟之權利」，似宜參考德、奧制度爲設計（註二一九）。

（十七）裁判理由之減輕

法院之裁判應附理由，乃法治國家不可委棄之要求，亦爲法院受法律拘束之必然結果，此所以確保法院確實斟酌（顧及）所有重要之觀點、表現程序之當事人公開，更係當事人以上訴等方法維護權利之重要先決要件（註二二〇）。各國之行政訴訟法規均直接或間接予以規定（註二二一），其中以西德法最爲詳盡。唯裁判理由之說明應至何程度，始符合要求？西德行政法院法第一百零八條第一項第二句規定：判決應說明法院得心證之理由。義大利一九〇七年八月十七日第七四二號教諭第六十五條第三款規定：判決應附事實及法律理由之簡要說明。從兩法之規定，實仍無法明確界定。依學者所見，須就所有爲裁判重要之問題，尤其是特別情況、特別理由、法院得心證之準據、當事人陳述之評

註二一七　參見律師法第一條、律師法施行細則第三條、律師檢覈辦法第二條及第三條。

註二一八　參見律師檢覈辦法第十五條。

註二一九　對西德法制之批判，請參見 B. Kropshofer, aaO. (Fn. 14), S. 79 ff.

註二二〇　Vgl. F. O. Kopp, aaO. (Fn. 15), Rn. 30 zu § 108 VwGO.

註二二一　參見我國行政訴訟法第二八條第二款，第三三條準用民事訴訟法第二二六條；日本行政事件訴訟法第七條適用民事訴訟法第一九一條；法國行政法院法典規則第一七二條；奧地利行政法院法第四三條第二項；義大利一九〇七年八月十七日第六四二號教諭第六五條第三款；西德行政法院法第一〇八條、第一一七條、第一二二條，減輕法院負擔法第二條、第六條、第七條；財政法院法第一〇五條第二項第五款；社會法院法第一四二條、第一七〇條及第一二八條。

斷、採證之結果，簡短而完全地爲說明（註二二二）。

裁判理由之說明，各國之表現不盡相同，而形成強烈之對比者，乃德、法兩國。法國行政訴訟之裁判理由，向極簡短（註二二三），而德國法官之「學術信仰」(Wissenschaftsgläubigkeit) 心態，常認自己之見解須以最高之法院裁判或學術權威爲肯定才可靠，致判決往往形同一部小博士論文 (Minidissertation)（註二二四）。其予法院（包括裁判法院及上訴法院）及當事人負擔之大，不可言喻。針此，實務上乃有以異議裁決或處分理由之轉用，一九七八年減輕行政法院及財政法院負擔法第二條、第六條及第七條，乃予以成文化（註二二五），以資減輕擬稿及撰寫之負擔。唯其助益多少，學者有質疑者（註二二六）。現代行政訴訟所涉事實複雜又專門之今日，欲撰一面面俱到，又具信服力之裁判理由，委實不易，然若因陋就簡，一味以轉注或假借其他決定、處分或裁判之理由，恐亦不易得當事人之心服，故似仍以精簡，而出自法官己手爲善也。

（十八）躍級訴訟與限縮審級

行政訴訟之提起，有須踐行訴願或異議程序者；有採三審級，欲上

註二二二 Vgl. F.O. Kopp, aaO. (Fn. 15), Rn. 31zu § 109 u. Rn. 14 zu § 117 VwGO.

註二二三 Cf. Brown/Garner, Op. cit. supra (Fn. 21), p. 68; H. Sendler, Möglichkeiten zur Beschleunigung des verwaltungsgerichtlichen Verfahrens, DVBl. 1982, S. 926.

註二二四 Vgl. H. Sendler, aaO. (Fn. 223), S. 927.

註二二五 Vgl. F.O. Kopp, aaO. (Fn. 15), Rn. 16 zu § 117 VwGO; Rn. 2 zu § 2 EntlG.

註二二六 Vgl. Redeker/V. Oertzen, aaO. (Fn. 55), Rn. 12 zu § 117 VwGO.

訴第三審，必先行第二審程序者。凡不必踐行訴願或異議程序，即可起訴者，在採訴願或異議先行主義之國家，稱直接起訴或躍級訴訟；而不必經第二審級法院上訴程序，即可逕向第三審級法院上訴者，稱爲躍級上訴 (Sprungsrevision)。以上兩者， 合稱躍級訴訟 。訴願制度固有其存在之價値（註二二七），然亦必須在該存在價値上行之，否則，徒增當事人、行政官署及受訴法院之負擔，延緩救濟而已（註二二八）。在採訴願或異議先行主義之國家（西德、奧地利、瑞士及我國），只有西德及瑞士設其例外，採躍級起訴之制度（註二二九）。行政訴訟採三審級制之國家，西德一般行政訴訟及社會行政訴訟與日本，爲使第一審訴訟當事人就判決之違法獲得救濟（第一級法院爲終審者），並縮短程序期間之浪費（特別是第二審級實際上只多就法律觀點爲審查者），乃設躍級上訴（飛越上告；Sprungsrevision）之制度（註二三〇）。

其次，所謂限縮審級，乃指採取多審級制之國家，其部分行政訴訟事件只受較通常事件爲少之審級機會者（如爲三級三審制者，只有三級二審或一審）。採取此制之原因，或在因應事件之重要性、緊急性，而使較高級之法院爲初審或兼終審；或爲減輕下級法院之負擔，加速程序，而以較高審級法院爲初審；或者因案件之簡易、不重要，而以初級法院爲唯一事實審或終審。

法國原則上爲二級二審，但若干案件以特別行政法院或中央行政法

註二二七　參見蔡志方前揭（註一）文，頁一八四以下。

註二二八　Vgl. F. Gygi, aaO. (Fn. 49), S. 81.

註二二九　Vgl. § 68 VwGO; § 78 SGG; G 47 II, III, VwVG, § 98 I OG; F. O. Kopp, Rn. 16 ff. zu § 68 SGG; J. Meyer-Ladewig, aaO. (Fn. 26), Rn. 5 ff. zu § 78 SGG; F. Gygi, aaO. (Fn. 49), S. 81 ff.

註二三〇　參見行政事件訴訟法第七條，適用民事訴訟法第四〇四條；§ 134 VwGO; § 161 SGG.

院爲唯一審（註二三一），或以地方行政法院爲唯一審（註二三二）。西德一般行政訴訟，原則上爲三級三審，但若干案件則以邦高等行政法院爲初審（註二三三），或以聯邦行政法院爲初、終審（註二三四）；財政訴訟原則爲二級二審，但若干案件以聯邦財政法院爲唯一審（註二三五）；社會行政訴訟原則上爲三級三審，但少數案件以聯邦社會法院爲初、終審（註二三六）。日本之行政訴訟原則上爲三級三審，但少數案件以高等法院爲第一審（註二三七）。義大利之行政訴訟原則上爲三級三審（註二三八），但有以特別行政法院爲初審或以中央行政法院爲初審者（註二三九）。附帶一提者，乃我國實質行政訴訟之國家賠償訴訟，採三級三審，但訴訟標的價額未逾法定限額者，則只有二審（註二四〇）。

審級制度固有其存在之特殊價值（註二四一），但亦只有在此存立價值上行之，否則，不易獲致成效。審級之限縮，除爲案件特質所求者外，對於困難案件，常上訴上級行政法院者，以上級行政法院爲初審，藉法官之學術及實務素養，或有助於程序之加速，而無損於權益保護之

註二三一　V. Décr. 28, Nov. 1953; G. Peiser, Contentieux administratif, 3. Éd. p. 72 et infra, Dalloz, Paris 1979.

註二三二　Cf. C. Gabolde, Op. cit. supra (Fn. 20), 986°.

註二三三　Siehe, §§ 47, 48 VwGO; § 9 EntlG.

註二三四　Vgl. § 50 VwGO.

註二三五　Vgl. § 37 FGO.

註二三六　Vgl. § 39 II SGG.

註二三七　參見公職選舉法第二〇四條、第二〇七條及第二〇八條。

註二三八　義大利從形式意義之行政法院觀之，似爲二審級制，然因其行政訴訟分別由普通法院（三級）及行政法院（二級）職司；在審方面，兩者皆存在三審之可能（法律限制者例外），行政法院亦以普通法院之廢棄法院（Giurisdizione Cassazione）爲廢棄審（法律審），故應屬三審級制。

註二三九　強制訴訟原則上以其爲唯一審、未設地區行政法院之 Trient-Südtirol 亦同。Vgl. D. Karwiese, aaO. (Fn. 46), S. 56.

註二四〇　參見國家賠償法第十二條、民事訴訟法第四六六條。

註二四一　參見蔡志方前揭（註一）文，頁一五四以下。

減抑，值得參考。

（十九）心證之公開（司圖加特模式）

心證公開之制度，亦即所謂之「司圖加特模式」(Stuttgarter Modell)（註二四二），其特點乃是法院將形成心證之過程及裁判之作成，預示予當事人，以避免當事人受到預想不到之突襲性裁判（Überraschungsentscheidung)(註二四三)。此不但提高判決之正確、迅速及當事人之信服度，和解率亦大幅上昇（註二四四）。此一制度雖起於西德之民事訴訟實務界，但其構想、方法與效果，亦頗與行政訴訟上闡明義務所追求之目標契符，亦爲其所容許。蓋此若行諸行政訴訟，則可助長當事人積極盡協力義務，使法院得輕易掌握資料，發現眞實；當事人之信賴感提高，上訴案件相對減低或和解率提高，此均大有助於訴訟經費。

西德在行政訴訟制度上，若因言詞辯論程序未給與當事人事實及法律方面充分之「法律談論」(Rechtsgespräch)，致生突襲性裁判，則匪特有違基本法第一百零三條第一項之意旨，且構成法律審上訴之原因

註二四二 Vgl. R. Bender (Hrsg.), Tatsachenforschung in der Justiz, Mohr (Paul Siebeck), Tübingen 1972; ders., Stuttgart Modell, in: M. Cappelletti(ed), Access to Justice, Vol. II, Book 2, pp. 433 ff., Sijthoff and Noordhoff, Milano 1979.

註二四三 有關突襲性裁判之概念及預防之方法，中文文獻，詳請見邱聯恭，突擊性裁判，法學叢刊，二十六卷二期，頁九〇～一〇五。

註二四四 Vgl. R. Bender, Access to Justice in the Federal Rublic of Germany, in M. Cappelletti(ed), Op. cit. supra, Vol. Book 2, p. 556, and Vol. II, Book 2, pp. 463 ff.

(Revisionsgrund)（註二四五）。因此，其在「法律談論」程序上，必須對程序及實體法上問題充分溝通，如有和解之可能，並應嘗試促成（註二四六）；法院欲變更法律見解、變更判例之看法，應預示當事人（註二四七）。雖然通說認爲法院不必就所有法律細節爲心證公開，但爲謀得優良裁判之作成，學者認爲不妨澄清其看法，並試圖進行討論（註二四八）。

三、我國行政訴訟法修正草案關於訴訟經濟相應措施之探討

完善之權利救濟，必須契符完整、正確、實現、經濟及迅速等五大要求，已見前述。此五大要求若不能兼得，則依其本末輕重，採併列法，則完整、正確及實現爲第一優先，而經濟及迅速爲其次；若採個別

註二四五 Vgl. H. Fliegauf, Prozeβführung im Verwaltungsrechtsstreit, 1. Aufl. Rn. 98, Kohlhammer, Stuttgart 1987; Eyermann/Fröhler/Kormann, aaO. (Fn. 14), Rn. 4 zu § 138 VwGO; E. Bosch/J. Schmidt, Praktische Einführung in das verwaltungsgerichtliche Verfahren, 3. Aufl. S. 178, Kohlhammer, Stuttgart 1979; F. Gräber/R. v. Groll/H.-R. Koch/R. Ruban, aaO. (Fn. 56), Rn. 31 zu § 96 FGO; J. Meyer-Ladewig, aaO. (Fn. 26), Rn. 8 zu § 62 SGG; F. O. Kopp, aaO. (Fn. 15), Rn. 22, 24 zu § 86, 3 zu § 104, 25 zu 108 u. 9 zu § 138 VwGO; Tipke/Kruse, aaO. (Fn. 56), Rn. 22zu § 96 FGO m. w. H.

註二四六 Vgl. H. Fliegauf, aaO. (Fn. 245), ebenda.

註二四七 Vgl. J. Meyer-Ladewig, aaO. (Fn. 26), ebenda.

註二四八 Ibid.

註二四九 參見蔡志方前揭（註一）文，頁二七以下。

排列法，則依次為正確、完整、實現、經濟、迅速（註二四九）。司法院行政訴訟制度研究修正委員會（以下簡稱研修會）草擬之「行政訴訟法修正草案」（以下簡稱草案），在行政訴訟正確性、完整性及實現性已大為加強（註二五〇），而就經濟及迅速之要求，亦有所涉及，且就前者所為之努力，較之於對後者所為者，更為彰顯。以下分項依次予以說明，聊供參考。

（一）訴願

草案第四條就撤銷之訴，保留訴願前置主義，但改採二級二審與一級一審併行之雙軌制，而第五條就請求應為行政處分之訴訟，則採一級一審之單軌制。雖然雙軌制之採取，存有若干疑慮（註二五一），但較諸現行制度，在訴訟經濟之層面上，配合訴願制度之改善（註二五二），必可福國淑世。

註二五〇　參見蔡志方，我國憲法上行政訴訟制度之規範取向，憲政時代，十四卷四期，頁十二以下。
至於行政法院組織法修正草案所涉甚少，本文不擬予以討論。

註二五一　參見蔡志方前揭（註二五〇）文，頁十六，附註第五二；蔡志方前揭（註九）文，頁二一以下。

註二五二　行政院為配合雙軌制行政訴訟制度之實施，刻由訴願法研修小組研究修正現行訴願法，其初步草案大幅改革，條文由現行之二八條，增加為九六條。其重點計有：(1) 訴願審查之司法化，(2) 加強言詞審理，(3) 強化採證法則，(4) 增列訴願審議委員及承辦人之廻避，(5) 各級訴願會組織之法律化，(6) 考慮外聘學者、專家參與審議訴願，(7) 強化訴願會委員及承辦人員之資格及獨立性，(8) 配合雙軌制之實施， 加強再訴願 受理機關與地區 行政法院間之聯繫，(9) 增加訴願之種類，包括撤銷、給付及確認訴願，(10)嚴格約束下增加公益訴願，(11) 增列參加之制度，(12) 明定停止執行之要件，(13) 考慮訴願人之閱卷及再答辯權，(14) 斟酌增設訴願承受之制度，(15) 增列選定當事人、共同訴願、訴願代理人及輔佐人、訴願費用、訴之變更及追加、情況判決。

（二）職權進行與職權調查主義

草案就職權進行與職權調查主義之採擷，較諸現行法之規定，更為廣泛而確實，涉及之條文，包括第八條第二項後段（職權告知併為請求給付）、第十九條（依職權廻避）、第二十九條第二項後段（依職權指定當事人）、第三十條第二項（依職權更換或增減當事人）、第四十條第二項（期日之指正）、第四十二條（依職權命參加訴訟）、第四十四條第一項（命參加訴訟）、第五十五條第二項及第三項（命當事人或訴訟代理人偕同輔佐人到場、撤銷或禁止輔佐人為訴訟行為）、第六十一條（職權送達）、第六十六條但書（命送達本人）、第六十七條第一項但書及第二項（命送達本人，命定期指定送達代收人）、第八十一條（依職權命公示送達）、第八十四條第一項（期日之指定）、第一百條（預納及徵收訴訟必要費用之裁定）、第一百零八條（裁定駁回及命補正）、第一百十七條第二項（依職權裁定停止原處分或決定之執行）、第一百十九條（依職權撤銷停止執行之裁定）、第一百二十八條（命合併辯論）、第一百三十四條（職權調查）、第一百三十五條（職權調查）、第一百三十七條但書（職權調查）、第一百四十七條（職權告知）、第一百九十四條（職權調查事實）、第二百四十八條（依職權行言詞辯論）及第二百八十九條但書（命停止執行）。

以上各條，以第一百三十四條之規定，居職權調查主義之要津，而第一百三十五條及第一百三十七條但書為其輔翼。至於其他規定，則類皆屬於職權進行主義之具體化。大致言之，本草案此方面之規定，甚為完整，其唯一疏漏，厥為未規定當事人協力義務與之關係及違反時之效果，此有賴於實務及學說填補之。

(三)集中審理原則

草案涉及集中審理原則者，計有：第九十四條(受命評事之指定期日及期間)、第一百二十二條第一項第五款(使受命評事調查證據)、第一百二十七條(受命評事之指定)、第一百三十二條(受命評事之權限)、第一百三十九條(受命評事之調查證據)、第一百四十條第一項(受命評事調查證據)及第二百六十一條第一項(受命評事裁定之抗告)。此等規定適用於受命評事之指定及其在準備程序中所得行使之權限，乃現行制度之直接規定，較現行法之轉致於民事訴訟法爲佳。唯在擬議中之中央行政法院程序，將以書面審理爲原則(註二五三)，應避免濫用集中審理制度，而破壞合議制之精神。

(四)變更性裁判權

本草案之規定，似仍相當謹愼而保守，對於眞正之變更性裁判權，仍未廣泛採取。故草案第一百九十五條第二項，只係規定不利益變更之禁止，未必係行政法院自爲變更性裁判，而第二百十三條之規定「變更原處分或決定」之判決的對世效力，是否眞正採取變更性裁判權，仍有疑義。至於第二百零一條因情事變更，而爲增、減給付或變更、消滅其他原有效果之判決，固屬於變更性裁判權之範疇，但其限於契約及其他債權關係所生之事項，則非爲傳統上以處分之變更行爲，所可比擬。草案第二百五十四條所規定之中央行政法院自爲判決，則純屬上訴法院與

註二五三　草案第二四八條。

下級審法院之審判關係，與傳統意義之變更性裁判權迥不相侔。

（五）程序之中止

草案之規定涉及程序之中止者，計有第十二條（民、刑程序以行政爭訟程序結果爲先決問題之中止程序）、第一百七十七條（裁判以其他訴訟法律關係爲據之中止訴訟行政訴訟程序）及第一百七十八條（受理訴訟之權限見解有異，聲請司法院大法官會議而中止程序）。此等規定將可充分發揮訴訟經濟之功能，至於草案第一百七十九條（喪失一定資格或死亡）、第一百八十三條（合意停止）及第一百八十五條（擬制合意停止）與相關規定（第一百八十一條、第一百八十二條、第一百八十四條），則與訴訟經濟無關。

（六）書面審理

本草案就第一審程序， 包括地區行政法院及中央行政法院爲 初 審（或唯一審之案件），改採言詞審理爲原則（註二五四），例外始採書面審理（註二五五），反之，在上訴審，則改採書面審理爲原則，言詞辯論爲例外（註二五六）。第一審程序將當事人兩造合意不須言詞辯論，列爲只行書面審理之原因，尙屬可採，但若仍有爲言詞澄淸之必要，自仍可命言詞辯論，而將於訴願程序中已行言詞辯論，列爲只須行書面審理之原因，在事實及法律關係已臻明確之狀況下，自屬可採，反之，若當事人

註二五四　第二編第一章第三節（第一二一條～第一三三條）及第五編之第二七〇條。

註二五五　草案第一八八條。

註二五六　草案第二四八條。

請求言詞辯論或法院認爲仍有行言詞辯論之必要者，自仍可命行言詞辯論。故草案第一百八十八條第二項之規定，應做爲法院裁量之法律基礎而已。草案第二百四十八條但書規定得依職權或依聲請行言詞辯論之三項原因，亦屬裁量之範圍，但三者皆同時涉及「不確定法律概念」，則又屬判斷之範圍，而形成法院須先爲判斷，然後再裁量之情形，故性質傾向於「合義務性裁量」(Pflichtmäβiges Ermessen)。

（七）中間裁判

中間裁判有別於終局裁判，終局裁判又可分爲全部終局判決與一部終局判決，本草案第一百九十條及第一百九十一條之所規定也。至於中間裁判，包括中間判決及中間裁定，則只就爭點效力之確定行之，具有安定爭訟磁場及有條不紊釐清爭訟關係之效果，足致訴訟經濟之效，並能防止程序之處理流於治絲益棼也，此本草案第一百九十二條及第一百九十三條之所由規定也。

（八）訴之合併、追加、變更與反訴

以訴訟繫屬時之訴訟標的的多寡，在繫屬時，以一訴主張數訴訟標的者，爲訴之合併，反之，在繫屬後，增加訴訟之主張（標的）者，爲追加。訴之變更，包括一切在訴訟繫屬後，增減訴訟標的及主體之行爲，唯後者宜歸共同訴訟、承當訴訟、選定當事人、參加訴訟之問題予以討論（註二五七）。至於反訴，性質上本爲獨立之訴，唯因其裁判與本

註二五七　參見草案第一一一條、第三〇條、第四一條、第四二條及第四四條。

訴有密切之關係，而在程序上予以合併審理而已。其目的既在防止裁判之矛盾或紛歧，在程序上並可致經濟之效。

本草案對訴之合併、追加及反訴，有詳盡之規定。有關之規定，計有：第七條及第八條第二項（請求之合併）、第一百十二條（訴之變更、追加及其限制）、第一百十三條（反訴之提起及限制）、第一百二十八條（合併辯論——程序上之合併）、第一百九十一條（合併之訴的裁判）及第二百三十四條第二項（上訴審中訴之變更、追加及提起反訴之禁止）。就訴訟經濟之全面性言，必須顧及當事人、參與人與法院三方面，而其最終效果並反射至全民享有訴訟救濟資源之公平機會（註二五八）。因此，訴之變更及追加，行之得宜，則有益訴訟經濟，反之，則有損訴訟經濟。是否有助於訴訟之經濟，允以法院知之最稔，宜委以准駁之權，然如前所述（註二五九），訴訟經濟並非訴之變更及追加之主要目的或唯一目的（註二六〇），故准許與否，宜綜合判斷之。草案第一百十二條倣西德行政法院法第九十一條之規定，似尚非完足，宜再修正第一項，加強行政法院之最終判斷權。草案第一百十三條第四項，以被告意圖拖延訴訟而駁回反訴之原因，從訴訟經濟之觀點言，堪稱佳構。此外，明文兼及程序上之合併，亦爲善舉。第二百七十三條第二項之程序合併，亦值贊揚。

（九）和　解

草案第二編第一章第七節，以八個條文規定行政訴訟上之和解，堪

註二五八　同註二。
註二五九　參見本文二、（九）及註一一一。
註二六〇　參見行政訴訟法修正草案第一一二條之立法理由第二點，司法院行政訴訟制度研究修正委員會，行政訴訟法修正草案總說明暨條文對照表，頁一九〇，七十七年八月。

稱「破天荒之舉」，唯此實際上乃在呼應第二條以下擴大行政訴訟範圍及解決「當事人訴訟型態」訴訟（註二六一），特別是在確認訴訟與給付訴訟之領域，所為之措舉。在此等領域，嚴格之依法行政被軟化，而爭訟之目的偏向於當事人權益之保護，唯行政訴訟畢竟攸關公益，和解制度之採行，自不宜與民訴同視。故草案第二百十七條至第二百二十四條之規定，頗為適宜，但所謂「當事人就訴訟標的具有處分權」，必須是「當事人雙方就訴訟標的均具有處分權」始可，否則，只係能否成立捨棄與認諾之問題，應特別注意。

（十）參加、共同訴訟、團體訴訟及選任當事人

行政訴訟制度上之參加、共同訴訟、團體訴訟及選任當事人制度，有助於訴訟經濟，甚為明顯。參加、共同訴訟、團體訴訟及選任當事人之制度，雖皆在追求程序上之經濟（註二六二），但就當事人在訴訟上之地位及表現方式，則有不同。在參加訴訟，參加人與原告為配角與主角之關係。共同訴訟中之當事人，則俱為主角，其地位無所軒輊。團體訴訟之原告與選任當事人，角色接近，均為代表演出人，但前者之當事人具有隱性色彩，後者則呈顯性色彩。

草案第二十二條及第二十七條之規定，與團體訴訟無直接之關係，而第三十五條之利己性團體訴訟（egoistische Verbandsklage）（註二六三），

註二六一　關於「當事人訴訟」之概念，請參見南博方編（園部逸夫、藤原淳一郎），前揭（註一〇〇）書，頁六四以下及所附文獻。

註二六二　參見行政訴訟法修正草案第二九條、第三五條、第三七條及第四一條之立法理由，司法院行政訴訟制度研究修正委員會前揭（註二六〇）書，頁八二以下、八八、九一及九七以下。

註二六三　有別於利他性團體訴訟（altruistische Verbandsklage），兩者之概念，詳見 H. Faber, aaO.（Fn. 144），S. 9 ff.；W. Skouris, aaO.（Fn. 144），S. 217 ff.

就我國社會之發展言，具有前瞻性規劃， 殊堪喝采。 草案第三十七條（共同訴訟之要件）、第三十八條（通常共同訴訟人間之關係）、第三十九條（必要共同訴訟人間之關係）及第四十條（共同訴訟人之續行訴訟權），具有明確之功能。草案第四十一條至第四十八條規定訴訟上之參加，其中第四十一條及第四十二條規定獨立參加，突破實務目前之格局，對行政訴訟制度之發展，具有開創性之貢獻。

（十一）依附訴訟與附帶訴訟

依附訴訟及附帶訴訟，純係為訴訟經濟之便宜而設。依附訴訟不同於參加者，在於前者只在利用他人之訴訟程序，自己乃獨立之原告，而非立於配角地位之參加人，唯獨立之參加與依附訴訟及非獨立之依附訴訟與參加之間，存有較多類似之處。

本草案賡續現行法第二條之規定，並予以更張，而於第七條及第八條第二項後段規定附帶訴訟。值得特別注意者，乃是本修正草案擴張訴訟種類（註二六四），而第八條規定給付訴訟，已使附帶訴訟性質丕變為獨立訴訟之合併型態的程序上附帶。至於草案第二百四十六條第二項規定被上訴人不得附帶上訴，其雖然使用「附帶」之字眼，然因上訴在訴之種類上， 均屬獨立訴訟， 故草案雖規定「附帶上訴」，實為依附訴訟，換言之， 修正草案事實上排除依附訴訟之可能， 此從上訴制度觀之，固無可厚非，但從訴訟經濟言之，則猶有再斟酌之必要。

（十二）訴之撤回、認諾與捨棄

註二六四　參見草案第三條至第九條。

草案關於訴訟之撤回，計有：第一百十四條（訴訟撤回之要件及程序）、第一百十五條（訴訟撤回之限制）及第二百五十七條（上訴之撤回）。此等規定較特殊者，爲第一百十五條將違反公益及其他不合法，列爲禁止撤回訴訟之原因，此雖與當事人就起訴處分權主義有所齟齬，但頗能兼顧法規維持說之要旨，其精神直追民初平政院時代之「撤回訴訟核可制」之遺風，並大有凌駕之勢（註二六五）。第二百八十七條之規定，爲聲請重新審理之撤回。

草案關於認諾與捨棄之規定，計有：第二百條（捨棄及認諾判決）、第二百三十六條（上訴權之捨棄）、第二百六十五條（抗告權之捨棄）。其中第二百條以處分權之有無及是否損及公益，限禁行政訴訟之捨棄及認諾行爲之有效性，堪稱恰當。

（十三）律師或代理强制

草案之第一編第三章第五節，從第四十九條至第五十四條，依次分別規定訴訟代理人之限制、委任訴訟代理人之方式、訴訟代理人之權限、個別代理權、訴訟代理權之效力、終止訴訟委任之要件及程序，此等訴訟代理之規定，較諸現行法之規定爲明確，完整，而其中以第四十九條之規定，最值得注意。原則上，本草案仍採當事人自行訴訟之原則，而委任代理之制度，則保留以律師充任爲原則，亦即採相對之律師強制主義，唯予以若干合目的性及便民之彈性措施，將（1）依法令取得與訴訟事件有關之代理人資格者；（2）具有該訴訟事件之專業知識者；（3）

註二六五　參見民國三年五月十八日行政訴訟條例第十八條及同年七月二十日行政訴訟法第十八條；前者禁止人民撤回訴訟，後者採撤回許可制。

因職務關係爲訴訟代理人者；及（4）與當事人有親屬關係者，列爲非律師亦得爲訴訟代理之人。其中第四點在因應人情之常，而第二種設計，頗能濟現行律師考選制度之偏頗（註二六六），但其專業知識之認定，依同條第三項之規定，似採個案認定，似甚妥當，但對於律師若對行政法無深切研究者，卻不能裁定禁止，則有失妥當。改進之道，不如將律師考試增列加考行政法一科，該科不及格者，不得代理訴願及行政訴訟；或者明訂以在大學講授行政法爲主要科目，而有相關著作經審查合格者，爲行政訴訟特別代理資格，似較妥當。

（十四）簡易訴訟程序

本草案就「輕微之行政訴訟事件」，規定適用簡易程序，以節省法院與當事人之勞費（註二六七），草案第二百二十五條至第二百三十三條所規定之簡易訴訟程序，其特色包括：（1）以訴訟標的之價額在一萬元以下或輕微處分事件定程序之適用（第二百二十五條第一項）；（2）訴經變更、追加或反訴，致標的價額逾一萬元者，不得適用簡易程序（第二百二十六條）；（3）簡易程序採獨任制（第二百二十八條）；（4）採書面審理之原則（第二百二十九條第一項）；（5）判決書採取簡化之方式（第二百三十條）；（6）對於適用簡易程序之裁判，其上訴或抗告採取中央行政法院許可及限於對具原則性法律見解提起之限制（第二百三十一條）。以上第三點及第五點，與各國之潮流，若合符節。但以價額定簡易程序之適用，是否符合憲法上平等原則及訴訟權限制之必要性，

註二六六　參見律師法第一條及施行細則第三條、律師檢覈辦法第二條、第五條及第六條。此外，並注意歷年高考律師類科之應試科目。

註二六七　參見司法院行政訴訟制度研究修正委員會前揭（註二六〇）書，頁四、三三以下。

則有待考驗。

（十五）躍級訴訟與限縮審級

本草案第三條以下擴大訴訟種類，而全部訴訟程序乃以二級二審爲設計基礎。就撤銷訴訟（第四條）及請求應爲行政處分之訴訟（第五條），採訴願前置主義，而撤銷訴訟並以二級二審及一級一審併行之雙軌制予以設計，準此，本草案涉及躍級訴訟者，計有第四條第一項及第二項，至於第六條（確認訴訟）及第八條（給付訴訟），則與躍級訴訟無關。此外，在採取一級一審制途徑之訴（第四條第二項），就訴訟體系言，則不屬越級（地區行政法院之審級）訴訟，而係限縮審級（第四條第二項、第五項及第六項與第五條）。草案第二百三十一條（上訴或抗告之許可）、第二百六十二條（抗告法院）及第二百六十九條（一審終結）之規定，亦均屬限縮審級，除抗告程序，因性質使然以外，其具體妥當性，不無値得再斟酌之處。至於第二百七十三條第二項之規定情形，則非屬嚴格意義之限縮審級。第二百八十三條（重新審理之管轄法院）之規定亦同。

（十六）心證之公開

本草案之規定，似不甚強調心證之公開，勉強言之，只有第一百八十九條第二項及第一百四十一條第一項之規定與之有關，且前者只係嗣後之公開，而後者亦未必形成心證之公開，似有待加強。

四、結　論

行政訴訟之裁判，一如其他訴訟之裁判然，以優先追求其正確性為鵠的，唯處訴訟過量、程序之進行緩慢之今日，如何兼顧其經濟性，誠為吾人所當勠力之處。依本文研究之結果，在行政救濟之領域，堪以促成訴訟經濟之制度，計有訴願功能之發揮、職權進行與職權調查主義之掌握、集中審理原則之善用、變更性裁判權之行使、中止程序之配合、獨任法官與小法庭之調節、書面審理之節用、中間裁判之支應、訴之合併、訴之變更及程序上之合併與分離、和解、參加、共同訴訟與團體訴訟、模範訴訟與抽象規範審查、依附訴訟與附帶訴訟、訴之撤回、認諾與捨棄、法院裁決、律師或代理強制、裁判理由之減輕、躍級訴訟與限縮審級、心證之公開等， 共計三十餘種。 本文嘗試比較各國之相應措施，並評騭其利弊得失，最後並基於訴訟經濟之觀點，評析司法院行政訴訟制度研究修正委員會所草擬之「行政訴訟法修正草案」相關規定之妥善性，並提出若干建言，以供參考。據筆者初步之研究，此一草案將原三十四條文，擴增至三百零七條，參酌先進國家法制，斟酌我國實務及國情，對於促進行政訴訟提供之權利保護的完整、正確、迅速、經濟及實現性，如能早日付諸實現，將大有貢獻。撰者一秉書生報國，踵效斯學賢達之後的情懷，略抒獻曝之見，願有助於吾國法治建設，敬請宏達博學有以教之，無任感懷!

（本文原載於東吳法律學報七卷一期）

拾叁、論行政訴訟過量與行政法院負擔過重之原因及解決之道

一、問題之提出

二、戰後各國行政訴訟過量、法院負擔過重與改革之嘗試

（一）我國

（二）德國

（三）法國

（四）奧地利

（五）義大利

三、訴訟過量與法院負擔過重之原因

（一）訴訟過量之原因

（二）法院負擔過重之原因

四、解決訴訟過量與法院負擔過重之方法

（一）解決訴訟過量之方法

（二）解決法院負擔過重之方法

五、結　語

拾叄、論行政訴訟過量與行政法院負擔過重之原因及解決之道

一、問題之提出

戰後各民主國家紛紛致力於法治之建設，從事行政訴訟制度之建立與改善，爲人權之保障，提供堅實之幈幪與基礎。唯隨著訴訟量之激增及法院負擔之加重，嚴重影響權利救濟之正確及迅速，而司法救濟途徑成爲「有限而緊峭之資源」，邇來更有加劇之傾向，迤邐而下，惡性循環，大有危及人民訴訟權行使機會及法治國家根基之虞，誠爲一大不容等閒視之之警訊，值得吾人予以正視，並研究綢繆解決之道。過去各國在面臨類似問題時，雖採取各種因應之道，但類皆偏於治標，使得問題雖一時暫告紓解，終究舊疴復萌，且有惡化之趨勢，似宜從治本之方法著手，始克有濟。是以本文擬嘗試探討導致訴訟過量與法院負擔過重之原因，並針砭下藥，以謀從根救起。

二、戰後各國行政訴訟過量、法院負擔過重與改革之嘗試

戰後各國行政訴訟之數量，均有與日俱增之趨勢，其結果亦導致訴訟程序進行遲緩及法院負擔過重，各國爲謀改善，乃有不同之措施。以下試列舉我國、德國、法國、奧地利及義大利五國之情況，以資爲瞭解之參考。

（一）我 國

我國民初平政院自民國三年開院，以迄於民國十七年閉院止，糾彈案件未及二十件（註一），而訴訟案件亦只有四百零七件而已（註二）。若以今日之盛況衡之，平政院確屬清閒機構，被譏稱爲「貧症院」（註三），自係事出有因。國民政府時代之審政院，雖設而不旋踵卽遭裁撤，根本未曾收案，而監察院依民國十五年十二月四日公布之監察院組織法第一條第三款，雖兼審行政訴訟事件，但其實際運作情形，則乏史料可稽。至於國民政府時代之行政法院，其受理案件之數量，從民國二十二年至民國三十六年，共計七百十二件。行憲後之行政法院，其受理案件，在南京時代，僅有十件。遷臺後，從民國三十八年起，至民國六十七年止，共計一萬六千一百十八件；民國六十八年起，至民國七十七年止，共計二萬五千五百四十七件（註四）。由上述統計，可知我國

註 一　參見吳宗慈，中華民國憲法史前編，頁一五八，初版，北京東方時報館，民國十三年，北京。

註 二　參見蔡志方，我國第一個行政訴訟審判機關——平政院，憲政時代，十一卷一期，頁三三。

註 三　參見陳顧遠，雙晴室餘文存稿選錄，頁一七〇、一七一，引自吳庚，行政法院裁判權之比較研究，頁十八，註四六，嘉新文化基金會，五十六年五月。

註 四　國民政府時代行政法院受理案件數量，請參見蔡志方，國民政府時代之行政訴訟制度，憲政時代，十六卷三期，頁五〇；行憲後遷臺前之數量，係筆者依政府公報刊登者所爲之統計；遷臺後之數量，請分別參見司法院史實紀要編輯委員會，司法院史實紀要，第二册，頁一四五七以下，司法院，七十一年十二月；司法案件分析（中華民國七十七年），頁四六二，司法院，七十八年六月。

行政訴訟數量雖尚非巨量，但增加及成長之幅度，亦頗爲可觀。若從審判庭數及法官數量觀之，戰後我國行政法院之負擔，有日趨加重之勢（註五）。唯數十年來，行政訴訟制度似缺少因應措施（註六）。

（二）德 國

戰後之德國分成東、西兩德（最近又已復合），西德（亦即德意志聯邦共和國）重建及改善其行政訴訟體系，尤其行政訴訟裁判權之範圍採取概括條款、訴權擴張、訴訟種類增加（註七），加上彼國行政任務之擴大及社會結構之重大改變，使訴訟量逐年增加、案件性質日漸複雜及困難，致各級行政法院（特別是一般行政法院及財政法院）不勝負荷，間亦造成訴訟進行之遲滯（註八），特別是七〇年代起，訴訟量驟

註 五 平政院時代，平政院審判部設三庭，每庭評事五人（平政院編制令第二條及第四條），行政法院時代亦同（行政法院組織法第三條及第四條），行政法院時代亦同（行政法院組織法第三條及第四條，目前實際上已設四庭，請參見司法統計提要，行政法院部分，司法院編印，七十三年）。

註 六 擬議中之行政法院組織法修正草案第二條，增設地區行政法院之目的，主要似在增加審級以提昇裁判之正確性而已。行政訴訟法修正草案第二篇第二章簡易訴訟程序，則較具加速及減輕負擔之效果。

註 七 詳參見蔡志方，從權利保護功能之強化，論我國行政訴訟制度應有之取向，頁五〇以下、九八以下、一〇五以下，臺大法研所博士論文，七十七年六月。

註 八 Vgl. W. Brohm, Zum Funktionswandel der Verwaltungsgerichtsbarkeit, N.J.W. 1984, S.9 ff.; ders., Die staatliche Verwaltung als eigenständige Gewalt und die Grenzen der Verwaltungsgerichtsbarkeit, DVBl. 1986, S.323; R. Grawert, Grenzen und Alternativen des gerichtlichen Rechtsschutzes in Verwaltungsstreitsachen, DVBl. 1983, S.975 ff.; J. Meyer-Ladewig, Das Gesetz zur Beschleunigung verwaltungsgerichtlicher und finanzgerichtlicher Verfahren, NJW 1985, S.1989 ff.; H.-J Papier, Die Stellung der Verwaltungsgerichtsbarkeit im demokratischen Rechtsstaat, S.7 ff., Walter de Gruyter, Berlin 1979; J. Schmidt, Erstickt uns die Bürokratie durch zu viel Kontrolle der Verwaltungsgerichte? BayVBl. 1980, S.737 ff.

增，結案期延長（註九）（註十），致彼邦學者乃有「權利保護機會越多，實質受保護之結果反少」之感嘆（註十一）。為此，在實務上乃有模範訴訟（Musterprozeβ）（註十二），在法律上先後乃有一九七八年三月三十一日之減輕行政法院及財政法院之負擔法（Gesetz zur Entlastung der Gerichte in der Verwaltungs- und Finanzgerichtsbarkeit, BGB1. I. S. 446）及一九八五年之加速行政法院及財政法院程序之法律（Das Gesetz zur Beschleunigung verwaltungsgerichtlicher und finanzgerichtlicher Verfahren, BGB1. I. S. 1274），後法乃用以延長前法之有效期限至一九九〇年。其用以減輕法院之負擔及加速程序之方法，計有：1. 簡化裁判之方法，對法律及事實方面無特別困難之案件，以法院之裁決（Gerichtsbescheide）為裁判，對假命令頒發之申請，以決議（Beschluβ）裁判，對上訴（Berufung）法院一致認為無理由及無需為言詞辯論者，亦同。此等程序，亦省略言詞辯論程序。2. 限制上訴

註九　Vgl. H. J. Becker, Einheitliche Verwaltungsprozeβordnung in Sicht, RiA 1978, S. 151; H. Hill, Rechtsschutz des Bürgers und Überlastung der Gerichte, JZ 1981, S. 806; H. Hoecht, Effektiver Rechtsschutz durch Rationalisierungsmaβnahmen in der Verwaltungsgerichtsbarkeit, DöV 1981, S. 324.

註十　歐洲人權法院審理著名之 König 醫生案，原告為醫生執照提起行政訴訟，西德第一審行政訴訟程序，費時十年又十個月。Vgl. europäischer Gerichtshof Für Menschenrechte, Urt. v. 31, 5, 1978-Fall König-, DöV 1978, S. 879(881).

註十一　Vgl. H. J. Becker, Auf dem Weg zu einer einheitlichen Verwaltungsprozeβordnung- Probleme und Schwerpunkte, RiA 1983, S. 84; H. Hill, aaO. (Fn. 11), ebenda; H. Sendler, Zu wenig durch zu viel Rechtsschutz im Verwaltungsprozeβ? in: Justiz und Recht, Festschrift aus Anlaβ des 10 Jährigen Bestehens Richterakademie, S. 176 ff., C. F. Müller, Heidelberg 1983.

註十二　關於西德模範訴訟之概念及實務，請參見蔡志方，行政訴訟經濟制度之研究，東吳法律學報，七卷一期，頁一〇〇以下。

(Berufung)，上訴需先獲許可。3. 裁判理由之簡化或省略。4. 排除本案終結後對費用決議之抗告。5. 限縮審級，列舉高等行政法院爲初審之權限，使重大案件及大量程序之訴訟，不再由地方行政法院審理。此外，被鼓吹多年之統一行政訴訟法，最近乃以減輕法院負擔、加速程序及簡化、統一條文規定，爲其努力之目標（註十三）。

（三）法 國

法國行政訴訟制度之發展最早，爲大陸法系之典範（註十四）。戰後法國之行政訴訟，呈現飛躍性之發展，諮政院（Le Conseil d'Etat）訴訟部亦爲訴訟過量及負擔過重所苦，一九五二年至一九五三年間，該院受理案件逾二萬四千件，造成該院不堪負荷及結案遲緩之「訴訟上危機」(La crise du contentieux)（註十五），致有一九五三年九月三十日

註十三 統一行政訴訟法運動之背景及發展，文獻龐雜，本人將另文探討，其精要請參見 F.O. Kopp, Welchen Anforderungen soll eine einheitiche Verwaltungsprozeβordnung genügen, um im Rahmen einer funktionsfähigen Rechtspflege effektiven Rechtsschutz zu gewährleisten? Gutachten B zu 54. Deutschen Juristentag, Verlag C.H. Beck, München 1982; ders., Sollte man den Entwurf einer Verwaltungsprozeβordnung weiter verfolgen? ZRP 1988, S. 113 ff.

註十四 關於法國行政訴訟制度之發展，請參見蔡志方，法國行政救濟制度研究，憲政時代，七卷四期，頁二八以下；同刊，八卷四期，頁五九以下；陳世民，簡介法國行政上訴法院，憲政時代，十四卷三期，頁四八以下。J.-M. Auby/R. Drago, Traité de contentieux administratif, z. ed. Tome I, No. 146-225, Librairie Générale de Droit et de Jurisprudence, Paris 1975; Le Conseil d'Etat, Livre Jubilaire publié pour commémorer son cent cinquantieme Anniversaire, Recueil sirey, Paris, 1952; Le conseil d'Etat: Son histoire à travers les documents d'époque 1799-1974, Éditions du Centre Nationale de la Recherche scientifique, Paris 1974.

註十五 V.C.E. Op. cit. supra (Fn. 14), histoire, D. 863 et infra.

教令變更諮政院權限，改省諮政局（Le conseils de préfecture）爲地方行政法院（Les tribunaux administratifs, TA）之重大改革（註十六）。此一重大改革之目的，在於藉普設地方行政法院，以紓解中央行政法院（亦即諮政院訴訟部）所受之壓力。然此一措施，只具有部分及短暫效果，不久中央行政法院及地方行政法院之嚴重負擔又再度告急（註十七），於是乃在法院裁判庭之組織及程序上謀求解決。前者，如一九八〇年元月十日教令第十五號，創設單一庭裁判制度；訴顯不合法，應予以駁回者，中止地方行政法院停止執行之決定，由獨任法官裁決（註十八）；後者，如依一九八〇年六月十七日第四三八號教令，庭長對於案情明確之案件，得命免爲調查（註十九）；一九八一年起，庭長就駁回原告之訴或在行政機關考慮太久之情形，可依其主張推斷事實（註二〇）；對於案情明確者，庭長亦可命政府委員免提報告意見（註二一）。最近，法國又取法乎增設審級以加速程序及減少行政法院負擔，亦即在地方行政法院與中央行政法院間，設立上訴行政法院，自一九八九年元旦生效（註二二）。

（四）奧地利

奧地利之行政訴訟制度發源亦甚早，雖其發展速度及程度較緩慢而

註十六 Cf. Auby/Drago, Op. cit. supra (Fn. 14), 197°; C. E. Op. cit. supra (Fn. 14), histoire, p. 866 et suite.

註十七 法國行政訴訟嚴重遲滯之情形，請參見陳世民前揭（註十四）文，頁四八。

註十八 Cf. B. Pacteau, Contentieux administratif, I Éd. 36°, Press Universitaires de France, Paris 1985.

註十九 R. 114 CTA; Décr, n° 80-438 du 17, juin 1980.

註二〇 Cf. Brown/Garner, French Administrative Law, 3. Éd. p. 60. Butterworth, London 1983.

註二一 Décr. n° 82-917 du 27, Oct. 1982.

註二二 詳參見陳世民前揭（註十四）文，頁四八、四九。

保守（註二三），但邇來行政法院亦面臨訴訟過量及負擔過重之問題，學者間乃提出各種之改革意見（註二四），其中最重要者，乃憲法法院之行政訴訟裁判權與行政法院權限之劃分（註二五），有主張根本應使憲法法院之行政訴訟裁判權移轉予行政法院（VwGH）（註二六），就法律以下之規範的合法性審查亦同（註二七）；此外，在各邦設地方行政法院及採行二審制，亦為學者所呼籲（註二八）。目前奧國用以減輕行政法院之負擔及加速程序之措施，計有：（1）凡案件特別簡易或已為判例所澄清，或駁回訴訟及停止程序者，五人庭縮小為三人庭審理（註二九）。一九八四年修正行政法院法第十二條及第十三條時，乃擴大三人庭權限，而縮

註二三 關於奧國行政訴訟制度發展之概況，請參見 Lehne/Loebenstein/Schimetschek (Hrsg.), Die Entwicklung der österreichischen Verwaltungsgerichtsbarkeit, Festschrift zum 100 Jährigen Bestehen des österreichischen Verwaltungsgerichtshofes, Springer-Verlag, Wien 1976.

註二四 Vgl. Kopp/Pressinger, Entlastung des VfGH und Abgrenzung der Kompetenzen von VfGH und VwGH, JBl. 1978, S. 617 ff.; W. Barfuβ, Maβnahmen zur Entlastung der Gerichtshofe des öffentlichen Rechts, ÖJZ 1985, S. 393 ff.

註二五 Vgl. K. Ringhofer, Über verfassungsgesetzlich gewährleistete Rechte und die Kompetenzen zwischen Verfassungsgerichtshof und Verwaltungsgerichtshop in: Internationale Festschrift für Erwin Melichar zum 70. Geburtstag, S. 161 ff., Manz, Wien 1983; K. Spielbuchler, Verfassungsgerichtshof und Ersatzbescheid zur Abgrenzung von Verfassungs- und Verwaltungsgerichtsbarkeit, in: Internationale Festschrift für Erwin Melichar zum 70. Geburtstag, S. 221 ff., Manz, Wien 1983.

註二六 Vgl. Kopp/Pressinger, aaO. (Fn. 24), S. 618 ff.; W. Barfuβ, aaO. (Fn. 24), S. 396.

註二七 Vgl. Kopp/Pressinger, aaO. (Fn. 24), S. 621 ff.; W. Barfuβ, aaO. (Fn. 24), S. 399.

註二八 Vgl. P. Pernthaler (Hrsg.), Föderalistische Verwaltungsrechtspflege als wirksamer Schutz der Menschenrechte, Vorwort, Wihelm Braumüller, Wien 1986; K. Berchtold, in: P. Pernthaler (Hrsg.), aaO. S. 87 ff.

註二九 Vgl. § 12 VwGG.

小九人庭之適用機會（註三○）；（2）裁判之事實，除行政官署之認定程序有瑕疵者外，法院受其拘束，不必自行再調查事實（註三一）；（3）停止效力由報告官裁判（註三二）；（4）停止效力之決定除涉及第三人權利，不必附理由（註三三）；（5）法律問題已爲判例所澄清者，裁判之理由以引述判例爲已足（註三四）；（6）程序輔助無再行之可能（註三五）；（7）裁判名單利用電子資料處理機（EDV，ADV）（註三六）。

（五）義大利

義大利之行政訴訟制度，唯法國之前例亦步亦趨（註三七），因此，爲因應戰後行政訴訟之蓬勃發展，除於一九四八年五月六日第六四二號法律，在諮政院（Consiglio di stato）設第六部（亦爲訴訟部），同年五月六日教令在西西里（Sizilen）設一行政委員會，具諮議及裁判功

註三○ BGBl. Nr. 298/1984.
註三一 Vgl. § 41 I VwGG.
註三二 § 14 II VwGG.
註三三 § 30 II VwGG.
註三四 § 43 II VwGG.
註三五 § 45 II VwGG.
註三六 § 17 III VwGG.
註三七 關於義大利行政訴訟制度之發展，文獻請參見 V. Bachelet, La protection juriditionnelle du particulier contre le pouvoir executifen, Italienen: H. Mosler(D), La protection jurid-itionell contre le pouvoir executif, Heymanns, Köln 1969; F. Mariuzzo, Struktur und Wirkungskreis der italienischen Ver-waltungsgerichtsbarkeit, BayVBl. 1984, S. 737 ff.; V. Caianiello, Lineamenti del processo amministrativo, 2. ed. p. 85 e infr. Utet, Torino 1979; P. Virga, La tutela giurisdizionale nei confronti della pubblica amministrazione, z. ed. p. 9 e infr. Giufré, Milano 1976.

能，爲諮政院之一獨立部（註三八），最明顯者，厥爲一九七一年十二月六日第一〇三四號法律普設地區行政法院（Tribunali amministrativi regionali）以減輕中央行政法院（卽諮政院第四～六部）之負擔。

三、訴訟過量與法院負擔過重之原因

訴訟過量（Übermaß des Prozesses）與法院負擔過重（Überlastung），乃互相牽連、密不可分之問題。所謂「訴訟過量」，並無明確之界線，胥視法院之消化（處理）總能量而定。通常得以普通之結案速度及待決案件之比例測得一大概指數。戰後各國之行政訴訟數量大增，邇來更有愈演愈烈之趨勢，被各國學者視爲行政訴訟制度與權利保護之危機或災難。各國之行政訴訟量增加，以西德最爲顯著，已幾至使司法崩潰之邊緣，而法官之增加受制於可運用之預算，因此，司法的權利保護乃被視爲「有限的資源」。訴訟過量，不但危及法官之「人權」，亦重大影響權利保護之品質及時效。若不爲之謀，則設置行政訴訟制度之始意，將隳毀無遺。

訴訟是否過量，本含訴訟是否必要及法院能否在可忍受及可被忍受之期間內結案，並維持一定之品質要求。法院負擔是否過重，則以結案速度及正確性雙重要求下，法院之工作負擔是否超過一般正常之程度而定。訴訟過量，輒爲法院負擔過重之（主要）原因之一（詳本文三、（二）、1），故，分別探究訴訟過量與法院負擔過重之原因。

註三八　Vgl. F. Mariuzzo, aaO. (Fn. 37), BayVBl. 1984, S. 737.

(一)訴訟過量之原因

「法律賦與權利於先，必設救濟於後」，此亦在防止及消弭自力救濟，維護國家及社會秩序之安定，因此，訴訟量多，如因之減少自力救濟或根絕脫法、違法行爲，則該慶幸法治已建立及司法權威受尊重，然另一方面亦應檢討國家所隱含之瑕疵。以下探討直接、間接、單獨或合成形成訴訟過量之主因。

1. 法治國家依法行政之要求

行政訴訟制度，乃法治國家之產物。依法行政之原則，要求行政活動須符合法律，且法治越發達之國家，其要求之層面亦越深且廣。因此，行政活動範圍擴大，在法治國家依法行政之要求下，乃形成違法可能性之擴大，間接促成行政訴訟增加之間接及合成原因。反之，在非法治國家即使行政活動頻仍，亦難以導致行政訴訟之增加，乃自明之理。

吾人可以確信者，乃行政訴訟制度係依法行政原則之下位概念，或其衍生之制度。無依法行政原則之存在，則行政訴訟制度亦將頓失依憑(註三九)。依法行政原則要求越強，則行政訴訟制度之需求亦越殷，其結果亦提供訴訟量增加之誘因。

2. 行政活動之瑕疵

行政訴訟乃以行政活動之瑕疵，特別是違法者爲對象，因此，苟行

註三九　關於依法行政原則與行政訴訟制度關係，請參見蔡志方，我國憲法上行政訴訟制度之規範取向，憲政時代，十四卷四期，頁六以下。

政活動完美無瑕，自亦不生行政訴訟之問題。現代之行政往往涉及廣泛之人羣（例如區域計畫、交通、電廠等大型建設），如其行政活動稍存瑕疵，輒易引起所謂之「大量訴訟」（註四〇），其因此增加行政訴訟最著。概言之，行政活動之瑕疵，乃訴訟量之直接及合成之原因。

3. 國家任務及行政活動之擴大

行政訴訟以國家有瑕疵（違法）可疑之行政行爲爲對象，因此，國家任務及行政活動之擴大，乃形成行政訴訟量增加之可能因素（間接、合成之原因）。

戰後百廢待舉，行政任務大增，所謂給付國家、社會國家及福利國家之行政，採積極之干預、輔導、計畫及給付（註四一）。邇來科技飛躍發展、人口增加、城市化、工業化加劇，爲確保生活品質，保護自然環境、提高資源之有效利用，科技有關之行政登上重要之行政活動舞臺；社會化帶來之各種社會（問題）行政，亦成爲行政活動之重要項目。因此，從搖籃至墳墓之事項，往往與行政活動有關，任務所及，行政不但積極投入，人民亦有請求之權，致行政之消極不作爲，動輒成爲行政瑕疵之根源。

註四〇 Vgl. W.C. Schmel, Massenverfahren vor den Verwaltungsbehörden und den Verwaltungsgerichten, S. 18 ff., Duncker & Humblot, Berlin 1982.

註四一 Vgl. Antoniolli/Koja, Allgemeines Verwaltungsrecht, 2. Aufl. S. 109 ff., Manz, Wien 1986; T. Fleiner-Gerster, Grundzüge des allgemeinen Verwaltungsrecht, 2. Aufl. Rn. 6/10-19, Schulthess, Zürich 1980; G. Püttner, Entwicklungstendenzen in der Dogmatik des Verwaltungsrechts, S. 115 ff., in: Festschrift für O. Bachof zum 70. Geburtstag, Beck, München 1984.

4. 行政裁判權之擴大

行政訴訟，以獲得行政法院之裁判，進而糾正行政活動及達成權利救濟爲目的，因此，行政裁判權之擴大，亦增廣得以行政訴訟之範圍，間接亦導致行政訴訟量之增加。特別是以往法院不容置喙之「特別權力關係」、「統治行爲」及「裁量行爲」等不受法院審查之領域（gerichtsfreier Raum）之解禁或限縮其實質範圍，特別是概括權限條款之採納（註四二），均可能造成行政訴訟之增加。行政裁判權之擴大，乃增加行政訴訟之間接及合成原因。

5. 權利保護範圍之擴大

戰後擴大以保護個人權利爲主旨之行政訴訟制度，在利己私心之人類固有天性下，適足以助長行政訴訟之機會。所謂訴權範圍擴大至「利害關係者訴訟」，亦增加行政訴訟之數量（註四三）。此乃其直接及合成之原因。天下熙熙攘攘莫不爲私利，摩頂放踵而爲公益者幾希!

6. 國民權利意識之加强

由教育普及，使國民之法律知識改善，間亦加強其權利意識及勇氣。所謂讓權利睡著者，往往係欠缺法律知識及權利意識者。此外，昔日專制時代，「打虎、告官、辭別祖先」之遺毒，在民主昌平之現在，

註四二　參見蔡志方前揭（註七）文，頁一〇四以下。
註四三　行政訴訟權之擴大，請參見蔡志方前揭（註七）文，頁四七以下。

基於權利意識所生之勇氣，乃不復可見。抑有進者，因行政官署厲行權利救濟方法之教示 (Rechfsmittelbelehrung)，亦提昇國民之權利意識。權利意識之加強，可謂係行政訴訟增加之直接及獨立之原因。

7. 法律氾濫、法律不明確、複雜及不足

在法律教育普及之法治國家，法律氾濫、法律不明確、複雜或不足，均易使國民與行政官署造成紛爭，而訴諸訴訟。法律之制定不能適量、明確、簡易，屢生矛盾、誤解及缺乏共同之瞭解，最後只好由權威之官署——行政法院澄清、解決。在任務繁複、活動頻仍之法治國家，法規爲數龐大（俗曰：法令多如牛毛）（註四四），乃必然而正常之現象，遂造成法律氾濫 (Gesetzesflut)（註四五）。

由於現代法治國家之行政任務太廣，在立法技術之限制下，欲予以完整規範，則非造成法律氾濫，即因大量使用不確定法律概念，造成法律不明確，導致訴訟（註四六）。若爲一事立一法，爲免修法更動全局，乃制定特別法，致法律體系不明，而過於複雜。若不予制定，則遇事缺乏行爲或裁斷之準則，抑且因國家、社會變遷過速，立法前瞻性不足，

註四四　以我國爲例，迄於立法院第八十四會期爲止，中央之法律共有六百四十二種，中央法規近四千種，若包括行政命令，則無法勝數。

註四五　Vgl. F. Klein, Ist der Rechtsschutz im Steuerrecht in Gefahr? DstR 1984, S. 18; H.-J Papier, aaO. (Fn. 8), S. 19 ff.; G. Pfeiffer. Knappe Ressource Recht, ZRP 1981, S. 122; K. Redeker, Entwicklung und Probleme verwaltungsgerichtlicher Rechtsprechung, in: Festschrift für H. U. Scupin zum 80. Geburtstag, S. 869 ff., Duncker & Humblot, Berlin 1983.

註四六　Vgl. F.O. Kopp, Individueller Rechtsschutz und öffentliches Interesse in der Verwaltungsgerichtsbarkeit, BayVBl. 1980, S. 263 ff.; ders., Über die Grenzen der verwaltungsgerichtlichen Rechtskontrolle im Wirtschaftsrecht, Wirtschaft und Verwaltung 1983, S. 11.

法律雖多，仍形成規範不足之窘境（註四七）。凡此，均直接、間接、獨立或合成地導致行政訴訟之增加。

8．法院之友善及利用之簡便

法院對於求助國民（原告）（Rechtssuchende）之態度，特別是立場是否公正、獨立；辦案是否勤快；裁判是否偏向權利保護之給與，乃決定國民是否樂於親近法院之因素。如法院氣氛冷漠，動輒聲嚴色厲，不盡闡明義務或動輒駁回，此易使國民望而卻步。此外，凡法律規定之程序簡易、費用低廉、利用簡便者，國民於計較之餘，乃樂於利用。凡此，均間接促成行政訴訟之增加。

9．先行程序及前審法院程序之瑕疵

先行程序（Vorverfahren），具有減輕法院負擔之效果（過濾作用）（Filterwirkung）（註四八），特別是行政官署在訴願程序，如能圓滿解決，即具有疏減訟源之效果（註四九）。反之，如其未能圓滿解決，而存在瑕疵，則消極增加行政訴訟（註五〇）。

就審級制度言，雖主在糾正下級法院之瑕疵（註五一），然下級法院

註四七　Vgl. H. Sendler, Moglichkeiten zur Beschleunigung des verwaltungsgerichtlichen Verfahrens, DVBl. 1982, S. 931; J. Meyer-Ladewig, Entwicklungstendenzen im Verwaltungsprozeβrecht, DöV 1978, S. 308.

註四八　尚具有其他作用，請參見蔡志方前揭（註七）文，頁一八四以下。

註四九　Vgl. E. Röper, Rechtsausschüsse zur Entlastung der Verwaltungsgerichte, DöV 1978, S. 314.

註五〇　參見蔡志方前揭（註七）文，頁一五三以下。

註五一　參見司法案件分析（前揭註四），頁四五七。

若能正確裁判，則上訴法院即可減少訴訟，其理甚明。此外，具有瑕疵之前審法院裁判確定者，亦可能形成再審之案件，附帶陳明之。

10. 國民之好訟

所謂「國民之好訟」(Klagefreudigkeit der Bürger)，通常指其違反誠實信用原則，濫行提起不必要之訴訟，特別是在起訴具有停止效力之制度下，往往藉之規避責任。在訴訟過量、程序緩慢之國家，尤其被用爲「拖延責任」及「贏取時間利益」之方法，其因此增加行政訴訟，不難想像。防患之道，乃是採訴訟對價（有償）制、訴訟費用預付制、遲延利息及損害責任制及得課濫用訴訟罰等。

（二）法院負擔過重之原因

1. 訴訟過量

訴訟過量，在裁判之正確性及迅速性雙重要求下，無疑爲法院負擔之主因（註五二）。其影響所及，乃程序之遲滯（註五三）及裁判之正確

註五二 Vgl. P. Badura, Grenzen und Alternativen des gerichtlichen Rechtsschutzes in Verwaltungsstreitsachen, JA 1984, S. 84 ff., 388, 93 ff.; G.R. Baum, Die Verwaltungsgerichtsbarkeit im Spannungsfeld zwischen Gesetzesvollzug und Individualrechtsschutz, DöV 1980, SS. 426, 428; N. Breunig, Verwaltungsgerichtsbelastung und Ballungsräume, DöV 1984, S. 105 ff.; H.D. Jarass, Besonderheiten des französischen Verwaltungsrechts im Vergleich, DöV 1981, S. 814; U. Kleiner, Grundfragen des verwaltungsgerichtlichen Verfahrens- Tagung der Deutschen

性，受害者通常爲原告，在第三人利益行政處分（Verwaltungsakt zugunsten der Dritten）之撤銷，則及於該第三人。

2. 法規之不明確

法院（官）應知曉法律（Jura novit curia），本屬天經地義之事，然在權力分立原則及依法裁判之要求下，法院就繫屬案件之裁判，特別是欲爲實體裁判，若法律數量太多（體系不明）或太少（不足），或使用之概念過於抽象，輒使法院不易迅速尋繹該當之適用法規，致法院適用法律（Rechtsfindung）時，必須花費更多之時間與精力於尋找、確定、具體化，甚至再形成（Fortbildung）之工作上。

3. 案件之困難及複雜

行政法院受理案件後，首須瞭解原告之請求所在（訴訟標的）、其

Richterakademie vom 21, 6, bis 2, 7, 1982, NVwZ 1982, S. 670 ff.; F. O. Kopp, Entwicklungstendenzen in der Verwaltungsgerichtsbarkeit, BayVBl. 1977, S. 520 ff.; H. J. v. Oertzen, zur erstinstanzlichen Zuständigkeit des OVG nach dem Beschleunigungsgesetz, DöV 1985, S. 749 ff.; W.-R. Schenke, Mehr Rechtsschutz durch eine einheitliche Verwaltungsprozeβ ordung? DöV 1982, S. 710 ff.; C. Sailer, Gegenwartsprobleme der Verwaltungsgerichtsbarkeit, BayVBl. 1980, S. 272 ff.; W. Schneider, Grandfragen des verwaltungsgerichtlichen Verfahrens-Tagung der Deutschen Richterakademie, NVwZ 1985, S. 29 ff.; J.-M. Woehring, Die französische Verwaltungsgerichtsbarkeit im Vergleich mit der deutschen, NVwZ 1985, S. 21 ff.

註五三 Vgl. M. Klöpfer, Verfahrensdauer und Verfassungsrecht-verfassungsrechtliche Grenzen der Dauer von Gerichtsverfahren, JZ 1979, S. 209 ff.

依據之事實、證據及準據法規。行政訴訟涉及高度技術或尙發展中之領域及涉及第三人之案件，往往事實虬結，法規缺乏體系。事實恆須付專家鑑定，仍不易獲明確之結果，而法規複雜者，在公法學不發達之國家，法官囿於能力及設備之不足，其身心負擔之加劇，不難想像。

4. 程序太多

行政訴訟受職權調查主義之支配，以追求實質之眞實爲鵠的，因此，調查程序特多，先則兩造書類之交換，繼則調查事實（閱卷、訊問證人、付鑑定……）及言詞審理等，遇有參與人不協力，則又須爲其他補救措施。行政訴訟又常見暫行權利保護措施（停止執行之裁定），法院亦必須額外就之調查實況（status quo），斟酌有關之利害，試以西德之行政法院爲例，上訴尙須原法院許可，如不許可，則對之又可抗告；訴訟種類繁多，牽連程序；法院聽審權之保障，使法院重要之決定均需聽審、闡明；涉及統一裁判、發展法律之案件，尙須由大法庭審理，其涉及規範審查者，又須依職權向聯邦行政法院提出（Vorlagepflicht）……。其程序之多，眞令人目不暇給，此亦增加法院之負擔。

5. 參與人違反協力義務

行政訴訟雖受職權調查主義之支配，但參與人仍負有協力之義務。事實之眞相，往往兩造或關係人知之最稔，如其積極協力，則法院辦案事半功倍，反之，則事倍功半矣！

6. 職權主義之過求

行政訴訟制度上之職權調查主義，其本意在使法院擺脫當事人主張之羈絆，得就必要之事實主動調查，以獲實質之眞實（註五四）。然行政法院責任感重大者，以事關公益，捨我其誰之精神，對於事實鉅細靡遺，無不追求水落石出，上窮碧落下黃泉，卽使參與人有任何主張或陳述，亦不輕易放過，儼然以非達絕對眞實之境域絕不停止之態度，致求好心切，反誤而捨本逐末，造成過度之負擔。其裁判理由之陳述，若不節制，則誠如西德聯邦行政法院院長 Sendler 教授所言，判決書直如小博士論文（註五五），其負擔不過重，始爲奇蹟!

7. 法院設備之不足

高度科技時代之行政訴訟，量多而複雜，涉案之法規及證據繁多，法官必須有充分之法規彙編、相關判例集及法學著作參考、寧靜之辦公室思考、充分之文書人員協助、紀錄及資料處理電腦化、擬稿以按鍵取代手寫（註五六），若仍以原始、簡陋之設備及方法爲之，則不但效率低、易疲勞，法官之心力應用諸案情之思考及裁判之形成，而非從事雜役工作。在我國，行政法院法官缺乏助理及必要設備，其案牘勞形，歷歷可見。

註五四　參見蔡志方前揭（註七）文，頁一六四以下。
註五五　Vgl. H. Sendler, aaO. (Fn. 47), S. 927.
註五六　Vgl. H. Hoecht, aaO. (Fn. 9), S. 323 ff.

8. 法官能力不足與心態偏差

法官之任務，厥爲正確而迅速地裁判訴訟案件，因此，任命之初，即必須具備裁判工作所需之法律專業知識及必要之常識，繼而隨社會之發展不斷汲取新知，以應所求。因此，德、奧法官強調其法律專知（與法官養成教育亦有關），法國並重其熟悉行政實務，可資取法。

其次，法官必須認清個案裁判之任務，不得有偏差之心態，例如爲謀陞遷，力求不必要之表現：例如緩提出裁判，以防被認草率急就章；裁判書撰寫特長，以示用功；對自己見解引述各家學說，以顯權威（如西德 Otto Bachof 在法官任內即常如此）；故尋法律問題，上窮碧落下黃泉；裁判用字遣詞過求修飾，字字千錘百鍊，段段嘔心瀝血（註五七）。

四、解決訴訟過量與法院負擔過重之方法

由於肇致訴訟過量及法院負擔過重之原因匪一，其間復具連鎖關係，因此，必須「對症下藥」、「除惡務盡」，其不可阻遏者，則因勢利導。此外，構成行政訴訟三大重心之行政法院、當事人及律師，均須詳爲檢討。

（一）解決訴訟過量之方法

訴訟過量之問題如得以解決，則法院負擔過重之問題，亦解決泰半

註五七　Siehe, H. Sendler, aaO. (Fn. 47), S. 926 ff.

矣! 茲依前述提出之十點形成原因，逐步分析何者爲應改進及解決之方法。

就國家任務及行政活動之擴大言，此雖係潮流之所歸趨，但仍應再重新檢討其必要性、正當性及考慮能否委由私法形成（不行高權行爲）或由民間力量及途徑達成。不必昧於「公權力壟斷」(Monopol der öffentlichen Gewalten) 之傳統概念，致刻舟求劍、買櫝還珠。

就法治國家依法行政之要求言，在人類社會劣根性未能根除，進而渡向更佳之政治生活型態以前，法治國家依法行政之原則務必契守及堅持。依法行政原則既允許「必要之行政訴訟」，既屬必要，卽不可禁。反之，不必要之行政訴訟乃因其他原因所致，不可強罪於依法行政之原則也。甚至行政官署厲行依法行政，卽可減少訴訟也。

就行政活動之瑕疵言，其乃行政訴訟之罪魁禍首，務必剷除。行政活動之所以具有瑕疵，其因甚多：例如行政人員法律知識缺乏、上級監督不週、行政法規不明確及不適量（特別是行政手續法欠缺、不明）、一味追求行政效率，而忽略合法性等。因此，必須重新檢討行政組織、人事、程序及政策（總稱爲公務之改革）。

就行政裁判權之擴大言，除一方面因依法行政之法治國家要求及權利保護範圍之擴大與權利保護作用之強化所致者外，另一方面則爲行政法規及司法權克與時俱轉，有以致之。其表現乃積極擴大行政法院之裁判權，另一方面則消極限縮其不得審査之範圍（註五八）。行政法院必須受法及法律之拘束，因此其權限之擴大，必須有法律依據，不容僭越，須認淸其職權之界限（註五九）。

註五八　參見蔡志方前揭（註七）文，頁一〇四以下。
註五九　Vgl. F.O. Kopp, aaO. (Fn. 46), S. 265 ff.

就權利保護範圍之擴大言，乃法治憲政國家潮流之所向，應助長其正常發展，而非遏止歪曲之。無端限制之，則足以造成法外救濟之猖獗。唯一可行者，仍使其他更簡便之權利救濟方法更爲完善，如此亦可減少行政訴訟量，特別是訴願制度方面。

就國民權利意識之加強言，乃法治建立之應有表徵。國民知權利之所在，進而主張之、維護之，行政之違法乃可遏止。然可慮者，乃國民權利意識若不循正道，則易流於濫訴或捨正道不由，而循法外途徑。故法律倫理教育不可或缺。

就法律氾濫、法律不明確、複雜及不足言之，在現代法治國家行政任務龐雜、變遷又快之情況下，欲使法規適量，條文簡淺明確，委實不易。根本之道，首在培養公法研究人才、發達公法學，其次，行政部門須廣置公法碩彥，立法部門應設或委由公法專家，定期檢討既存行政法規，注意其體系之調和、概念之一致、數量不致過於肥大或失調（不足）。

就法院之友善及利用之簡便言，此爲民主法治國家應有之要求。法院宜善用訴訟經濟之方法（註六〇），一次解決爭訟，如此不致再生訴訟，乃善用之道。

就先行程序及前審法院程序之瑕疵言，應儘可能鏟除。完善之先行程序，足以疏減訟源，此制匪特不可除，而須予以簡化及改善，在程序上使其完全、簡易，在組織及人事上使其更獨立、更專業，臻至準法院之水準。就前審法院言之，行政裁判組織重心應置於第一審，一審之程序須詳盡，法官應專精，並黽勉從事。如此，大部分行政訴訟一審即解決，其上訴之案件必爲法律或事實特別困難者。

就國民之好訟言，若係濫訴以逃避責任，則應考慮不允以「起訴有

註六〇　參見蔡志方前揭（註十二）文，頁六七以下。

停止效力」（註六一），採行政訴訟收費制（敗訴者負擔）（註六二），其顯有濫訴之虞者，並命其預繳；如敗訴，則就遲延利息及所生損害負償還責任，並得課予濫用訴訟之處罰。另一方面，須從法律教育著手，以使其不因誤解法律而起訴，此可考慮起訴須律師簽名提出，以過濾之。再者，如律師挑撥訴訟或代提顯無理由或不合法之訴訟者，應依律師法嚴懲。

（二）解決法院負擔過重之方法

形成法院負擔過重之原因，頗爲複雜，已如前述。由於此等原因有單獨卽可造成，有則須併同其他因素始能肇事或加重其嚴重性。因此，必須分別或共同研謀對策，始克有濟。

就訴訟過量言，依前項之方法減少不必要之訴訟，如必要之訴訟量仍非現有法官所能合理勝任，則須再分析其原因，對症下藥，最後始爲增加法官或法院之下策。

就法規之不明確言，依前項之說明處理，並可於立法時，在條文之右註明要旨。

就案件之複雜及困難言，首須分析孰令致之？係事件本身或當事人未先釐清或法官能力不足？若係當事人未先行釐清，則應本於其協力義務，命其補正。若係事件本身，則應善用設備及輔助機關、制度著手。

就程序太多言，必須研究簡化之可能性。賦與法院就簡易程序有裁量權，大量程序有簡化權（如模範訴訟）。例行之通知及紀錄程序，應

註六一　參見蔡志方前揭（註七）文，頁八九以下。

註六二　目前似只有我國及法國之行政訴訟不採裁判收費制。參見國民政府公報，第二八三六號，頁十三；R. 182 CTA.

公式化、表格化。

就參與人之違反協力義務言，可考慮在裁判及程序上予以不利之處置。如拖延訴訟，就所生之損害（含因此支出之費用）令其負擔；有過咎之遲延提出，得不予斟酌。

就職權主義之過求言，首應確立職權主義之應有內涵及界限，使法院知行所當行，止所當止。

就法院設備之不足言，必須在人力、物力及裝備上，力求合理化、科學化，例如資料處理電腦化、卷宗編號及放置統一化、文書自動化、裁判書擬稿音響化，並力求圖書之齊全（註六三）。

就法官能力不足及心態之偏差言，前者應從法官之養成、在職教育、再進修及各種輔助機構或制度之建立著手。就後者言，首應建立法官正確之職業觀及使命感，使其知行知止。在人事陞遷及法院行政監督上，亦宜改善。

五、結　　語

行政訴訟之過量及行政法院負擔之過重，爲當前各先進國家所面臨之嚴重問題，兩者陳陳相因，乃法治國家之一重大挑戰及危機，足爲吾國所警惕，應未雨綢繆。各國之相應措施大部分重在治標，只能收一時之效，本文嘗試探索其根本原因，並提出綜合解決之道及個別因應方法，願有助於吾國司法制度之改善。

（本文原載於植根雜誌七卷三期）

註六三　Vgl. H. Hoecht, aaO. (Fn. 9), S. 323 ff.

三民大專用書書目——法律

中國憲法新論（修訂版）	薩孟武 著	前臺灣大學
中國憲法論（修訂版）	傅肅良 著	中興大學
中華民國憲法論（最新版）	管歐 著	東吳大學
中華民國憲法概要	曾繁康 著	前臺灣大學
中華民國憲法逐條釋義㈠～㈣	林紀東 著	前臺灣大學
比較憲法	鄒文海 著	前政治大學
比較憲法	曾繁康 著	前臺灣大學
美國憲法與憲政	荊知仁 著	前政治大學
國家賠償法	劉春堂 著	輔仁大學
民法總整理（增訂版）	曾榮振 著	律師
民法概要	鄭玉波 著	前臺灣大學
民法概要	劉宗榮 著	臺灣大學
民法概要	何孝元著、李志鵬修訂	司法院大法官
民法概要	董世芳 著	實踐學院
民法總則	鄭玉波 著	前臺灣大學
民法總則	何孝元著、李志鵬修訂	
判解民法總則	劉春堂 著	輔仁大學
民法債編總論	戴修瓚 著	
民法債編總論	鄭玉波 著	前臺灣大學
民法債編總論	何孝元 著	
民法債編各論	戴修瓚 著	
判解民法債篇通則	劉春堂 著	輔仁大學
民法物權	鄭玉波 著	前臺灣大學
判解民法物權	劉春堂 著	輔仁大學
民法親屬新論	陳棋炎、黃宗樂、郭振恭 著	臺灣大學
民法繼承	陳棋炎 著	臺灣大學
民法繼承論	羅鼎 著	
民法繼承新論	黃宗樂、陳棋炎、郭振恭 著	臺灣大學等
商事法新論	王立中 著	中興大學
商事法		

商事法論（緒論、商業登記法、公司法、票據法）（修訂版）	張國鍵 著	前臺灣大學
商事法論（保險法）	張國鍵 著	前臺灣大學
商事法要論	梁宇賢 著	中興大學
商事法概要	張國鍵著、梁宇賢修訂	臺灣大學等
商事法概要（修訂版）	蔡蔭恩著、梁宇賢修訂	中興大學
公司法	鄭玉波 著	前臺灣大學
公司法論（增訂版）	柯芳枝 著	臺灣大學
公司法論	梁宇賢 著	中興大學
票據法	鄭玉波 著	前臺灣大學
海商法	鄭玉波 著	前臺灣大學
海商法論	梁宇賢 著	中興大學
保險法論（增訂版）	鄭玉波 著	前臺灣大學
保險法規（增訂版）	陳俊郎 著	成功大學
合作社法論	李錫勛 著	前政治大學
民事訴訟法概要	莊柏林 著	律師
民事訴訟法釋義	石志泉原著、楊建華修訂	司法院大法官
破產法	陳榮宗 著	臺灣大學
破產法	陳計男 著	行政法院
刑法總整理	曾榮振 著	律師
刑法總論	蔡墩銘 著	臺灣大學
刑法各論	蔡墩銘 著	臺灣大學
刑法特論（上）（下）	林山田 著	政治大學
刑法概要	周冶平 著	前臺灣大學
刑法概要	蔡墩銘 著	臺灣大學
刑法之理論與實際	陶龍生 著	律師
刑事政策	張甘妹 著	臺灣大學
刑事訴訟法論	黃東熊 著	中興大學
刑事訴訟法論	胡開誠 著	臺灣大學
刑事訴訟法概要	蔡墩銘 著	臺灣大學
行政法	林紀東 著	前臺灣大學
行政法	張家洋 著	政治大學
行政法概要	管歐 著	東吳大學
行政法概要	左潞生 著	前中興大學
行政法之基礎理論	城仲模 著	中興大學
少年事件處理法（修訂版）	劉作揖 著	臺南縣教育局

犯罪學	林山田、林東茂著	政治大學等
監獄學	林紀東著	前臺灣大學
交通法規概要	管歐著	東吳大學
郵政法原理	劉承漢著	成功大學
土地法釋論	焦祖涵著	東吳大學
土地登記之理論與實務	焦祖涵著	東吳大學
引渡之理論與實踐	陳榮傑著	海基會
國際私法	劉甲一著	前臺灣大學
國際私法新論	梅仲協著	前臺灣大學
國際私法論叢	劉鐵錚著	司法院大法官
現代國際法	丘宏達等著	馬利蘭大學等
現代國際法基本文件	丘宏達編	馬利蘭大學
國際法概要	彭明敏著	
平時國際法	蘇義雄著	中興大學
中國法制史概要	陳顧遠著	
中國法制史	戴炎輝著	臺灣大學
法學緒論	鄭玉波著	前臺灣大學
法學緒論	孫致中編著	各大專院校
法律實務問題彙編	周叔厚、段紹禋編	司法院
誠實信用原則與衡平法	何孝元著	
工業所有權之研究	何孝元著	
強制執行法	陳榮宗著	臺灣大學
法院組織法論	管歐著	東吳大學
國際海洋法——衡平劃界論	傅崐成著	臺灣大學
最新綜合六法全書 要旨增編	陶百川編	國策顧問
最新綜合六法全書 判解指引	王澤鑑編	臺灣大學
最新綜合六法全書 法令援引	劉宗榮編	臺灣大學
最新綜合六法全書 事項引得	葛克昌編	臺灣大學
最新六法全書	陶百川編	國策顧問
基本六法		
憲法、民法、刑法（最新增修版）		
行政法總論	黃異著	海洋大學

三民大專用書書目——國父遺教

三民主義	孫　文　著	
三民主義要論	周世輔編著	前政治大學
大專聯考三民主義複習指要	涂子麟　著	中山大學
建國方略建國大綱	孫　文　著	
民權初步	孫　文　著	
國父思想	涂子麟　著	中山大學
國父思想	周世輔　著	前政治大學
國父思想新論	周世輔　著	前政治大學
國父思想要義	周世輔　著	前政治大學
國父思想綱要	周世輔　著	前政治大學
中山思想新詮——總論與民族主義	周世輔、周陽山　著	政治大學
中山思想新詮——民權主義與中華民國憲法	周世輔、周陽山　著	政治大學
國父思想概要	張鐵君　著	
國父遺教概要	張鐵君　著	
國父遺教表解	尹讓轍　著	
三民主義要義	涂子麟　著	中山大學